上海市高校市级一流本科课程配套教材
普通高等教育金融学类专业系列教材

证券投资分析

主　编◎姚亚伟

副主编◎张　毅

参　编◎赵海东　何东伟

机械工业出版社
CHINA MACHINE PRESS

本书采用模块化的内容组织体系，共分为四个模块。

模块一主要介绍证券投资分析的基础知识，包括金融投资概述、证券种类、证券发行与交易、投资收益与投资风险等，内容涵盖第1~4章。模块二主要介绍股票分析的两种主要方法：基本分析和技术分析。基本分析部分主要讲授利用估值模型，基于宏观、行业和公司三个层面的分析，对上市公司的内在价值进行评估，重点理解基本分析的"择股"目标；技术分析部分主要讲授K线图分析、切线分析等基本的技术分析方法，重点理解技术分析的"择时"目标。模块二的内容涵盖第5、6章。模块三主要介绍现代金融理论前提的有效市场假说，并在此基础上理解均值-方差、CAPM、APT等经典资本资产定价模型，同时融入心理分析流派的相关思想，内容涵盖第7~9章和第12章，其中第12章主要为资产定价理论的应用。模块四主要介绍债券和衍生证券，考虑到两种产品的系统性研究在固定收益证券和金融工程等课程中均有较为详细的讲解，本书仅对这两类证券品种的核心基础知识进行介绍，内容涵盖第10、11章。

本书可供本科院校金融学类及相关专业师生学习，亦可供社会读者学习参考。

图书在版编目（CIP）数据

证券投资分析／姚亚伟主编. -- 北京：机械工业出版社，2025. 6. --（上海市高校市级一流本科课程配套教材）（普通高等教育金融学类专业系列教材）.
ISBN 978－7－111－78616－0

Ⅰ. F830.91

中国国家版本馆CIP数据核字第2025EL5066号

机械工业出版社（北京市百万庄大街22号　邮政编码100037）
策划编辑：常爱艳　　　　　　责任编辑：常爱艳　章承林
责任校对：樊钟英　张　薇　　封面设计：张　静
责任印制：刘　媛
北京建宏印刷有限公司印刷
2025年8月第1版第1次印刷
184mm×260mm・17.75印张・1插页・384千字
标准书号：ISBN 978-7-111-78616-0
定价：55.50元

电话服务　　　　　　　　网络服务
客服电话：010-88361066　　机　工　官　网：www.cmpbook.com
　　　　　010-88379833　　机　工　官　博：weibo.com/cmp1952
　　　　　010-68326294　　金　书　网：www.golden-book.com
封底无防伪标均为盗版　机工教育服务网：www.cmpedu.com

前言

党的二十大报告明确要求"健全资本市场功能，提高直接融资比重"，为未来资本市场改革发展指明了基本方向，对推进资本市场制度完善和结构优化，更好服务实体经济高质量发展具有重要意义。作为资本市场的主要组成部分，证券市场是一个国家资本市场发展成熟程度的重要标志，其产品设计灵活，种类众多，金融创新应用普遍，不仅能够满足金融机构主动负债管理的投融资需求和企业融资的多样化需求，还能够满足不同类型投资者的多样化投资需求。2019年7月，科创板在上海证券交易所推出并试点注册制，2020年6月，创业板推出注册制，2021年9月，北京证券交易所注册成立，2023年2月，A股资本市场全面推行注册制，我国多层次资本市场体系持续健全、相关制度持续完善，进一步增强了金融服务实体经济的能力。"证券投资分析"作为金融学类专业的必修课程，教材内容的设计既要涵盖基本的常识和基础理论，又要与实践有机对接。国内外许多知名的专家学者编写了非常多的同类教材，本书在梳理国内外相关教材和资料的基础上，结合中国证券市场发展，采用案例引导、理论夯实及应用导向的编写模式，内容安排由浅入深，知识点设计通俗易懂。同时，本书配有线上课程资源，读者可登录中国大学MOOC的App，也可扫描书中二维码进行线上学习。

本书采用模块化的内容组织体系，共分为四个模块。模块一主要介绍证券投资分析的基础知识，包括金融投资概述、证券种类、证券发行与交易、投资收益与投资风险等，内容涵盖第1~4章。模块二主要介绍股票分析的两种主要方法：基本分析和技术分析。基本分析部分主要讲授利用估值模型，基于宏观、行业和公司三个层面的分析，对上市公司的内在价值进行评估，重点理解基本分析的"择股"目标；技术分析部分主要讲授K线图分析、切线分析等基本的技术分析方法，重点理解技术分析的"择时"目标。模块二的内容涵盖第5、6章。模块三主要介绍现代金融理论前提的有效市场假说，并在此基础上理解均值-方差、CAPM、APT等经典资本资产定价模型，同时融入心理分析流派的相关思想，内容涵盖第7~9章和第12章，其中第12章主要为资产定价理论的应用。模块四主要介绍债券和衍生证券，考虑到两种产品的系统性研究在固定收益证券和金融工程等课程中均有较为详细的讲解，本书仅对这两类证券品种的核心基础知识进行介绍，内容涵盖第10、11章。

本书定位于金融学类及相关专业本科生及硕士研究生。在内容设计方面，每章均有引导案例和案例讨论，采集的案例涵盖中国特色估值体系、市值管理、注册制改革等时效性较强的素材，不仅有利于启发和提高学生认识问题、分析问题和解决问题的能力，还有利于增强学生对我国资本市场改革成就和时代发展进程的认知。

本书的教学时数为54学时，各章的参考教学学时见以下学时分配表：

本书主要由姚亚伟、张毅、赵海东、何东伟共同编写。具体编写分工如下：第1、2、7~9章由姚亚伟编写，第5、6章由张毅编写，第3、4、10章由赵海东编写，第11、12章由何东伟编写。全书由姚亚伟统一修改、定稿。同时感谢提供部分资料的交易所、证券公司、基金公司的朋友，他们的帮助使本书内容更加丰富。

章	课程内容	学时分配	
		讲　授	案例讨论
第 1 章	金融投资概述	2	3
第 2 章	证券种类	4	
第 3 章	证券发行与交易	2	
第 4 章	投资收益与投资风险	2	
第 5 章	股票的基本分析	3	3
第 6 章	技术分析	3	3
第 7 章	有效市场假说	3	
第 8 章	投资组合理论	2	3
第 9 章	风险定价理论	6	
第 10 章	债券投资分析	3	
第 11 章	金融期货与金融期权	3	3
第 12 章	基金业绩评估	3	3
	合计	36	18

虽然编者在编写中尽最大努力进行了修正及审阅，但书中难免还有错误、不足及遗漏之处，相关责任由编者承担。欢迎读者对书中的问题进行批评、指正，相关意见和建议可致函 ywyao@163.com，编者在此表示谢意。

我们为选择本书作为授课教材的教师免费提供电子教学课件（PPT）、教学大纲和课后习题答案，以及配套习题集、案例集和上机实验材料，可登录机工教育服务网（www.cmpedu.com）索取。

编者

2025 年 3 月

目录

前言

第1章 金融投资概述

本章提要 / 001

重点难点 / 001

引导案例 / 001

1.1 金融市场及要素构成 / 002

 1.1.1 金融内涵的理解 / 002

 1.1.2 金融市场的要素 / 003

 1.1.3 金融市场的分类 / 004

 1.1.4 我国金融市场的监管体系 / 006

1.2 证券市场概述 / 007

 1.2.1 证券市场的功能 / 007

 1.2.2 证券市场的参与者 / 008

 1.2.3 证券发行市场和流通市场 / 009

 1.2.4 构建多层次资本市场 / 009

 1.2.5 股票市场指数 / 010

 1.2.6 证券市场的规律 / 014

1.3 证券投资分析概述 / 014

 1.3.1 证券投资分析的内涵理解 / 014

 1.3.2 证券投资分析理论的发展与演化 / 016

 1.3.3 证券投资分析流派 / 017

 1.3.4 证券投资分析的信息来源 / 020

 1.3.5 分散化投资 / 020

本章小结 / 021

思考练习 / 021

案例讨论 / 022

第2章 证券种类

本章提要 / 024

重点难点 / 024

引导案例 / 024

2.1 证券概述 / 025
  2.1.1 证券的产生 / 025
  2.1.2 证券的概念 / 025
  2.1.3 证券的分类 / 026
2.2 股票 / 026
  2.2.1 股票的概念 / 026
  2.2.2 股票的特征 / 027
  2.2.3 股票的分类 / 028
  2.2.4 股票的价格 / 029
  2.2.5 股票的分红 / 030
  2.2.6 股票回购 / 030
2.3 债券 / 031
  2.3.1 债券的概念 / 031
  2.3.2 债券的特征 / 031
  2.3.3 债券的分类 / 032
  2.3.4 股票与债券的区别 / 034
2.4 证券投资基金 / 034
  2.4.1 证券投资基金的含义与性质 / 034
  2.4.2 证券投资基金的分类 / 035
  2.4.3 另类证券投资基金 / 038
2.5 金融衍生证券 / 039
  2.5.1 金融衍生证券的概念 / 039
  2.5.2 金融衍生证券的主要类型 / 039
  2.5.3 金融衍生证券的特点 / 041
  2.5.4 我国金融衍生证券的发展 / 041
本章小结 / 043
思考练习 / 043
案例讨论 / 044

第3章
证券发行与交易

本章提要 / 049
重点难点 / 049
引导案例 / 049
3.1 证券的发行 / 050
  3.1.1 证券的发行分类 / 050
  3.1.2 证券的发行概况 / 051
  3.1.3 发行上市流程 / 052
  3.1.4 证券发行价格 / 055
3.2 证券的流通 / 056
  3.2.1 证券流通市场的结构 / 056

3.2.2　证券市场的流动性　/　057
　　　3.2.3　证券交易　/　057
　　　3.2.4　证券市场上的信用交易　/　060
　3.3　除权除息与复权　/　062
　　　3.3.1　除权除息　/　062
　　　3.3.2　复权　/　063
　　　3.3.3　股票的拆股与并股　/　063
　本章小结　/　064
　思考练习　/　064
　案例讨论　/　064

第 4 章
投资收益与投资风险

　本章提要　/　066
　重点难点　/　066
　引导案例　/　066
　4.1　投资收益　/　067
　4.2　投资风险　/　069
　　　4.2.1　投资风险的特点与风险的分类　/　069
　　　4.2.2　风险的衡量　/　070
　本章小结　/　073
　思考练习　/　073
　案例讨论　/　075

第 5 章
股票的基本分析

　本章提要　/　077
　重点难点　/　077
　引导案例　/　077
　5.1　基本分析概述　/　078
　　　5.1.1　基本分析的概念　/　078
　　　5.1.2　基本分析的内容　/　078
　5.2　宏观分析　/　079
　　　5.2.1　非经济因素分析　/　079
　　　5.2.2　经济因素分析　/　080
　　　5.2.3　经济周期分析　/　082
　　　5.2.4　经济政策分析　/　083
　5.3　行业分析　/　085
　　　5.3.1　行业分类　/　085
　　　5.3.2　行业竞争力分析　/　088
　　　5.3.3　影响行业的外部因素　/　090

  5.3.4 行业的集中度 / 091
 5.4 公司分析 / 092
  5.4.1 公司分析体系 / 092
  5.4.2 内在价值评估 / 099
  5.4.3 相对价值法 / 102
  5.4.4 公司研究的关注点 / 105
 本章小结 / 108
 思考练习 / 108
 案例讨论 / 109

第6章 技术分析

 本章提要 / 112
 重点难点 / 112
 引导案例 / 112
 6.1 技术分析概述 / 113
  6.1.1 技术分析的概念 / 113
  6.1.2 技术分析的基本假设 / 114
  6.1.3 技术分析的要素——价、量、时、空 / 114
 6.2 道氏理论 / 115
  6.2.1 道氏理论的发展 / 115
  6.2.2 道氏理论的内容 / 115
  6.2.3 道氏理论的不足 / 117
 6.3 图形分析理论 / 117
  6.3.1 K线图分析 / 117
  6.3.2 形态分析 / 119
  6.3.3 趋势分析 / 122
 6.4 移动平均线 / 124
  6.4.1 移动平均线的概念 / 124
  6.4.2 移动平均线的特点 / 125
  6.4.3 移动平均线的应用 / 125
  6.4.4 平滑异同移动平均线 / 126
 6.5 技术指标 / 127
  6.5.1 相对强弱分析 / 127
  6.5.2 威廉指标和随机指标 / 128
  6.5.3 乖离率指标 / 130
  6.5.4 ADL、ADR和OBOS指标 / 130
 6.6 有关技术分析的讨论 / 131
 本章小结 / 132
 思考练习 / 132
 案例讨论 / 133

第7章 有效市场假说

本章提要 / 135
重点难点 / 135
引导案例 / 135
7.1 有效市场假说理论 / 135
 7.1.1 有效市场的含义 / 135
 7.1.2 有效市场假说的发展 / 136
 7.1.3 有效市场假说的前提 / 137
 7.1.4 基于信息来源的有效市场分类 / 138
7.2 有效市场假说的检验 / 139
 7.2.1 弱式有效市场的检验方法 / 139
 7.2.2 半强式有效市场假说检验 / 141
 7.2.3 有效市场假说本身存在的缺陷 / 142
7.3 投资策略 / 143
 7.3.1 消极的投资策略 / 143
 7.3.2 积极的投资策略 / 143
7.4 金融市场上的异常现象 / 144
 7.4.1 对弱式有效市场的挑战 / 144
 7.4.2 对半强式有效市场的挑战 / 145
本章小结 / 147
思考练习 / 147
案例讨论 / 147

第8章 投资组合理论

本章提要 / 149
重点难点 / 149
引导案例 / 149
8.1 投资组合的基本含义 / 149
8.2 投资组合的收益与风险 / 150
 8.2.1 概率分布条件下单个证券的期望收益率与方差 / 150
 8.2.2 概率分布条件下证券组合的期望收益率与方差 / 151
 8.2.3 一般情景下单一证券收益率与风险的度量 / 152
 8.2.4 一般情景下证券组合收益率与风险的度量 / 153
8.3 投资组合的可行域和有效集合 / 154
 8.3.1 两种资产的组合可行域及有效集合 / 154
 8.3.2 多种资产组合的可行域 / 160
 8.3.3 资产组合的有效集合 / 161
本章小结 / 163

思考练习 / 163
案例讨论 / 164

第9章 风险定价理论

本章提要 / 166
重点难点 / 166
引导案例 / 166
9.1 均值-方差模型 / 167
    9.1.1 均值-方差有效前沿 / 167
    9.1.2 风险厌恶与投资组合选择 / 170
    9.1.3 均值-方差模型的延伸及局限 / 171
9.2 简化证券组合选择模型 / 173
    9.2.1 单指数模型 / 173
    9.2.2 多指数模型 / 175
    9.2.3 利用单指数模型决定有效边界 / 176
9.3 均衡资产定价模型——CAPM / 177
    9.3.1 CAPM 的假设条件 / 177
    9.3.2 分离定理与市场组合 / 178
    9.3.3 CAPM 的理论推导 / 179
    9.3.4 CAPM 的局限性 / 183
    9.3.5 非标准的 CAPM / 184
9.4 APT / 189
    9.4.1 套利的本质 / 189
    9.4.2 APT 的理论推导 / 190
    9.4.3 APT 与 CAPM 的关系 / 191
本章小结 / 191
思考练习 / 191
案例讨论 / 194

第10章 债券投资分析

本章提要 / 195
重点难点 / 195
引导案例 / 195
10.1 债券估价 / 195
    10.1.1 债券定价的基本原理 / 195
    10.1.2 债券定价的基本定理 / 197
10.2 不同的债券收益率指标 / 199
10.3 利率期限结构 / 203
    10.3.1 利率期限结构概览 / 203

10.3.2 利率期限结构的基本作用 / 203
10.3.3 利率期限结构的理论解释 / 205
10.4 久期 / 208
10.4.1 久期的定义 / 208
10.4.2 久期的性质 / 209

本章小结 / 210
思考练习 / 210
案例讨论 / 211

第11章 金融期货与金融期权

本章提要 / 213
重点难点 / 213
引导案例 / 213

11.1 金融期货 / 214
11.1.1 金融期货概述 / 214
11.1.2 国债期货 / 215
11.1.3 股指期货 / 225
11.1.4 金融期货在投资组合管理中的应用 / 228

11.2 金融期权 / 229
11.2.1 期权合约的要素 / 229
11.2.2 期权合约的分类 / 229
11.2.3 期权的风险与收益 / 232
11.2.4 期权的价值及影响因素 / 234
11.2.5 期权的性质 / 236

11.3 期权的投资策略 / 238
11.3.1 价差策略 / 239
11.3.2 保护性看跌期权 / 240
11.3.3 抛补的看涨期权 / 240
11.3.4 对敲策略 / 241
11.3.5 期权合成股票 / 242

11.4 期权定价模型 / 242
11.4.1 二项期权定价模型 / 242
11.4.2 B-S 期权定价模型 / 244

本章小结 / 246
思考练习 / 246
案例讨论 / 247

第12章 基金业绩评估

本章提要 / 249

重点难点 / 249
引导案例 / 249
12.1 基金的投资决策流程和投资管理程序 / 250
    12.1.1 投资决策流程 / 250
    12.1.2 投资管理程序 / 251
12.2 基金业绩评估的定性指标 / 252
    12.2.1 业绩评估的必要性 / 252
    12.2.2 业绩评估的定性指标介绍 / 253
12.3 基金业绩评估的定量指标 / 254
    12.3.1 考虑收益率的业绩评估指标 / 254
    12.3.2 基于风险/收益匹配的业绩评估指标 / 257
    12.3.3 择时能力与择股能力评估模型 / 260
    12.3.4 基金业绩总体评估的分解 / 261
    12.3.5 资产组合管理能力持续性的检验 / 262
本章小结 / 264
思考练习 / 264
案例讨论 / 266

参考文献

本书视频资源

宣传片	

1. 证券的投资与定义		10. 金融市场上的加杠杆	
2. 有价证券的分析比较体系		11. 金融体系及管理	
3. 股票的分类及比较		12. 宏观经济变量与股票市场	
4. 债券的分类及比较		13. 行业分析的逻辑	
5. 融资渠道的分类及比较		14. 公司价值分析的基本逻辑体系	
6. 证券投资分析流派的基本思想及分析框架		15. 股票估值分析	
7. 证券的交易		16. K线分析和形态图	
8. 股票市场的发展及专业术语		17. 有效市场假说	
9. 首付贷的基本原理		18. 市场上的异常现象	

（续）

19. 组合投资与集中投资		25. 资产定价模型的实践应用	
20. 组合投资与集中投资		26. macd 指标与 kdj 指标	
21. 债券定价的基本原理及影响因素		27. 市场的有效性检验	
22. 期权的交易策略		28. 债券的久期	
23. 股指期货的应用		29. 资产证券化的基本原理	
24. 基金业绩的评估		30. 企业资产证券化的流程	

第 1 章 金融投资概述

本章提要

本章首先在金融体系框架下对金融的本质内涵、金融市场的要素、金融市场的分类及监管体系进行概述；其次重点从金融市场的功能、证券的发行市场和流通市场、多层次资本市场构建、股票市场指数等方面对证券市场进行概述；最后从证券投资分析的内涵、理论发展、分析流派、信息来源及投资策略等方面对证券投资分析体系进行概述。通过本章的学习，让读者从整体上形成一个对证券投资的外部环境、投资目标、分析方法、决策依据及投资思路等的相对清晰的认知体系。

重点难点

本章重点：模块化理解金融本质内涵及金融体系构成；系统认知"证券+投资+分析"的逻辑框架；掌握证券投资分析的理论基础；区分不同投资分析流派的差异；理解影响证券价格的信息来源。

本章难点：在对金融内涵认知的基础上，形成对证券分析、证券市场分析和证券投资分析的深层次、系统化理解。

引导案例

在实践中，每位投资者都可能同时面临多种投资选择。在作决策时，投资者要依据自身的风险偏好、流动性的需求及未来的投资目标，综合考虑金融产品的收益性、风险性、流动性及可能涉及的成本来进行投资。假如您每月需要保有 2000 元左右的流动性头寸，那么您将如何管理这 2000 元的流动性头寸呢？有几种可供选择的方案见表 1-1。

表 1-1 可供选择的方案

方　案	优　点	缺　点
银行活期存款	随时可支取，流动性高	收益较低
货币市场基金	通常比活期存款收益高，流动性好	收益可能随市场波动，存在一定的风险
短期定期存款	收益高于活期存款，资金安全	需要锁定一定时间，提前支取可能会有损失

(续)

方　案	优　点	缺　点
通知存款	收益高于活期存款，提前通知银行即可取款	需要提前通知银行，取款不如活期存款灵活
短期债券或债券基金	可能获得比货币市场基金更高的收益	流动性和安全性可能低于货币市场基金，存在一定的市场风险
网络理财产品	可能提供较高的收益和一定的流动性	风险可能较高，需要谨慎选择平台
股票账户的现金管理产品	可能获得高于活期存款的收益，且资金相对灵活	收益和安全性取决于所选产品，可能存在一定风险

📝 **案例讨论与思考：**

查阅相关资料，利用实际市场数据，制定投资方案，并给出理由（提示：以股票账户的现金管理产品为例，兼具货币市场基金的特征，但投资者可获得认购新发可转换债券的机会，如果中签10张可转换债券，依据目前可转换债券新上市后的表现，往往会获得超过10%的回报率）。

1.1　金融市场及要素构成

1.1.1　金融内涵的理解

金融，即资金的融通，是在不确定条件下对稀缺资金资源在不同供求主体和不同时期之间进行的优化配置。其中，资金的融入方作为需求者关心融资成本，资金的融出方作为供给者则关注投资收益，双方在以信用为载体的金融市场的作用下通过交易达到均衡，如图1-1所示。从金融内涵看，金融具有两大特点：一是金融决策的成本和收益不一定均匀分布在同一时期；二是风险的存在使得金融决策的结果带有不确定性。

从整个经济体系视角看，金融的产生、发展及功能发挥离不开实体经济的支撑，是整个经济体系的核心，如图1-2所示。实体经济的主体是企业和居民，政府通过财政政策直接作用于企业和居民，同时通过对金融机构的调控和监管，利用货币政策工具来调控企业和居民相互之间的供求均衡，从而有力地支撑实体经济的良性发展。

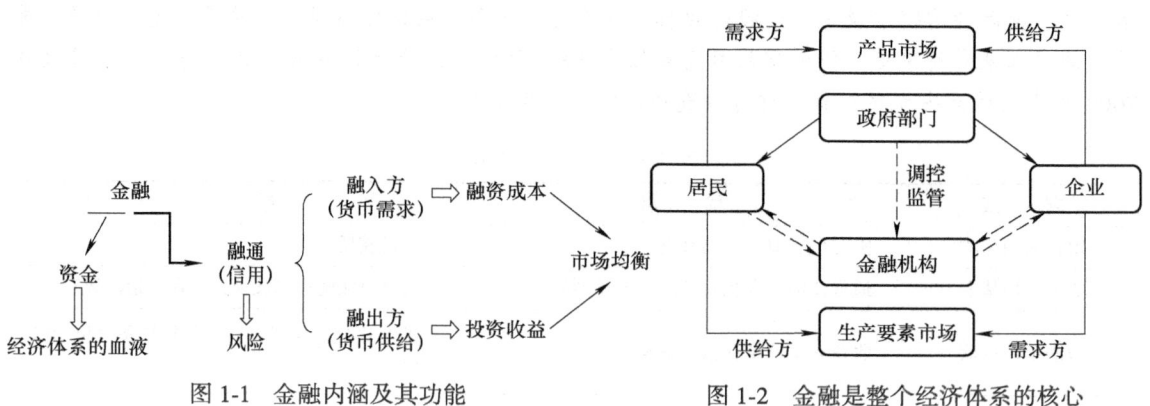

图1-1　金融内涵及其功能　　　图1-2　金融是整个经济体系的核心

商品经济的发展撬动着庞大的资金需求与供给，商业信用及承载信用的工具相继出现。早期的信用工具仅存在于商品买卖双方之间，流动性较差，具有较大的局限性。伴随着商品经济的进一步发展，在商业信用的基础上，银行信用开始出现，并推动了金融市场的产生和形成，在促进商业银行发展的同时，也使信用工具成为金融市场上的交易载体。伴随着金融工具的不断丰富和交易形式的多样化，金融机构体系及金融监管体系也不断完善和健全，最终构建和形成了金融中介体系、金融监管体系、金融资产体系和金融市场体系为主体的完整的金融体系，如图1-3所示。

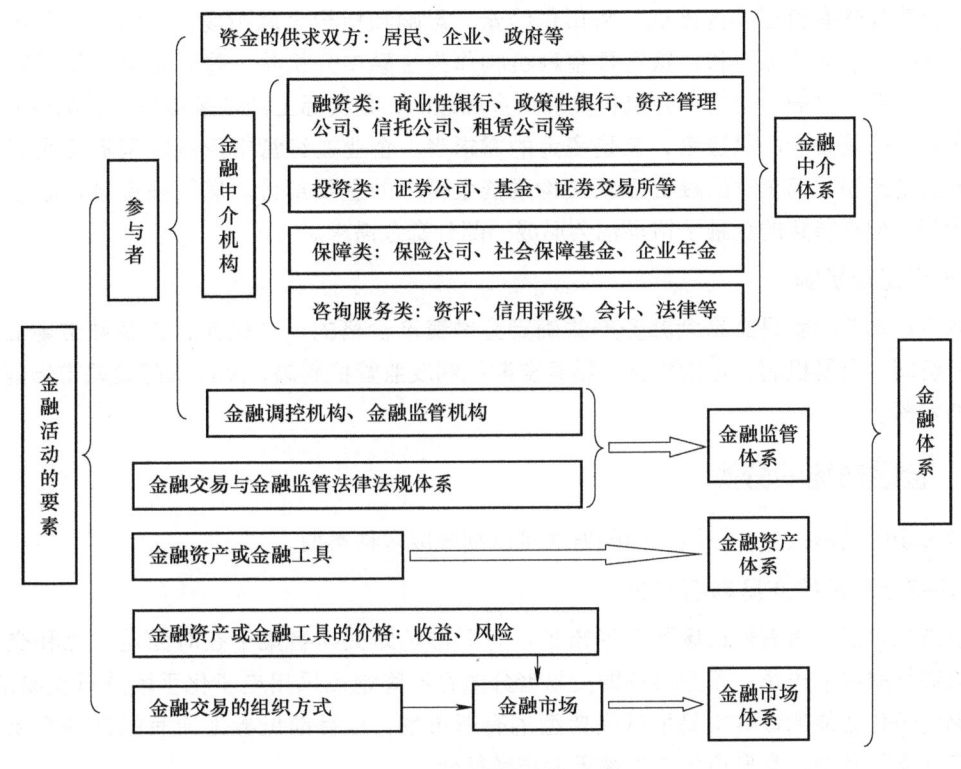

图1-3 金融活动的要素

1.1.2 金融市场的要素

金融市场是指以金融资产为交易工具而形成的供求关系和交易机制的总和。金融市场是货币资金融通的市场，在金融市场上交易的对象是同质的金融产品，通过供求双方的金融资产交易实现货币资金的融通。一个市场的形成通常应具备三个基本要素：交易对象、供求双方及市场运行机制。

1. 交易对象

金融市场上的交易对象就是各类金融产品或金融工具，按照金融工具的融通期限可分为货币市场工具和资本市场工具两大类：货币市场工具是指融通短期（一年以内）资金的金融产品，如同业拆借、回购协议、商业票据、承兑汇票、大额可转让定期存单、短期国债等；资本市场工具主要是指融通长期（一年以上）资金的金融产品，如股票、债券、证券投资基金、保险、融资租赁等。金融产品的交易价格取决于金融产品的期望收益率，它是投资者购买金融产品可获得的预期回报率，也是投资者购买金融产品时的重要决策依据。不同金融产品的期望收益率不同，但彼此之间又存在密切的联系。比如，国债和股票是两种不同的金融产品，股票的期望收益率要高于国债，主要原因是投资股票承担的风险要比投资国债承担的风险高。

2. 供求双方

金融市场的参与者主要有政府、中央银行、商业银行和非银行性金融机构、企业以及居民个人等。其中，政府在金融市场中主要充当资金的需求者和金融市场的管理者。中央银行是"银行的银行"，是商业银行的"最后贷款人"和整个经济金融体系的资金供给者；中央银行通过在金融市场公开操作有价证券直接调节货币供给量，影响和指导金融市场的运行，是货币政策的制定者和执行者。商业银行和非银行性金融机构作为金融中介机构，是金融市场最重要的参与者，资金供求双方是通过这些中介机构实现资金融通的，是实际上的金融商品交易的中心。企业在金融市场上既是资金的供应者，又是资金的需求者；企业在经营中形成的闲置资金是金融市场的重要资金来源，而企业的融资需求又构成资金需求的主要部分。居民在金融市场上主要是资金供给者，但在特定的金融子市场也会形成一部分资金需求。

3. 市场运行机制

金融市场本质上就是交易金融资产并确定金融资产价格的一种机制，在金融市场上，主要涵盖发行机制、交易机制、定价机制、结算交割机制及监管机制等，从而保障金融市场的健康运行和功能发挥。

1.1.3 金融市场的分类

金融市场的范围很广，按照不同的方法可以划分成多种类型。

1. 按有无固定的交易场所划分

金融市场可以分为有形市场和无形市场：有形市场即交易者集中在有固定地点和交易设施的场所内进行交易的市场；无形市场即交易者分散在不同地点采用电子化手段进行交易的市场。证券交易电子化之前的证券交易所就是典型的有形市场，但目前世界上所有的证券交易所都采用了数字化交易系统，有形市场渐渐被无形市场替代。

2. 按资金运用的期限划分

金融市场可以分为货币市场和资本市场：货币市场是到期期限在一年之内的金融工具所形成的市场，货币市场上交易的金融产品的到期期限通常在一年以上；资本市场主要是证券市场和长期借贷市场。

3. 按借贷双方权属关系是否具有一一对应性划分

金融市场可分为直接金融市场和间接金融市场：直接金融是资金供给方直接向资金需求方提供资金；而间接金融则是资金供给方通过商业银行等金融媒介将盈余部门的资金集中起来，然后贷给资金需求的部门。两者的区别如图1-4所示。以银行贷款和公司债券为例，银行将居民的存款集中起来向企业发放贷款，分别与居民和企业构成债权和债务关系，银行不能因为企业不归还银行贷款而解除与居民的债权债务关系，这种情况就属于间接金融。而证券承销机构在为企业发行债券时，它的作用是代理企业将债券发售给投资者，与企业之间订立的是承销合同，而与企业和投资者之间均没有债权债务关系。投资者需要自己承担债券到期不能偿还的风险，所以企业和购买该企业债券的投资者直接发生债权债务关系，这就属于直接金融。因此，金融中介机构在直接金融和间接金融中的法律地位和承担的责任是不相同的,所面临的风险大小也不一样,这也是我国目前金融业分业经营、分业管理的主要依据。

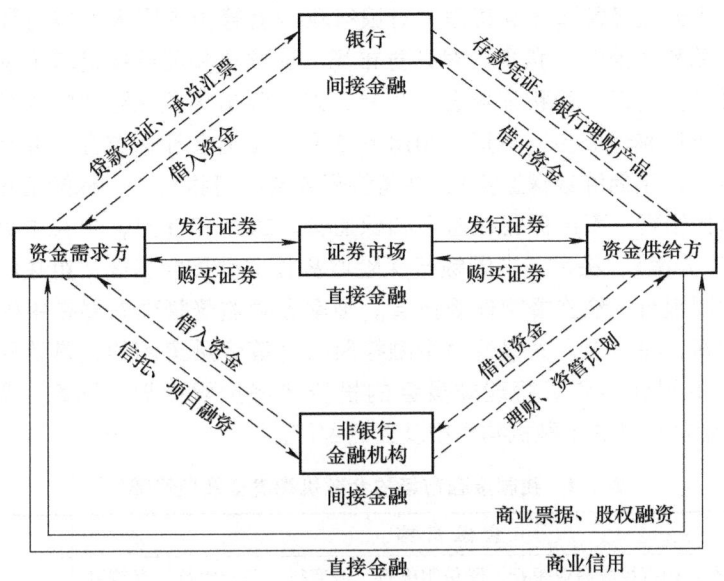

图1-4 直接金融与间接金融的区别

直接金融虽然出现在间接金融之后,但直接金融的发展速度远快于间接金融,金融证券化的趋势日益显现,居民储蓄结构也呈现出向理财产品和固定收益类产品转化的证券化倾向。特别是伴随着依托互联网和大数据业务的新金融的发展,传统金融与新金融不断融合,整个金融体系呈现业务交叉、相互影响的格局,如图1-5所示。

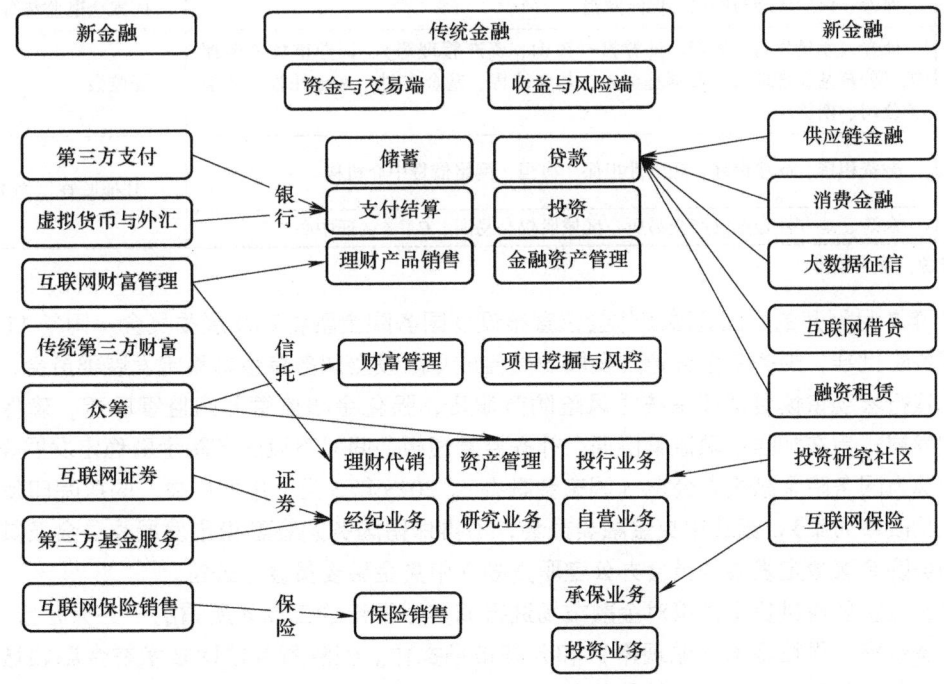

图1-5 新金融与传统金融的业务融合

1.1.4 我国金融市场的监管体系

我国金融业实行分业经营和分业管理,对银行业的监管由中国人民银行和中国银行业监督管理委员会(以下简称银监会)负责;对证券市场、证券业和证券投资基金等领域的监管由中国证券监督管理委员会(以下简称证监会)负责;对保险市场及保险业的监管则由中国保险监督管理委员会(以下简称保监会)负责。2018年3月,银监会和保监会合并组建成中国银行保险监督管理委员会(以下简称银保监会),并将银保监会拟订银行业、保险业重要法律法规草案的职责划入中国人民银行,不再保留银监会和保监会。2023年3月,中共中央、国务院印发了《党和国家机构改革方案》,决定在中国银行保险监督管理委员会基础上组建国家金融监督管理总局,不再保留中国银行保险监督管理委员会。国家金融监督管理总局在中国银行保险监督管理委员会基础上组建,将中国人民银行对金融控股公司等金融集团的日常监管职责、有关金融消费者保护职责,中国证券监督管理委员会的投资者保护职责划入国家金融监督管理总局。表1-2归纳了我国金融市场的金融机构类型及监管部门。

表1-2 我国金融市场的金融机构类型及监管部门

类 型	金融机构	监管部门
银行	中资银行:国有控股商业银行、股份制银行、城商行、民营银行、直销银行等	央行/国家金融监督管理总局
	农村中小金融机构:农村商业银行、农村合作银行(农村信用合作联社)等	
	外资银行	
非银行金融机构	消费金融公司、小贷/互联网小贷、个人征信/企业征信、信托、金融租赁、汽车金融、企业集团财务公司、支付、货币经纪、AMC(资产管理公司)	
保险	保险、保险代理与经纪、保险网销	国家金融监督管理总局
证券/基金	证券(承销发行、经纪、证券投资咨询、资产管理等)、证券市场资信评级、公募基金管理人、私募基金人、基金销售、基金支付、基金托管、基金子公司、期货	证监会
非银行金融机构	融资租赁、商业保理、融资性担保、典当、网络借贷中介机构	其他监管(商务部等)
其他	众筹、地方性金融资产交易所、区域股权交易所、CA(认证中心)	

资料来源:编者整理。

2017年7月召开的全国金融工作会议宣布设立国务院金融稳定发展委员会;同年11月经党中央、国务院批准,国务院金融稳定发展委员会成立。设立国务院金融稳定发展委员会,是为了强化人民银行宏观审慎管理和系统性风险防范职责,强化金融监管部门监管职责,确保金融安全与稳定发展,旨在加强金融监管协调、补齐监管短板。同时下设国务院金融稳定发展委员会办公室,简称为国务院金融委办公室(国家金融办)。2023年3月,中共中央、国务院印发了《党和国家机构改革方案》,组建中央金融委员会,不再保留国务院金融稳定发展委员会及其办事机构,将国务院金融稳定发展委员会办公室职责划入中央金融委员会办公室。

中央银行主要通过货币政策对金融市场进行调控,常用的工具即所谓的"三大法宝"——法定存款准备金率、再贴现率(贴现率)和公开市场操作。但随着互联网技术在金融领域的渗透和金融内生创新的驱动,货币政策的传导机制不太通畅,数量型和价格型的货币政策工具在实践应用中均面临着较大的挑战。为积极应对金融创新的冲击，央行又引入了 SLF（常备借贷便利）、MLF（中期借贷便利）、SLO（短期流动性调节工具）、PSL（抵押补充贷款）等新型的货币政策工具以增强货币政策调控的效果。表 1-3 简要介绍和比较了几种新型货币政策工具。

表 1-3 不同新型货币政策工具的简要介绍

对比项	SLF	MLF	SLO	PSL
中文名	常备借贷便利	中期借贷便利	短期流动性调节工具	抵押补充贷款
主动发起方	商业银行	央行	央行	央行
期限	1~3 个月	3 个月、6 个月、1 年	7 天内	3~5 年
资金用途		特别支持"三农"和小微企业		特定政策或项目建设
利率决定方	央行	利率招标[①]	利率招标	央行
机制	若增加货币供应，则通过 SLF 的抵押贷款或 MLF 的逆回购；若减少货币供应，则进行 MLF 的正回购操作或逆回购到期不再新投放			

① 利率招标是指央行与要进行 MLF 操作的银行议价，每个商业银行出一个自己认可的利率，最后的成交利率是所有商业银行中报价最高的或平均值（不同产品的利率招标规则有差别）。

1.2 证券市场概述

证券市场是有价证券发行与流通及与此相适应的组织与管理方式的总称，是社会化大生产和商品经济发展的产物。1602 年，世界上第一个股票交易所在荷兰的阿姆斯特丹成立。1793 年一家名叫汤迪的咖啡馆在华尔街落成，华尔街终于有了一个固定的交易场地。1817 年，参与华尔街汤迪咖啡馆证券交易的经纪人通过了一项正式章程，并成立组织，定名为"纽约证券交易会"；1863 年正式成立"纽约证券交易所"。20 世纪 70 年代开始，证券市场出现了高度繁荣的局面，不仅市场规模更加扩大，交易也日趋活跃，还逐渐呈现出"融资方式证券化、投资主体法人化、证券交易多样化、证券市场自由化、证券市场国际化和证券市场计算机化"的新特征。

我国证券市场的存在可以上溯到北洋政府时期，而证券的发行则更早，可以追溯到 19 世纪。20 世纪 80 年代以来，我国证券市场逐步成长起来。1981 年，国库券恢复发行；1984 年，上海、北京等地的少数企业开始发行股票和企业债券；1988 年，国债流通市场建立，股票柜台交易起步，标志着证券流通市场开始形成；1990 年年底和 1991 年年初，上海证券交易所和深圳证券交易所相继成立，标志着证券市场正式诞生；1991 年开始发行 B 股，1993 年出现了 H 股、S 股、N 股等境外上市外资股。

1.2.1 证券市场的功能

在证券市场上，企业产权已商品化、货币化、证券化，资产采取了有价证券的形式且在证券市场上可以自由买卖，这就打破了实物资产的固定和封闭状态，使资产具有最大的流动性。证券在二级市场上的流动性，意味着资金通过证券这一载体不断发生转移，这种转移本身是社会资源重新进行配置的过程。因此，证券市场最主要的功能是优化资源配置，围绕优化资源配置功能，证券市场还派生出许多其他的功能，具体表现在以下几个方面。

（1）引导资金流动、实现资源有效合理配置　证券市场通过证券信用的方式融通资金，通过证券的发行交易引导资金流向企业，完成资金转化功能，从而支持和推动实体经济的发展。与商业银行的间接融资相比，证券市场的直接融资还有三个方面的优点：一是筹集的资金是长期相对稳定的资金；二是企业可以连续筹资；三是筹资的规模与速度大大提高。

（2）资产定价　证券的供求双方依据不同渠道获得的信息对证券进行估值分析并作出买卖决策，通过二级市场上交易双方的动态博弈形成均衡价格。在发展相对成熟的证券市场上，单一投资者的交易行为很难对证券价格产生影响，在实践中一般都假设投资者是证券价格的接受者。

（3）提供证券的流动性　证券市场提供了货币和证券之间相互转化的功能，同时证券市场上的参与者多样化，投资者可以快速、便捷地找到交易对手，从而降低交易成本。正是由于证券市场提供流动性的功能，投资者才有动力和意愿去投资期限较长、流动性相对较差的股权资产。流动性越好的市场，交易成本就越低，企业融资的成本也会越低。

（4）传播信息　当一家企业在证券市场上市后，企业就变成了公众公司，媒体报道和分析师的关注度都会提高，这有助于提升企业的影响力。但同时由于信息披露的要求，对企业经营决策或对企业经营产生重大影响的信息都要进行披露，这可能会对企业的一些内部决策产生负面影响。

（5）为政府提供公开市场操作的调节杠杆　证券投资收益率的高低对整个金融市场其他因素的变化都有较大的影响。在实践中，政府可以在证券市场上通过买卖政府债券的方式影响证券的预期收益率，从而间接调节金融业的杠杆。

1.2.2　证券市场的参与者

通常证券市场的参与者包括证券市场主体、证券市场中介、自律性组织和证券监管机构四大类。

1. 证券市场主体

证券市场主体主要是指包括证券发行人和证券投资者在内的证券市场参与者。

证券发行人主要包括政府、金融机构、企业等。其中，政府是指中央政府和地方政府，中央政府为弥补财政赤字或筹措经济建设所需资金，主要在证券市场上发行各类国债；地方政府则主要发行地方债或依托城投平台发行城投债等。金融机构和企业在证券市场上主要通过发行股票或债券进行融资。

证券投资者是资金的供给者，即金融工具的购买者，主要包括机构投资者（含企业自身、社保基金、企业年金、投资基金、证券公司、保险公司、信托公司等）和个人投资者。在证券市场上，针对不同类型的投资者，管理部门往往会制定一系列的投资限制和设置一定的投资门槛，以控制投资者的投资风险。就整个社会而言，在通常情况下，政府和企业是资金需求者，个人或家庭是资金供给者。

2. 证券市场中介

证券市场中介是连接证券投资者与筹资者的桥梁，是证券市场运行的核心。证券市场中介主要包括证券公司（承销商或经纪商）、会计师事务所、律师事务所、资产评估机构、证券评级机构、证券投资咨询与服务机构。

3. 自律性组织

自律性组织一般是指行业协会和证券交易所，它们发挥着政府与证券经营机构之间的桥梁和纽带作用，维护投资者和会员的合法权益，完善证券市场体系。我国目前的证券行业协会主要有中国证券业协会、中国证券投资基金业协会、中国期货业协会等。

4. 证券监管机构

就政府监管机构的设置状况而言，主要有设置独立机构管理和政府机构兼管两种类型。我国的证券监管机构为证监会，证监会为国务院直属正部级事业单位，依照法律、法规和国务院授权，统一监督管理全国证券期货市场，维护证券期货市场秩序，保障其合法运行。

1.2.3 证券发行市场和流通市场

按证券运行过程和功能可将证券市场分为发行市场（又称一级市场、初级市场）和交易市场（又称二级市场、流通市场、次级市场）。发行市场是指新发行的证券从发行者手中出售给投资者的活动过程，是企业公开发行的新证券（股票或债券）和政府发行的新债券首次发售给投资者的过程，是资金需求者筹措资金的重要渠道，同时又为资金供给者提供了投资及获得收益的机会；交易市场则为证券在投资者之间流通交换提供了平台，保证了证券的流动性。从形式上讲，证券发行市场是证券交易市场的基础，它与证券交易市场构成了统一的证券市场整体。

另外，按交易的证券品种可将证券市场分为股票市场、债券市场、基金市场和衍生证券市场等子市场，且各子市场之间存在着内在的关联。例如，衍生证券市场以基础证券的存在和发展为前提，基金主要投资于股票市场和债券市场。若按组织形式又可将证券市场分为场内市场（在交易所中有组织、有规范地进行交易）和场外市场（在交易所之外的柜台市场或店头市场进行交易）。

1.2.4 构建多层次资本市场

构建多层次的资本市场体系是我国资本市场发展的方向，我国资本市场由中国证券监督管理委员会统一监管，主要可分为场内市场和场外市场，目前多层次的资本市场体系已逐步形成，如图1-6所示。

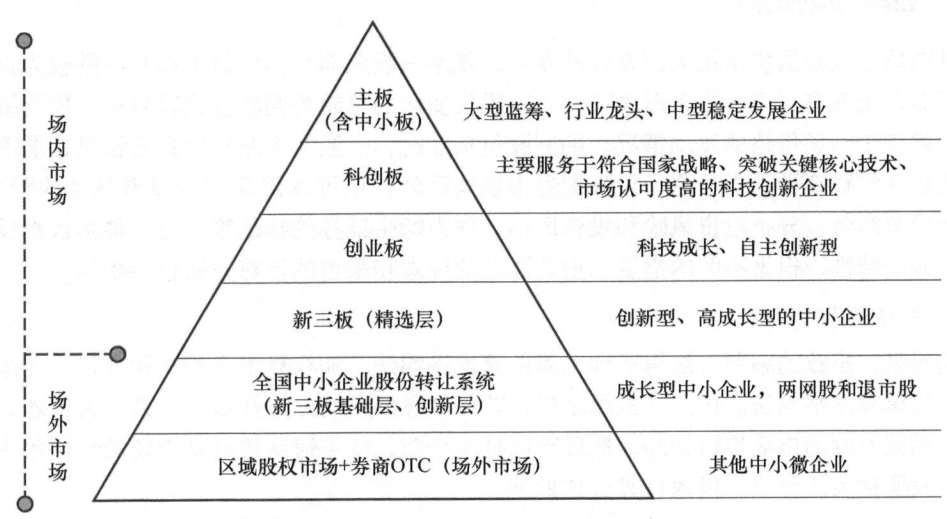

图1-6 我国目前多层次的资本市场体系构成

在实践中，资本市场从来不是孤立存在的。以正在建设国际金融中心的上海为例，目前已建立了较为完善的金融生态体系圈，不同金融子市场之间的关联如图1-7所示。

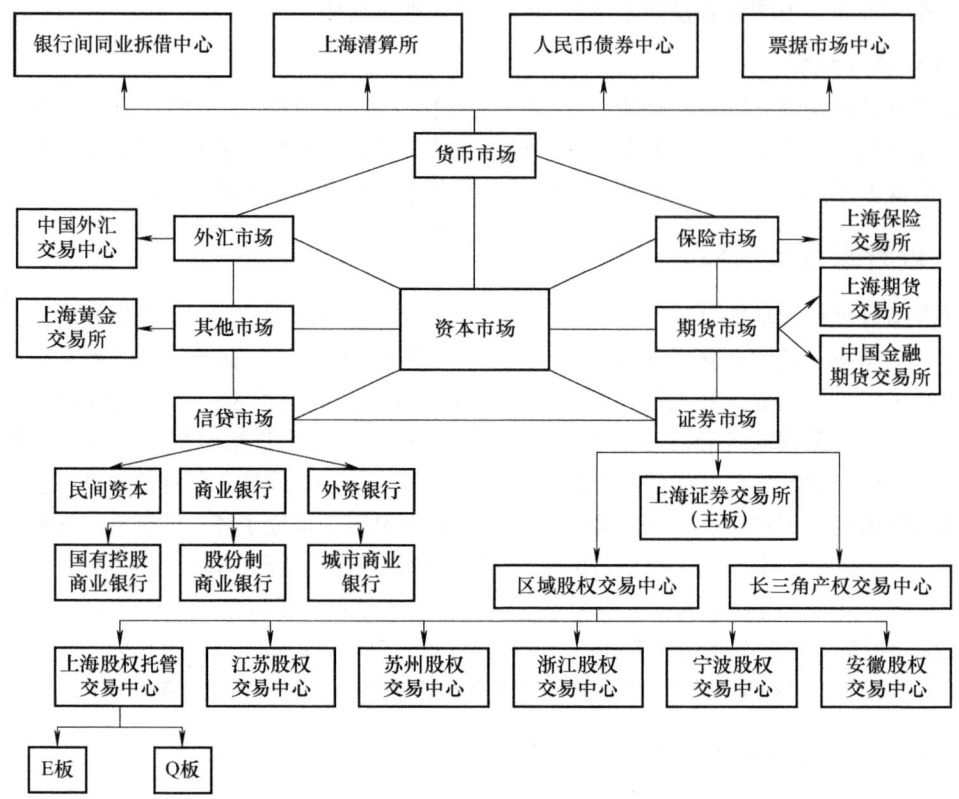

图 1-7 金融体系的生态图（以上海为例）

1.2.5 股票市场指数

证券市场上股票的价格每天都在波动变化。就某只股票而言，股价上涨和下跌较为直观；但就整个证券市场而言，不同股票涨跌不一，对股价变化的总趋势判断就比较复杂，需要编制价格指数来描述整个市场价格的波动情况。编制股价指数时，一般要求股价指数应该具备准确性、敏感性、代表性和稳定性。指数除了用来衡量市场表现外，还可以用来评价投资基金的管理水平、构造指数投资组合、分析投资风险和投资风格、作为衍生证券的标的等。每一种指数都反映了市场某一方面的特性，根据不同的需要，指数选取的样本和采用的计算方法也不相同。

1. 指数的编制方法

归纳起来，指数的编制方法有三种：简单算术平均法、加权算术平均法和几何平均法。

一是简单算术平均法。该方法的思路是：首先从股票市场上选择若干股票作为样本，将样本股票某一相同时刻的市场价格相加，然后除以样本个数，就可得到该时刻市场的价格水平。被选作样本的股票称为成分股，指数计算公式如下：

$$I_t = \sum_{i=1}^{N} P_{it}/N$$

式中，I_t 是 t 时刻的指数；N 是样本数；P_{it} 是样本中第 i 只股票在 t 时刻的价格。

【例1.1】假设样本中有三只股票A、B、C，某日的收盘价分别为10元、8元、3元，则该

日的指数 $I_t = (10 + 8 + 3)/3 = 7$。第二天 A、B、C 的收盘价变为了 12 元、7 元、5 元，则指数 $I_{t+1} = (12 + 7 + 5)/3 = 8$。

当成分股发生了变化或成分股的股本结构发生了变化，为保证指数的连续性，需要采用"除数修正法"修正原固定除数。由于简单算术平均法只考虑了股票价格因素，忽略了发行量大的股票往往对市场的影响也大。例如，道·琼斯工业股票价格平均指数采用的就是这种方法，我国于 20 世纪 80 年代末编制的最早的股价指数"静安指数"也采用了简单算术平均法，显然这种编制方法得出的指数容易受个别高价股的影响。

二是加权算术平均法。加权算术平均法的权数可以是成交量、流通股数和总股数等，通常有两种计算方法，计算公式分别如下：

$$I_t = \sum P_{it} N_{it} / \sum P_{i0} N_{it} \times 100$$

$$I_t = \sum P_{it} N_{i0} / \sum P_{i0} N_{i0} \times 100$$

式中，N 为权数；0 表示基期；t 表示报告期。

两者的区别在于：第一个公式以报告期的数量为权数，称为派许公式；第二个公式以基期的数量为权数，称为拉斯贝尔公式。以上市股数为权数编制的指数基本采用派许公式，比如美国的标准普尔股价指数。

【例 1.2】假定 A、B、C 三只股票在基期和报告期的股价和发行量见表 1-4，并假定基期指数为 100，试计算报告期指数。

表 1-4　A、B、C 股票的发行量和股价

股　　票	发行量（股）	基期股价（元）	报告期股价（元）
A	100	10	12
B	200	8	7
C	135	3	5

若用拉斯贝尔公式计算，则可得报告期指数 $I = \dfrac{100 \times 12 + 200 \times 7 + 135 \times 5}{100 \times 10 + 200 \times 8 + 135 \times 3} = 1.09$。

和简单算术平均一样，当成分股发生了变化，或成分股的股本结构发生了变化，或成分股的总市值出现非交易因素的变动时，也需要采用"除数修正法"调整原除数。从编制规则看，加权算术平均法计算的指数也容易受个别大盘股的影响。

三是几何平均法。几何平均法的计算公式如下：

$$I = \left(\prod_{t=1}^{N} P_{i1} / P_{i0} \right)^{1/N} \times 100$$

沿用例 1.1 的数据，用几何平均法计算的报告期指数为

$$I = \left(\frac{12}{10} \times \frac{7}{8} \times \frac{5}{3} \right)^{1/3} \times 100 = 102.5071$$

目前大多数指数采用的都是算术平均法，只有为数不多的指数采用的是几何平均法。几何平均法可以消除异常股价波动对指数的影响；相对于算术平均法，几何平均法计算的指数波动幅度较小，比较适用于作为股指期货的标的。美国价值线公司于 1961 年推出的价值线指数 (Value Line Composite Index, VLCI) 就是第一个用于股指期货标的物的指数，并沿用至今。

2. 国内外著名的股价指数

（1）道·琼斯工业股票价格平均指数（Dow Jones Industrial Average，DJIA） 道·琼斯工业股票价格平均指数是历史最悠久的指数，最早是由 Charles Henry Dow 编制的，他是《华尔街日报》的首位编辑和 Dow Jones 公司的创始人之一。1844年7月3日，指数发表于《每日通讯》（《华尔街日报》的前身）上，当时包括11家公司的股票，其中9家铁路公司、2家工业公司，指数由这11只股票的收盘价之和除以11得到。在随后编制股票价格平均数时，对采用的股票种类和数目以及编制方法都作过多次调整，目前道·琼斯工业股票价格平均指数包括：30种工业股票价格平均指数；20种运输业股票价格平均指数；15种公用事业股票价格平均指数；综合前三组65种股票价格平均指数而得出的综合指数。其中，30种工业股票价格平均指数是纽约股票市场最有影响、最具代表性的股价指数。

（2）标准·普尔500股票综合指数（Standard & Poor's 500 Composite Stock Price Index） 它是美国规模最大的证券研究机构标准·普尔公司编制发布的，用以反映美国股票市场行情变化的股价指数。标准·普尔股票指数于1932年开始编制，最初采样股票共233种，涵盖了26个行业。1957年采样股票扩大到500种，其中工业股票425种，铁路股票15种，公用事业股票60种，涉及的子行业增加到83个。1976年7月又进行了改动，采样股票仍为500种，但其构成变为工业股票400种，运输业股票20种，公用事业股票40种，金融股票40种。1988年4月，标准·普尔股票指数取消了对各个行业股票数量的限制，决定根据公司的实际情况来判断是否加入样本，但样本的总数仍保持在500家。标准·普尔股票指数采用加权平均法，以1941—1943年的平均市价总和为基期值，基期指数为100，以上市股票市值为权数进行计算。

（3）《金融时报》股票价格指数 《金融时报》股票价格指数是由英国伦敦《金融时报》编制发布的，反映伦敦证券交易所工业和其他行业股票价格变动的指数，采用加权算术平均法计算。该指数的采样股票分为三组：第一组是在伦敦证券交易所上市的英国工业有代表性的30家大公司的30种股票；第二组和第三组分别由100种股票和500种股票组成，其范围包括各行各业。该指数以1935年7月1日为基期，基期指数为100，该指数能及时反映伦敦股票市场的整体动态。

（4）日经股票价格指数 该指数采用简单算术平均法编制，是由日本经济新闻社编制并公布的反映日本股票市场价格变动的股票价格平均数，基期为1950年9月7日。按计算对象和采样数目不同，该指数分为两种。一是日经225种平均股价，其所选样本均为在东京证券交易所第一市场上市的股票，这些采样股票原则上是固定不变的。由于日经225种平均股价是自1950年开始并一直延续下来的，具有可比性和连续性，成为考察分析日本股票市场股价的长期演变及其趋势最常用、最可靠的指标。二是日经500种平均股价，自1982年1月4日开始编制。该指数样本不是固定的，每年4月根据前三个结算年度各股份有限公司的经营状况、股票成交量、市值总额等情况更换采样股票。日经500种平均股价所选样本多，具有广泛的代表性，因而能比较全面、真实地反映日本股市行情的变化，还能反映日本产业结构的变动。

（5）恒生股票价格指数 该指数是由香港恒生银行根据香港各行各业具有代表性的33种股票价格加权而成的，也是香港股票市场历史最为悠久、影响最大的一种股价指数。它从1969年11月24日开始发布，其基期为1964年7月31日，基期指数为100点。33个成分股中包括金融类4种，公用事业类3种，地产类10种，工商业类16种，其总市值占到香港联合交易所市场资本总额的70%左右。恒生指数成分股经过广泛向外咨询和严格周详的程序而挑选，任何公司均须符合以下基本准则，才有机会获选成为成分股：①必须居于在联交所上市的所有普通股股份总市值的前 90%（市值指过去 12 个月的平均值）；②必须居于在联交所上市的所有普通股成交额的前 90%（成交额指过去 24 个月的成交总额）；③一般要求在联交所上市满 24 个月；④并非外国公司，以联交所定义为准。

（6）上证综合指数　上证综合指数是上海证券交易所股票价格综合指数的简称。上证综合指数是上海证券交易所于 1991 年 7 月 15 日开始编制和公布的，以 1990 年 12 月 19 日为基期，基期值为 100 点，以全部的上市股票为样本，以股票发行量为权数进行编制。随着上市品种的不断丰富，上海证券交易所在这一综合指数的基础上，从 1992 年 2 月起分别公布 A 股指数和 B 股指数；从 1993 年 5 月 3 日起正式公布工业、商业、地产业、公用事业和综合五大类分类股价指数。上证综合指数是价格指数，反映上海证券交易所上市公司以当前成交价计算的整体市值变化。因上市公司分红已通过现金形式发放给股东，从市值中扣除，价格指数不体现样本现金分红，仅反映指数样本价格表现，因此当指数样本分红派息时，作为价格指数的上证综合指数在除息日会出现自然回落。

（7）深圳综合指数　深圳综合指数是深圳证券交易所股票价格综合指数的简称，深圳证券交易所于 1991 年 4 月 4 日开始编制发布深圳综合指数。它以 1991 年 4 月 3 日为基期，基期值为 100 点，采用基期的发行量为权数计算编制。该指数以所有上市股票为样本股，当有新股上市时，在其上市后第二天纳入样本股计算；若样本股的股本结构有所变动，则以变动之日为新基日，并以新基数计算。

（8）深圳成分股指数　深圳证券交易所自 1995 年 1 月 3 日开始编制深圳成分股指数，并于同年 2 月 20 日实时对外发布。成分股指数通过对所有上市公司进行考察，按一定标准选出 40 家有代表性的公司编制成分股指数，采用成分股的可流通股数作为权数，采用派许加权算术平均法进行编制。成分股指数按照股票种类分 A 股指数和 B 股指数。成分股指数及其分类指数的基期为 1994 年 7 月 20 日。成分股指数的基期指数指定为 1000 点。该指数的发布内容包括前日收市、今日开市、最高指数、最低指数和当前指数。

（9）上证 180 指数　上证 180 指数是上海证券交易所编制的一种成分股指数，前身是上证 30 指数。上证 30 指数以在上海证券交易所上市的所有 A 股股票中最具市场代表性的 30 种样本股票为计算对象，并以流通股数为权数编制的加权综合股价指数，取 1996 年 1 月至 1996 年 3 月的平均流通市值为指数基期，基期指数定为 1000 点。上证 180 指数是对原上证 30 指数进行调整和更名后产生的指数，它于 2002 年 7 月 1 日公开发布。该指数通过选取上海 A 股股票中具有行业代表性、一定规模和流动性的 180 只成分股，采用派许加权综合价格指数公式计算而成，权数为样本股的调整股本数，而调整股本数则采用分级靠档的方法对成分股股本进行调整。

（10）沪深 300 指数　沪深 300 指数由沪深 A 股中规模大、流动性好的最具代表性的 300 只股票组成，于 2005 年 4 月 8 日正式发布，以综合反映沪深 A 股市场的整体表现。沪深 300 指数以 2004 年 12 月 31 日为基期，基期指数为 1000 点。沪深 300 指数以"点"为单位，精确到小数点后 3 位。

（11）上证 50 指数　上证 50 指数以上证 180 指数样本股为样本空间，挑选上海证券市场规模大、流动性好的最具代表性的 50 只股票组成样本股，综合反映上海证券市场最具市场影响力的一批龙头企业的整体表现。该指数以 2003 年 12 月 31 日为基期，以 1000 点为基期指数。在样本选取时，对样本空间内的股票按照最近一年的总市值、成交金额进行综合排名，选取排名前

50 位的股票组成样本，但市场表现异常并经专家委员会认定不宜作为样本的股票除外。

（12）上证综合全收益指数　2020 年 10 月 9 日，上海证券交易所（以下简称上交所）正式对外发布上证综合全收益指数，便于投资者多维度观测市场。上证综合全收益指数是上证综合指数的衍生指数，二者的样本、权重均一致，但前者在后者的基础上，进一步考虑了分红再投资收益，指数点位不会出现自然回落，因此能更全面表征市场整体收益情况。国际上，指数编制机构在发布价格指数时，一般也会发布对应的全收益指数，如标普 500 全收益指数等，供投资者从更多维度观测市场。上海证券交易所于 2024 年 7 月 29 日起向市场发布上证综合全收益指数实时行情。从上证综合全收益指数基期（2020 年 7 月 21 日）至 2024 年 6 月底，指数点位比上证综合指数高 277 点。

1.2.6　证券市场的规律

1. 牛熊市周而复始

牛熊交替是股票市场的一个基本规律，投资者都期望能在熊市低点时买入，而在牛市高点时卖出。但截至目前，并没有任何一个完全有效的投资理念能满足投资者的该需求，主要原因在于影响股票市场涨跌的因素很多，且这些因素均会通过二级市场股票价格的变化来反映，这就极大地制约了对股票价格趋势预测的准确性。

我国国内股票市场起步较晚，投资者教育环节薄弱，股票市场呈现"暴涨暴跌"的特征，导致长期持股投资并不一定能获得较高收益。从国内股市过往的历史经验看，追捧和投资市场热点获得的潜在收益不一定就低，投资者需要在投资与投机之间寻求平衡。比如，国家鼓励发展战略新兴产业，若遵循价值投资理念来分析新兴产业，则新兴产业较高的市盈率很难满足价值投资的标准；但投资者购买股票是基于对未来的预期，行业未来的天花板及外部环境都是时刻在变化的，因此并不存在固定不变的投资获利模式。

2. 尊重市场、适应市场

投资收益与投资者承担的风险相对应。风险既包括宏观外部环境变化、货币政策调整等因素引致的系统性风险，又包括公司经营、管理等引致的公司特有风险。因此，投资者投资证券，获得的收益既有系统性风险带来的市场性收益，也有公司特有风险带来的非市场性收益。市场性收益由宏观大环境决定，而非市场性收益则是对承担上市公司自身特有风险所要求的补偿性额外收益，投资者能否战胜市场，最终取决于能否获得非市场性收益。简言之，就是获得的投资收益能否超越作为市场基准的市场指数的收益率。但目前的研究表明，大多数主动型的投资都难以战胜市场指数。

1.3　证券投资分析概述

1.3.1　证券投资分析的内涵理解

1. 概念界定

证券投资是指投资者（法人或自然人）购买股票、债券、基金等有价证券以及这些有价证券的衍生产品，以获取红利、利息及资本利得的投资行为和投资过程。对于投资者而言，证券投资的目的是实现净效用（收益带来的正效应和风险带来的负效应的权衡）的最大化，也即"在风险既定的条件下，投资收益率最大化；或在投资收益率既定的条件下，风险最小化"。

证券投资分析是指人们通过各种专业分析方法，对影响证券价值或价格的各种信息进行综合分析以判断证券价值或价格及其变动的行为，是证券投资过程中不可或缺的一个关键环节。

2. 证券投资过程的基本步骤

通常，证券投资过程通常包括以下几个基本步骤：

（1）确定证券投资政策　该步骤作为投资过程的第一步，主要涉及投资目标和可投资资金数额的确定。由于证券投资属于风险投资，因此投资者应结合自身的风险偏好、资金流动性需求及投资期限等因素来制定投资目标，并兼顾预期收益与风险承担的匹配性。比如：对于老年投资者，他们通常具有较高的风险厌恶性，倾向于追求资本保值及稳定的收益流，因此偏好于风险较低、收益固定的国债等固定收益证券；对于中年投资者，他们处于资产积累阶段，同时面临家庭责任，需要在风险与收益之间寻求平衡，适合选择风险和回报都相对适中的混合型资产配置策略；对于年轻投资者，他们相对具有更高的风险承受能力，愿意为了获得较高收益而承担较大的市场波动风险，因此更偏向于投资具有高成长性和较高波动性的股权类资产。

（2）进行证券投资分析　该步骤主要对投资过程第一步所确定的金融资产类型中的单个证券或证券组合的具体特征进行全面深度分析，分析的方法很多，但主要有四类：基本分析、技术分析、心理分析和学术分析。

（3）组建证券投资组合　该步骤主要是确定具体的投资资产和在不同资产上分配的资金比例。在该过程中，投资者需要注意择股、择时和多元化三个问题。

（4）投资组合的动态调整　该步骤主要对上述三步进行持续定期的修正和管理。投资者设定的最优投资组合是基于对历史资料的分析构建的，但投资过程中可能受到外部因素和公司自身因素的影响，证券的预期收益率和风险可能与预期发生偏离。这样投资者持有的证券投资组合将不再是最优的组合，需要对投资组合进行动态再平衡，这一决策取决于组合调整带来的交易成本增加与调整后组合业绩的边际改善状况。

（5）投资组合业绩评估　该步骤主要是定期对投资表现进行评价，不仅要考虑期望收益率，还需要兼顾投资者所承担的风险。通过评价发现实际与预期投资目标的偏差，并通过归因分析进行反馈调整，最终使得投资达到预期目标。

3. 证券投资分析的动因

（1）实现投资决策的科学性　投资决策贯穿于整个投资过程，受资金规模及内外部投资条件的约束。尽管不同投资者的投资决策方法、风险承受能力、预期收益目标和投资周期均存在差异，且证券自身的风险收益特征也会随环境因素的改变而发生动态变化，但科学的分析有助于提高投资决策的正确性。

（2）有助于证券投资目标的实现　从现代金融管理的视角，投资的目的是实现资产的保值增值。保值体现了风险管理的要求，增值体现了对获得收益的需求。这就需要在正确评估证券投资价值的同时，积极降低投资者的投资风险。

4. 证券投资分析的评价

通俗地讲，证券投资分析就是解决投资什么证券、何时买卖、市场整体是否适合投资、如何将资产最优化地分配到不同证券等问题。因此，证券投资分析需要经过全面、系统和科学的专业分析，客观把握不同影响因素和风险与收益匹配的均衡机制原理，进行相对比较准确的预测，并在预测的基础上作出比较科学的投资决策，从而保证在降低风险的同时获取较高的投资回报。对于证券投资分析的逻辑框架，可用图1-8来诠释。

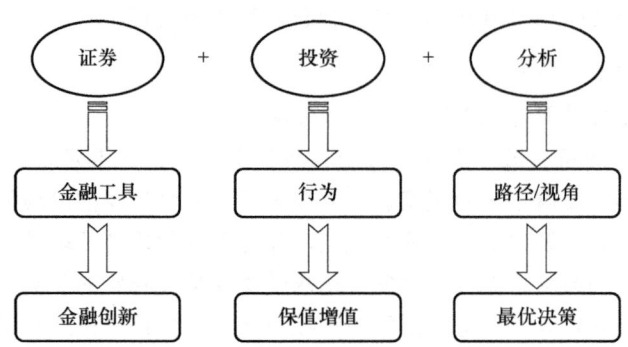

图1-8 证券投资分析的概念分解

5. 证券分析的主要步骤

证券分析是进行证券投资的基础，关系到投资的成败，分析结论的有效性主要取决于三个方面：一是分析人员获得信息量的多少及分析时所用信息资料的真实程度；二是所采用的分析方法和分析手段的合理性和科学性；三是分析过程的合理性与科学性。一般而言，证券分析由以下四个步骤构成：

（1）资料的收集与整理　该步骤的工作主要包括三个方面。①信息资料的收集。证券分析人员通过各个信息渠道收集各种信息资料。②信息资料的分类。根据不同的分类标准对所收集的证券投资信息资料进行分类归档，编制分类目录，便于查阅。③信息资料的保存和使用管理。大部分信息资料都是可重复使用的，做好信息资料的保存和使用管理工作以确保证券分析人员发挥比较高的效率。

（2）文案研究　首先分析人员需要根据自身的研究对象和目标，确定所需的信息资料；其次利用证券投资分析的专门方法和手段，对拥有的资料进行分析；最后得出有关指标与证券价格之间关系的相关结论。

（3）实地考察　实地考察是指分析人员依据研究分析的主题到公司企业或实际应用场景进行实地考察调查。其主要目的是针对信息资料的真实性以及某些阶段性分析结论的公正性和客观性到现场进行调查核实。

（4）形成分析报告　证券分析的最后一个步骤是撰写分析报告，即将分析人员的分析结论通过书面的形式反映出来。分析报告一般应该包括以下多个方面的内容：分析研究的主题；所使用的数据来源和数据种类；采用的分析方法和分析手段；形成分析结论的依据；所得出的分析结论及建议；分析结论和建议的适用期限；报告的提供者或撰写者；分析报告形成的日期等。

1.3.2 证券投资分析理论的发展与演化

1. 凯恩斯选美论

选美论是由英国著名经济学家约翰·梅纳德·凯恩斯（John Maynard Keynes）创立的关于金融市场投资的理论。凯恩斯用"选美论"来解释股价波动的机理，认为金融投资如同选美，投资人买入自己认为最有价值的股票并不重要,只有正确地预测其他投资者的可能动向,才能在投机市场中稳操胜券,并以类似击鼓传花的游戏来形容股市投资中的风险。

2. 随机游走理论

1959年,奥斯本(Osborne)提出了随机游走理论(Random Walk Theory),认为股票交易中买方与卖方同样聪明机智,股价价格已基本反映了实时动态的供求关系;股票价格的变化类似于化学中分子的"布朗运动",具有随机游走的特点,其变动路径没有任何规律可循。因此,他认为股价波动是不可预测的,依据技术图表预知未来股价走势实际上是不可信的。

3. 现代资产组合理论

1952年,马柯维茨(Markowitz)在《资产选择:有效的多样化》一文中,首次从数学上运用资产组合收益率的均值和方差定义投资者偏好,并以数学化的方式解释了投资分散化原理,系统地阐述了资产组合和选择问题,是现代资产组合理论(Modern Portfolio Theory,MPT)的开端。该理论认为,组合投资能降低非系统性风险,选择不相关的证券构建组合应是投资组合的目标。马柯维茨提出的均值—方差模型将投资的视角从关注收益率的一维空间拓展到了风险与收益均衡的二维空间,并提出了投资组合的优化方法,从而奠定了现代资产组合理论的基础。

4. 有效市场假说

1965年,尤金·法玛(Eugene Fama)发表了一篇题为《股票市场价格行为》的论文,并在此基础上于1970年系统化地提出了有效市场假说(Efficient Markets Hypothesis,EMH)。有效市场假说假设参与市场的投资者充分理性,并且能够迅速对所有市场信息作出合理反应。该理论认为,在法律健全、功能良好、透明度高、竞争充分的股票市场,一切有价值的信息已经及时、准确、充分地反映在股价中。有效市场假说提出后便成为证券市场实证研究的热点,是目前最具争议的投资理论之一,但在现代金融市场主流理论的基本框架中,该假说依然是现代资产定价理论的基石。2013年瑞典皇家科学院将诺贝尔经济学奖同时授予了"为资产价值的认知奠定了基础"的三位经济学家——尤金·法玛、拉尔斯·皮特·汉森以及罗伯特·席勒。有趣的是,尤金·法玛和罗伯特·席勒持有完全不同的学术观点,前者认为市场是有效的,而后者则坚信市场存在缺陷。这也从侧面证明,目前人类对资产价格波动逻辑的认知还比较肤浅。

5. 行为金融学

1979年,丹尼尔·卡纳曼(Daniel Kahneman)等人发表一篇题为《期望理论:风险状态下的决策分析》的论文,建立了人类风险决策过程的心理学理论,成为行为金融学发展史上的一个里程碑。行为金融学(Behavioral Finance,BF)是金融学、心理学、人类学等有机结合的综合理论,力图揭示金融市场的非理性行为和决策规律。该理论认为,股票价格并非仅由企业的内在价值决定,还在很大程度上受投资者主体行为的影响,即投资者心理与行为对证券市场的价格决定及其波动具有重大影响。目前行为金融学的模型相对有限,研究的重点还停留在对市场异常和认知偏差的定性描述和历史观察,以及鉴别可能对金融市场行为有系统影响的行为决策属性上。

1.3.3 证券投资分析流派

随着现代投资组合理论的诞生,证券投资分析开始形成了界限分明的四个分析流派,即基本分析流派、技术分析流派、心理分析流派和学术分析流派。其中,基本分析流派和技术分析流派已是完全体系化的分析流派，而心理分析流派与学术分析流派目前还未形成完整的投资决策体系。但心理分析流派在市场重大转折点的心理把握上往往有其独到之处，而学术分析流派在投资理论方法的研究、大型投资组合的构建与管理，以及风险评估与控制等方面具有不可取代的地位。

1. 基本分析流派的特点和理论基础

基本分析又称基本面分析，是指证券投资分析人员根据经济学、金融学、财务管理学及投资学的基本原理，通过对影响证券投资价值及价格的基本要素（如宏观经济指标、经济政策、行业发展、产品市场、公司销售和财务状况等）的分析，评估证券的合理价值，并据此给出"择股"建议。

与基本分析相关的学科主要有四个：一是宏微观经济学，其所揭示的各经济主体、各经济变量之间的关系原理，为分析经济变量与证券价格之间的关系提供了理论基础；二是财政金融学，其所揭示的财政政策指标、货币政策指标之间的关系原理，为分析财政政策和货币政策与证券价格之间的关系提供了理论基础；三是财务管理，其所揭示的企业财务指标之间的关系原理为分析企业财务指标与证券价格之间的关系提供了理论基础；四是投资学，其所揭示的投资价值、投资风险、投资回报率等的关系原理为分析这些因素对证券价格的作用提供了理论基础。

在上述相关学科基础上形成的基本分析流派，是指以宏观政策环境、行业特征及上市公司的基本财务数据作为投资分析对象与投资决策基础的投资分析流派。基本分析流派的理论基础是稳固基础理论，该理论基于两个假设：股票的价值决定其价格，股票的价格围绕着价值波动。该理论认为，证券具有某种"内在价值"或"投资价值"，该价值是证券市场价格稳固的基础，也是衡量价格是否合理的尺度。基于稳固基础理论，任何金融资产的内在价值等于持有该资产未来预期得到的现金流现值之和，分析人员需要设法预测未来现金流发生的时点和大小，并使用适当的贴现系数和股息贴现模型计算出现值。

由此可见，基本分析流派的分析方法体系体现了以价值分析理论为基础，以统计方法和现值计算方法为主要分析手段的基本特征。一旦测算出某公司普通股票的内在价值，就可将其与股票价格进行比较，判断该股票是否被高估或低估，并作出投资决策。基本分析可以较为全面地把握证券价格的基本走势，但由于预测的时间跨度相对较长，对短线投资者的指导作用比较弱，且预测的精确度也相对较低。因此，基本分析比较适合于以业绩为投资取向、对预测精度要求相对不高的可长期投资的相对成熟的市场。

2. 技术分析流派的特点和理论基础

技术分析流派是指以证券市场价格、成交量、价和量的变化以及完成这些变化所经历的时间等市场行为作为投资分析对象与投资决策基础的投资分析流派。该流派以价格判断为基础，以正确的投资时机抉择为依据，经历了"直觉化决策→图形化决策→指标化决策→模型化决策→智能化决策"的日趋定量化、客观化、系统化的演进道路。

技术分析的理论基础建立在三个假设之上，即市场行为包容一切信息、价格沿趋势运动并保持趋势、历史会重演。技术分析理论大致可分为K线理论、切线理论、形态理论、技术指标理论、波浪理论和循环周期理论等。

与基本分析相比，技术分析可以较为直观地提示最佳买卖点，为择时决策提供判断依据，适合于短期投资。但由于技术分析考虑的范围相对较窄，不能对市场较长期趋势进行有效判断，特别是当股票价格波动剧烈或股票价格被操纵时，技术指标可能会失真。同时技术分析基于时间序列数据，对突发事件无法进行预测。鉴于我国目前证券市场还不太成熟，技术分析适合于进行短期行情和行情小幅波动趋势下的预测，若对周期较长的行情进行预测尚需结合其他分析方法。通常，技术分析在判断选择领涨股、人气股、投机股时具有较高的准确度。

3. 心理分析流派的特点和理论基础

经济学分析框架中"理性人"和"完全信息"假设在实践中都面临着极大挑战。由于多数情景下"人是有限理性的"，基于心理分析的投资理论应运而生，并逐步发展成为金融学一个重要的分支学科——行为金融学。行为金融学认为证券市场并非是有效的市场，金融市场存在着认知与行为偏差，比如证实偏差、时间偏好、羊群效应等，其核心思想是让人"不要做正常的傻瓜"。概括而言，心理分析流派的投资分析主要有两个方向：个体心理分析和群体心理分析。个体心理分析基于"人的生存欲望""人的权力欲望""人的存在价值欲望"三大心理分析理论进行分析，旨在解决投资者在投资决策过程中产生的心理障碍问题；群体心理分析基于群体心理理论与逆向思维理论，旨在解决投资者在研究投资市场过程中如何保证正确的观察视角问题。

心理分析流派的理论基础是空中楼阁理论。该理论认为，证券的价格并不是由其内在价值决定的，而是由投资者心理决定的，如同虚幻的空中楼阁。因此投资者最关心能否抢在公众之前对导致估价变化的影响因素进行预期判断，分析公众未来可能采取的行动以及在充满信心时会如何把希望寄托在空中楼阁上，并进行抢先成交。

4. 学术分析流派的特点和理论基础

学术分析流派分析方法的重点是长期持有投资战略，即在长期的时间区间内不断购买并持有所选定上市公司股票的投资战略。学术分析流派分析方法的哲学基础是"有效市场理论"，该理论认为：当给定当前的市场信息集合时，投资者不可能使用任何交易系统或投资战略，以获取超过投资对象风险水平所对应的投资收益率的超额收益。学术分析流派以"按照投资风险水平选择投资对象，长期持有投资战略以获取平均的长期收益率"为投资目标，其他分析流派大多以"战胜市场"为投资目标。

不同的分析流派之间存在着较大的差异，表1-5列示了四种流派的区别及对价格波动原因的解释。

表1-5 不同分析流派之间的区别及对价格波动原因的解释

分析流派	对市场的态度	数据来源	所使用判断的性质	投资规模适用性	对证券价格波动原因的解释
基本分析	市场永远是错的	仅市场外数据	只具有肯定意义	战略规模	对价格与价值间偏离的调整
技术分析	市场永远是对的	仅市场内数据	只具有否定意义	战术规模	对市场供求均衡状态偏离的调整
心理分析	市场有时对有时错	兼用市场内外数据	肯定或否定	无限制	对市场心理平衡状态偏离的调整
学术分析	不进行对错判断	兼用市场内外数据	只作假设判断，不作决策判断	战略规模	对价格与所反映信息内容偏离的调整

资料来源：作者整理。

1.3.4 证券投资分析的信息来源

信息的收集、分类、整理和保存是进行证券投资分析的最基础的工作。分析人员提供的分析结论的准确性，除了与采用的分析方法和分析手段有关，还取决于占有信息的广度和深度。通常而言，进行证券投资分析的信息来源主要有三个渠道：历史的交易信息、已公开的信息、内幕信息。

历史的交易信息主要是股票在过去交易周期内的价格行为和成交结果信息。投资者可以通过历史的成交价、开盘价、最高价、最低价、均价、成交量、换手率、外盘、内盘、量比等指标，来评估和判断利用历史的信息能否发掘潜在的投资机会并获得超额收益。

已公开的信息通常来源于四个渠道。①公开渠道。公开渠道主要是指通过各种书刊、报纸、杂志、出版物以及电视、广播、互联网等媒体公开发布的信息。②商业渠道。商业机构对通过各种渠道获得的信息进行筛选、分类，使用者在支付一定费用后可以利用这些经过整理的信息资料，从而节省时间，提高工作效率，如研究机构的研究报告、彭博数据库、万德数据库等。③实地访查。实地访查是获得证券分析信息的又一来源，它是指证券投资分析人员直接到有关的上市公司、交易所、政府部门等机构，实地了解进行证券分析所需要的信息资料。但实地访查成本相对较高，通常将实地访查作为上面两个信息来源的补充。④其他渠道。诸如，通过家庭成员、朋友、邻居等的介绍，在商场感知公司产品畅销程度，调查上市公司的竞争对手等方法，来收集资料。

内幕信息是指证券交易活动中，涉及公司的经营、财务或者对该公司证券的市场价格有重大影响的尚未公开的信息。内幕信息通常具备以下特点。一是重大性及引致价格的敏感性。内幕信息一旦被公开，其具备的商业价值信息可能会显著影响证券的价格或交易量。二是保密性和使用限制性。由于内幕信息会对证券价格产生影响，公司内部人员、大股东、关联方以及因业务需要而接触到内幕信息的外部人员等相关知情人员应承担保密的义务，不得利用内幕信息进行交易或泄露给他人。若知情人员违反规定，将承担相应的法律责任。三是多样性和时效性。内幕信息包括财务状况、经营业绩、重大合同、重大投资决策、股权变动、重要人事变动、重大诉讼仲裁等，但一旦被公开，其作为内幕信息的特性即消失。

在证券市场上，驱动证券交易的因素主要有两个：信息和流动性。信息会通过多种渠道进入市场，但由于投资者获取信息的来源和对信息的认知有差异，即使拥有相同的信息，在同一时点也会对股票估值的影响产生分歧，并由此产生买和卖的需求，这种交易行为就称为信息驱动的交易，相应的投资者被称为信息驱动的交易者。若投资者仅为了获取现金而卖出证券或因为有了新获得的现金而买进证券，这样的交易行为则称为流动性驱动的交易，相应的投资者称为流动性驱动的交易者，这类投资者在交易中并不认为证券存在错误估价。然而，未来市场上的信息是时变的，在信息冲击下证券估值会持续带来修正并驱动交易的达成。对于流动性驱动的交易者，他们交易的动机并非证券价格的低估，而是流动性管理的需要。这也可以有效解释为什么在牛市后期和熊市后期，那些被机构投资者重仓持有的股票经常呈现"二八现象"。

1.3.5 分散化投资

"不要把所有的鸡蛋放在一个篮子里"是美国知名幽默小说家马克·吐温的一句经典名录，如今成为投资界推崇的哲理，一句话道出了"分散化投资"的特性。分散化投资也称为组合投资，是指将资金同时投资在不同的资产类型或不同的证券上，通过分散化投资可以在不降低收益的同时降低风险。证券分散化投资通常包括四个方面：对象分散法、时机分散法、地域分散法、期限分散法。

（1）对象分散法　对象分散法就是指将投资资金广泛分布于各种不同类型的投资对象上。例如，在证券对象上可分散投资于政府债券、公司债券、股票等；在行业对象上可分散投资于不同行业，尽量避免将资金集中投资在某一个行业。

（2）时机分散法　时机分散法是指由于证券市场瞬息万变，投资者很难准确把握证券市场行情的变化，因此可以在投资时机上进行分散。例如，投资者可以根据市场行情的变化阶段性地分批买入或卖出，以避免因投资时机过于集中或把握不准而带来风险。

（3）地域分散法　地域分散法是指投资者不能仅持有某一地区的证券，而应购买国内不同地区甚至国际不同金融市场的证券，以避免因某一地区政治、经济的动荡而可能造成集中损失。

（4）期限分散法　期限分散法是由于不同时期市场利率的变化方向和变动幅度不同，特别是当投资者投资于对期限较为敏感的固定收益证券产品时，利率的上升或下调对该类证券价格影响的幅度不同。通过购买不同期限的证券进行期限分散，可以降低利率风险。

证券投资分析有助于改善投资决策的有效性，但在实践中投资者对证券投资普遍存在一定的认知偏差。比如：对证券市场的风险认识不足，容易跟风而缺乏理性判断；短线操作频繁，忽略交易成本；重投机轻投资等。

本章小结

本章首先对金融投资的基本框架体系进行了概括性的介绍，梳理了对金融内涵的认知，阐述了金融市场要素、金融市场分类及金融市场的监管体系。其次进一步围绕证券市场，探讨了市场功能、市场分类及我国构建的多层次资本市场框架。最后简要地梳理了证券投资分析的内涵、发展历程、投资分析流派及进行证券投资的信息来源。通过本章的学习，读者能够从整体上对证券投资分析的结构体系和内容模块有一个相对清晰的认识，了解证券投资分析的步骤和分析方法，为学习后面章节的内容打下基础。

思考练习

1. 比较直接金融和间接金融的异同，并解释金融证券化趋势产生的原因。
2. 查阅相关资料，在沪深证券交易所上市的股票和债券中任选一只，通过专业财经网站或证券交易软件了解股票或债券的信息公布模块及内容。
3. 什么是证券投资分析？其主要的信息来源渠道有哪些？理性的证券投资过程主要包括哪些基本步骤？
4. 比较四种证券投资分析流派的理论基础及对证券价格波动原因的解释。
5. 选定某只股票，登录中国证券网或东方财富网、和讯网等财经类网站查阅相关的宏观、行业和公司自身的最新信息，分析这些信息对公司股票价格的影响。
6. 思考拥有不同财富的投资者在进行投资决策时遵循的投资理念和投资策略是否相同。
7. 小明投资股票的时间不长，他买卖股票的主要信息来源就是听消息，谁告诉他某只股票不错他就买进。请问他这样投资会遇到怎样的问题？

案例讨论

全力推进北交所高质量发展

2023年9月1日,在习近平总书记宣布设立北京证券交易所(以下简称北交所)两周年之际,证监会发布《关于高质量建设北京证券交易所的意见》(以下简称《意见》),从加快高质量上市公司供给、稳步推进市场改革创新等方面出发,进一步提升北交所服务创新型中小企业的能力。主要从以下几个方面发力:

1. 稳步推进市场改革创新

北交所设立以来,投资群体总量与结构持续改善,现有合格投资者总数达557万户;公募基金、私募基金等专业机构踊跃参与,目前已有北交所主题基金11只、北证50指数基金12只。为活跃资本市场,提振投资者信心,促进一级、二级市场和投融两端相互匹配平衡,《意见》明确,将着眼于增强买方力量,在扩大投资者队伍和参与度方面打出政策"组合拳"。

本次改革在扩大投资者队伍方面,将坚持扩规模与调结构并举。《意见》明确,加强精准服务,提高对潜在投资者和已开户投资者的吸引力。研究论证结构性优化投资者适当性管理要求。引导公募基金扩大北交所市场投资,支持相关公募基金产品注册和创新。允许除创业投资基金之外的私募股权基金通过二级市场增持其上市前已投资的企业在北交所发行的股票。加大力度引入社保基金、保险资金、年金等中长期资金。持续加强投资者教育和服务,切实维护投资者权益。

北交所天然具有良好的制度机制、创新土壤,可以作为资本市场改革创新的"试验田"。本次改革继续推进交易制度创新。一方面,以优化做市为重点,结合中小券商是服务中小企业"主力军"的现实情况,引入在新三板做市业务上经验丰富、风险管理到位的做市商参与北交所做市业务,进一步扩大北交所做市商队伍。另一方面,推出转融通,扩大融资融券标的范围,稳步推进启用北交所独立代码号段,提升交易效率,促进交易达成。

此外,《意见》明确,将进一步优化发行承销制度。一是改革发行底价制度。改革发行底价制度是适应全面注册制下市场化定价的改革方向,能够解决底价与发行价格"深度绑定"的问题,便于市场各方在发行过程中充分博弈、形成合理价格,健全北交所估值定价功能。二是放宽战略配售安排。实践中,由于战略配售家数和比例要求比较严格,制约了部分发行规模较大的优质企业寻找战略投资者的灵活性,影响了市场机构参与北交所的积极性。放宽战略配售安排能够进一步满足战略投资者的参与意愿,增强投资积极性,带动更多投资者参与新股公开发行和二级市场交易。

2. 加快优质上市公司供给

设立北交所,是党中央、国务院立足构建新发展格局、推动高质量发展作出的重要决策部署。《意见》明确改革的主要目标:争取经过3到5年的努力,北交所市场规模、效率、功能、活跃度、稳定性等均有显著提升,契合市场特色定位的差异化制度安排更加完善,市场活力和韧性增强,形成北交所品牌、特色和比较优势,对新三板的撬动作用日益显现;北交所与新三板层层递进、上下联动、头部反哺、底层助推的格局初步构建,服务创新型中小企业的"主阵地"效果明显。再用5到10年时间,将北交所打造成以成熟投资者为主体、基础制度完备、品种体系丰富、服务功能充分发挥、市场监管透明高效、具有品牌吸引力和市场影响力的交易所,带动新三板成为创新型中小企业蓬勃发展的孵化地、示范地、集聚地。

加快高质量上市公司供给是本次改革的一大重点。《意见》明确,按照质优、量适、步稳的要求,统筹包容性和精准性要求,常态化推进北交所市场高质量扩容,夯实市场良性发展和流动性改善基础。坚持把提高公司质量作为重中之重,聚焦北交所市场特点和深层次问题,制定提升上市公司质量专项行动方案,促进公司治理能力、竞争能力、创新能力、抗风险能力、回报能力和信息披露质量持续提升。优化发行上市制度安排,推进全面注册制改革走深走实,切实便利企业融资、降低市场成本、明确各方预期。

3. 增强决心、信心和耐心

如何建设好一个主要服务于中小企业的证券市场，在全球范围内都是一道十分复杂的难题，没有现成的路径可供复制。从北交所开市一年多情况来看，呈现以下几个特点。①高质量扩容扎实推进，创新型中小企业快速集聚。目前，北交所上市公司已超210家，比开市时翻了一番多，远高于同时段境内其他证券交易所的发展速度。上市公司中，国家级专精特新"小巨人"企业占比超4成，高新技术企业占比超9成。②改革创新举措陆续推出，市场活力不断增强。先后上线北证50指数，推出融资融券和混合交易。启动国债和地方政府债券发行，累计发行达3.3万亿元。目前，北交所合格投资者已有557万户。③特色制度安排不断完善，市场功能日益发挥。初步构建了一套契合中小企业特点的基础制度。股票公开发行融资超440亿元，平均每家融资2亿元。④撬动作用显著发挥，对新三板创新层、基础层的带动效果不断增强。2023年以来，新增挂牌公司191家，同比增长33%，目前创新层公司超1800家，处于历史最好水平。

与此同时，流动性不足、现有上市公司交易量和估值有待提高、赚钱效应有待提升等问题，也一直备受市场关注。建设北交所是一项长期的、艰巨的任务，不能脱离实际搞"跨越式发展"，谋求"一步到位"；也不能简单照抄照搬，复制沪深交易所；更不能过于理性化，只关注"理论闭环"和"逻辑自洽"，忽视市场各方面的反应和现实情况。要坚持市场发展的长期性、全局性和前瞻性，坚持稳中求进的总基调，坚持"分步走"的基本策略，明确每个阶段的发展特点和相应工作重点，有的放矢、对症下药，逐步将北交所建设成为健全、成熟、有效的市场，发挥龙头撬动作用，带动"主阵地"建设取得实效。

资料来源：李华林.全力推进北交所高质量发展［N/OL］.经济日报，(2023-09-02)［2024-04-30］. https://baijiahao.baidu.com/s? id=1775888301292330026.

案例思考：

（1）北京证券交易所、上海证券交易所和深圳证券交易所形成"三足鼎立"的格局，查阅相关资料了解这三个证券交易所的定位差异。全国中小企业股份转让系统与北京证券交易所有何关联？全国中小企业股份转让系统的基础层、创新层与北京证券交易所上市的精选层之间的关联性如何？

（2）查阅相关资料，理解核准制和注册制的区别。

（3）您觉得影响和制约北交所流动性问题的根源是哪些？可以从哪些方面实现突破和改进？

（4）比较北京证券交易所与美国纳斯达克（NASDAQ）交易所的异同。

（5）查阅相关制度，理解投资者的适当性管理。

第 2 章
证券种类

> **本章提要**
>
> 本章主要介绍了股票、债券、证券投资基金三大基础证券及金融衍生证券的概念、特征、分类等。分别从投资者的视角，理解股票的所有权关系、债券的债权债务关系、证券投资基金的信用委托关系，结合金融产品的收益性、风险性和流动性三大基本属性之间的矛盾统一，理解并认知金融衍生证券推出的意义。

重点难点

本章重点：理解和掌握股票、债券、基金和金融衍生证券概念，能够区分四者之间的本质差异。

本章难点：从投融资、功能发挥等角度来理解四种证券的区别。

引导案例

2023年11月，南方东英沙特阿拉伯ETF（交易所交易基金）在香港交易所上市。作为亚太地区首只追踪沙特股票市场的ETF，南方东英沙特阿拉伯ETF为全球投资者提供了直接参与沙特资本市场的绝佳机会。2024年6月14日，境内首批投资沙特阿拉伯市场的ETF——华泰柏瑞南方东英沙特阿拉伯ETF（QDII）和南方基金南方东英沙特阿拉伯ETF（QDII）正式获批。两只ETF均采用了互挂投资的形式，通过投资南方东英沙特阿拉伯ETF的形式来实现对富时沙特阿拉伯指数（FISAULM.FI）的紧密追踪，为A股投资者布局沙特资本市场提供了简单便捷的投资工具。2024年7月16日，这两只沙特ETF上市首日受到了投资者的抢购，双双涨停，交易额接近50亿元人民币；7月17日，这两只基金延续前一日涨势继续高开大涨，并双双再度涨停，随后两只基金的管理人均发布因二级市场交易价格明显高于基金分参考净值，自7月18日开市起停牌，于7月18日上午10：30复牌的公告。7月18日，在早盘停牌1小时复牌后，两只ETF继续走高，上涨幅度一度高达6%以上；然而下午13：30后两只ETF均持续跳水。截至收盘，南方基金南方东英沙特阿拉伯ETF（QDII）、华泰柏瑞南方东英沙特阿拉伯ETF（QDII）收盘跌幅分别达到6.66%、7.08%，上演了一幕乐极生悲的"过山车"行情。

📝 **案例讨论与思考：**

(1) 查阅相关资料，了解 ETF 产品的特点，并进一步了解互挂 ETF 的推出背景、投资模式及投资优势。

(2) 思考在两只 ETF 的价格明显高于净值的情景下，二级市场投资者持续追捧的原因。

(3) 查阅资料，了解富时沙特阿拉伯指数的权重股构成，并比较国际不同市场上跟踪该指数的 ETF 表现，分析差异产生的原因。

(4) 从宏观影响因素的视角，比较不同因素对 ETF 表现可能产生的影响。

2.1 证券概述

2.1.1 证券的产生

证券是社会化大生产的产物，并伴随商品经济和信用经济的发展而逐步演变。从人类社会发展经历的农业经济、工业经济、贸易经济、金融经济四个阶段看，表象是生产力水平的逐步提升，但究其根源，是以资金融通和信用为载体的经济活动中货币流通速度的不断加速。在经济发展的较低阶段，依托信用关系建立的货币供求促成了货币市场和银行中介的形成，不仅拓展了货币的信用手段，还提高了货币资金的运用效率。随着人类社会进入社会化大生产时期，企业经营规模扩大与资本需求不足的矛盾日益突出，短期资金的融通市场已无法满足商品经济发展的需要，于是出现了股份公司形态、股东共同出资经营的企业组织。股份公司将资本分为若干等份的定额单位，分售给不同的投资者，这样既有利于筹集资金，又可分散风险。经济的发展创造出各种新的筹融资方式，也带来了各式各样的金融产品。如今，在商品经济发达、货币信用成熟的国家，已逐步形成了股票、债券、证券投资基金和金融衍生证券四大类型的多种系列产品。

2.1.2 证券的概念

广义上的证券是多种经济权益凭证的统称，也指专门的种类产品，是用来证明券票持有人享有的某种特定权益的法律凭证，主要包括资本证券、货币证券和商品证券等。狭义上的证券主要指的是证券市场中的证券产品，如股票、债券等。从本质上讲，证券是具有财产属性的民事权利，其特点在于使权利与证券相结合，把权利体现在证券上。因此，证券是权利人行使权利的方式和过程用证券形式表现出来的一种法律现象，是投资者投资财产符号化的一种社会现象，是社会信用发达的一种标志和结果。通俗地讲，证券是体现一定民事权利的书面凭证，是权利的证券化，其具有以下几个基本特征：

(1) 证券是财产性权利凭证　证券代表的是具有财产价值的权利凭证，持有证券即意味着持有人对该证券所代表的财产拥有控制权，但该控制权不是直接控制权，而是间接控制权。比如，股东持有某公司的普通股票，则该股东就可以依其持股比例享有对公司财产的相应控制权、经营决策权、分红权及选举等权利。

(2) 证券是流通性权利凭证　证券的活力就在于其具有流通性。证券与现金之间的相互转换构成了证券的流通。持有人通过变现证券实现规避风险的功能，也可以通过使用货币购买证券实现资产增值的功能。由此可见，证券的流通性是证券制度顺利发展的基础。

(3) 证券是收益性权利凭证　证券持有人的最终目的是获得收益，这是证券持有人投资证券的直接动因。一方面，证券本身是一种财产性权利，反映了特定的财产权，证券持有人可以通过行使该项财产权而获得收益，如取得股息收入（股票）或者取得利息收入（债券）；另一方面，证券持有人可以通过转让证券获得收益，如在二级市场上"低买高卖"以获得资本利得。

（4）证券是风险性权利凭证　证券的价格不仅受政治、经济等市场因素的影响，还受到技术和投资者行为因素的冲击，同时受发行人自身因素的影响。因此投资者可能无法获得预期的收入，甚至有可能发生损失。在实际市场中，任何证券投资活动都存在着风险，不可能进行完全回避风险的投资。

2.1.3　证券的分类

从广义上讲，按能否给持券人带来收益，证券可分为无价证券和有价证券两大类。无价证券主要包括证据证券和凭证证券，其中：证据证券是指只是单纯证明事实的文件，包括信用证、证据等；凭证证券是指认定持有人是某种私有权利的合法权利者，证明持证人所履行的义务有效的文件，如借据、收据等。相比较而言，有价证券是一种具有一定票面金额，证明持券人有权按期取得一定收益，并可自由转让和买卖的所有权或债权证书，狭义上的证券指的就是有价证券。有价证券本身并没有价值，只是由于它能为持有者带来一定的股息或利息收入，因而可以在证券市场上自由买卖和流通，因此有价证券具有流通价值。有价证券的种类较多，从不同角度、按不同标准，可进行不同的类型划分：

（1）按发行主体的不同分类　分为政府证券、金融证券、公司证券和国际证券。

1）政府证券，主要是指政府债券，是指各级政府或政府部门为筹措财政资金或建设资金，依托其信用按照一定程序向投资者出具的一种债权债务凭证。政府债券又分为中央政府债券（即国债）和地方政府债券（即地方债），还包括政府机构或政府部门债券（比如铁道债）。

2）金融证券，是指商业银行及非银行金融机构为筹措资金而向投资者发行的，承诺支付一定利息并到期偿还本金的债务凭证或所有权益凭证，主要包括金融债券、大额可转让定期存单及股票等。

3）公司证券，是公司为筹措资金而发行的有价证券，主要包括股票、公司债券、可转换公司债券等。

4）国际证券，是指一国之外的其他国家或地区的政府、国际组织或企业用于跨境融资发行的证券，包括国际股票和国际债券，前者是指外国的公司在其他国家交易所上市的股票，后者包括欧洲债券和外国债券。

（2）按所体现的内容不同分类　分为货币证券、资本证券和商品证券。

1）货币证券，是指可以用来代替货币使用的有价证券，是商业信用工具。货币证券在范围和功能上与商业票据基本相同，其范围主要包括期票、汇票和本票等，其主要用于企业之间的商品交易、劳务报酬的支付以及债权债务的清算等经济往来。

2）资本证券，是有价证券的主要形式，它是指把资本投入企业或把资本贷给企业和国家的一种证书，主要包括股权证券和债权证券。狭义的有价证券通常仅指资本证券。

3）商品证券，也称货物证券，是表明对某种商品或货物拥有提取领用权的凭证，它证明证券持有人可以凭单提取单据上所列明的货物。商品证券主要包括仓栈单、运货单及提货单等。

2.2　股票

2.2.1　股票的概念

股票是股份公司公开发行的用以证明投资者的股东身份和权益，并据以获得股息和红利的凭证。股票一经发行，持有者即为发行股票公司的股东，每个股东所拥有的公司所有权份额的多少，取决于其持有的股票占公司总股份的比例。股东依据持股比例参与公司的决策，分享公司的利益，同时也要分担公司的经营风险，但仅以其出资额对公司的债务承担有限责任。股票一经认购，持有者不能以任何理由要求退还股本，只能通过证券市场将股票转让或出售。

并非所有的公司都能发行股票，只有符合一个国家的法律，满足了一定条件的公司才能称为股份公司，不同的国家对成立股份公司有着不同的要求。根据《中华人民共和国公司法》第九十一条至第一百零三条的相关规定，设立股份有限公司，可以采取发起设立或者募集设立的方式，应当具备以下条件：①有一人以上200人以下为发起人，其中应当有半数以上的发起人在中华人民共和国境内有住所。②股份有限公司发起人承担公司筹办事务。③应当由发起人共同制定公司章程。公司章程应当载明公司名称和住所、公司经营范围、公司设立方式等。④注册资本为在公司登记机关登记的已发行股份的股本总额。在发起人认购的股份缴足前，不得向他人募集股份。⑤发起人应当认足公司章程规定的公司设立时应发行的股份。以募集设立方式设立股份有限公司的，发起人认购的股份不得少于公司章程规定的公司设立时应发行股份总数的35%。⑥发起人应当在公司成立前按照其认购的股份全额缴纳股款。发起人不按照其认购的股份缴纳股款，或者作为出资的非货币财产的实际金额显著低于所认购的股份的，其他发起人与该发起人在出资不足的范围内承担连带责任。⑦发起人向社会公开募集股份，应当公告招股说明书，并制作认股书。向社会公开募集股份的股款缴足后，应当经依法设立的验资机构验资并出具证明。⑧股份有限公司应当制作股东名册并置备于公司。⑨募集设立股份有限公司的发起人应当自公司设立时应发行股份的股款缴足之日起30日内召开公司成立大会。发起人应当在成立大会召开15日前将会议日期通知各认股人或者予以公告。成立大会应当有持有表决权过半数的认股人出席，方可举行。以发起设立方式设立股份有限公司成立大会的召开和表决程序由公司章程或者发起人协议规定。

2.2.2 股票的特征

（1）收益性　股票的收益主要来自两个方面：一是公司发放的股息红利；二是通过证券市场赚取买卖股票的差价，即资本利得。前者是指持有者凭其持有的股票，有权按照公司章程从公司领取股息和红利，获得投资收益；后者是指股票持有人可以通过在股票市场上"低买高卖"赚取价差利润。

（2）风险性　股票的风险性是指不能获取预期收益或遭受无法预期的损失。股票的风险是与收益相对应的，投资者在可能获取较高收益的同时，必须承担相应的风险。所有影响股票价格的因素都会给股票投资带来风险，这些因素主要来自公司和市场两个方面，所产生价格波动的风险分别称为公司特有风险（又称可分散风险、非系统性风险等）和市场风险（又称不可分散风险、系统性风险等）。前者是指诸如经营风险、财务风险、操作风险和管理风险等引致的股票价格波动；后者则是指宏观经济因素、政治因素或行业因素等发生变化而导致的整个股票市场价格的波动。

（3）流动性　投资者可以在股票市场上进行现金和股票之间的相互转化交易，因此股票具有较高的流动性。流动性是股票的一个基本特征，持有股票类似于持有货币，随时可以在股票市场变现。股票的流动性促进了社会资金的有效利用和资金的合理配置。

股票除了上述所有金融产品都有的三大基本属性外，还有其自身的特征。

（4）权利性　股票的持有者即是发行股票公司的股东，有权参与股东大会，选举公司的董事会，听取董事会报告，对公司的经营状况、决策管理、重大筹资投资项目以及分红派息方案都有发言权和表决权。股东参与公司经营决策的权利大小，取决于其所持有的股份比例的多少。

（5）非偿还性　股票代表着股东对公司资产的所有权，是股东对公司的投资，因此公司与股东不存在借贷关系。股票是一种无限期的法律凭证，一般情况下，股东不能将股票退还给公司，但可以在市场上转让。股票的这种特性，从根本上保证了公司生产经营的连续性和稳定性，同时也确保了公司和股东的权益。

2.2.3　股票的分类

通常，股票按股东享有的权利可分为普通股、优先股等。

（1）普通股　普通股股票是指持有这种股票的股东都享有同等的权利。由于它在权利及义务方面没有特别的限制，因此其发行范围最广且发行量最大，是股票中最普通、最重要的股票种类。普通股股东享有公司经营管理和公司利润、资产分配等最基本的权利，但普通股股东的股息必须在偿还了公司债务和支付优先股股息后才能根据公司剩余利润的多少进行分配，因此普通股股东承受的风险最大。普通股股票具有以下特征：

一是通过参加股东大会来参与股份公司的重大经营决策。普通股是公司发行的标准股票，其有效期与股份有限公司的存续期间相一致。普通股持有者就是公司的基本股东，平等地享有股东权利，如有权参加股东大会，享有发言权、质询权，对董事会、监事会的人选以及公司重大经营决策有表决权。

二是享有优先认股权。当股份公司为增加公司资本而决定增资扩股时，普通股股东都有权按持股比例优先认购新股，以保证普通股股东在股份有限公司中的控股比例不变。如，我国的上市公司在配股时，都是按比例先配给现有的普通股股东。当普通股股东不愿参加或无力参加配股时，可以放弃配股或按相应的规定将配股权利转让于他人。

三是分配公司盈余和剩余资产的权利。在经董事会决定之后，普通股股东有权按顺序从公司经营的净利润中分取股息和红利，但普通股的红利和股息发放需要在偿还债务本息和支付优先股股息之后；当公司破产倒闭时，普通股股东只有在公司偿付各类债务和优先股股东的权益后，才能按比例参与公司剩余资产的分配。

（2）优先股　优先股股票是指由股份有限公司发行的，在公司收益分配和剩余资产清偿方面比普通股股票具有优先权的股票。优先股股东一般不能参与公司的经营活动，其具体的优先条件由公司章程加以明确。通常优先股的优先权体现在四个方面：

一是优先和固定的股息率。优先股股票在发行时即已约定了固定的股息率，且股息率不受公司经营状况和盈利水平的影响。优先股股东在分配公司利润时可以先于普通股股东从公司获得股息，因此优先股股票的风险要小于普通股股票，但高于债券。

二是优先清偿剩余资产。当公司因解散、破产等进行清算时，优先股股东对公司剩余财产的清偿权在债权人之后普通股股东之前。若优先股股东的权益未得到满足，则不能对普通股股东进行资产的分配。

三是有限的表决权。优先股股东一般不享有公司经营参与权和表决权。但若优先股股东的权益受到重大不利影响时，如公司连续若干年不支付或无力支付优先股股息，优先股股东可发表意见并享有相应的表决权。

四是优先股股票可由公司赎回。优先股股东不能要求退股，却可以依照优先股股票上所附的赎回条款，由股份有限公司予以赎回，大多数优先股股票都附有赎回条款。公司赎回优先股股票时，可以在优先股价格的基础上进行适当加价，从而使优先股股东得到一定的利益。

对投资者而言，优先股股票收益固定，风险相对较小，且投资的收益率要高于公司债券及其他债券。对股票发行公司而言，由于优先股股东一般没有表决权，因此可以避免公司经营决策权和控股权的分散。

除了上面一般意义上的优先股外，还有五种类型的优先股：

一是累积优先股股票和非累积优先股股票。累积优先股股票是指由于公司经营发生亏损无力支付股息时，可以累积于次年，或以后等有盈余时再进行发放的优先股股票；非累积优先股股票是指只能按当年盈利分取股息的优先股股票，若当年公司经营不善而不能分取股息，未分的股息不能予以累积，以后也不补付。

二是参与分配优先股股票和不参与分配优先股股票。参与分配优先股股票是指公司在盈利丰厚时，优先股股东不仅可以按规定获得当年的定额股息，还有权与普通股股东一起参加利润分配；不参与分配优先股股票是指优先股股东只能按规定获得定额股息而不再参与其他形式的分红。

三是可转换优先股股票和不可转换优先股股票。可转换优先股股票是指股票持有人可以在一定期限内按公司条款，按照一定比例将优先股股票转换成普通股股票或公司债券；而不可转换优先股股票是指不具有转换为其他金融工具功能的优先股股票。

四是可赎回优先股股票和不可赎回优先股股票。可赎回优先股股票是指公司可以以一定价格收回的优先股股票，又称可收回优先股股票；而不附加赎回条件的优先股股票就是不可赎回优先股股票。

五是股息可调整优先股股票。它是指股息率事先不固定，但可以随相应的条件进行变更和调整的优先股股票。

此外，除按照股票享有的权利分类外，股票分类还有一些其他标准。比如，股权分置改革之前，按股东的类型一般分为国有股、法人股和社会公众股等；按照股票是否可以自由流通，可分为流通股票和非流通股票。在股权分置改革后，按照股票是否可以自由流通，又分为流通股票和限售股票等；按发行的范围，可分为A股、B股、H股、S股等；按持有股票享有的投票权，可分为单权股票、多权股票和无权股票等；按票面是否记载票面价值，可分为有额面股票和无额面股票；按票面是否记载股东姓名，可分为记名股票和不记名股票。

2.2.4 股票的价格

股票价格有很多的种类，按照不同价格的表现特征，可分为以下几种：

（1）票面价格　股票的票面价格又称面值，是股份公司在发行股票时所标明的每股股票的票面金额。票面价格是股份公司发行股票的第一个价格，它表明每股股份对公司总资本所占有的比例。我国A股市场目前股票的票面价格通常为1元，但紫金矿业较为特殊，每股面值为0.1元。

（2）账面价格　股票的账面价格也称为股票的净值，是公司会计记录时所反映的每股股份价值，实际代表的是每股净资产，即公司资产负债表中的所有者权益除以总股本。

（3）内在价值　股票的内在价值，又称为股票的真实价值，即股票未来收益的现值，取决于股票未来的预期现金流和投资者要求的必要收益率。股票的内在价值是股票二级市场价格的基础,但市场价格又不完全等同于其内在价值。

(4) 市场价格　市场价格又简称为市价,是指在证券市场上买卖股票的即时价格,它是由各种决定股票供求和价格变化的因素共同作用的结果。市场价格是个综合概念,它包括开盘价、收盘价、最高价、最低价、成交均价等。

(5) 虚拟价格　虚拟价格可用公式 $V=E/i$ 来计算,其中 E 为每股收益,i 为投资者要求的必要收益率。它表示公司未来的每股收益保持不变时的现值。由于股票没有到期期限,因此可参照永久性证券的定价方法来进行估值。

(6) 发行价格　发行价格是新股发行的价格,包括 IPO(首次公开发行)价格、增发价格和配股发行价格。IPO 价格目前主要通过机构网下询价的方式设定发行价格参考区间,最后由承销商和发行人共同确定;而增发价格通常不低于定价基准日前 20 个交易日上市公司股票交易均价的 80%;配股发行价格通常自主性较大。

(7) 市盈率　股票的市盈率等于股价除以每股收益,反映了投资者对每元净利润所愿支付的价格,是股票的相对价格,也可以理解为在不考虑货币的时间价值和假设收益水平保持不变时投资者收回投资需要花费的平均时间。从市场角度看,市盈率的高低往往反映了市场对公司未来发展前景的预期,是投资时的重要参考指标。

2.2.5　股票的分红

股票的分红通常包括现金股利和股票股利。现金股利是公司从净利润中以货币形式支付给股东的股息红利,也是最普通、最常见的股利形式。如每股派息多少元,就是现金股利。股票股利是股份公司用股票的形式向股东分派的股利,也就是通常所说的送转股。股票股利使股东持有的股票数量在名义上增加了,但与此同时公司的注册资本扩大,每股股票的净资产也减少了,股东持有的股票总价值并未发生变化。需要指出的是,送股主要来源于未分配利润转增股本,而转股主要来源于资本公积金转增股本。

当公司向股东分派现金股息时,就要对股票进行除息;当公司向股东送股票股利时,就要对股票进行除权。当一家股份公司宣布上年度或半年度有利润可供分配并准备予以实施时,则该只股票就称为含权股,因为持有该股票就享有分红派息的权利。在这一阶段,公司一般要宣布一个时间称为"股权登记日",即在该日收市时持有该股票的股东才享有分红的权利。进行股权登记后,股票将要除权除息,也就是将股票中含有的分红权利予以解除。除权除息都在股权登记日的收盘后进行,除权之后再购买股票的股东将不再享有分红派息的权利。在股票的除权除息日,证券交易所都要计算出股票的除权除息价,以作为投资者在除权除息日开盘的参考价。因为在开盘前拥有股票是含权的,而收盘后的次日其交易的股票将不再享有红利分配权,所以除权除息价实际上是用于对股权登记日的收盘价进行调整。

2.2.6　股票回购

股票回购是指上市公司利用现金等方式,从股票市场上购回本公司发行在外的一定数额的股票。公司在股票回购完成后,可以将所回购的股票注销;也可以将回购的股票用专用账户作为"库存股",用于未来发行可转换债券、股权激励等计划,或在需要资金时将其出售。

(1) 股票回购的动机

1) 防止兼并与收购。在敌意并购盛行时,通过回购公司股票可以维持控制权。

2）提振股价。回购本公司股票可以稳定和提高本公司股票价格，防止因股价暴跌而出现的经营危机及股权质押爆仓风险。

3）维持或提高每股收益水平。对于有大量现金盈余的公司，当缺乏有吸引力的投资机会时，也可以通过回购公司股票提高盈余资金使用效率。

4）重新资本化。大规模借债用于回购股票或支付特殊红利，可以迅速和显著提高长期负债比例和财务杠杆、优化资本结构，同时也有助于防止敌意并购。在有效的金融市场环境中，若公司具有较强的债务融资能力但却未使用，往往容易受到敌意并购者的青睐。

（2）股票回购的方式

1）股票回购按照地点不同，可分为场内公开收购和场外协议收购。场内公开收购是指上市公司自身在二级市场上按照市场价格购买本公司股票，但因可能带来价格操纵和内幕交易，监管部门对实施场内回购的时间、价格和数量等均有严格的监管规则；场外协议收购是指股票发行人与现有股东通过协商来回购股票的一种方式，协商的内容包括价格和数量的确定，以及执行时间等，但这种方式的透明度比较低。

2）按照筹资方式，股票回购可分为举债回购、现金回购和混合回购。举债回购是指公司通过向银行等金融机构借款的办法来回购本公司的股票；现金回购是指公司利用剩余资金来回购本公司的股票，有助于分配公司的超额现金，起到替代现金股利的作用；混合回购是指公司动用剩余资金和向银行等金融机构借贷来回购本公司的股票。

3）按照资产置换范围，股票回购可分为出售资产回购、利用持有的债券或优先股交换（回购）公司普通股、债务股权置换。出售资产回购是指公司通过出售资产筹集资金回购本公司的股票；利用持有的债券和优先股交换（回购）公司普通股是指公司使用手持债券和优先股换回（回购）本公司的股票；债务股权置换是指公司使用同等市场价值的债券换回本公司的股票。

（3）股票回购对上市公司的影响

1）股票回购需要大量资金支付回购成本，容易造成资金紧张，资产流动性降低，从而可能会对公司的后续发展产生影响。

2）股票回购容易导致公司操纵股价。

2.3 债券

2.3.1 债券的概念

债券是一种有价证券，是各类社会经济主体为了筹措资金而向投资者出具的，并且承诺按一定利率定期支付利息和到期偿还本金的债权债务凭证。债券作为一种以法律与信用原则为基础的借款凭证，具有法律的约束力，反映借贷双方的经济权益关系，双方都必须严格按照合同规定履行自己的权利和义务。

2.3.2 债券的特征

从投资者的角度，债券具有以下四个方面的特征：

（1）偿还性　偿还性是指债券必须规定到期期限，到期后债务人必须向债权人支付既定利息并全额偿还本金。但有些国家曾发行过无到期期限的永久性债券，又称统一公债，这种债券的债权人不能要求清偿，只能按期获得利息。

（2）流动性　流动性是指债券能够迅速并且不遭受损失地转换为货币的特性。债券并非都可以自由转让流通，要经过管理部门的批准才可以上市流通。未上市流通的债券，其流动性就较差，投资者持有该类债券的交易成本就较高。

（3）风险性　债券的风险主要表现为信用风险和利率风险。信用风险是指债务人不能按时支付利息和偿还本金的风险，这主要与发行者的资信情况和经营状况有关。利率风险又称市场风险，是指债券的市场价格因市场利率上升而下跌的风险。债券的市价与利率呈反方向变化：市场利率上升，债券价格下降；市场利率下降，债券价格上升。

（4）收益性　债券的收益性主要表现在两个方面：一是债券持有人可以在约定的时点获得一定的票面利息，并在持有期内获得利息再投资的收益；二是债券持有人可以获得资本利得，即在交易过程中，持有人可以利用债券价格的变动买低卖高，赚取差额。

2.3.3　债券的分类

1. 按计息方式划分

（1）附息债券　附息债券是指债券上附有各种息票的债券，息票上标明票面利率、支付利息的时点和期限等内容，一般半年或一年支付一次利息。中长期政府债券及公司债券大多采用这一方式。

（2）贴现债券　贴现债券又称为零息债券，是指债券不附有息票，发行时按面值的一定折扣出售，到期按面值兑现，发行价格与面额的差价即为贴现债券的利息。

（3）单利债券　单利债券是指在计息时，不论期限长短，仅按本金计息，所计提未付的利息不计入本金计算下期利息的债券。

（4）累进利率债券　累进利率债券是指票面利率按逐年累进方法计息的债券。随着时间的推移，该类债券后期的票面利率比前期更高，呈累进状态。

2. 按发行主体分类

（1）政府债券　政府债券又称国债或公债，是一国政府以国家名义，为弥补财政赤字、筹集建设资金、归还旧债本息等在证券市场上融资，凭其信誉按照一定程序向投资者出具的，承诺在一定时期支付利息和到期偿还本金的一种格式化的债权债务凭证。按照不同的发行主体又可分为中央政府债券、地方政府债券和政府部门债券。

在债券市场上，国债是由中央政府发行的，通常以政府的税收作保证，因此信用等级较高，风险也较小。而且大多数国家都规定，国债的利息享有免税的待遇。正是由于国债较高的安全性和流动性，国债也被广泛地应用于各种抵押和保证行为中。而且国债还是中央银行的主要交易品种，中央银行通过对国债的公开市场交易，实现对货币供应量的调节，实现其货币政策的目标。在美国等相对发达的资本市场上，很多金融产品的创新都是以国债为基础开设的。

（2）公司债券　公司债券是由公司或企业发行并承诺在一定时期内还本付息的债权债务凭证。按照公司发行债券的长短，公司债券一般分为信用债（1年以内到期）、中期票据（3～5年）和长期债券（5年以上）。狭义的公司债券通常是指公司发行的长期债券。

由于公司债券的利息和本金偿付需要依托公司的经营状况，若公司经营不善，债券持有人将面临较大的损失利息甚至本金的风险。由于投资公司债券要承担较高的风险，因此其也给投资者提供了较高的风险补偿,与同期限国债相比,其预期收益率往往较高。相对于股票而言,由于债券持有人比股东有优先的收益分配权,且在公司破产清理资产时有比股东优先收回本金的权利,因此其风险相对于股票较低。

(3) 金融债券　金融债券是由银行或非银行金融机构发行的债券,严格意义上讲,金融债券也是企业债券的一种,因为商业银行本身就是自负盈亏的企业。由于各国对金融机构的运营实行较为严格的监管。而且金融机构一般资金实力雄厚,资信度高,因此金融债券的安全性较高。通常,金融债券的利率低于一般的公司债券,但高于风险更小的国债和银行存款利率。

(4) 国际债券　国际债券是由外国政府、外国法人或国际组织和机构发行的债券。它包括外国债券和欧洲债券两种形式。外国债券是一国之外的其他国家或地区政府、金融机构或企业在本国发行的以本国货币作为计价和结算货币的有价证券,主要包括熊猫债券、扬基债券、武士债券等。若是一国之外的政府、金融机构或企业在本国发行的以第三方国家或地区货币作为计价和结算货币的有价债券,则称为欧洲债券。因此,欧洲债券并非局限于地理概念上的欧洲范围,欧洲债券市场是一个开放度极高的国际市场,它不属于某一国家或地区。

3. 按偿还期限分类

按到期期限的长短,债券可以分为短期债券、中期债券、长期债券和永久性债券。各国对短期债券、中期债券、长期债券的期限划分不完全相同。一般的标准是:期限在1年或1年以内的为短期债券;期限在1年以上、10年以下的为中期债券;期限在10年以上的为长期债券。

4. 按票面利率是否固定分类

(1) 固定利率债券　固定利率债券是指债券票面利率在整个偿还期内都不发生变化的债券。对于该类债券,若未来存在通货膨胀,则其实际收益将下降。

(2) 浮动利率债券　浮动利率债券是指债券的票面利率会在某种预设基准上定期调整的债券,其基准的选择往往是一些金融指数,如上海银行间同业拆放利率(Shibor)。

5. 按是否记名分类

(1) 记名债券　记名债券是指在债券上注明债权人姓名,同时在发行公司的名册上进行登记。转让记名债券时,要在债券上背书和在公司名册上更换债权人姓名,债券投资者必须凭印鉴领取本息。其优点是比较安全,但转让时手续复杂,流动性差。

(2) 不记名债券　不记名债券是指在债券上无须注明债权人姓名,也不在公司名册上登记。不记名债券在转让时无须背书和在发行公司的名册上更换债权人姓名,因此流动性强;缺点是债券遗失或被毁损时,不能挂失和补发,安全性较差。

6. 按有无抵押担保分类

(1) 信用债券　信用债券又称无担保债券,是指仅凭债务人的信用发行的,没有抵押品作担保的债券。其一般包括政府债券和金融债券,少数信用良好的公司也可发行信用债券。

(2) 担保债券　担保债券是指以抵押财产为担保而发行的债券,抵押物可以是土地、房屋、机器、设备等不动产,也可以是股票、国债等有价证券。若债券到期,债务人无力支付债务,就需要用抵押物来抵偿债务。担保债券也可以由第三者担保还本付息,这种债券的担保人一般可以为信用较高的大公司、银行或非银行金融机构或政府。

7. 按债券形态分类

(1) 实物债券　实物债券是一种具有标准格式实物券面的债券,这是债券最初的形态,采用钞票的印制技术和纸张，债券的发行与购买是通过债券的实体来实现的。在实物债券的券面上，一般印制债券面额、债券利率、债券期限、债券发行人全称、还本付息方式等各种债券票面要素。实物债券不记名、不挂失，可上市流通；但由于其发行成本较高，基本上已经消失。

（2）凭证式债券　凭证式债券主要通过金融机构承销，金融机构签发类似于商业银行定期存单的收据凭证，到期后由签发部门负责兑付收回凭证，持有人可以到原购买网点办理提前兑付手续。我国从1994年开始发行凭证式国债，是国家采取不印刷实物券，而用填制"国库券收款凭证"的方式发行的债券，具有类似储蓄又优于储蓄的特点，通常也被称为"储蓄式国债"，是以储蓄为目的的个人投资者理想的投资方式。从购买之日起计息，可记名、可挂失，但不能上市流通。

（3）记账式债券　记账式债券没有实物形态的券面，而是在债券认购者的计算机账户中进行记录。记账式债券主要利用证券交易所网络发行，并可直接在证券二级市场交易流通。投资者利用已有的股票账户进行交易、清算、过户等。记账式债券的发行和交易均无纸化，交易效率高，成本低，是目前债券的主要形态。

2.3.4　股票与债券的区别

股票和债券实质上是两种不同性质的有价证券，二者反映着不同的经济利益关系。债券表示的是对公司的一种债权，而股票表示的则是对公司的所有权。这种性质上的差别就决定了股票不同于债券，具体表现在以下几个方面：

（1）收益方面　投资者在购买股票时其股息率是不确定的，股息收入会随公司的盈利水平变动而变动。而债券在购买时其票面利率已经确定，若不存在违约情况，投资者在持有期内就可以按约定的付息时点获得固定票面利息和到期收回本金，而与发行主体的经营是否获利无关。

（2）本金方面　债券到期可收回本金；而股票无到期日，持有人只能在市场上进行转让。

（3）权利方面　债权持有人一般不能参与公司的经营决策，而股票的持有人作为公司股东可以参与公司的经营决策。

（4）风险方面　债券的市场价格变动幅度不大，风险较低，收益也较低。股票不仅是投资对象，还是金融市场上重要的投机对象，其换手率较高，市场价格变动幅度大，风险较高，但能为投资者提供较高的预期收益。

2.4　证券投资基金

2.4.1　证券投资基金的含义与性质

1. 证券投资基金的基本含义

证券投资基金是基金公司通过发行基金份额，集中投资者的资金交由专家管理，从事股票、债券、衍生证券等金融产品投资，投资者按投资比例分享收益并承担风险的一种制度，其本质是"受人之托，代人理财"。由于证券投资基金将分散的、规模较小的资金集中起来由专家进行专业投资，因此具有交易成本低、投资方便、风险分散和收益共享等优势，对稳定市场也有积极的作用。

2. 证券投资基金的性质

1) 证券投资基金是投资者和证券之间的媒介。它把投资者的资金转换成基金份额,通过专门机构在金融市场上再投资,从而使资产增值。证券投资基金的管理者运用专业知识经营管理投资者所投入的资金,保证投资者的资金安全和收益最大化。

2) 证券投资基金是一种金融信托形式。一般的金融信托关系主要有委托人、受托人、受益人三个关系人,其中受托人与委托人之间订有信托契约。证券基金除了上述的关系人外,还有一个不可缺少的托管机构,它不能与受托人(基金管理公司)由同一机构担任,且基金托管人一般是商业银行。

3) 证券投资基金与股票、债券的区别。证券投资基金本身属于有价证券范畴,它发行的凭证即基金份额(又称受益凭证、基金单位、基金券等),与股票、债券一起构成有价证券的三大品种,但证券投资基金与股票、债券所反映的关系是不同的。股票反映的是一种所有权关系,收益受多种因素的影响,投资收益是不固定的,风险也较高。债券反映的是债权人和债务人之间的一种借贷关系,双方通常事先确定票面利率,债务人到期必须还本付息给债权人,因此债权人的预期收益是相对固定的。证券投资基金则反映的是一种信托关系,对于公司型基金,投资者是投资于该类公司的股东;同时还反映一种所有权关系。而契约型基金的投资者持有该类基金份额并不是取得所购基金份额发行公司的经营权,也不参加基金份额的发行、销售工作。

2.4.2 证券投资基金的分类

目前对证券投资基金进行分类的主要依据包括基金的组织形式和法律地位、基金的运作方式和变现方式、投资目标、投资标的、投资理念等,下文将对前两种分类方式予以介绍。

1. 按组织形式和法律地位分类,可分为契约型基金和公司型基金

(1) 契约型基金 契约型基金,也被称作信托型基金,是依托于信托契约来构建的。这种基金通过发行受益凭证来募集资金。基金的运作涉及三个主要角色:基金管理人、基金托管人和基金受益人。他们共同签署信托契约,明确各自的权利和义务。基金管理人作为基金的发起者,负责发行受益凭证,汇集资金形成信托财产,并根据基金契约的规定进行资产的投资与管理。基金管理人还需要及时向受益人支付收益,编制并公布基金的财务报告和资产净值。基金托管人通常由商业银行担任,负责安全保管基金资产,执行管理人的投资指令,监督投资运作,并出具业绩报告,同时审查基金资产净值和价格报告。基金受益人即基金份额的持有者,有权参与基金持有人大会,获取合法收益,监督基金的运行,并进行基金份额的申购、赎回或转让。在我国,几乎所有的证券投资基金产品都以契约型基金的形式发行,受益凭证代表了投资者在基金中的权益。

(2) 公司型基金 公司型基金是一种依照公司法设立的金融工具,它通过发行股份来集中资金,并投资于各类有价证券。这种基金在组织结构上与股份有限公司相似,资产归属于投资者,也就是股东。股东通过选举产生董事会,而董事会则负责聘请专业的基金管理公司来负责基金的日常管理和运作。公司型基金的成立需要到工商管理部门和证券监管机构进行注册,并在股票交易市场所在地完成登记手续。这种基金类型在全球范围内都有运营,其中最为人熟知的公司型基金是美国的伯克希尔·哈撒韦公司,由著名投资者沃伦·巴菲特领导。总之,公司型基金提供了一种股份制的组织形式,使投资者能够通过购买股份来参与基金的资产增值,同时由专业的基金管理团队来负责资产的管理和投资决策。

公司型基金的组织结构主要有以下几个方面当事人：基金股东、基金公司、投资顾问或基金管理人、基金托管人、基金转换代理人、基金主承销商。实际管理和经营基金资产的是一个独立的基金管理公司，即基金的投资顾问。投资顾问所负职责和所得报酬由基金公司和基金管理公司订立的顾问协议规定。投资顾问的主要职责包括有价证券的研究分析、制定投资组合和从事日常的基金管理。基金托管人一般是银行，它的主要职责是保管基金资产及股息核算等，基金托管人也要同投资公司签订保管契约并收取保管费。基金转换代理人通常也由银行或其他金融机构承担，由其负责基金股票的转移以及股息分配等。基金主承销商负责基金股票发售的具体工作，是管理公司的代理机构，负责按净资产价值购买基金的股份并按净值加佣金出售给证券交易商或其他人，再由他们负责出售给投资者。

（3）公司型基金和契约型基金的区别　公司型基金和契约型基金在法律基础、组织结构和运作方式上存在显著差异：

1）法律基础。公司型基金依据国家公司法成立，具有法人资格；而契约型基金则依据信托法组建，不具有法人资格。

2）组织结构。公司型基金的运作涉及基金公司及其股东，权利与义务遵循公司法；契约型基金则涉及委托人、受托人和受益人，其权利与义务遵循信托法。

3）章程与契约。公司型基金依据公司章程及相关管理与保管契约文件运作；契约型基金则主要依据信托契约来管理信托财产。

4）发行凭证。公司型基金通过发行股票筹集资金，股票既是所有权凭证，也是信托关系的一部分；契约型基金通过发行受益凭证筹集资金，仅体现信托关系。

5）投资者地位。公司型基金的投资者作为股东，对公司决策有审批权和收益权；契约型基金的投资者主要通过受益凭证获得收益，通常对基金运作决策无直接发言权。

6）融资方式。公司型基金可利用其法人资格向银行借款以扩大资产规模；契约型基金由于缺乏法人资格，通常无法通过银行借款来扩展规模。

2. 按运作方式和变现方式分类，可分为封闭式基金和开放式基金

（1）封闭式基金　封闭式基金的基金发行规模事先确定，在发行完毕后和规定的期限内，不论出现何种情况，基金的资本总额及发行份数都固定不变，处于封闭状态，也称为限额投资基金或固定型投资基金。由于封闭式基金的受益凭证不能被追加、认购或赎回，投资者只能通过证券经纪商在证券交易所进行基金的买卖，因此又称为公开交易共同基金。

封闭式基金的单位价格虽然以基金净资产价值为基础，但更多的是随证券市场供求关系的变化而变化，或高于基金净资产价值（溢价），或低于净资产价值（折价），并不必然反映基金净资产价值。

（2）开放式基金　开放式基金也称追加式或不定额式投资基金，是指基金的资本总额及持份总数不是固定不变的，而是可以随时根据市场供求状况发行新份额或被投资人赎回的投资基金。若基金出现净申购，则基金就有更多现金流用以投资，通常基金也会储备一定比例的现金来满足投资者赎回需求；但若基金被赎回的份额过大，超过基金正常的现金储备，此时基金可能需要被迫出售持有的有价证券以换取现金，有可能会引致流动性风险。因此，开放式基金份额不固定，申购和赎回都是"未知价"交易。由于开放式基金未上市交易，其成交价格除当日基金净资产价值外，还需要支付较高的申购和赎回费用。

(3) 封闭式基金与开放式基金的主要区别

1) 期限不同。封闭式基金通常有固定的封闭期，通常在 5 年以上，一般为 10 年或 15 年，经持有人大会通过并经主管机关同意可以适当延长期限。而开放式基金没有固定期限，投资者可随时向基金管理人赎回基金单位。

2) 发行规模限制不同。封闭式基金在招募说明书中列明其基金规模，在封闭期限内未经法定程序认可不能再增加发行。开放式基金没有发行规模限制，投资者可随时申购或赎回，基金规模就随之增加或减少。

3) 基金单位交易方式不同。封闭式基金的基金单位在封闭期限内不能赎回，持有人只能在证券交易所交易转让。开放式基金的投资者则可以在首次发行结束一段时间（多为 3 个月）后，随时向基金管理人或中介机构提出购买或赎回申请，买卖方式灵活，除极少数开放式基金（主要是 ETF、LOF、QDII 基金等）在交易所上市外，通常不上市交易。

4) 基金单位的交易价格计算标准不同。封闭式基金与开放式基金的基金单位除了首次发行价都是按面值加一定百分比的认购费计算外，以后的交易计价方式不同。封闭式基金的买卖价格受市场供求关系的影响，常出现溢价或折价现象，并不必然反映基金的净值。开放式基金的交易价格则取决于基金单位净值的大小，其申购价一般是基金单位净值加一定的申购费用，赎回价是基金单位净值减去一定的赎回费，不直接受市场供求影响。

5) 投资策略不同。封闭式基金的基金份额在存续期不变，资本不会减少，因此基金可进行长期投资，基金资产的投资组合能有效在预定计划内进行。开放式基金因基金单位可随时赎回，为应对投资者随时赎回兑现，基金资产不能全部用来投资，更不能把全部资本用来进行长线投资，必须保持基金资产的流动性，在投资组合上需要保留一部分现金和高流动性的金融资产。

除此之外，封闭式基金还具有一些自身的特有属性。比如，依据相关法律规定，封闭式基金每年至少进行一次收益分配，年度收益分配比例不得低于基金年度已实现收益的 90% 等；而对开放式基金没有相关要求。

两者的详细区别见表 2-1。

表 2-1 封闭式基金与开放式基金的差异比较

对 比 项	封闭式基金	开放式基金
基金份额	封闭期内固定不变	随时接受申购和赎回（特殊情况除外）
基金期限	有固定封闭期，期满后可以清盘或封转开	无期限限制，理论上可以无限期存在，但存在清算风险
交易方式	场内交易，在基金投资者之间进行	场外交易，在基金投资者和基金式管理人或代理人之间进行
	ETF、LOF 等创新型开放式实现场内和场外同时交易模式	
交易价格	竞价交易，受净值及大盘表现影响	以基金单位资产净值为基准
信息公布	每周公布一次净值	每个交易日均公布净值
交易成本	无印花税、过户费，仅买卖佣金	申购费率和赎回费率较高
适应市场	规模较小、开放程度较低的市场	规模较大、开放程度较高的市场
管理难度	难度较小	难度较大
特性	分红效应、折价率存在（存在边际安全缓冲）	无

(续)

对比项	封闭式基金	开放式基金
交易便利性	即时交易，盘中可把握买卖时机	未知价申购，份额赎回，在收市前委托申购或赎回指令
产品流动性	易于变现（T+1）	不易变现（T+3）
长期价值	相对较高	相对较低
期权性质	看跌期权	无

资料来源：作者整理。

另外，证券投资基金按投资目标可分为成长型基金、价值型基金和平衡型基金；按投资标的可分为股票型基金、债券型基金、货币型基金和混合型基金；按投资的理念可分为积极型基金和消极型基金；按资本来源和流向可分为国内基金、国际基金等。

2.4.3 另类证券投资基金

1. 指数型基金

指数型基金是 20 世纪 70 年代以来出现的新的基金品种。为了使投资者能获取与市场平均收益相接近的投资回报，产生了一种功能上近似或等同于所编制的某种证券市场价格指数的基金。其特点是：投资组合构成基本上复制市场价格指数的权重，其收益基本跟踪指数的波动幅度，当价格指数上升时基金收益增加，反之收益减少。

指数基金的优势有以下几个方面。一是费用低廉。指数基金的管理费较低，尤其交易费用较低。二是风险较小。由于指数基金的投资非常分散，基本可以完全消除投资组合的非系统风险，而且可以避免基金持股集中带来的流动性风险。三是以机构投资者为主的市场中，指数基金可获得市场平均收益率，可以为股票投资者提供更好的投资回报。四是指数基金可以作为避险套利的工具。指数基金由于其收益率的稳定性和投资的分散性，特别适用于风险承受能力较低、管理大规模资金的机构投资者，比如社保基金。

2. ETF

ETF（Exchange Traded Fund，交易所交易基金），它是开放式基金的一种特殊类型，综合了封闭式基金和开放式基金的优点。投资者既可以在一级市场向基金管理公司申购或赎回基金份额，又可以像封闭式基金一样在二级市场按市场价格买卖 ETF 份额，但申购和赎回必须以一揽子股票换取基金份额或者以基金份额换回一揽子股票。由于同时存在证券市场交易和申购赎回机制，投资者可以在 ETF 市场价格与基金单位净值之间存在差价时进行套利交易，从而使 ETF 避免封闭式基金普遍存在的折价问题。

3. LOF

LOF（Listed Open-ended Fund，上市型开放式基金），它也是开放式基金的一种特殊类型。在开放式基金发行结束后，投资者既可以在指定网点申购与赎回基金份额，又可以在交易所买卖该基金。不过投资者如果是在指定网点申购的基金份额，想要在交易所卖出，则需要办理一定的转托管手续；同样，如果是在交易所购入基金份额，想要在指定网点赎回，也要办理一定的转托管手续。根据深圳证券交易所已经开通的基金场内申购赎回业务，在场内认购的 LOF 不需要办理转托管手续，可直接抛出。

4. QDII 基金

QDII（Qualified Domestic Institutional Investors，合格境内机构投资者）与 CDR（中国存托凭证）、QFII（Qualified Foreign Institutional Investors，合格境外机构投资者）资格认定制度一样，是在资本项目未完全开放的情况下为境内投资者投资境外资本市场提供的渠道。

5. 黄金基金

黄金基金是指以黄金或者其他贵金属及其相关产业的证券为主要投资对象的基金，其收益率一般随贵金属的价格波动而变化。

6. 衍生证券基金

衍生证券基金是指以衍生证券为投资对象的证券投资基金，主要包括期货基金、期权基金和认购权证基金。由于衍生证券一般是高风险的投资品种，因此投资这种基金的风险较大，但预期收益也比较高。

7. 分级基金

分级基金（Structured Fund）又叫结构型基金，是指在一个投资组合下，通过对基金收益或净资产的分解，形成两级（或多级）风险收益表现有一定差异化基金份额的基金品种。它的主要特点是将基金产品分为两类或多类份额，并分别给予不同的收益分配。分级基金各个子基金的净值与份额占比的乘积之和等于母基金的净值。例如，拆分成两类份额的母基金净值 = A 类子基净值 × A 份额占比 + B 类子基净值 × B 份额占比。若母基金不进行拆分，其本身是一个普通基金。

2.5 金融衍生证券

2.5.1 金融衍生证券的概念

金融产品有三大基本属性：收益性、风险性和流动性。收益性是指金融产品能给投资者带来收益；风险性是指投资者持有的金融产品随产品价格波动带来的收益不确定性；流动性是指金融产品与现金之间相互转换而使持有人不发生损失的能力。金融产品的收益性、风险性和流动性三者之间往往是既矛盾又统一的。一般而言，收益性与风险性之间存在负相关的关系，收益水平高的产品一般让持有人承担的风险都较大。同样，收益性与流动性也存在负相关的关系，流动性强的产品收益水平往往较低。因此，同时实现收益性、风险性和流动性的最优水平是不可能的。由于投资者对金融产品三属性的要求存在差异，风险偏好的投资者愿意冒高风险去获取较高收益，风险厌恶的投资者则希望承担较小的投资风险。而金融创新就是采用新的技术和方法，改变金融体系基本要素的搭配和组合，在收益性、流动性和风险性之间进行权衡，创设出符合不同投资者需求的金融产品。金融衍生证券是金融创新的结果，也是有价证券，是从股票、债券和证券投资基金等基本证券中派生而来的金融产品，它的产生满足了投资者趋利避险的需求。

2.5.2 金融衍生证券的主要类型

1. 根据衍生证券的特性分类

根据衍生证券的特性，可分为远期合约、期货合约、掉期合约和期权合约四大类。

远期合约和期货合约都是一种在未来某一约定的时间按约定的价格购买或出售某项资产的

协议，通常是在两个金融机构之间或金融机构与其客户之间签署该合约。两者的区别在于以下几个方面。一是交易场所不同。期货合约在交易所内交易，具有公开性；而远期合约在场外交易。二是合约的规范性不同。期货合约是标准化合约，除价格以外，合约的品种、规格、质量、数量等都有统一的规定；而远期合约的所有事项都要交易双方协商决定，谈判过程比较复杂，但条款灵活。三是交割方式不同。期货合约可以在到期交割日之前买入相反的头寸轧平头寸，而远期合约需要在到期日交割。四是流动性不同。由于期货合约是交易所指定的标准合约，因此其流动性较高；而远期合约的流动性较低。

掉期合约又称为互换合约，是一种由交易双方签订的在未来某一时期相互交换某种资产的合约。换言之，掉期是当事人之间在未来某一期间内相互交换他们认为具有相等经济价值的现金流。较为常见的是货币掉期合约和利率掉期合约。前者是指两种货币之间的交换，即两种货币资金本金交换交易；后者是同种货币资金不同种类利率之间的交换，一般不作本金交换。在本质上，掉期合约是一种债券多头与另一种债券空头的组合，或者可以被认为是一系列远期合约的组合。

期权合约是买卖权利的合约。期权合约规定了在某一特定时间以某一特定价格买卖某一特定种类、数量、质量资产的权利。期权合同既有在交易所上市的标准化合同，也有在柜台交易的非标准化合同。期权购买方向期权出售方支付了一定的费用后，即获得了能以确定的时间、价格、数量和品种买卖标的物的权利。期权的标的资产包括股票、股票指数、外汇、债务工具、商品和期货合约等。期权主要有两种基本类型：看涨期权和看跌期权。看涨期权的持有者有权在某一约定时间以某一约定的价格购买标的资产，看跌期权的持有者有权在某一约定时间以某一约定的价格出售标的资产，期权的买方可根据自己的意愿决定是否执行该权利。

2. 根据所依附的资产分类

依据所依附的资产，金融衍生证券可以分为利率、股票、货币和商品四类衍生证券。利率类可分为以短期存款利率为代表的短期利率和以长期债券利率为代表的长期利率；股票类包括具体的股票和由股票组合形成的股票指数；货币类包括各种不同币种之间的汇率；商品类包括各类大宗实物商品。根据所依附资产对金融衍生品的分类见表2-2。

表2-2 依据所依附资产对金融衍生品的分类

对象	原生资产	金融衍生品
利率	短期存款	利率期货、利率远期、利率期权、利率掉期合约等
	长期债券	债券期货、债券期权合约等
股票	股票	股票期货、股票期权合约等
	股票指数	股指期货、股指期权合约等
货币	各类现汇	货币远期、货币期货、货币期权、货币掉期合约等
商品	各类实物商品	商品远期、商品期货、商品期权、商品掉期合约等

3. 根据交易方法分类

根据交易方法，可分为场内交易和场外交易。

场内交易，又称交易所交易，是所有的供求方集中在交易所进行竞价交易的交易方式。交易所向交易参与者收取保证金，同时负责进行清算和承担履约担保责任。在场内交易的衍生证券一般都是标准化的金融合同，由投资者选择与自身需求最接近的合同和数量进行交易。所有的交易者集中在一个场所进行交易，这就增加了交易的密度，一般可以形成流动性较高的市场。期货交易和部分标准化期权合同交易都属于这种交易方式。

场外交易，又称柜台交易，是交易双方直接进行交易的方式。这种交易方式有许多形态，可以根据每个使用者的不同需求设计出不同内容的产品，因此场外交易不断产生金融创新。由于每个交易的清算是由交易双方相互负责进行的，因此交易双方仅限于信用程度高的客户。掉期交易和远期交易是具有代表性的柜台交易的衍生产品。

2.5.3 金融衍生证券的特点

金融衍生证券交易通常有套期保值、投机、套利和资产负债管理等四大目的，其交易的主要目的并不在于所涉及的基础金融商品所有权的转移，而在于转移与该金融商品相关的价值变化的风险或通过风险投资获取经济利益。金融衍生证券通常具有以下几个特点：

(1) 零和博弈　零和博弈又称为公平赌局、公平博弈，即合约交易的双方盈亏完全负相关，且净收益为零。

(2) 跨期性　金融衍生工具是交易双方通过对利率、汇率、股价等因素变动趋势的预测，约定在未来某一时间按一定的条件进行交易或选择是否交易的合约。因此无论是哪一种金融衍生工具，都会影响交易者在未来一段时间内或未来某时间点上的现金流，跨期交易的特点十分突出。这就要求交易的双方对利率、汇率、股价等价格因素的未来变动趋势作出判断，而判断的准确与否直接决定了交易者的交易盈亏。

(3) 联动性　金融衍生工具的价值与基础产品或基础变量紧密联系，其联动关系既可以是简单的线性关系，又可以表达为非线性函数或者分段函数。

(4) 不确定性或高风险性　金融衍生工具的交易结果取决于交易者对基础工具未来价格的预测和判断的准确程度。基础工具价格的变化决定了金融衍生工具交易盈亏的不确定性，这也是金融衍生工具具有高风险的重要诱因。

(5) 高杠杆性　衍生产品的交易采用保证金（Margin）制度，即交易所需的最低资金只需要满足基础资产价值的某个百分比。保证金可以分为初始保证金（Initial Margin）和维持保证金（Maintenance Margin），且在交易所交易时采取盯市（Marking to Market）制度。若交易过程中的保证金比例低于维持保证金比例，投资者将收到追加保证金（Margin Call）的通知。若投资者没有及时追加保证金，其将被强行平仓。可见，衍生品交易具有高风险、高收益的特点。

(6) 契约性　金融衍生产品交易是对基础工具在未来某种条件下的权利和义务的处理，从法律上讲是一种建立在高度发达的社会信用基础上的经济合同关系。

(7) 交易对象的虚拟性　金融衍生产品合约交易的对象是对基础金融工具在未来各种条件下处置的权利和义务，如期权的买权或卖权、互换的债务交换义务等，构成所谓"产品"，表现出一定的虚拟性。

2.5.4 我国金融衍生证券的发展

与我国香港地区成熟的金融衍生品市场相比，内地也曾经陆续试点、推出过一系列的金融衍生品，但发展相对缓慢。内地金融衍生工具的发展历史可以分为起步、整顿和复苏发展三个阶段。1990年郑州粮食批发市场从现货交易开始，逐渐引入了期货的交易机制，内地期货市场由此诞生。1992—1993年外汇期货发行，但当时期货的价格与汇率变动脱轨，央行暂停了交易。1992年6月内地推出了第一个股票类权证——大飞乐股票权证，接着又发行了国债期货，但以"327国债事件"为代表的一系列违规致使交易无法正常进行，最终停止。在这一起步阶段，内地成立了众多交易所，但交易品种的重复、缺乏监管、投资者者盲目参与交易等原因使得内地初期的尝试以失败告终。1993年开始的随后六年，金融衍生工具进入整顿阶段，通过清理多家交易场所、调整上市品种、规范操作和风险监管，制止了市场的盲目发展。2000年开始，内地金融衍生品再次进入恢复发展的探索阶段，期货业协会的成立、股指期货和国债期货的相继发行、50ETF期权和沪深300ETF期权的先后推出等，推动内地金融衍生品市场不断发展。从金融衍生品推出的历史来比较，内地市场金融衍生品的推出还需要探索和创新。表2-3详细列示了我国香港市场与内地市场金融衍生品的发展时间轨迹。

表2-3 香港市场与内地市场的金融衍生品发展时间轨迹

年 份	香 港	内 地
1973年	认股权证发行	—
1982年	金融期货筹备委员会设立	—
1985年	香港期货交易所有限公司成立	—
1986年	恒生指数期货合约	—
1990年	港元利率期货	—
1992年	—	大飞乐股票权证、国债期货
1993年	恒生指数期权合约	外汇期货、股指期货
1995年	港市个股期货合约、个股期权	—
1996年	长期恒生指数期权	—
1997年	恒生香港中资企业指数期货合约	—
2000年	小型恒生指数合约	中国期货业协会成立
2001年	MSCI中国外资自由投资指数期货、国际股票期货期权	—
2002年	道·琼斯工业平均指数期货	—
2006年	牛熊证	中国金融期货交易所成立
2007年	—	银行间市场交易商协会成立
2010年	—	股指期货推出
2012年	离岸人民币期货	—
2013年	—	国债期货推出
2015年	—	上证50ETF期权
2017年	5年期国债期货、人民币期权	—
2019年	—	沪深300ETF期权
2022年	—	上证50股指期权

最后，从投资者的视角对证券的分类进行梳理总结，如图2-1所示。

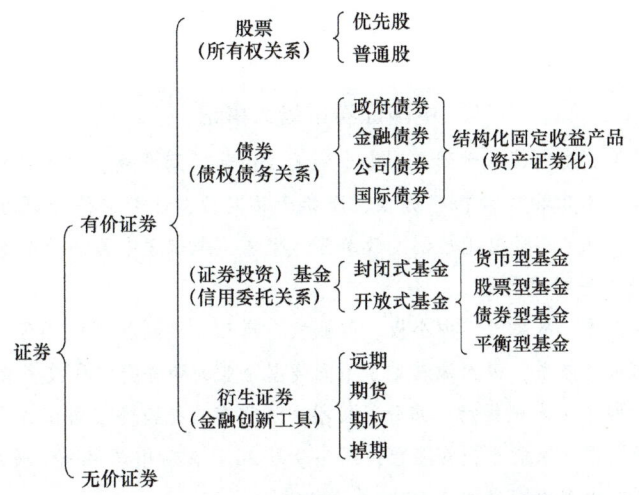

图 2-1　投资视角下证券产品的主要分类

本章小结

本章较为系统地对股票、债券、证券投资基金三大基础证券产品的概念、特征、分类等进行了介绍，并对在原生证券基础上创设的衍生证券产品的概念、分类、特点进行了阐述。从投资者的视角，理解股票的所有权关系、债券的债权债务关系、证券投资基金的信用委托关系，并结合金融产品的三大基本属性之间的矛盾统一，演绎出衍生证券推出的意义。

思考练习

1. 为什么普通股的风险较高？
2. 与普通股相比较，优先股的特点表现在哪几个方面？
3. 债券与股票有哪些相同点和不同点？
4. 证券投资基金有哪些功能？
5. 契约型基金和公司型基金有什么异同？
6. 你认为封闭式基金和开放式基金哪一个更优？为什么？
7. ETF 和 LOF 相对于场外交易的开放式基金有什么优缺点？
8. 简要说明我国金融衍生产品的发展历程、现状和发展趋势，并说明发展金融衍生品对我国资本市场的影响。
9. 下列说法中正确的有：（　　）。
A. 在实践中，既可把政府债券看做无风险债券，也可参考银行存款利率来确定无风险利率
B. 通货膨胀水平和外汇汇率风险会不同程度地影响债券的定价
C. 如果债券的收益率在整个期限内没有发生变化，则其价格将日益接近面值
D. 上市公司增资扩股会导致每股收益下降，所以必然导致二级市场股价的下跌
E. 可转换债券的价值是指它作为不具有转换选择权的一种证券时的价值
F. 公司的盈利水平是影响股票投资价值的基本因素之一。在通常情况下，公司盈利增加，可分配的股利也会相应增加，股票的市场价格上涨；公司盈利减少，可分配的股利相应减少，股票的市场价格下降

 **案例讨论**

中国证券市场大事记

中国证券市场的发展史是一部从无到有、由小到大、由封闭到开放、由不成熟到逐步成熟的演进历程。下面主要从多层次资本市场体系构建历程、证券产品发行、证券立法与证券监管、证券市场国际化、证券中介机构成长、证券市场基础性制度改革等六个方面来梳理中国证券市场的大事。

1. 多层次资本市场体系构建历程

从柜台交易到场内交易,从主板、中小板、创业板、新三板再到科创板和区域股权市场,我国目前已构建起多层次的资本市场体系,极大地满足了不同类型企业的融资需求和投资者多样化的投资选择。

1986年8月5日,经中国人民银行沈阳分行批准,沈阳市信托投资公司试办企业债券等有价证券的柜台转让业务,这是我国第一家债券交易柜台;同年9月26日,新中国第一个股票交易柜台工行上海信托投资公司静安分公司在上海市南京西路1806号正式营业。

1990年11月26日,中国人民银行总行批准成立上海证券交易所(以下简称上交所),并于同年12月19日正式营业。开市当天,申银公司的"红马甲"郭纯作成了第一单交易。

1990年12月1日,深圳证券交易所(以下简称深交所)开始试营业,于1991年4月16日获中国人民银行批复并在7月3日举行正式开业庆典。

2004年6月25日,深交所举行中小企业板块首次上市仪式,新和成等8家公司挂牌上市,标志着沪、深交易所完全同质化、平均化发展的制度安排被打破,深交所的市场定位开始有别于上交所。随着证券市场不断完善,深交所主板与中小板于2021年4月6日正式合并。

2006年9月8日,中国金融期货交易所(以下简称中金所)在上海成立。2010年4月16日,中金所正式推出沪深300股指期货合约;2015年,相继推出10年期国债期货和上证50、中证500股指期货上市品种;2022年12月19日,中国金融期货交易所开展上证50股指期权正式挂牌交易;2023年4月,中国金融期货交易所30年期国债期货注册。

2009年10月23日,创业板正式启动,10月30日创业板首批28家公司挂牌上市。

2013年1月16日,全国中小企业股份转让系统有限责任公司在北京举行揭牌仪式,标志着中国资本市场正式形成了主板、中小板、创业板和新三板四个层次的资本市场体系。其前身可追溯到2006年北京中关村科技园区建立的股份转让系统试点及随后2012年扩大到上海张江、武汉东湖、天津滨海高新区的新三板试点。

2017年5月3日,中国证监会发布《区域性股权市场监督管理试行办法》,将区域性股权市场纳入多层次资本市场体系。

2018年11月5日,在首届中国国际进口博览会开幕式上,习近平总书记宣布科创板成立;2019年6月13日,实施注册制的科创板正式开板;2019年7月22日,科创板首批25家公司挂牌上市。

2021年9月,北京证券交易所(以下简称北交所)成立。11月15日北交所正式开市,首批81家上市企业股票亮相交易。

2. 证券产品发行

早期我国的证券市场主要以债券为主,随着资本市场的持续完善和发展,权益类产品、衍生产品等不断涌现,产品种类不断丰富。

1981年1月16日,中国政府决定发行国库券,财政部当年在全国发行了总金额40亿元的国库券。

1982年1月18日,中国国际信托投资公司与日本野村证券在日本发行100亿日元私募债券的协议达成。半年后,中国国际信托投资公司在日本东京资本市场上发行了100亿日元的武士债券,期限12年,利率8.7%,采用私募方式发行,这是我国企业首次在国际资本市场发行国际债券。

1984年11月14日,上海飞乐音响公司"小飞乐"股票发行,面值50元,发行1万股,是改革开放后发行的第一只股票。

1985年5月,沈阳市房地产开发公司向社会公开发行5年期企业债券,这是改革开放后发行的有记载的第一只企业债券。同年,中国工商银行发行1年期金融债券5亿元,这也是我国首次发行金融债券。

1990年12月19日,首批在上海证券交易所上市的品种共有39只,其中股票8只("老八股"),债券31只。上证指数同日发布,基点100点,当日以96.05点开盘,交易制度实施1%涨跌停板(后改为0.5%)限制。

1991年7月11日,上海证券交易所推出股票账户,逐渐取代股东名卡。

1992年3月2日,上海股票认购证第一次摇号。

1993年7月15日,青岛啤酒在港交所上市,成为中国首只H股,也创下了当时港股市场的超额认购纪录。

1993年8月20日,淄博基金在上海证券交易所上市交易,成为我国首只在国内证券交易所上市的投资基金。

1993年10月25日,上海证券交易所向社会开放国债期货,随后因"327国债事件"于1995年5月17日暂停。

1998年3月27日,南方基金、国泰基金发起设立了国内首批封闭式基金——基金开元、基金金泰,标志着中国第一批真正意义上的投资基金诞生。

2001年4月23日,PT水仙终止上市,成为中国证券市场上第一只被摘牌的股票。

2001年5月18日,用友软件(后更名为"用友网络")在上海证券交易所挂牌交易,它是首家核准制下发行并上市的股票;同时,也是我国A股市场首家以"民营企业"身份IPO的企业。

2001年9月11日,第一只开放式基金——华安创新证券投资基金诞生。

2006年11月29日,我国首只可分离交易的可转换公司债券——马钢股份分离交易可转债在上海证券交易所成功上市。

2007年10月12日,我国首只公司债券——长江电力公司债在上海证券交易所成功上市。

2014年6月25日,平安银行1号小额消费贷款资产支持证券在上海证券交易所挂牌转让,标志着信贷资产证券化产品正式登陆交易所市场。

2015年2月9日,上证50ETF期权上市。

2018年3月21日,全国首单住房租赁专项债券——重庆龙湖企业拓展有限公司首期住房租赁专项公募债券在上海证券交易所成功发行。

2019年6月17日,上海证券交易所上市公司华泰证券发行的沪伦通下首只全球存托凭证(GDR)产品在伦敦证券交易所挂牌交易。

2019年12月23日,沪深300ETF期权上市。

3. 证券立法与证券监管

我国的证券立法与证券监管体系是随着资本市场的逐步成熟而不断完善的。自我国资本市场起步以来,在证券立法和监管方面的重要事件包括:

1991年8月28日,我国证券发展史上第一个全国性行业自律性组织——中国证券业协会成立。

1992年10月12日，国务院证券委员会和中国证券监督管理委员会（以下简称中国证监会）成立，明确国务院证券委员会是对证券市场进行统一管理的主管机构，中国证监会是国务院证券委员会的执行机构，标志着中国的股票交易走上了正规化和法制化的轨道。随后1995年3月，国务院正式确定中国证监会为国务院直属事业单位，但依然是国务院证券委员会的监管执行机构，此时证券经营机构由中国人民银行监管。1997年8月，上海证券交易所、深圳证券交易所统一划归中国证监会监管。同年11月，原由中国人民银行监管的证券经营机构划归中国证监会统一监管。1998年4月，中国证监会与国务院证券委合并，中国证监会成为正部级事业单位，专司全国证券、期货市场的监管职能。

1997年3月14日，《中华人民共和国刑法》在第八届全国人大第五次会议上修订通过，从此内幕交易、编造传播虚假信息、操纵证券交易价格等犯罪行为将依法受到严惩，证券犯罪第一次被写进了《中华人民共和国刑法》。

1998年12月29日，《中华人民共和国证券法》审议通过，并于1999年7月1日起正式实施，中国证监会在全国各省、自治区、直辖市、计划单列市设立的36家派出机构正式挂牌，标志着全国集中统一的证券期货市场监管体制确立。2019年12月28日，新修订的《中华人民共和国证券法》审议通过，于2020年3月1日起施行。

2023年5月18日，国家金融监督管理总局正式揭牌。国家金融监督管理总局在中国银行保险监督管理委员会的基础上组建。将中国人民银行对金融控股公司等金融集团的日常监管职责、有关金融消费者保护的职责，中国证券监督管理委员会的投资者保护职责划入国家金融监督管理总局。

4. 证券市场国际化

证券市场国际化是我国资本市场发展历程中的重要环节，它以开放的姿态展现我国金融市场的成熟与自信，不仅促进了市场的成熟和完善，也展现了我国在全球金融市场中的积极参与和贡献。在证券市场国际化方面一些重要的事件包括：

2002年11月，开始实行合格境外机构投资者（QFII）制度。2003年7月9日，瑞银成为首家投资于中国境内市场的QFII；2007年6月，合格境内机构投资者（QDII）制度开始实施；2011年12月，推出人民币合格境外机构投资者（RQFII）管理制度。

2007年8月20日，国家外汇管理局宣布"港股直通车"计划，允许境内股民投资港股。

2014年11月17日，沪港通开通；2016年12月5日，深港通开通；2019年6月17日，沪伦通开通。

2017年6月21日，摩根士丹利资本国际公司（MSCI，又称明晟公司）宣布从2018年6月开始将中国A股纳入MSCI新兴市场指数和全球基准指数。

2017年7月3日，内地与香港债券市场正式启动互联互通合作（以下简称债券通）。

2018年9月27日，富时罗素公布其2018年度市场分类评审结果，宣布正式将中国A股市场提升至新兴市场级别，并将于2019年6月起纳入富时全球股票基准。

2018年12月5日，标准普尔宣布将A股纳入其股票指数体系。

2019年6月25日，中日交易所交易基金（ETF）互通正式开通。

2019年9月10日，取消QFII、RQFII投资额度限制。

2019年9月20日，标普道·琼斯指数正式将A股以25%因子首次纳入其全球宽基指数（BMI）。

2020年2月28日，摩根大通宣布以人民币计价的高流动性中国政府债券将被纳入摩根大通旗舰全球新兴市场政府债券指数系列。

2020年4月1日，取消证券公司外资股比限制。

5. 证券中介机构成长

我国证券中介机构伴随着我国证券市场的发展，经历了从起步到成熟的过程，从单一到多元化发展的格局，构建起了证券公司、基金公司、资产管理公司等全方位中介机构体系，对我国证券市场的繁荣和稳定起到了至关重要的作用。我国证券中介机构发展中的一些重大事件包括：

1987年9月27日，中国第一家专业证券公司深圳特区证券公司成立（公司于2002年3月13日更名为巨田证券有限公司，2006年10月13日收市后巨田证券有限公司的经纪业务和证券营业部被招商证券有限公司托管，2007年10月18日巨田证券有限公司更名为深圳市巨田投资有限公司）；1988年，为适应国库券转让在全国范围内的推广，中国人民银行在各省组建了33家证券公司，同时财政系统也成立了一批证券公司。

1988年7月18日，第一家股份制证券公司上海万国证券成立；同年9月以交通银行上海市分行信贷二部证券科为前身的上海海通证券公司成立，这也是迄今国内20世纪80年代成立的证券公司中唯一一家仍在运营且未更名的大型证券公司。

1990年9月1日，申银证券公司正式成立。1996年7月16日，原申银证券和原万国证券合并为"申银万国证券"，后又于2015年1月16日与宏源证券合并为"申万宏源证券有限公司"。

1992年11月，我国内地第一家投资基金——淄博乡镇企业投资基金经中国人民银行批准设立，于1993年8月在上海证券交易所挂牌上市，拉开了证券投资基金发展的序幕。

1998—1999年，我国第一批规范的基金管理公司诞生了，一共10家，因而被称为"老10家"。它们的成立标志着规范化的证券投资基金在我国正式起步。

6. 证券市场基础性制度改革

我国证券市场的基础性制度改革是一个系统性的工程，在早期的交易制度、发行制度、法律监管、退市制度、投资者保护等方面都进行了全方位的完善，有效地提升了市场的效率和透明度，增强了市场的活力和韧性，为我国经济的高质量发展提供了有力支撑。围绕证券市场基础性制度一些重要事件包括：

1992年5月21日，上海证券交易所取消涨跌停板制度，全面放开股价限制，实行自由竞价交易，并实行"T+0"交易（当日回转交易）规则，当日上证综合指数从前收盘617点瞬间高开并收盘于1266点。

1992年8月10日，深圳发售1992年新股认购抽签表，出现百万人争购抽签表的场面，发生了震惊全国的"8·10风波"。

1993年9月30日，中国宝安宣布持有延中实业发行在外的普通股超过5%。这是沪深股市历史上的第一次"举牌"，打响了上市公司收购兼并"第一枪"，史称"宝延风波"。

1994年10月5日，国务院证券委决定自1995年1月1日起取消"T+0"交易，沪深两市重启实行"T+1"交易制度。

1995年2月23日，上海证券交易所发生"327国债事件"，随后5月17日证监会发通知暂停国债期货交易。

1996年12月16日，沪深证券交易所开始实施10%的涨跌停板制度。

2005年4月29日，中国证监会发布《关于上市公司股权分置改革试点有关问题的通知》，宣布启动股权分置改革试点工作，并于6月6日推出《上市公司回购社会公众股份管理办法（试行）》。

2010年3月31日，信用交易机制（融资融券）实施；4月16日，股指期货正式推出。

2013年8月16日，光大证券自营的策略交易系统存在设计缺陷而造成A股市场上迄今为止最大的乌龙事件。

2015年12月4日，上交所、深交所、中金所发布指数熔断相关规定，并于2016年1月1日起实施，后于2016年1月8日起暂停。

2019年3月2日,证监会和上海证券交易所联合发布设立科创板并试点注册制的主要制度规则,A股市场正式开启注册制;2020年8月24日,创业板实施注册制后的首批18只新股上市;2023年2月17日注册制在A股市场正式全面实施,4月10日沪市主板注册制首批10家企业上市,标志着注册制改革全面落地。

2022年10月31日,科创板股票做市交易业务正式启动,首批14家券商获得入场资格,42只科创板股票率先迎来做市交易。

案例思考:

(1) 通过了解中国证券市场大事记,谈谈你对中国证券市场运行特点的分析和理解。

(2) 影响股票市场波动的外生性因素和内生性因素有哪些?选取1~2个因素,分析其对股票市场影响作用的传导机理。

(3) 搜集上证指数历史交易数据,在K线图上标识重大事件,分析和总结股票市场牛市和熊市的价格波动特征。

第 3 章
证券发行与交易

本章提要

本章主要介绍了证券的发行、流通及除权除息与复权的相关内容。首先对证券发行的方式、条件及上市流程及发行价格的确定进行了梳理;其次对上市后二级市场的交易规则进行了详细剖析;最后结合股票的股利政策,对股票价格在除权除息、复权、拆股和并股等相关政策执行下的影响进行了深入分析。

重点难点

本章重点:理解股票的发行方式及发行条件;掌握股票除权除息价格的计算以及拆股和并股对股票价格的影响及传导过程;熟悉融资融券信用交易的基本原理。

本章难点:股利政策对股票价格影响的作用机理及除权除息价格的计算规则。

引导案例

2024年5月13日,财政部官网发布《关于公布2024年一般国债、超长期特别国债发行有关安排的通知》,2024年先发行1万亿元。从发行安排看,超长期特别国债涉及期限包括20年、30年、50年,均采取按半年付息的方式,也是我国首次发行期限达50年的超长期国债。最早一期30年期于5月17日首发,发行数量为400亿元,票面利率通过竞争性招标确定。自2024年5月20日开始计息。"超长期 + 特别 + 国债"分别从期限、资金用途和债券类型(发行主体)诠释其独特性。超长期特别国债是为特定目标发行的、具有明确用途的国债,所募资金专项用于国家重大战略实施和重点领域安全能力建设。

案例讨论与思考:

(1)查阅相关资料,请说明历史上我国发行过几次特别国债,以及发行募集资金的主要用途。

(2)特别国债与一般国债相比,在资金用途、发行模式、预算管理等方面有何差异?

(3)为什么超长期特别国债在发行额度一定的情况下采用多次发行模式?对实体经济会产生何种影响?

3.1 证券的发行

3.1.1 证券的发行分类

一是按发行对象分类，可分为私募发行与公募发行。

1）私募发行。私募发行是指仅向少数特定投资者发行证券的一种方式，也称内部发行。发行对象一般是与发行者有特定关系的投资者，如发行人的员工或与发行人有密切关系的金融机构、公司、企业等。发行者的资信情况为投资者所了解，不必像公募发行那样向社会公开内部信息，也没有必要取得证券资信级别评定。私募发行的手续比较简单，可节省发行费用，但私募发行的证券一般不允许上市流通。

2）公募发行。公募发行是指向广泛的不特定的投资者发行证券的一种方式。公募发行涉及众多的投资者，其社会责任和影响很大。为了保证投资者的合法权益，政府对证券的公募发行控制很严，要求发行人具备较高的条件，如募集公司必须向社会提供各种财务报表及其他相关资料等。公募发行的证券可以上市流通，具有较高的流动性，因而易于被广大投资者接受。公募发行提高了发行人在证券市场的知名度，扩大了社会影响，能够在较短的时间内筹集到大量资金。但公募发行的手续比较复杂，发行成本也较高。

二是按发行过程分类，可分为直接发行和间接发行。

1）直接发行。直接发行是指发行人不通过证券承销机构而直接自己发行证券的一种方式，大多属于私募发行。发行者可以直接控制发行过程，发行费用较低；但该方式筹资时间较长，且存在募集资金额度达不到预期的风险。

2）间接发行。间接发行也称为承销发行，是指发行人不直接参与证券的发行过程，而是委托给一家或几家证券承销机构承销的一种方式。证券承销机构一般为投资银行、证券公司、信托投资公司等。间接发行对于发行人而言，虽然要支付一定的发行费用，但是有利于提高发行人的知名度，筹资时间较短，风险也较小。因此，一般情况下，证券发行大都采用间接发行方式。根据承销商责任的不同，间接发行又可分为三种不同的形式：一是代销，是指证券发行人将证券发行事宜委托给证券承销商办理，但如果应募额不足，证券承销商不承担剩余证券的责任，而将未售出的证券全部退还给发行人；二是全额包销，是指证券承销商先将发行人的证券全部买下，然后再向公众投资者出售，对于发行公司而言可以快速筹集到所需的资金，但发行手续费较高；三是余额包销，是指证券承销商承诺购入所有未售出的证券，承销商实质上承担了募集的风险。

三是按发行的种类，可分为初次发行、增资发行、配股，这主要是针对股票而言的。

1）初次发行。所谓初次发行，是指设立股份有限公司时的发行。

2）增资发行。股份有限公司为了扩大生产经营规模，可以通过发行股票来增加资本。增资发行可分为首次公开发行（IPO）和上市后的增资发行（增发）。

3）配股。配股是指上市公司为筹集资金向现有股东增发新股，现有股东可按其所持股份的比例认购配售股票。配股集资具有实施时间短、操作简单、成本较低等优点。同时，配股也是上市公司改善财务结构的一种手段。

3.1.2 证券的发行概况

1. 股票的发行

依据最新版的《上海证券交易所证券发行与承销业务指南》《证券发行与承销管理办法》《首次公开发行证券发行与承销业务实施细则》等有关规定,可以通过询价的方式确定发行价格,也可以通过发行人和主承销商自主协商直接定价等方式确定发行价格。股票常用的发行方式为向参与战略配售的投资者配售（如有）、网下向询价对象配售（如有）和网上申购定价发行相结合的发行方式。其中,询价确定发行价格的方式主要有两种：一是初步询价后直接确定发行价格；二是初步询价先确定发行价格区间,再通过累计投标询价确定发行价格。当然,如果上市公司未采用上述发行方式,需要提前与上交所沟通,以确定发行方式。

境内企业或符合《关于开展创新企业境内发行股票或存托凭证试点的若干意见》等有关规定的红筹企业,申请首次公开发行股票或存托凭证并在沪、深交易所上市,应符合下列条件：

1）符合《中华人民共和国证券法》、中国证监会规定的发行条件。

2）对于境内企业首次公开发行股票的,发行后股本总额不低于5000万元。对于红筹企业申请首次公开发行股票的,发行后的股份总数不低于5000万股；发行存托凭证并上市的,发行后的存托凭证总份数不低于5000万份。

3）对于境内企业首次公开发行股票的,公开发行的股份达到公司股份总数的25%以上；公司股本总额超过4亿元的,公开发行股份的比例为10%以上。对于红筹企业申请首次公开发行股票的,公开发行（含已公开发行）的股份达到公司股份总数的25%以上；公司股份总数超过4亿股的,公开发行（含已公开发行）股份的比例达到10%以上；发行存托凭证的,公开发行（含已公开发行）的存托凭证对应基础股份达到公司股份总数的25%以上；发行后的存托凭证总份数超过4亿份的,公开发行（含已公开发行）的存托凭证对应基础股份达到公司股份总数的10%以上。

4）市值及财务指标符合交易所上市规则规定的标准。

5）交易所要求的其他条件。

2. 公司债券的发行

中国证监会《公司债券发行与交易管理办法》规定："公开发行公司债券,应当符合下列条件：（一）具备健全且运行良好的组织机构；（二）最近三年平均可分配利润足以支付公司债券一年的利息；（三）具有合理的资产负债结构和正常的现金流量；（四）国务院规定的其他条件。公开发行公司债券,由证券交易所负责受理、审核,并报中国证监会注册。"公司债券是向社会公众发行的,社会公众是否购买公司债券,完全要根据该公司的资信情况而定,公司通常以其所拥有的财产向债券投资人担保。《中华人民共和国证券法》第十五条还明确规定："公开发行公司债券筹集的资金,必须按照公司债券募集办法所列资金用途使用；改变资金用途,必须经债券持有人会议作出决议。公开发行公司债券筹集的资金,不得用于弥补亏损和非生产性支出。"

此外,《中华人民共和国证券法》第十七条就公司再次发行债券的条件作了限制性的规定,公司存在下列情形之一的不得再发行公司债券："（一）对已公开发行的公司债券或者其他债务有违约或者延迟支付本息的事实,仍处于继续状态；（二）违反本法规定,改变公开发行公司债券所募资金的用途。"

3.1.3 发行上市流程

证券上市是指证券交易所根据一定的条件和标准,批准公开发行的证券在证券交易所作为买卖对象,自由地公开买卖。凡经批准在证券交易所内登记买卖的证券称为上市证券,发行该证券的公司为上市公司。

我国的股票发行制度历经审批制、核准制和注册制。审批制是我国股票市场初期采用的发行制度,彼时为了维护上市公司的稳定和平衡复杂的社会经济关系,采用行政和计划的办法分配股票发行的指标和额度,由地方政府或行业主管部门根据指标推荐企业发行股票;1999 年我国施行的《中华人民共和国证券法》第十条规定:"公开发行证券,必须符合法律、行政法规规定的条件,并依法报经国务院证券监督管理机构或国务院授权的部门核准或审批;未经依法核准或审批,任何单位和个人不得向社会公开发行证券。"其标志着我国新股发行开始实施核准制,一方面核准制取消了政府的指标和额度管理,引进证券中介机构判断企业是否达到股票发行的条件;另一方面证券监管机构同时对股票发行的合规性和适销性条件进行实质性审查,并有权否决股票发行的申请。核准制下的新股发行流程如图 3-1 所示。

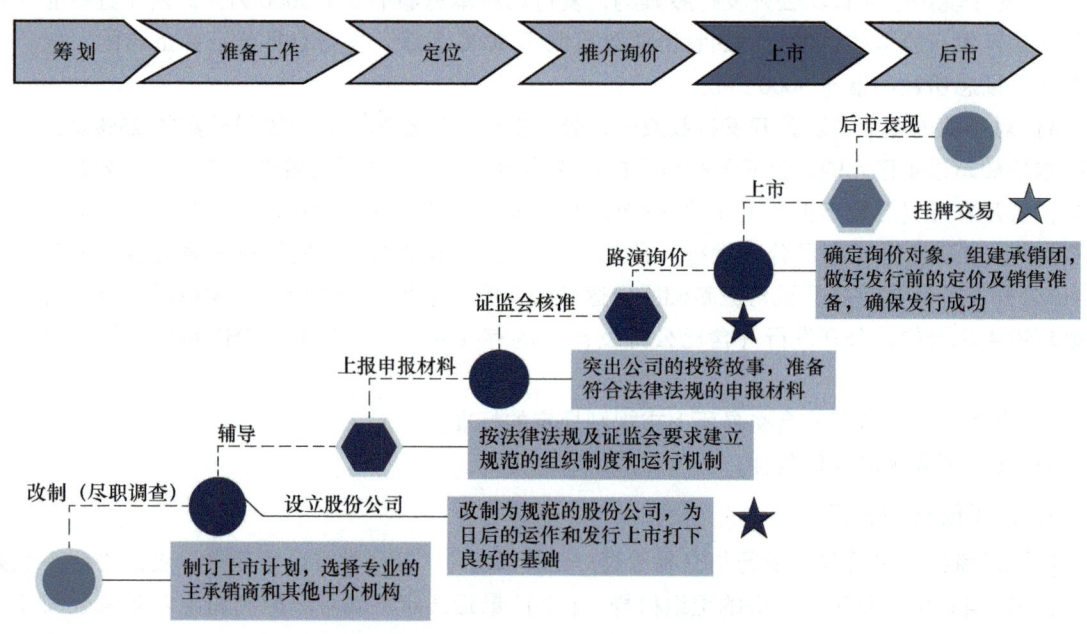

图 3-1 核准制下新股发行上市的一般流程

目前我国的新股发行主要采用注册制,按照定价方式的不同,发行上市流程也略有不同,如图 3-2 所示。

注册制于 2019 年在科创板试点,并于 2023 年全面在 A 股市场实施后,注册制成为我国目前 A 股的新股发行制度。股票发行注册制主要是指发行人申请发行股票时,必须依法将公开的各种资料完全准确地向证券监管机构申报。证券监管机构的职责是对申报文件的全面性、准确性、真实性和及时性作形式审查,不对发行人的资质进行实质性审核和价值判断。与核准制相比,注册制在提交上市申请文件环节有差异,不再是直接向证监会提交,而是向交易所提交,其主要环节包括:

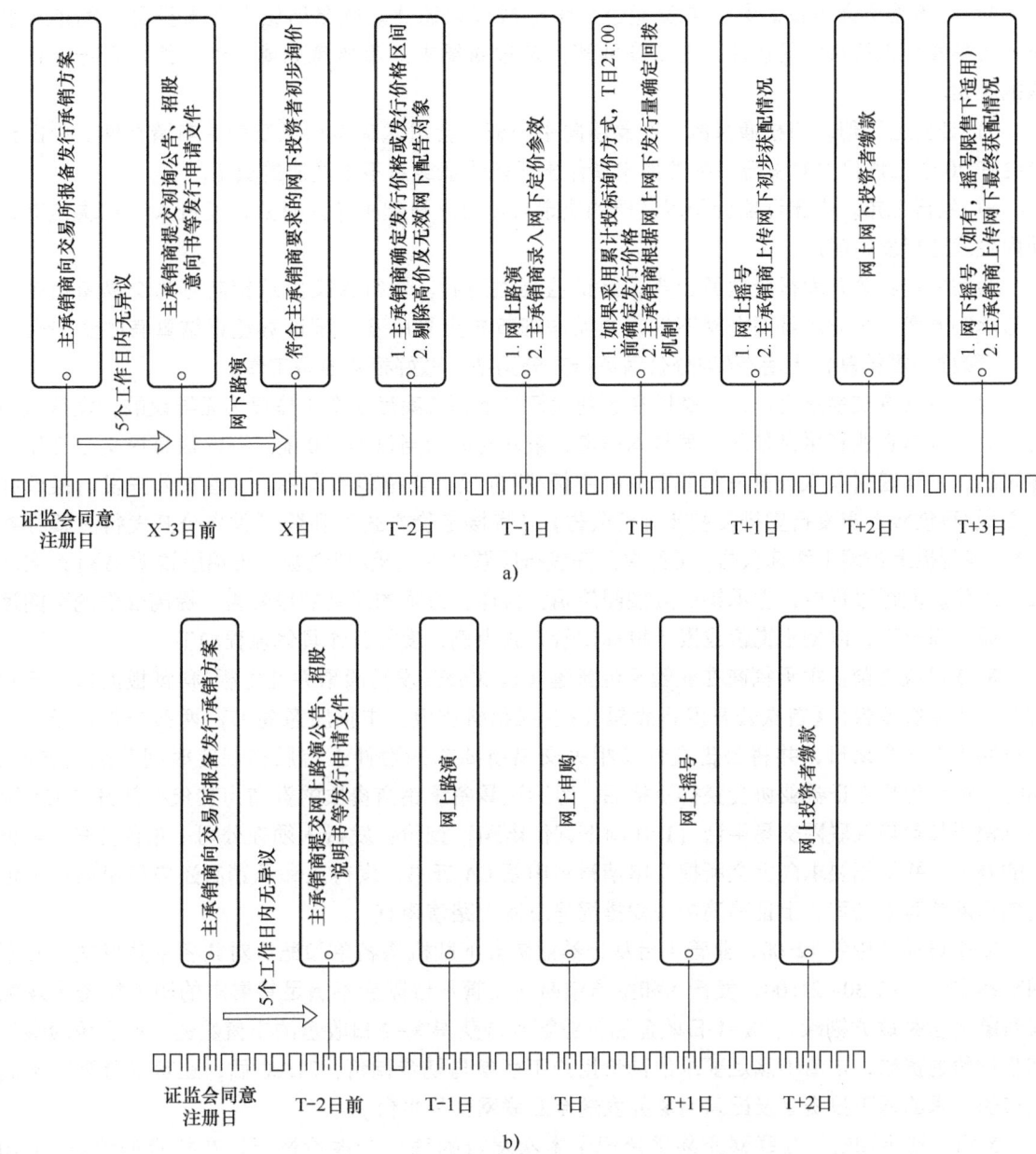

图 3-2 注册制下股票发行上市的一般流程
a) 询价定价方式的上市一般流程 b) 直接定价方式的上市一般流程
资料来源：上海证券交易所网站 http://www.sse.com.cn。

1) 提交申请。

2) 受理申请。交易所收到发行上市申请文件后 5 个工作日内，作出是否受理的决定。申请文件不符合交易所要求的，应当在 30 个工作日内补正。

3) 审核问询。交易所自受理之日起 20 个工作日内，提出首轮审核问询；需要再次问询的，在收到回复后 10 个工作日内发出。

4）上市委员会审议。参会委员通过合议形成审议意见。交易所结合上市委员会的审议意见，出具发行人符合发行条件、上市条件和信息披露要求的审核意见或者作出终止发行上市审核的决定。

5）证监会注册。审核通过的，交易所向中国证监会报送审核意见及相关申请文件。中国证监会在20个工作日内对发行人的注册申请作出予以注册或者不予注册的决定。

6）发行上市。中国证监会予以注册的决定自作出之日起1年内有效，发行人可在决定有效期内自主选择发行时点。

为完成首次公开发行股票并上市，经证监会注册后，发行人及主承销商可向交易所报备发行与承销方案，同时应就网上网下发行的操作细节与交易所及中国证券登记结算有限责任公司（以下简称中国结算）上海/深圳分公司进行充分沟通，做好相关准备工作。

以上海证券交易所为例，上交所在收到发行与承销方案后5个工作日内无异议的，发行人与主承销商可以在业管平台录入公司基本信息，录入时间为当日14:30前。基本信息提交上交所无异议后，可刊登《首次公开发行股票并在主板/科创板上市招股意向书》《首次公开发行股票并在主板/科创板上市发行安排及初步询价公告》（直接定价方式下刊登《首次公开发行股票并在主板/科创板上市网上路演公告》《首次公开发行股票并在主板/科创板上市招股说明书》），启动发行工作。发行过程中，主承销商应按照简明、合理、必须的原则制作公告，提高公告的可阅读性。通常情况下，以初步询价或累计投标询价方式为例，发行工作具体流程如下：

X-3日或之前：主承销商在业管平台新建《首次公开发行股票并在主板/科创板上市发行安排及初步询价公告》《首次公开发行股票并在主板/科创板上市招股意向书》两条公告记录，公告日期为下一交易日，并将公告文件及相关交易所要求的附件上传后在规定时间节点前挂网。同时，询价用户在证券业协会获得资格后，可通过具备承销商资质的券商为其代办并开通CA证书以便于其参与互联网交易平台（IPO网下询价申购）询价；发行人须在公司上市前完成CA证书的办理，并根据要求向上交所提交申请材料申领CA证书；发行人和承销商还应尽早联系上证所信息网络有限公司、上证路演中心安排摇号及网上路演事宜。

X-1日前：中午12:00，业管平台从证券业协会下载机构名单和配售对象名单并发送至互联网交易平台；12:30~21:00，发行人和主承销商在业管平台剔除不满足其要求的网下投资者及配售对象（含关联方剔除）；X-1日收盘后，业管平台获得X-2日收盘的市值数据，用于校验参与初步询价的资格，市值不满足要求的询价用户不能参与初步询价；21:00后，业管平台剔除不满足市值要求的网下投资者及配售对象并发送至互联网交易平台。

X日：初步询价。互联网交易平台记录本次发行的每一个报价情况，在初步询价日15:10后，主承销商可以从业管平台获取初步询价报价情况。

T-3日或之前：主承销商在业管平台新建《首次公开发行股票网上路演公告》记录。主承销商在15:00前将《首次公开发行股票并在主板/创业板上市网上路演公告》上传至业管平台并于19:00前上网。

T-2日：确定价格区间，主承销商确认有效配售对象。

T-1日：网上路演。

T日：网下申购、网上申购。

T+1日：公布网上发行申购情况及中签率。

T+2日：公布网下初步配售结果及网上中签结果。未在16:00前足额缴纳认购资金的配售对象，其未到位资金对应的获配股份由主承销商包销。

T+3 日：未中签申购资金退款。

T+4 日：提交上市申请材料，上市委员会审核，交易所审核；承销商转账；会计师事务所验资；股份初始登记。

一般情况下，公司安排在 T+7 日上市，如需顺延的，应于发行结束后 7 个交易日内完成上市，具体流程如图 3-3 所示。

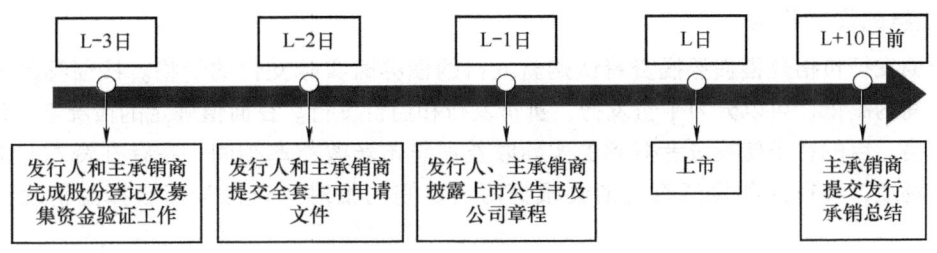

图 3-3　新股上市申请、上市准备及上市流程图

3.1.4　证券发行价格

1. 股票的发行价格

确定股票发行价格是股票发行工作中最重要的内容，既要考虑发行人的利益，又要考虑投资者的利益，还要考虑股票上市后的表现。

（1）发行价格的种类及基本规定　股票发行价格是指股份有限公司将股票公开发售给特定或非特定投资者所采用的价格。根据发行价与票面金额的不同，发行价格可以分为面值发行、折价发行和溢价发行。根据《中华人民共和国公司法》的规定，股票不能以低于股票票面金额的价格发行，因此我国没有折价发行这种方式。通常而言，在确定股票发行价格时应综合考虑公司的盈利水平、公司潜力、发行数量、行业特点以及市场环境等影响股价的基本因素。

（2）确定发行价格的方法　确定股票发行价格的方法有市盈率法、净资产倍率法和竞价确定法。

一是市盈率法。利用市盈率法确定股票发行价格，首先应根据专业会计师审核后的盈利预测计算出发行人的每股净收益；其次根据二级市场的平均市盈率、发行人所处的行业状况、发行人的经营情况及其成长性等确定发行市盈率；最后依发行市盈率与每股净收益的乘积确定发行价。新股发行价的计算公式为

$$发行价 = 每股净收益 \times 发行市盈率$$

二是净资产倍率法。净资产倍率法又称资产现值法，是指通过资产评估（物业评估）和相关会计方法确定发行人拟募股资产的净现值和每股净资产值，然后根据证券市场的状况将每股净资产值乘以一定的倍率或一定的折扣，以此确定股票发行价格的方法。净资产倍率法常用于房地产公司或资产现值等有重要商业利益的公司的股票发行。以此种方式确定每股发行价格不仅应考虑公平市值，还须考虑市场所能接受的溢价倍数或折价倍率。其计算公式为

$$发行价 = 每股净资产值 \times 溢价倍率(或折价倍率)$$

三是竞价确定法。竞价确定法是指投资者在指定时间内通过交易柜台或者证券交易所的交易网络，以不低于发行底价的价格并按限购比例或数量进行认购委托；申购期满后，由交易所的

交易系统将所有有效申购按照价格优先、同价位申报按照时间优先的原则,将投资者的认购委托由高价位向低价位排队,并由高价位到低价位累计有效认购数量;累计数量恰好达到或超过本次发行数量时的价格,即为本次发行的价格。

如果在发行底价上仍不能满足本次发行股票的数量,则竞价的底价为发行价。发行底价也可由发行人和承销商根据发行人的经营业绩、盈利预测、投资的规模、市盈率、发行市场与股票交易市场上同类股票的价格以及影响发行价格的其他因素来共同确定。

2. 债券的发行价格

债券的发行价格是指债券投资者认购新发行的债券时实际支付的价格。按债券的发行价格与面值之间的高低,可以分为平价发行、折价发行和溢价发行。在面值确定的情况下,调整债券的发行价格,目的在于使投资者得到的实际收益率与市场收益率相同。在存在资本利得税和利息税的市场上,发行人和投资者可能会根据两者之间的相对比较优势而选择溢价发行或折价发行。

3.2 证券的流通

3.2.1 证券流通市场的结构

证券流通市场又称二级市场,是买卖已经发行的证券的场所,由场内市场和场外市场构成。场内交易市场以证券交易所为代表,场外交易市场则由柜台交易市场、第三市场和第四市场等组成。相比较而言,场外交易市场的价格、时间灵活,佣金手续费低廉,无场地限制;但投机性相对较强,风险较高。

(1) 证券交易所 证券交易所是专门买卖有价证券的场所,是一种有组织、有固定地点、集中进行证券交易的有形市场,一般采用会员制和公司制两种组织形式。它通常具有六个方面的特点:一是有固定的交易场所和交易时间;二是参加交易者为具备会员资格的证券经营机构,交易采取经纪制,即一般投资者不能直接进入交易所买卖证券,只能委托会员作为经纪人间接进行交易;三是交易的对象限于符合一定标准的上市证券;四是通过公开竞价的方式决定交易价格;五是集中了证券的供求双方,具有较快的成交速度和成交率;六是实行"公开、公平、公正"原则,并对证券交易加以严格管理。值得一提的是,采取会员制的证券交易所属于非营利机构。我国上海证券交易所、深圳证券交易所均采用会员制,而我国香港联合交易所、台湾证券交易所和中国金融期货交易所等则均采用公司制。

(2) 场外市场 场外市场也称柜台市场、店头市场,是在交易所外部通过经纪人之间或经纪人与客户间完成证券流通的抽象市场。随着场外市场的发展,二板市场逐渐形成,主要为创新型中小企业服务,其上市条件也相对宽松。世界上最著名的二板市场是美国的纳斯达克市场(National Association of Securities Dealers Automated Quotations,NASDAQ)。NASDAQ是美国的场外交易市场,成立于1971年,是世界上第一个电子化股票市场,也是美国成长最快的市场。我国的全国中小企业股份转让系统(简称新三板)就属于典型的场外市场,但其市场流动性整体较差。

(3) 第三市场、第四市场 第三市场是指那些已经在证券交易所上市交易的证券却在证券交易所以外进行交易而形成的市场,它实际上是上市证券的场外交易市场,是场外市场的一部分。第四市场是指不通过经纪商中介而是通过电子计算机网络直接进行大宗证券交易的场外市场。

3.2.2 证券市场的流动性

流动性是指投资者根据市场的基本供给和需求状况，以合理的价格迅速交易的能力。市场的流动性越高，则进行即时交易的成本就越低。因此，一般而言，较低的交易成本意味着较高的流动性，或相应较好的价格。二级市场的流动性为投资者提供了转让和买卖证券的机会，若市场缺乏流动性而导致交易难以完成，市场就失去了存在的意义。因此，从某种意义上讲，流动性是证券市场的生命力所在，市场流动性的增加不仅保证了金融市场的正常运转，还促进了资源的有效配置和经济增长。金融市场微观结构理论通常从宽度、深度、弹性三个角度来度量市场流动性：

1）宽度是指交易价格与有效价格的偏离，通常用买卖价差来衡量，买卖价差越小，市场宽度越好。

2）深度是指现行价格下市场能够容纳的交易量。在一定价格水平下或一定的价格波动范围内，能够被交易的资产规模越大，说明市场深度越好。

3）弹性是指市场波动导致价格偏离均衡后的恢复速度。在一个以弹性衡量的高流动性的市场，价格会立刻返回到均衡水平。

此外，诸如市场结构、市场成熟程度、市场交易机制、投资者情绪等，也会影响到流动性。值得一提的是，换手率指标（即成交股数/流通股数）通常被一些学者用来衡量流动性，但换手率高实际上是金融市场效率不高的表现。这是因为市场有效性越差，投资者对信息影响的预期及估值偏差就越大，信息交换效率越低，交易成本就越高。

3.2.3 证券交易

证券交易通常包括以下四个步骤：

1. 第一步：选择经纪人并开户

选择证券公司作为经纪人开户。投资者可以到证券公司网点开户，也可以直接在网上开户（2013年开始）[一]。开户前，投资者一般要准备居民身份证原件、银行卡（如果网上开户或手机自助开户，投资者还需要准备带有摄像头、麦克风的计算机且计算机网络需要通畅），在交易日时间到券商营业部，在券商柜台工作人员的指引下进行风控问卷填写、相关文件签署、摄像头录像、银行卡绑定关联等（若网上开户，只需要按流程上传证件照片、视频录像、填写信息等，可全天候办理）。经纪人会为投资者开设证券账户和资金账户，其中证券账户用于记载投资者持有的证券种类、名称、数量及相应权益变动情况；资金账户是指投资者用于证券交易资金清算的专用账户，投资者在证券公司开设资金账户后，进行证券交易需要设置银行

[一] 2013年开始投资者可以申请网上开户。2013年3月15日，中国证券业协会发布《证券公司开立客户账户规范》，拉开了非现场开户的大幕，招商证券、中信建投证券当日即试点。中国证券登记结算有限责任公司于2013年3月25日发布了《证券账户非现场开户实施暂行办法》，对见证开户和网上开户作出细则规定；2015年4月13日宣布一张身份证最多可以在二十家证券公司各开立一个证券账户；2016年10月15日明确，对之前自然人及普通机构投资者已开立的3户以上（不含3户，下同）同类证券账户，符合实名制开立及使用管理要求，且确有实际使用需要的，投资者本人可以继续使用。

第三方托管。资金账户和银行账户绑定后,投资者可以在交易日进行银证间可用资金的转账操作,证券公司则为投资者提供代理、托管、出纳等服务。对于符合信用交易条件的,还可以在资金账户下申请开设信用账户。

2. 第二步:委托交易

委托交易主要包括两个方面:委托数量和委托指令。国内 A 股市场对委托数量的规定是:整股委托,买卖证券数量以一个交易单位或其整数倍为起点,股票最小交易单位为 100 股/手;零股委托只能卖出,不能买进。科创板则规定最小申报单位是 200 股/手,按 1 股递增。

投资者可以通过营业部柜台、网上交易系统、电话等下达委托指令,委托指令主要有两种:市价委托和限价委托。①市价委托:客户委托经纪人按照交易市场的市价买卖证券,不规定证券买卖的具体价格,经纪人在接到指令后立即买卖证券。②限价委托:投资者要求经纪人在执行委托指令时必须按限定的价格或比限价更有利的价格买卖。不过科创板有新的规定:对于连续竞价阶段有效申报价格,买入价格不得高于买入基准价格的 102%,卖出价格不得低于卖出基准价格的 98%(注:如果委托价格超过有效范围,上海证券交易所将作废单处理);连续竞价阶段的市价申报价格包括买入保护限价(投资者能接受的最高买价)和卖出保护限价(投资者能接受的最低卖价)。

3. 第三步:竞价与成交

竞价原则是价格优先、时间优先。价格优先:买进时,较高的价格优先于较低的价格;卖出时,较低的价格优先于较高的价格。时间优先:相同的申报价格,先出价者优先成交。市价委托优先于限价委托成交。

目前我国 A 股分为集合竞价交易和连续竞价交易两种模式。在完整的交易日内,A 股的交易时间安排如下:

1)9:15~9:25,集合竞价交易阶段(确定开盘价)。其中 9:15:00~9:19:59,可撤单。9:20:00~9:24:59,不可撤单。

2)9:25:00~9:29:59,休市。

3)9:30:00~11:29:59,上午市(连续竞价)。

4)11:30:00~12:59:59,午间休市。

5)13:00~15:00,下午市。其中 13:00:00~14:56:59,连续竞价交易阶段。14:57:00~14:59:59,集合竞价交易阶段(确定收盘价)。

在集合竞价交易阶段,所采取的原则是最大成交量原则,即以此价格成交能够达到最大成交量。在集合竞价交易结束时,高于集合竞价产生的价格的买入申报全部成交;低于集合竞价产生的价格的卖出申报全部成交;等于集合竞价产生的价格的买入或卖出申报,根据买入申报量、卖出申报量的多少,按少的一方的申报量成交。因此,成交的结果可能是全部成交、部分成交或不成交。假定在开盘集合竞价交易阶段,不同买方和卖方的委托价格和委托量⊖见表 3-1。

⊖ 目前证券公司或专业数据库公司提供的普通交易行情软件中通常显示五档报价,而一些专业数据提供商如 Level-2 则可显示十档报价。本书只为说明问题,按七档报价列示。

表 3-1　集合竞价交易阶段开盘（或收盘）价格的确定示意

报价档次	价格（元）	数量（手）	撮合	报价档次	价格（元）	数量（手）
卖七	9.96	14				
卖六	9.95	121				
卖五	9.94	60				
卖四	9.93	18				
卖三	9.92	26				
卖二	9.91	51		买一	9.91	10
卖一	9.90	100		买二	9.90	120
				买三	9.89	30
				买四	9.88	55
				买五	9.87	109
				买六	9.86	70
				买七	9.85	65

由表 3-1 可知，按照最大成交量原则，则开盘（或收盘）价格是 9.90 元，成交量是 100 手。集合竞价交易阶段结束后，买卖双方的报价情况见表 3-2。

表 3-2　集合竞价交易阶段结束时委托买卖双方价量变化

委卖方			成交		委买方		
报价档次	价格（元）	数量（手）	现价（元）	成交量（手）	报价档次	价格（元）	数量（手）
卖六	9.96	14					
卖五	9.95	121					
卖四	9.94	60					
卖三	9.93	18					
卖二	9.92	26					
卖一	9.91	51					
			9.90	100			
					买一	9.90	30
					买二	9.89	30
					买三	9.88	55
					买四	9.87	109
					买五	9.86	70
					买六	9.85	65

4. 第四步：清算与交割

主要由中国证券登记结算有限责任公司上海/深圳分公司进行证券和价款的结算，并进行证券和价款的交割，即卖方向买方支付证券，买方向卖方支付价款的过程。目前我国 A 股市场证券交易均实行计算机交易过户一体化。

需要提出的是,目前大多数国家的资本市场都允许进行大宗交易。所谓大宗交易,简单地说,就是单笔交易规模远大于市场平均单笔交易规模的交易。证券交易市场建立专门大宗交易制度的目的主要是降低大宗交易对市场价格的冲击,降低机构投资者的交易成本,满足投资者大宗股票转让的需求,同时提高市场的流动性和稳定性。而且大宗交易制度的建立还为兼并收购的实施提供了便利,提高了证券市场的资源配置效率。

判别大宗交易的标准主要有两种:一种是以单笔交易的股数或交易金额作为判别交易是否为大宗交易的依据;另一种是以交易使用的信息披露系统或交易系统作为判别交易是否为大宗交易的依据。从世界各证券交易市场的实践看,单笔交易的股数或金额是判别大宗交易的主要标准。

对大宗交易单笔交易的最小交易股数或金额的规定方式有三种:一是对大宗交易单笔交易的最小交易股数或金额采用统一规定的方式;二是对大宗交易单笔交易的最小交易股数或金额采用分类规定的方式;三是根据不同股票的大宗交易规模,对大宗交易单笔交易的最小交易股数或金额采用以交易量和买卖价差以内的正常委托量为基础进行不同规定,并对该规定进行经常性更新的方式。具体采用哪种规定方式,主要是由各证券市场的交易品种和交易的基本单位决定的。

3.2.4 证券市场上的信用交易

1. 融资融券交易

融资融券交易(Securities Margin Trading)又称证券信用交易或保证金交易,是指投资者向具有融资融券业务资格的证券公司提供担保物,借入资金买入证券(融资交易)或借入证券并卖出(融券交易)的行为。融资融券交易包括券商对投资者的融资、融券和金融机构对券商的融资、融券。从世界范围来看,融资融券制度是一项基本的信用交易制度,其对资本市场最主要的影响在于实现了杠杆交易和卖空机制。我国于2010年3月31日在沪、深证券交易所开通融资融券交易系统并正式启动融资融券业务,并于同年4月16日推出股指期货交易,这是我国资本市场上的重要里程碑事件。

通俗地讲,融资交易就是投资者以资金或证券作为质押,向证券公司借入资金用于证券买入,并在约定的期限内偿还借款本金和利息,投资者向证券公司融资买进证券称为"买多";融券交易是投资者以资金或证券作为质押,向证券公司借入证券卖出,在约定的期限内,买入相同数量和品种的证券归还券商并支付相应的融券费用,投资者向证券公司融券卖出称为"卖空"。总体来说,融资融券交易关键在于"融",有"融",投资者就必须提供一定的担保和支付一定的费用,并在约定期内归还借贷的资金或证券。

融资融券在证券市场可以发挥价格"稳定器"的作用:当市场过度投机导致某一股票价格非理性上涨时,投资者可以通过融券卖出方式沽出股票,从而促使股价下跌;反之,当某一股票价值低估时,投资者可以通过融资买进方式购入股票,从而促使股价上涨。

融资融券交易与普通证券交易相比,主要有以下几个方面的区别:

(1)保证金要求不同 投资者从事普通证券交易须提交100%的保证金,即买入证券须事先存入足额的资金,卖出证券须事先持有足额的证券。而从事融资融券交易则不同,投资者只需要交纳一定的保证金,即可进行保证金一定倍数的买卖("买多卖空")。在预测证券价格将要上涨而手头没有足够的资金时,可以向证券公司借入资金买入证券,并在高位卖出证券后归还借款;预测证券价格将要下跌而手头没有证券时,则可以向证券公司借入证券卖出,并在低位买入证券归还。

（2）法律关系不同　投资者从事普通证券交易时，其与证券公司之间只存在委托买卖的关系；而从事融资融券交易时，其与证券公司之间不仅存在委托买卖的关系，还存在资金或证券的借贷关系，因此还要事先以现金或证券的形式向证券公司交付一定比例的保证金，并将融资买入的证券和融券卖出所得资金交付证券公司一并作为担保物。投资者在偿还借贷的资金、证券及利息、费用，并扣除自己的保证金后有剩余的，即为投资收益（盈利）。

（3）风险承担和交易权利不同　投资者从事普通证券交易时，风险完全自行承担，所以几乎可以买卖所有在证券交易所上市交易的证券品种（少数特殊品种对参与交易的投资者有特别要求的除外）。从事融资融券交易时，若不能按时、足额偿还资金或证券，还会给证券公司带来风险，所以投资者只能在证券公司确定的融资融券标的证券范围内买卖证券；因此证券公司确定的融资融券标的证券均在证券交易所规定的标的证券范围之内，这些证券一般流动性较大、波动性相对较小、不易被操纵。

（4）财务杠杆效应　与普通证券交易相比，投资者可以通过向证券公司融资融券，扩大交易规模，具有一定的财务杠杆效应。

（5）交易控制不同　投资者从事普通证券交易时，可以随意自由买卖证券和转入转出资金。投资者从事融资融券交易时，若存在未关闭的交易合约，需要保证融资融券账户内的担保品充裕，达到与券商签订融资融券合同时要求的担保比例。如果担保比例过低，券商可以停止投资者融资融券交易及担保品交易，甚至对现有的合约进行部分或全部平仓。另外，投资者要从融资融券账户上转出资金或者股份，也必须在维持担保比例超过300%时，才可以提取保证金可用余额中的现金或充抵保证金的证券部分，且提取后维持担保比例不得低于300%。

2. 股票质押融资

股票质押融资是用股票等有价证券提供质押担保获得融通资金的一种方式，它与融资融券一样，都是融资手段且需要一定的担保物。在大多数情况下，两者都用股票作质押，并会对证券市场资金流产生显著影响。但两者之间还有一些差别，主要表现在：

（1）融得的标的物不同　融资融券既可融得资金，也可融得证券。融得的资金再买股票就增强了多方力量，融券则增强了空方力量，因此融资融券是一种既可做多也可做空的"双刃剑"。股票质押融资只能融得资金，但无法做空。

（2）融得资金的用途不同　融资融券中的融资，获得的资金通常必须用来购买上市证券，增强了证券市场的流动性，在一定条件下加快了证券市场价值发现功能。股票质押融资则不同，融得的资金可以不用来购买上市证券，当然，针对具体的融资主体，国家对其融得资金的用途会有一定的要求。例如，证券公司通过股票质押融资取得的资金只能用来弥补流动资金不足。由此可见，融资融券与资本市场的联系更紧密，股票质押融资可能既涉及资本市场，又直接涉及实体经济。另外，与股票质押融资有个相类似的概念是股权质押融资，主要是指以非上市公司股权提供担保来融通资金。

（3）担保物不同　融资融券和股票质押融资都是对融入方的授信，故均需要担保物。融资融券中，担保物既可以是股票，又可以是现金。股票质押融资则不同，它主要是以取得现金为目的，因此担保物不可能再用现金，它的主要担保物是有价证券，如上市公司股票、证券投资基金以及公司债券等。

（4）资金融出主体不同　融资融券在各国采取了不同的运作模式。在美国市场化分散授信模式和日本专业化模式中，融出资金的中介有证券公司和证券金融公司，但最终的资金融出方通常是银行；中国则规定资金融出的直接主体是证券公司，即证券公司以自有资金、证券向客户融资融券，但确立了证券金融公司向证券公司提供转融通的制度。股票质押融资一般由银行、典当行等机构办理，资金融出主体与融资融券有明显区别。

（5）杠杆比例与风险控制不同　一般而言，融资融券相比股票质押融资，风险可控程度更高。由于融资融券所获得的资金或证券都有专门的账户记录，因此监控其市值变化、测算风险程度和要求追加保证金相对都比较容易，且融资融券的杠杆比例可以根据市场整体风险情况调整。股票质押融资实质上是质押贷款，其资金用途虽然可能会有限制，但监控难度较大，若股票市值下跌，借款债权的风险也随之增加。

（6）产品属性不同　融资融券是一种标准化的产品，在交易规则和合约条款方面都有比较明确具体的安排或规定。例如，中国证券登记结算有限责任公司和第三方存管银行分别有专门的账户登记相关的股票和资金，杠杆比例有统一规定，融资的资金借出成本不得低于同期金融机构的贷款利率，融资用来购买的股票或者融券可获得的股票都在一定范围之内等。股票质押融资则不是一种标准化产品，在本质上更体现了一种民事合同关系，在具体的融资细节上由当事人双方合意约定。

（7）对机构投资者的影响不同　对个人投资者而言，若融资的目的是购买股票，则融资融券和股票质押融资都可以取得相同的效果，但两者对机构投资者的影响就不一样。如：对证券公司而言，融资融券拓宽了业务收入渠道，是一个基于创新产品的盈利增长点；而对于券商而言，股票质押融资的盈利能力没有改变，融来的资金只能用于补充流动资金的不足。

3.3　除权除息与复权

3.3.1　除权除息

股权登记日是对上市公司分派股利或进行配股规定的日期，是董事会规定的登记有权领取股利或参与配股的股东名单的截止日期，只有在股权登记日拥有公司股权的投资者才能参加分红或配股。

现金股利和股票股利是上市公司分红派息的主要形式，可单独或组合使用。除权除息是指除去股票领取股息红利的权利。①仅采用现金股利，称为除息。除息日证券代码前标 XD（Ex-Dividend，除息），表示股票除息，当日购买此类股票后将不再享有派息的权利。②仅采用股票股利，称为除权。除权日证券代码前标 XR（Ex-Right，除权），表示该股已除权，当日购买此类股票后将不再享有派股的权利。③现金股利和股票股利同时采用，称为除权除息。除权除息日证券代码前标上 DR（Ex-Dividend and Ex-Right，除权除息），表示除权除息，当日购买此类股票不再享有送红派息的权利。

上市公司公布分配方案而尚未分配前，该股票成为含权股票，即附带优先认股或送股权的股票。当公司将股票红利和股息分配给股东时，在技术上需要对股票价格有一个除权（解除权利）的过程。在除权除息日，除权价的计算遵循"除权前后的股票市值相等"的原则。除权前后股票价格的计算通式为

$$P_X = (P_0 - D + Ak)/(1 + n + k)$$

式中，P_X 为除权后的股价；P_0 为除权前的股价；D 为每股红利；A 为增发新股价或配股价；k 为

增发新股或配股率；n 为送股率（或转增股本率）。

3.3.2 复权

股票除权后将造成 K 线图、技术指标的走势发生畸变，特别是当公司大比例除权时尤其明显。为消除除权处理对技术分析带来的影响，可以对除权后的 K 线图进行复权处理。复权就是对股价和成交量进行权息修复，按照股票的实际涨跌绘制股价走势图，并把成交量调整为相同的股本口径。

（1）前复权　保持目前价位不变，将以前的价格缩减，将除权前的 K 线向下平移，即在 K 线图上以除权后的价格为基准来测算除权前股票的市场成本价，从而使图形吻合，保持股价走势的连续性。

前复权价格调整公式为

$$前复权后价格 = (复权前价格 - 现金红利) \div (1 + 流通股份变动比例)$$

（2）后复权　以除权前的价格为基准来测算除权后股票的市场成本价，复权后以前的价格不变，现在的价格增加。

后复权价格换算公式为

$$复权后价格 = 复权前价格 \times (1 + 流通股份变动比例) + 现金红利$$

后复权可以让投资者较为清晰地对股票自上市或自某个时点开始以来的累计涨幅进行测量。复权后价格即投资者在某区间内买入股票并一直持有，通过参与全部配股、送股、分红后，投资者目前所拥有的市值。

（3）潜在含权个股　以高送转为例，主要是指送红股或者转增股票的概率较大的股票。高送转只是股东权益的内部结构调整，对净资产收益率、公司的盈利能力没任何实质性影响。但在牛市行情中，高送转往往演绎为概念题材，投资者对高送转反复炒作。尽管高送转能够提高股票的关注度，但若长期缺乏业绩支撑，股价仍然会回归内在价值。在高送转概念的炒作时，抢权行情和填权行情也时有发生。抢权行情通常是指有经验的投资者或机构通过分析（或内幕消息）预测高比例送转个股，提前买入；而填权行情则是除权后，个股二级市场上涨填补除权的缺口。对于高送转概念股票的判断，一般基于三个方面。一是公司处于高速增长期。处于高速增长期的公司，现金流较为短缺，通过高送转进行股本扩张，能降低股票交易价格，增加股票流通量，降低投资者购买门槛，从而吸引更多的投资者参与公司的经营决策。二是关注公司的未分配利润和资本公积金，这两个指标是公司进行送股和转股的基础。三是关注公司的盈利状况，通常亏损的公司大比例分配的理由不充分。整体而言，我国 A 股市场上市值规模较小、创新增长潜力强的公司最具高送转潜力，且新股和次新股高送转的概率最大。其主要原因在于：新股发行时，溢价发行的部分在账面上被计入资本公积金；而很多新股发行前，未分配利润滚存发行后由新老股东共享，为上市后推出送转方案提供了前提。

3.3.3 股票的拆股与并股

拆股就是指股份公司增加发行在外的股票股数，减少每股股票的票面价值，即用新股票按一定的比例替换发行在外的旧股票。拆股之后，新的流通股数量一般会比原来的流通股数量多。例如，对面额为 1 元的股票进行 1∶2 的拆股，则持有 200 股旧股票的股东就会拥有 400 股面额为 0.5 元的新股票。拆股与转股或送股一样，不会使股东权益的数额发生任何变化，且两者都会使股东拥有更多数量的股票，但两者在数量和会计处理方法上却不相同。一般而言，在发放股票股利之后，股份公司股东权益项中各个科目的余额会发生改变；而在拆股之后，这些余额不会发生变化。

并股是指将数张股票合并为一张。并股的结果只是减少股票数量，增加股票面额，但公司股东权益总额并不改变。例如，若进行2∶1的并股，就是将200股面额为1元的股票变成100股面额为2元的股票。

相比较而言，围绕拆股的研究相对较多。对于投资者而言，拆股既不会增加收益也不会减少成本，仅改变了投资者买卖股票单位的大小。有研究认为，拆股行为能让股东对公司成长有积极的预期，并降低了股票价格，较低的价格能使股票有良好的交易空间，从而有助于增加公司流通股的总价值。但也有研究认为，拆股不但没有减少交易成本，反而使交易成本增加了，原因为：拆股之后，股票的交易量并未成比例地增加，但买卖佣金和买卖价差都有所增加，这对投资者而言是不利的。

本章小结

本章主要从发行市场和流通市场两个层面介绍证券的发行与交易。首先对证券的发行分类进行了介绍，对股票和债券的发行条件和发行上市流程进行了较为系统性的阐述，从不同角度对股票发行价格进行了认知；其次介绍了证券流通市场的结构、证券市场的流动性、证券交易的程序和流程以及证券市场上的信用交易；最后对股权的除权除息与复权进行了讨论。

思考练习

1. 简述公募发行与私募发行的区别。
2. 比较不同类型的股票发行价格的区别。
3. 如何理解证券市场流动性。
4. 简述做市商和指令驱动的市场交易机制的区别及联系。
5. 简述前复权和后复权的区别。
6. 上市公司的拆股、送股、转股和转配股有什么区别？
7. 在实践中，大股东增持与公司股票回购对公司二级市场股票价格的影响如何？
8. 当公司面临股票价格持续低于单位面值时，如何破解公司被强行退市的困境？
9. 查阅相关资料，分析评价科创板试点的交易制度带来的积极影响和不足。

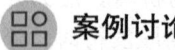

案例讨论

"保壳战"失利！广汇汽车锁定面值退市

2024年7月17日，广汇汽车（600297）、广汇转债（110072）竞价双双跌停。其中，广汇汽车封单金额超12亿元，广汇转债封单金额超2亿元。截至7月17日收盘，广汇汽车股价报0.78元/股，跌幅为10.34%，较2015年15.75元/股的高点跌超95%。7月18日，广汇汽车已停盘。

据《上海证券交易所股票上市规则》的相关规定，自6月20日至今，广汇汽车股价已连续20个交易日低于面值，即将触发面值退市条款。在此背景下，广汇汽车或将成为A股史上锁定面值退市中市值最高的公司，而广汇转债也将成为首只因正股低于面值而退市的高评级可转债。

"很遗憾，广汇汽车已经在A股锁定面值退市。之前高送转使得股本达到83亿股，而政策又不允许缩股。近期低价股跌幅明显，越到1元的时候越出现虹吸效应，股价加速下跌。最终遗憾锁定面值退市。"广汇汽车相关人士向《每日经济新闻》记者表示。

事实上，广汇汽车曾积极开展"保壳"工作，包括回购公司股票、转让控制权等。7月11日，广汇汽车发布公告称，控股股东拟将24.5%的股份转让给金正科技，控制权拟发生变更。在"保壳"失败后，对转让股权一事是否如约进行，上述人士向记者表示："这个要等待两位股东商议之后才能得出结果。"

"公司还将做好自己的生产经营工作，以求股东价值最大化。后续也将通过寻找战略投资人等方式回报股东。对于到期债券也将如期履约。此外，对于信用评级是否会受影响，公司将通过正常经营、按时还本付息以求维持评级稳定，逐步消化现有风险。"上述人士向记者表示。

公开资料显示，作为国内汽车经销商巨头之一，广汇汽车建立了覆盖28个省份的全国汽车经销网络，共运营735个营业网点。在2011—2023年中国汽车流通协会颁布的"中国汽车经销商集团百强排行榜"中，广汇汽车均位居前列。

有观点认为，对于业绩和市值尚可但股本基数大、每股单价低等符合一定条件的上市公司，如果仅因触发面值退市指标而被退市，并不符合相关部门"健全上市公司退市机制"的精神，也不利于保护中小股东的权益。所以，此类上市公司采取缩股、面额股转换为无面额股等方式应对面值退市风险具有合理性。

但需要注意的是，受当前汽车行业转型影响，近年来，广汇汽车盈利呈逐年下滑趋势。根据财报数据，2018—2020年，广汇汽车分别实现归母净利润32.57亿元、26.01亿元和15.16亿元，归母净利润分别下滑16.27%、20.16%和41.72%。2022年，广汇汽车出现26.29亿元的亏损，扣除非经常性损益之后亏损金额达29.63亿元。

实际上，在愈演愈烈的车市"价格战"波及之下，经销商经营普遍遭遇挑战。根据中国汽车流通协会发布的《2023年全国汽车经销商生存状况调查报告》，超过七成的经销商未能完成年度任务指标，亏损比例占到43.5%。据乘联会统计，2023年全国约有1500~2000家汽车经销商退网。

中国汽车流通协会发布的最新一期"中国汽车经销商库存预警指数调查"VIA（Vehicle Inventory Alert Index，车辆库存预警指数）调查结果显示，2024年6月，国内汽车经销商库存预警指数达到62.3%，同比上升8.3个百分点，库存预警指数位于荣枯线之上，汽车流通行业处在不景气区间。更应注意的是，62.3%的库存预警指数已逼近2022年11月的数据（65.3%）。

"6月行业去库存特征日益明显，当前结构性调整压力更快从主机厂传导至渠道端，经销商持续经营信心不足。"全国乘用车市场信息联席会秘书长崔东树表示。

资料来源：董天资."保壳战"失利！广汇汽车锁定面值退市[N/OL].每日经济新闻，（2024-07-18）[2024-07-25].https：//baijiahao.baidu.com/s? id=1804893548519766629&wfr=spider&for=pc.

案例思考：

（1）请查阅广汇汽车2023年年报和2024年1季报，对广汇汽车的经营数据和盈利状况进行分析。影响股票价格的因素有哪些？业绩是影响价格的唯一因素吗？

（2）在广汇汽车股票价格持续下跌的过程中，公司也曾积极开展"保壳"工作，包括回购公司股票、转让控制权等，涉及公司重大事项，公司为什么不停牌以规避风险？

（3）材料中提及广汇汽车"之前高送转使得股本达到83亿股，而政策又不允许缩股"，事实上在2012年B股闽灿坤曾以6:1成功缩股。试讨论一下广汇汽车不能缩股的原因及股票上市规则可能需要完善的地方。

第 4 章
投资收益与投资风险

本章提要

投资的目的是实现资产的保值增值,而保值的内涵在于风险控制;增值体现为收益,即在控制风险的前提下实现资产的增值。本章主要在理解收益与风险的基础上,系统理解风险与收益的均衡。

重点难点

本章重点:理解期望收益率和风险的内涵;掌握从概率分布和观察值时间序列两个维度对单个证券和证券组合的期望收益率及风险进行测度。

本章难点:理解证券期望收益率与证券估值、市场价格之间的内在联系。

引导案例

钱可以生钱,但想要钱生钱,只能进行投资。不过投资有风险,合理的情景是承担的风险越大,期望收益越大。但现实中,由于信息的不对称和投资者风险偏好的差异,风险与收益往往并不一定对称。看下面一个小故事:

一个房间里装满了黄金,同时还有一颗定时炸弹。突然,从门外同时冲进去3个人,各装了一袋黄金后又同时跑出来。当告知他们三人房间里面有定时炸弹的事情时,第一个人说:"什么?房间里面还有炸弹?"第二个人说:"我装黄金时非常害怕,浑身颤抖。"第三个人说:"我知道炸弹可能什么时候爆炸。"三个人所承担的风险是一样的吗?显然,第三个人的风险是最小的。第一个人无知者无畏,对巨大的风险浑然不知。而真正的投资应该是第三个人,能够对未来作出相对准确的预测,将风险降到最低。

案例讨论与思考:

在现实情景中,即使面对相同的市场,投资者在风险和收益判断方面也存在着差异,这取决于投资者对获取的市场信息的判断能力和投资决策的准确性,试讨论不同投资者的风险偏好与投资目标的差别。

4.1 投资收益

对于股票投资者而言，持有股票的总收益额包括两部分：一部分是股息（Dividend），另一部分来自买卖股票的价差，称为资本利得（Capital Gain）。用等式可以表示为

总收益额 = 股息 + 资本利得
　　　　= 每股红利 × 持有股票数量 + （出售价格 − 购买价格）× 持有股票数量

若投资者对其收益来源的预期主要为股息，则其购买动机可称为投资；若收益来源预期主要为资本利得，则其购买动机称为投机。投资者持有股票的时间较长，投机者持有股票的时间较短。在证券市场上，适度的投机具有一定的积极作用，一方面，投机者的低买高卖行为有助于证券价格的动态平衡，从而提高证券的定价效率；另一方面，投机者大多为噪声交易者，其投机交易越频繁，证券买卖的流通量就越大，从而证券买卖越活跃，有助于提高证券的流动性。但过度投机会造成证券市场价格的暴涨暴跌，不利于证券市场乃至整个金融体系的稳定。

除了用总收益额测算投资收益，金融市场使用投资收益与投资额之间的比率，即收益率指标来进行衡量较为普遍。主要的收益率计算指标有以下几种方法：

1. 简单收益率

简单收益率是指不考虑资金时间价值的复利概念后计算的年收益率，或简单地计算一年的收益率。例如，某投资者花 50 万元购买了 5 万股 A 公司的股票，一年后 A 公司分配红利每股 1 元，则该投资的收益率为：$50000 \times 1/500000 \times 100\% = 10\%$。对于债券而言，投资收益率等于持有期内得到的票面利息与出售时得到的资本利得之和与投资额的比率。

【例 4.1】 某公司 A 于 2023 年 4 月 1 日以 980 元的价格购买了 B 公司面值 1000 元、3 年期、票面利率 4%、每年付息一次的债券，付息日期为每年 3 月 31 日。

若公司 A 在 2024 年 4 月 1 日以 995 元的价格出售，则收益率为

$$\frac{1000 \times 4\% + (995 - 980)}{980} \times 100\% = 5.61\%$$

若公司 A 到期收回，则期望收益率为

$$\frac{1000 \times 4\% + (1000 - 980)/3}{980} \times 100\% = 4.76\%$$

计算若干年（较长时期）的平均收益率时，可采用不同年份收益率的简单平均进行计算，即

$$\bar{y} = \frac{y_1 + y_2 + y_3 + \cdots + y_n}{n}$$

式中，y_t 表示第 t 年的收益率（$t = 1, 2, \cdots, n$）；$\bar{y}$ 表示平均收益率。

2. 到期收益率

对于长期投资而言，考虑资金时间价值的复利概念后计算的收益率称为到期收益率，又称投资者要求的必要收益率或内部收益率，即未来得到的现金流量的现值等于投资额现值时的贴现率。若例 4.1 中投资者持有债券至到期，则该投资的到期收益率 y 可由下式解得：

$$980 = \frac{40}{1+y} + \frac{40}{(1+y)^2} + \frac{40}{(1+y)^3} + \frac{1000}{(1+y)^3}$$

利用规划求解可得：$y=4.74\%$。

3. 不同期间收益率的换算

收益率反映一定时期单位投资的收益水平。所以，投资者可能计算不同时间长度的收益率，如月收益率、季度收益率、年收益率等。若不加以说明，收益率通常是指年收益率。当需要使用季度收益率或月收益率时，需要在不同期间的收益率之间进行换算。

若采用简单收益率概念，则季度收益率（y_q）等于3倍的月收益率（y_m），年收益率（y）等于4倍的季度收益率（y_q）和12倍的月收益率（y_m），即 $y = 4 \times y_q = 12 \times y_m$。

若采用到期收益率概念，则相应的换算为

$$1 + y_q = (1 + y_m)^3, \text{ 或 } y_q = (1 + y_m)^3 - 1$$
$$1 + y = (1 + y_m)^{12}, \text{ 或 } y = (1 + y_m)^{12} - 1$$

4. 名义收益率和实际收益率

由于投资者的收益主要取决于未来的现金流，因此在进行投资决策时依据的名义收益率可能并未考虑通货膨胀因素，但通货膨胀等因素的存在会影响到未来的实际收益率。将剔除通货膨胀因素后计算的收益率称为实际收益率。

名义收益率和实际收益率的换算如下：

$$1 + i = (1 + r)(1 + p)$$

式中，i 为名义收益率；r 为实际收益率；p 为通货膨胀率。

当名义收益率已知时，实际收益率的计算公式为

$$r = \frac{1+i}{1+p} - 1$$

例如，投资者要求的名义收益率为13.36%，通货膨胀率为9%，则其投资的实际收益率为：$r = \frac{1+13.36\%}{1+9\%} - 1 = 4\%$。

当实际收益率已知时，名义收益率的计算公式为

$$i = r + p + rp$$

即名义收益率等于实际收益率加通货膨胀补偿率 $p + rp$。当通货膨胀率不高时，rp 的数值就很小，可以忽略不计，即名义收益率约等于实际收益率与通货膨胀率的和。

5. 不确定环境下的收益率

事实上，在进行投资决策时，未来的投资收益率是未知的，当未来面临的不确定环境存在多种状态时，不同情景下的收益可能存在着差异。在进行投资决策时，通常以预期收益率作为决策依据。预期收益率也称为期望收益率，是指在不确定的条件下、未来不同情景下各种可能收益率的加权平均和，其预测的是某项金融资产未来可实现的平均收益率。即

$$\bar{r} = r_1 p_1 + r_2 p_2 + r_3 p_3 + \cdots + r_n p_n = \sum r_i p_i$$

式中，r_i 为各种可能的收益率；p_i 为各种可能的概率（可能性）。

【例4.2】投资者进行一笔投资，未来有三种情景，不同情景发生的概率及收益率见表4-1。

表 4-1 不同情景发生的概率及收益率

市场情况	概率 p_i	收益率 r_i
有利	50%	14%
一般	30%	12%
不利	20%	10%

则投资者进行该项投资的期望投资收益率为

$$\bar{r} = \sum r_i p_i = 14\% \times 50\% + 12\% \times 30\% + 10\% \times 20\% = 12.6\%$$

4.2 投资风险

风险是未来的不确定性，是指在一定条件下、一定时期内可能产生结果的变动，或实际结果与预期结果的差异。投资风险是指未来投资收益的不确定性，是在投资中可能会遭受收益损失甚至本金损失的风险。投资风险并不等同于投资损失，只表明有损失的可能性，同时也意味着有获得比预期收益更高的收益的可能性。例如，投资者预期的投资收益率为10%，而实际的投资收益率为11%或9%（大于或小于预期的收益率）都意味着有投资风险。投资风险是风险现象在投资过程中的表现，是从作出投资决策到投资期结束，由于不可控因素或随机因素的影响，实际收益与预期收益产生的偏离。因此，风险也可以理解为实际收益围绕预期收益上下的波动。

投资伴随着风险，在投资的不同阶段存在着不同的风险，且风险会随着投资活动的变化而变化。因此，对风险的识别需要风险管理人员运用有关的知识和方法，系统、全面和连续地发现投资活动所面临的风险来源，确定风险发生的条件，描述风险的特征并评价风险影响的过程。投资风险识别是风险管理的首要步骤，只有全面、准确地发现和识别投资风险，才能衡量风险和选择应对风险的策略。

4.2.1 投资风险的特点与风险的分类

1. 投资风险的特点

（1）系统性　投资风险识别是一项复杂的系统工程，风险无处不在，投资过程中的风险都属于风险识别的范畴。

（2）连续性　投资活动及其所处的环境随时都处在不断的变化中，只有根据投资活动的变化适时、定期进行风险识别，才能连续不间断地识别各种风险。

（3）长期性　投资风险是客观存在的，且其发生是一个渐变过程。在投资风险产生、发展、变化的过程中，风险管理人员需要进行长期、大量的跟踪、调查。

2. 风险的分类

（1）购买力风险（Purchasing Power Risk）　随着社会经济的发展，通货膨胀现象不可避免，当出现通货膨胀时，货币购买力将会下降。若投资者将现金存入银行或投资固定收益类产品以收取相对固定的利息，当面临未来物价上升的情景时，利息就存在贬值的压力。

(2) 财务风险（Financial Risk）或信用风险（Credit Risk） 当投资者持有一家公司的股票或债券，若该公司经营业绩不佳，将会导致盈利能力下降，股价下跌，即出现财务风险；同时，由于违约风险增加，债券价格也将下降，即出现信用风险。

(3) 利率风险（Interest Rate Risk） 若市场利率上升，则投资者边际储蓄的倾向增强，资金将从投资领域流向商业银行，导致证券市场的资金供给减少，证券价格下跌。同时，市场利率上升，将抑制消费需求的增加，企业产品终端的需求下降，收入减少；而市场利率上升还带来企业负债成本的增加和盈利能力的下降，将导致股票的估值下降和企业偿债能力下降，股票和债券价格可能面临"双降"的可能。这种因利率发生改变而遭受损失的风险，称为利率风险。

(4) 市场风险（Market Risk） 证券的价格会因市场上不同因素的影响而时常出现波动，如经济因素、心理因素、政治因素等，这些因素可统称为市场风险。

(5) 流动性风险（Liquidity Risk） 流动性风险即股票不能按照预期的价格与现金进行相互转换的风险。在极端情况下，经常会出现流动性黑洞，即买卖流动性不平衡达到最大。如，股票出现涨跌停情景时，买方或卖方中一方的交易需求很难被满足。

(6) 事件风险（Event Risk） 事件风险通常与市场环境或公司经营无关，而是由外部信息冲击导致的，比如地震、海啸等事件。

一般而言，证券的风险越小，安全性就越高。政府债券往往被视为风险最小的证券，即无风险证券。对于公司而言，只要公司不违约，投资公司债券未来的收益就相对稳定，即使公司未来破产清算，债权人的清偿顺序也在股东之前，因此公司债券的风险相对股票较低。由于股票无到期日，且股东不能要求发行人将股票赎回，因此当公司破产时，股东清偿的顺序也在最后。因此对于普通股股东而言，其承担的风险最高，要求的风险补偿也最高。

4.2.2 风险的衡量

投资风险实际上是投资收益的一种波动性，因此可用投资收益波动程度的大小来反映投资风险的大小。依据统计学原理，衡量风险一般可用标准差和标准差率等指标。因此，对于投资项目而言，可以通过计算未来各期预期可能获得的收益的标准差和标准差率来衡量项目的风险；对于某证券（股票）而言，可以通过计算该证券（股票）收益与市场全部证券（股票）收益之间的 β 系数衡量风险。

1. 标准差

标准差是反映各种随机变量值和期望值综合偏离程度的指标。标准差越大，说明各随机变量值偏离期望值的程度越大，风险也就越大；标准差越小，说明各随机变量值偏离期望值的程度越小，风险也就越小。投资收益的标准差是投资收益的实际收益与期望收益之差的平方与概率（权重）的加权平均值的平方根。标准差用 σ 表示，计算公式为

$$\sigma = \sqrt{\sum (r_i - \bar{r})^2 p_i}$$

式中，σ 为标准差；r_i 为实际投资收益或不同情景下投资收益的可能值；$\bar{r}$ 为投资收益的期望值；p_i 为各种投资收益的概率。

【例 4.3】 某公司有两种投资方案 A 和 B，两种投资方案的收益可能性及其概率见表 4-2，试比较两种方案的期望收益和风险。

第4章 投资收益与投资风险

表 4-2 两种投资方案的收益可能性及其概率

投资方案	获得收益的可能性 r_i	概率 p_i
A 方案	90 万元	50%
	110 万元	50%
B 方案	125 万元	50%
	75 万元	50%

解答：

1） A 方案：

期望值 $\bar{r}_A = 90 \times 0.5 + 110 \times 0.5 = 100$

标准差 $\sigma_A = \sqrt{\sum(r_i - \bar{r})^2 p_i} = \sqrt{(90-100)^2 \times 0.5 + (110-100)^2 \times 0.5} = 10$

2） B 方案：

期望值 $\bar{r}_B = 125 \times 0.5 + 75 \times 0.5 = 100$

标准差 $\sigma_B = \sqrt{\sum(r_i - \bar{r})^2 p_i} = \sqrt{(125-100)^2 \times 0.5 + (75-100)^2 \times 0.5} = 25$

经计算，A 方案的标准差 10 万元，小于 B 方案的标准差 25 万元，说明 A 方案的风险比 B 方案的风险小。

2. 标准差率

标准差是一个绝对值指标，能用来比较期望值相同项目的风险程度，但不能用来比较期望值不同项目的风险程度。若比较期望值不同项目的风险程度，可以用标准差率。标准差率是标准差和期望值的比率，它是一个相对数，能反映不同期望值项目的风险程度。标准差率越大，说明项目的风险程度就越大；标准差率越小，说明项目的风险程度就越小。标准差率用 v 表示，计算公式为

$$v = \frac{\sigma}{\bar{r}} \times 100\%$$

【例 4.4】某企业拟投资 1000 万元建设某项目，共有 A 和 B 两个方案可供选择，两种投资方案在未来不同情景下的收益率及其概率见表 4-3。

表 4-3 两种投资方案在未来不同情景下的收益率及其概率

市场情况	A 方案		B 方案	
	收益率	概率	收益率	概率
很好	25%	5%	15%	10%
好	15%	15%	10%	20%
一般	5%	50%	5%	50%
不太好	0	20%	0	15%
不好	-10%	10%	-5%	5%

（1）要求

1） 计算项目不同方案的期望收益率，并作出选择。

2） 计算项目不同方案的标准差，并初步判断其风险。

3） 计算项目不同方案的标准差率。若您是一个敢于冒风险的投资者，您将如何决策？

（2）解答

1）计算期望收益率。

A方案：

收益率期望值：$\bar{r}_A = 25\% \times 5\% + 15\% \times 15\% + 5\% \times 50\% + 0 \times 20\% + (-10\%) \times 10\% = 5\%$

B方案：

收益期望值 $\bar{r}_B = 10\% \times 5\% + 10\% \times 20\% + 5\% \times 50\% + 0 \times 15\% + (-5\%) \times 5\% = 5.75\%$

由于B方案的期望收益率大于A方案的期望收益率，所以，应选择B方案投资。

2）计算标准差。

A方案：

$$\sigma_A = \sqrt{\sum (r_i - \bar{r})^2 p_i}$$
$$= \sqrt{(25\% - 5\%)^2 \times 5\% + (15\% - 5\%)^2 \times 15\% + (5\% - 5\%)^2 \times 50\% + (0 - 5\%)^2 \times 20\% + (-10\% - 5\%)^2 \times 10\%}$$
$$= 7.91\%$$

B方案：

$$\sigma_B = \sqrt{\sum (r_i - \bar{r})^2 p_i}$$
$$= \sqrt{(15\% - 5.75\%)^2 \times 10\% + (10\% - 5.75\%)^2 \times 20\% + (5\% - 5.75\%)^2 \times 50\% + (0 - 5.75\%)^2 \times 15\% + (-5\% - 5.75\%)^2 \times 5\%}$$
$$= 4.82\%$$

从标准差看，A方案的标准差大于B方案的标准差。所以，A方案的风险较大。

3）计算标准差率。

$$\nu_A = \frac{\sigma_A}{\bar{r}_A} \times 100\% = \frac{7.91\%}{5\%} \times 100\% = 158\%$$

$$\nu_B = \frac{\sigma_B}{\bar{r}_B} \times 100\% = \frac{4.82\%}{5.75\%} \times 100\% = 84\%$$

经计算，A方案的标准差率大于B方案的标准差率，说明A方案的风险大于B方案的风险。综合上述结果，无论从期望收益率还是风险角度，B方案都优于A方案。

3. 投资组合风险的衡量

衡量投资组合的风险仍然用投资组合的标准差和标准差率。假设投资组合只有两种投资，且两种投资的期望收益率分别为 $\bar{r}_1$ 和 $\bar{r}_2$，两种投资在总投资中的权重分别为 x_1 和 x_2。

则投资组合的期望收益率 $\bar{r}_P$ 为

$$\bar{r}_P = x_1 \bar{r}_1 + x_2 \bar{r}_2$$

投资组合的标准差 σ_P 为

$$\sigma_P = \sqrt{x_1^2 \sigma_1^2 + x_2^2 \sigma_2^2 + 2x_1 x_2 \text{cov}(r_1, r_2)}$$

式中，$\text{cov}(r_1, r_2)$ 为投资组合中两种投资的协方差。

若这两种投资的相关系数为 ρ_{12}，则投资组合风险可表示为

$$\sigma_P = \sqrt{x_1^2 \sigma_1^2 + x_2^2 \sigma_2^2 + 2x_1 x_2 \rho_{12} \sigma_1 \sigma_2}$$

在进行组合投资时应尽量选择期望收益率 $\bar{r}_P$ 较大，同时投资组合风险 σ_P 较小的方案。

【例 4.5】有两种投资组合，相关资料见表 4-4，试比较两种组合的优劣。

表 4-4 投资组合甲和组合乙的资产构成情况

投资组合	投资组合甲		投资组合乙	
	投资 A	投资 B	投资 C	投资 D
预期收益率 r_i	15%	21%	12%	22.8%
标准差 σ_i	18.6%	28%	8%	16%
投资权重 x_i	60%	40%	50%	50%
相关系数 ρ	1		0.9	

解答：

在进行投资决策时应先计算投资组合的期望收益率和风险程度。

1) 两种投资组合的期望收益率分别为

$$\bar{r}_P^{甲} = 60\% \times 15\% + 40\% \times 21\% = 17.4\%$$

$$\bar{r}_P^{乙} = 50\% \times 12\% + 50\% \times 22.8\% = 17.4\%$$

计算结果表明，两种投资组合的期望收益率相同。进一步计算两种投资组合的标准差，以比较两者的风险高低。

2) 两种投资组合的标准差分别为

$$\sigma_P^{甲} = \sqrt{0.6^2 \times 18.6\%^2 + 0.4^2 \times 28\%^2 + 2 \times 0.6 \times 0.4 \times 1 \times 18.6\% \times 28\%} = 22.36\%$$

$$\sigma_P^{乙} = \sqrt{0.5^2 \times 8\%^2 + 0.5^2 \times 16\%^2 + 2 \times 0.5 \times 0.5 \times 0.9 \times 8\% \times 16\%} = 11.73\%$$

由此可见，投资组合甲的标准差 22.36% 大于投资组合乙的标准差 11.73%，表明投资组合甲的风险大于投资组合乙的风险。由于两个投资组合的预期收益率相同，所以投资组合乙更优，应选择投资组合乙。

收益和风险是相互依存、相互影响的，从金融发展的客观规律看，投资收益越高，面临的风险也越大，两者呈正比关系，但在实践中，并不意味着承担了高风险就一定能够获得高收益。高风险只是给投资者提供了获得高收益的机会，但同样也存在遭受本金损失的可能性。投资者在投资过程中要树立良好的投资理念，把握投资收益与风险的平衡，不能把投资变成投机。

本章小结

本章首先相对系统地对证券投资中的收益与风险的概念进行了阐述，从不同角度对投资的收益率测度指标和不同收益率指标之间的内在关联进行理解。其次，阐述了投资中的风险分类，并介绍了不同的风险测度指标，为学生理解和认知风险与收益之间的均衡打下了基础。

思考练习

1. 如何理解投资的目标？
2. 什么是证券投资的风险？证券投资的风险有哪些类型？
3. 简要分析证券投资收益和风险的关系。
4. 单一证券的风险如何衡量？
5. 不同的证券投资收益率之间的内在关联如何？

6. 若上市公司实施了现金分红的股利政策，则对股票未来的预期收益率会产生何种影响？股票的价格可能会发生何种变化？谈谈你的分析思路。

7. 分析简单收益率与内部收益率之间的关系，并从投资者的视角对相关指标的适用性进行讨论。

8. 若央行发布了"提高基准存贷款利率"的公告，你如何来分析该信息对股票、债券价格的影响？

9. 某投资者持有股票 A，该股票的持有到期的收益会随着未来经济环境的变化而变化。假设未来经济环境处于繁荣时期、正常时期、衰退时期三种情况下的概率及投资收益率见表 4-5，试计算投资者持有到期的期望收益率和风险。

表 4-5 股票持有到期收益率的概率分布

经济环境	概 率	收 益 率
繁荣时期	0.3	20%
正常时期	0.4	10%
衰退时期	0.3	-10%

10. 投资者持有证券 A 和证券 B 的组合，两个证券未来在不同情景下的收益率分布见表 4-6。若两者的权重分别为 0.4 和 0.6，且两个证券之间的相关系数为 0.2，试求该组合的期望收益率和标准差。

表 4-6 组合中证券 A 和证券 B 在不同情景下的收益率分布

场 景	概 率	证券 A 收 益 率	证券 B 收 益 率
萧条	0.3	-11%	16%
正常	0.4	13%	6%
繁荣	0.3	27%	-4%

11. 假设某投资者选择了股票 A 和股票 B 构成其投资组合，采取等权重投资。已知 A 股票的期望收益率为 24%，方差为 16%；B 股票的期望收益率为 12%，方差为 9%。问：当 A、B 两只股票的相关系数分别为 $\rho_{AB}=1$、$\rho_{AB}=0$、$\rho_{AB}=-1$ 时，该投资者的证券组合的期望收益率和方差是多少？

12. 过去 5 年中，某投资者持有 A、B 两股票的年收益率见表 4-7。

表 4-7 股票 A 和股票 B 在过去 5 年不同年份的收益率情况

年 份	股票 A 的收益率	股票 B 的收益率
1	0.19%	0.08%
2	0.08%	0.03%
3	-0.12%	-0.09%
4	-0.03%	0.02%
5	0.15%	0.04%

问：(a) 每只股票的简单收益率是多少？哪只股票相对较好？

(b) 计算每只股票的标准差是多少？哪只股票相对较好？

第4章 投资收益与投资风险

13. 某投资者等比例地投资于短期国债、长期国债和股票，它们的期望收益率分别是5.5%、7.5%和11.6%，试计算该投资组合的期望收益率。

14. 股票A和股票B的有关概率分布见表4-8。

表4-8　股票A和股票B在不同状态下的收益率情况

状　态	概　率	股票A的收益率	股票B的收益率
1	0.10	10%	8%
2	0.20	13%	7%
3	0.20	12%	6%
4	0.30	14%	9%
5	0.20	15%	8%

问：

(1) 股票A和股票B的期望收益率和标准差分别是多少？

(2) 股票A和股票B的协方差和相关系数是多少？

(3) 若用投资的40%购买股票A，60%购买股票B，投资组合的期望收益率和标准差是多少？

案例讨论

公募一季度成绩单来了！最高收益超25%

2024年一季度已落下帷幕，公募基金也交出了成绩单。一季度共有294只基金成立，发行规模2433.98亿元，发行规模较去年同期小幅缩水。公募基金在一季度大撒"红包雨"，累计分红总额487.2亿元。此外，市场震荡之下，超过五成的主动权益类基金一季度收益"告负"，基金业绩分化明显，一季度收益首尾差异超过50%。同时，清盘基金数量也随之激增，94只迷你基在一季度"黯然离场"。

1) 新发2434亿元。同花顺iFinD数据显示，按照基金成立日统计，2024年一季度共有294只基金成立，发行规模2433.98亿元，平均发行规模8.34亿元。与去年同期2580.64亿元的发行规模相比，今年一季度新成立的基金发行规模小幅下降5.68%。

从发行结构来看，一季度债基"挑大梁"，占比74.68%。股票型基金和混合型基金占比分别为13.67%、8.76%。虽然股票型基金和混合型基金的发行份额占比仍然不大，但相较于2023年四季度10.45%、6.22%的占比已经有小幅提升。

从单只基金来看，一季度稳健型基金比较受欢迎。国投瑞银启源利率债债券、易方达中债0-3年政金债指数、浦银安盛普安利率债、国寿安保利率债三个月定开等多只基金规模超过78亿元，募集规模居于前列。

2) 分红487亿元。同花顺iFinD数据显示，一季度共有1260只基金分红（A/C份额分开计算），累计分红总额487.2亿元，累计分红次数1357次。其中，共有9只基金一季度分红超过5亿元，106只基金分红超过1亿元。

从单只基金来看，一季度华泰柏瑞沪深300ETF分红总额最多。该基金成立于2012年5月，2023年年末规模达1310.87亿元，一季度共分红一次，分红总额达26.55亿元。此外，一季度金鹰添盈纯债债券C、华泰柏瑞红利ETF、中银丰和定期开放债券分红总额均超过8亿元，位居一季度分红榜前列。

从整体看，一季度分红产品中，债基"挑大梁"。相较而言，一季度主动权益类基金实施分红的数量较少，交银优势行业混合、天治研究驱动C和中银收益混合A三只灵活配置型基金分别以1.76亿元、1.33亿元、1.13亿元的分红总额居前。

从分红次数来看，博时裕盈3个月定开债、工银瑞景定开发起式债券、南华价值启航纯债、同泰恒利纯债等多只基金一季度分红次数达到3次，分红次数居前。

3）最高收益超25%。一季度A股出现大幅波动，上证综指累计上涨2.23%，深证成指累计下跌1.3%，创业板指累计下跌3.87%。同花顺iFinD数据显示，一季度，股票型基金收益率平均-2.32%，混合型基金收益率平均-1.97%，超过五成的股票型基金和混合型基金没能实现正收益。

从单个权益类基金具体表现来看，成立于2022年3月的惠升领先优选混合为偏股混合型基金，其A类和C类份额在一季度的总回报分别为25.84%、25.17%，基金收益居于前列。诺安积极回报混合A类和C类份额在一季度的总回报分别为24.65%、24.45%，基金收益紧随惠升领先优选混合之后。此外，万家双引擎灵活配置混合、东财数字经济混合发起式、大摩数字经济混合、景顺长城周期优选混合等多只基金一季度收益超过15%。

但一季度基金业绩分化明显，有基金产品一季度净值下跌超过29%，比如金元顺安产业臻选A和C，收益率分别为-29.79%和-29.83%。主动权益类基金收益首尾差异超过50%。

4）清盘94只。东方财富Choice数据显示，一季度共有94只（A/C份额分开计算）基金清盘，较去年同比减少24.19%。随着市场的震荡，一季度发起式基金清盘压力增大。发起式基金降低了募集成立的门槛，公司股东资金、公司固有资金、公司高级管理人员和基金经理等人员认购不少于1000万元且持有期限不少于三年，满足上述条件的基金即可宣布发行募集成功。在市场环境比较低迷时，为抢先布局行情，部分基金公司会自掏腰包成立发起式基金。但是，发起式基金同时强化了基金退出机制，三年内如果不做大规模，基金就面临强制清盘风险。例如，浙商创业板指数增强、浙商智选家居股票、浙商智选食品饮料股票三只发起式基金在同一天成立，因成立三年基金资产净值低于2亿元，均在3月20日清盘。

资料来源：魏来. 公募一季度成绩单来了！最高收益超25%，累计分红487亿元 [N]. 国际金融报, （2024-04-01）[2024-08-01]. https://www.stcn.com/article/detail/1164429.html.

案例思考：

（1）对于同一种投资类型的不同基金，它们在相同期间的收益率存在着较大的差异，您认为是由哪些原因导致的？

（2）从一季度的数据来看，基金整体的收益率跑输大盘指数，您认为主动型投资和指数型的被动投资，哪一个更有效？并给出分析的理由。

（3）基金清盘是否存在着二级市场的连锁反应，即导致小盘股的股价持续下跌？请对1~2只清盘基金的重仓股票的二级市场表现进行对比分析。

第 5 章 股票的基本分析

本章提要

本章系统性地从宏观、行业和公司三个层面对影响股票估值的因素进行分析。首先宏观因素主要考虑经济因素和非经济因素对股票市场和股票价格的作用机理；其次在对行业分类、行业竞争力和行业驱动因素进行分析的基础上，探讨行业因素对股票估值的机理；最后结合宏观和行业因素，通过对公司过去、现在和未来的分析，采取相对估值和绝对估值模型，对公司的内在价值作出评估，为投资者"择股"提供判断决策的依据。

重点难点

本章重点：理解宏观经济周期、经济政策和经济指标对股票估值的影响方向和作用大小；分析行业周期、行业竞争力和影响行业兴衰的因素对行业内上市公司的冲击影响；能够从定性层面对公司未来的发展前景进行综合判断，从定量层面对公司的内在价值进行合理评估。

本章难点：利用估值模型合理评估公司的内在价值。

引导案例

2023年3月15日，《中国证券报》刊发《多维发力 构建中国特色估值体系》的文章。文章称，证监会2023年系统工作会议提出，要推动提升估值定价科学性有效性。接受《中国证券报》记者采访的专家认为，构建中国特色估值体系是建设中国特色现代资本市场的应有之义，本质是对中国优势资产价值进行重估，应从提高上市公司质量、强化投资者回报、强化上市公司交流沟通、培育更加健康成熟的行业文化等方面入手。

1. 更好发挥资源配置功能

构建中国特色估值体系，就是要深入研究成熟市场估值理论的适用场景，深刻把握我国的产业发展特征、体制机制特色、上市公司可持续发展能力等因素，推动各相关方加强研究和成果运用，逐步完善适应不同类型企业的估值定价逻辑和具有中国特色的估值体系，更好发挥资本市场"定价之锚"的基准和引领作用，发挥资本市场的资源配置功能。

2. 要发挥合力，健全制度安排

构建中国特色估值体系是一项系统性工程，需要各方协同发力。从监管部门的角度，要履职尽责、发挥合力，健全上市公司做优做强的制度安排；从上市公司角度，不仅要持续优化公司治理以提升公司业绩,还需要加强信息透明度及密切关注投资者互动。同时要加强投资者教育,弘扬成熟理性的投资文化,让投资者充分认识到我国的市场体制机制、行业产业结构、主体持续发展能力所体现的鲜明中国元素、发展阶段特征,倡导理性投资、价值投资、长期投资理念,为建立中国特色估值体系提供"软实力"支撑。

3. 中字头央企迎估值修复

我国具有较强的制度优势,经济韧性和弹性较强,"中国特色估值体系"本质上是"中国优势资产重估"。在中国优势资产重估过程中,央企改革和产业转型带来的成长型央企的价值重估是值得关注的焦点。而作为央企,也需要进一步提高经营效率,做好长期发展规划,与国家未来的产业发展规划相结合,在分红率稳步提高的基础上,提升投资者对其未来持续经营能力的信心。

资料来源:新华社. 多维发力构建中国特色估值体系[EB/OL]. (2023-03-15)[2024-08-10]. https://baijiahao.baidu.com/s?id=1760403290713825237.

案例讨论与思考:

(1) 结合我国多种所有制经济并存、制造业占比较高的行业产业结构特征及中国全面推进的中国式现代化进程,您觉得影响中国市场估值体系的因素有哪些?

(2) 在中国特色估值体系的重构中,国务院国有资产管理委员会、中国证监会等多次提及拟将市值管理纳入企业负责人的绩效考核中。查阅相关资料,讨论一下市值管理的方式有哪些,对中国特色估值体系的支撑点体现在哪些方面。

5.1 基本分析概述

5.1.1 基本分析的概念

基本分析法的萌芽可追溯至20世纪30年代初期,其重要里程碑是1934年由本杰明·格雷厄姆与大卫·多德携手完成的《证券分析》一书的问世。此书之前,证券投资领域尚缺乏一套系统性的分析框架,市场普遍弥漫着投机氛围,投资者的决策过程往往偏离理性轨道,而股票价格的波动也鲜少得到企业实际经营成果的有力支撑。《证券分析》的出版,则如同一盏明灯,为投资者指明了方向,使得他们能够以更加系统、逻辑严密的方式,对市场上的各类证券进行价值评估,从而开启了证券投资分析的新纪元。

基本分析法注重证券的内在价值,认为内在价值取决于投资者持有证券所获得的未来收益的现值,因此该方法力图用经济要素的相互关系和变化趋势来解释证券市场上的股价波动,通过对影响证券发行公司经营活动的宏观因素和行业因素进行分析,结合公司自身的财务状况,对公司的未来收益进行预测,并依据公司未来的现金流来估算公司的内在价值。从某种意义上讲,基本分析法是科学客观的、最主要的证券分析方法。

5.1.2 基本分析的内容

多数基本分析遵循"自上而下"的逻辑体系,即研究人员遵循"宏观环境、行业前景、公司发展"的逻辑展开综合判断;少数基本分析采取"自下而上"的逻辑体系,先对公司未来发展前景进行预测,然后结合行业发展趋势和宏观环境展开分析。这两种基本分析方法,逐渐演变成两种投资风格:成长投资和价值投资。在实践中,投资者可将两种思路结合使用。例如,按"自上而下"对宏观环境和行业发展前景进行预测,然后把预测结果提供给公司层面进行"自下而上"的研究人员参考,形成体系化的"宏观-中观(行业)-微观"分析体系。因此,目前很多投资机构或投资咨询机构的研究部门,通常分设分工较为明确的宏观研究部、策略研究部、行业研究部等部门。基本分析法特别注重具体投资对象的选择,能够相对有效地预测整个证券市场的中长期发展前景,但在把握股票市场短期的波动变化方面作用有限。

5.2 宏观分析

5.2.1 非经济因素分析

1. 政治因素

政治不但是经济的集中表现,而且深刻影响着经济,一国的政局是否稳定,对证券市场有直接影响。一般而言,政局稳定则证券市场运行稳定,政局不稳则易引发证券市场价格下跌。政治因素给证券价格带来的影响往往具有突发性,且变化迅速,分析人员很难进行预测。政治因素主要包括政府更迭、地缘战争、民族冲突、国内罢工、政治丑闻、重要政府官员更换等,同时诸如英国"脱欧"等政治事件也会对股票市场造成较大冲击。

2. 市场自身因素

证券市场作为金融市场的重要组成部分,有其自身特有的运行规律和规则。比如,投资者购买证券的出发点,主要是获得相对于银行存款更高的预期收益率(即"预期收益引导规律"),但为了获得较高的收益率,投资者必然要承担较高风险(即"风险收益同增规律")。在证券投资过程中,货币与证券的相互联系、相互约束已经成为一种客观的必然(即"货币证券共振规律")。同时,在证券市场发展的过程中,上市公司造假、募集资金变更、掏空上市公司、违规操纵股票的事件还非常多,证券市场还需要不断成熟。目前国内由于投资者风险教育尚比较缺乏,且本应追寻"价值投资"的机构投资者尚处于高速成长期,因此市场上的投机行为还较为盛行。其典型的特征就是换手率相对较高,该指标一定程度上反映了信息不对称导致的不同投资者对股票估值的偏差程度。

3. 其他不确定性因素

除了政治因素、市场自身运行机制外,一些突发的重大事件也会对股票市场造成整体的冲击,且多为不利影响,主要表现在以下几个方面。一是自然灾害或突发性重大事件的发生。比如,2004年印度尼西亚的海啸、2008年我国的南方冻雨和汶川大地震、2011年日本福岛核电站爆炸等事件,都对股票市场带来较为直接的负向影响。二是重大疫情传播。在对实体经济造成冲击影响的同时,也将这种负效应传导至资本市场,尽管可能带动相关概念股的上涨,但对股市整体的影响还是负面的。三是双边或多边经济贸易摩擦。自2017年中美贸易摩擦以来,每次美国单方向挑衅的贸易摩擦升级,都给中美资本市场带来了极大的负面冲击。

5.2.2　经济因素分析

股票市场素有宏观经济"晴雨表"之称，所以宏观经济分析对证券投资而言非常重要。上市公司的生产经营活动总是在一定的经济环境中运行的，其运行的效果自然会受到宏观经济的影响和制约，因此证券市场价格会随宏观经济运行状况的变化而波动。宏观经济因素对证券市场的影响具有根本性、全局性和长期性。因此，在进行证券投资前，必须先对宏观经济状况及其发展趋势进行分析判断。影响证券市场的宏观经济因素主要有GDP（国民生产总值）、利率、通货膨胀、净出口、汇率、固定资产投资额、克强指数等因素。

1. GDP

GDP主要衡量一段时间内（一季度或者一年）一个国家或者地区的经济发展状况，也是反映一国财富的指标。当GDP增长时，表明一国的生产总值增加，上市公司的经营业绩普遍增长，公司的盈利能力和盈利水平上升，公司估值水平重心上移。这将增强投资者对股市的预期和风险偏好，投资于股票市场的资金规模将增加，于是可能带来上涨行情。GDP的增长主要由其"三驾马车"——投资、消费和净出口来决定。随着全球经济环境的变化和我国经济发展步入新阶段，原来投资和出口占较大比重的格局，逐渐转向以消费为主的需求拉动式发展模式。特别在供给侧结构性改革和大力发展新质生产力的驱动下，通过聚焦转型升级、创新驱动和绿色可持续发展来增加有效供给的增长模式成为主流。

2. 利率

利率是货币资金的价格，反映市场上资金的供求状况，因此证券价格对利率变动比较敏感。在宏观经济因素中，利率对证券市场的作用最直接，影响也相对最大。以利率对股票价格的影响为例分析传导作用机理：一是利率作为资金的价格，可以视为边际储蓄与边际投资的均衡，当利率提高时，投资者的边际储蓄意愿增加，资金将从投资市场流向储蓄领域，从而导致资本市场的货币供给量减少，资本市场整体价格下跌；二是当利率提高时，企业借款成本增加，影响企业的盈利水平，导致企业的估值水平下降，从而引发股票价格下跌；三是当利率提高时，人们的消费意愿下降，企业终端产品的销售下降，从而导致企业的营业收入下降，并引发企业盈利水平下降，投资者对企业未来的估值下降，从而引发股票价格下跌。事实上，影响利率变动的因素有很多。在实践中，利率的提高和下降与股票价格的涨跌不太一致。比如，在2005—2007年的大牛市时期，人民币升值预期吸引大量资本流入，市场流动性相对充裕，央行加息控制物价水平，但加息并没有阻止牛市上涨的节奏，呈现"利空不空"的现象，很多人甚至质疑利率变动对股票价格影响的传导机理。但细心的投资者可能会发现，央行在牛市发布加息公告后，股票市场往往"低开高走"，与利率影响股价的传导机理并不矛盾。

3. 通货膨胀

通货膨胀对股票价格走势的影响比较复杂，既有刺激股票价格上涨的作用，也有抑制股票价格的作用。由于股票代表对公司的所有权，公司的实物资产会随着通货膨胀而升值，另外公司还可以通过提高产品的销售价格来弥补原材料的价格上升，这样公司的利润就不会受到通货膨胀的影响。因此，在适度的通货膨胀环境下，股票具有一定的保值功能，且适度的通货膨胀还可以刺激有支付能力的有效需求增加，从而刺激生产的发展和证券投资的活跃。但通货膨胀达到一定限度就会对经济造成损害，严重的通货膨胀会加速货币贬值，而投资者也倾向于囤积实物产品进行保值。此时人们对经济发展的前景预期不太乐观，对政府提高利率以抑制通货膨胀的预期增强，投资者可能退出证券市场，这样就会加速证券价格下跌。而企业由于成本上升，盈利水平下降，企业破产数量增多，经济形势会进一步恶化，将会导致社会恐慌心理加重，从而加速证券市场的不景气。

4. 汇率

全球金融一体化使得国与国之间的相互关联性日益增强，汇率作为国际支付的货币价格，其波动也会传导至证券市场。通常而言，一方面，本币升值将引发通货紧缩，吸引资本流入本国，本国证券市场的需求增加，股票价格上涨。另一方面，本币升值将使进口型企业因成本下降而受益，有助于进口型企业的股票价格上涨，如航空公司、造纸企业等；但同时对于出口型企业而言，由于成本增加将使产品竞争力下降，出口型企业将受损，出口型企业的股票价格将下降。但若一个国家证券市场的国际化程度较低，则汇率的变动影响就相对有限。

5. 固定资产投资额

固定资产投资额是衡量投资变化和经济运行热度的重要指标，也是影响物价水平变动的重要因素，一般情况下是 CPI（消费价格指数）的领先指标。固定资产投资额增加，将带动生产企业的产量扩张，在投资推动下，就业相应扩大，居民收入也会增加，进而带动消费增加，并最终促使经济加速增长。同时固定资产投资额也是金融市场变动的敏感指标，对股票市场和债券市场都有极大影响：一方面，固定资产投资额增长，意味着企业具有良好的发展预期，经济增长可能加快，业绩可能改善，从而可能是一个利好因素；另一方面，固定资产投资额的过快增长往往意味着政府将会采取更为严厉的宏观调控手段以实现宏观经济的稳定，诸如利率上升、信贷控制等可以预期的宏观经济调控措施，将对股票市场产生负面冲击。而对于债券市场，固定资产投资额增加速度加快，会提高经济增长速度，同时提高物价水平，市场收益率水平会普遍上升，将会带动债券价格降低。

6. 克强指数

克强指数（Li Keqiang Index），是英国著名政经杂志《经济学人》在2010年推出的用于评估中国 GDP 增长量的指标，源于中华人民共和国前国家总理李克强2007年任职辽宁省委书记时，喜欢通过耗电量、铁路货运量和贷款发放量三个指标分析当时辽宁省的经济状况。克强指数是三种经济指标：工业用电量、铁路货运量和银行中长期贷款余额等的结合。该杂志认为，克强指数比官方 GDP 数字更能反映中国经济的现实状况。自推出后，克强指数受到花旗银行在内的众多国际机构认可。花旗银行编制的克强指数公式如下：克强指数＝工业用电量增速×40%＋中长期贷款余额增速×35%＋铁路货运量增速×25%。其权重划分依据是三者增速与 GDP 增速拟合模型的简单回归分析结果。

克强指数更能精确地反映经济现状，不仅体现在上述三个指标更切合我国的经济特征，还体现在具体数据的易于核实上。与 GDP 的统计相比，由于耗电量、铁路货运量和银行贷款发放量三个指标涉及电网、铁路、银行的具体业绩核算，所取得的具体数据真实性较高，因此更能反映真实经济走势。尽管克强指数的综合性较好，但具体到克强指数的三个指标而言，若参照耗电量和铁路货运量指标，则很难充分反映我国 IT（信息技术）业、金融业以及相关服务业的运营状况；而对于我国众多融资难的小微企业，因其往往难以取得银行贷款，所以贷款发放量指标也很难充分反映其运营状况。

事实上，衡量宏观经济因素的指标还比较多，本书不再一一赘述。上述经济指标之间也存在着内在的关联。例如，对于GDP和CPI，是否GDP的增长速度高于CPI的速度就相对较好？对于CPI和汇率，分别代表着货币的对内价值和对外价值，在国际金融一体化的背景下，如何平衡货币的双重价值？对于利率和CPI，央行往往通过调整利率来实现控制物价的目标。对于利率和汇率，两者之间存在着在国际市场上决定汇率的无套利的利率平价公式。而汇率的变化对一国央行的货币供给往往会产生直接影响，并传导影响利率水平、CPI等，进而影响整个宏观经济。

5.2.3 经济周期分析

经济从来不是单向性的运动，而是在波动性的经济周期中运行。这种周期性表现在宏观统计数据的周期性波动上，如国民生产总值、工业生产总值、消费总量、投资总量、失业率等。尽管不同的统计数据对经济周期变动的灵敏度有所差异，但整体上是一致的。采用哪种统计数据来预测和判断证券市场的价格波动更加合适，不同的市场会有不同的答案。例如，有实证研究表明，美国股票市场对工业生产周期的敏感程度会超过国民生产总值周期。

宏观经济周期一般经历四个阶段：复苏、繁荣、衰退、萧条。证券市场综合了人们对经济形势的预期，这种预期较全面地反映了有关经济发展过程中表现出的相关信息。从经济周期与证券市场的关联看，通常表现为：经济繁荣，证券价格上涨；经济衰退，证券价格下跌。但是不同行业受经济周期影响的程度会有差异，有些行业（如钢铁、能源、耐用消费品等行业）受经济周期影响比较明显，而有些行业（如公用事业、必需品等行业）受经济周期影响较小。

在复苏阶段，经济逐渐走出低谷，但由于萧条时期带来的不安，股票市场依然低迷。随着经济复苏的明朗，投资者开始预期经济将会好转，公司利润将会增加，而此时物价和利率仍处于较低水平。于是先知先觉的投资者开始在低位购买证券，证券价格逐步回升至一定水平，初步形成底部反转之势。随着各种媒介开始宣传萧条已经过去、经济日渐复苏的消息，投资者的认同感不断增强，投资者自身的经济状况也有所改善，从而推动证券价格不断走高，完成对底部反转趋势的确认。

在繁荣阶段，市场需求旺盛，企业产品库存减少，固定资产投资增加，促使企业利润明显增加。此时物价和市场利率也有一定程度的提高，但是生产的发展和利润的增加常会领先于物价和利率的上涨。由于经济的好转和证券市场价格上升趋势得到了大多数投资者的认同，投资者的投资回报也在不断增加。因此，投资者的投资热情高涨，推动证券市场价格大幅上涨，并屡创新高，整个经济和证券市场均呈现一派欣欣向荣的景象。此时，一些理性的投资者在充分分析宏观经济形势的基础上认为经济高速增长的繁荣阶段即将过去，经济将不会再创新高，因而可能先知先觉地卖出所持证券。

在衰退阶段，由于繁荣阶段的过度扩张，社会总供给开始超过总需求，经济增长减速，存货增加，银根开始紧缩，利率提高，物价上涨，促使公司营运成本上升，加之市场竞争日趋激烈，公司业绩开始出现停滞甚至下降之势。当更多的投资者形成对衰退即将来临的共同预期后，将会加入抛出证券的行列，将引致证券价格形成向下的趋势。

在萧条阶段，经济下滑至低谷，百业不振，公司经营情况不佳，证券价格在低位徘徊。由于预期未来经济状况不佳，公司业绩可能得不到改善，大部分投资者都已离场观望，只有那些富有远见且在不断地搜集和分析有关经济形势并合理判断经济形势即将好转的投资者在低位不断吸纳证券。

在不同阶段，结合不同的金融产品特性，投资者可以选择较为合适的投资产品进行投资。从理论上，我们可以利用 GDP、利率水平和物价水平三个指标来衡量宏观经济所处的阶段，如图 5-1 所示。

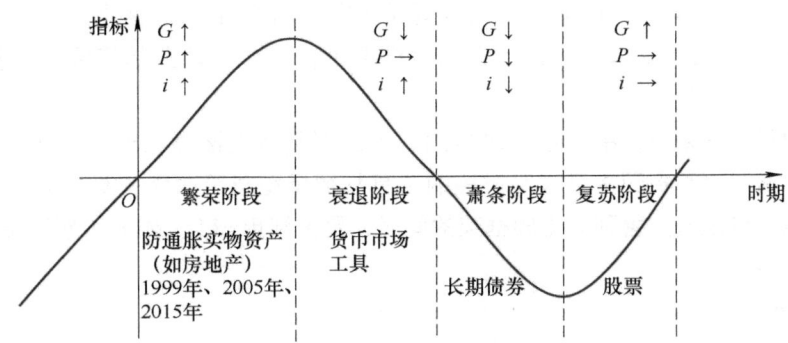

图 5-1　不同阶段的指标特征及适合投资的金融产品

在图 5-1 中，G、P、i 分别代表 GDP 增长速率、物价水平和利率水平。以衰退阶段为例，由于经济出现下滑，终端消费需求不足，央行为控制商业银行风险开始收紧银根而提高市场利率，"钱荒"现象上演。此时股票、债券类金融产品的价格会出现明显下滑，而货币市场工具则由于央行提高利率而保持较高的回报率，因此在此阶段买入货币市场工具是较优选择，如 2013 年推出的"余额宝"就是这一阶段的产物。当经济进一步衰退，为刺激经济增长，央行往往又要降低利率，此时长期债券产品是降息周期下相对较优的产品。但事实上，经济周期处于哪一个阶段很难准确判断，而且不同阶段的持续期也不相同，衰退阶段与萧条阶段更多呈现"L"的形态。在经济处于萧条和复苏阶段而又无法准确判断时，买入兼具股权和债权属性的可转换公司债券则是相对较优的选择。

5.2.4　经济政策分析

国家政府对经济的干预主要通过货币政策和财政政策来实现。根据宏观经济运行状况，政府可采取扩张或紧缩的货币政策及财政政策，以促进经济快速增长，保持价格总水平的稳定，实现充分就业。政策的实施及政策目标的实现均会反映到证券市场上并通过价格的变动来体现，但不同性质、不同类型的政策手段对证券市场价格变动有着不同的影响。

1. 货币政策

中央银行主要通过三大货币政策工具来实现对宏观经济的调控，即法定存款准备金率、再贴现率和公开市场操作。当国家为了实现防止经济衰退、刺激经济发展的目标时，往往会实行扩张性货币政策，此时中央银行会通过降低法定存款准备金率、降低中央银行的再贴现率，以及在公开市场上进行逆回购或买入国债的方式来增加货币供应量，以扩大社会的有效需求。当经济持续高涨、通货膨胀压力较重时，中央银行往往又会采用紧缩性货币政策。通过提高法定存款准备金率、提高中央银行的再贴现率或在公开市场上卖出国债以减少货币供应量来紧缩信用，以实现社会总需求和总供给大体保持平衡。

货币政策对证券市场的影响是通过投资者和上市公司两方面因素来实现的。对投资者而言，货币供应量增加，一方面证券市场的资金增多，另一方面通货膨胀的预期也使投资者为了保值需求去购买证券,从而推动证券价格上涨。反之,当减少货币供应量时,证券市场的资金减少,价格的下跌又使人们对购买证券保值的需求降低,从而使证券市场价格呈回落趋势。而对上市公司而言,扩张性货币政策一方面为企业发展提供了充足的资金;另一方面扩大了社会总需求,刺激了生产发展,提高了上市公司的业绩,证券市场价格上升。反之,紧缩性货币政策使上市公司的运营成本上升,社会总需求不足,上市公司业绩下降,证券市场价格也随之下跌。

从具体的政策手段来看,中央银行对再贴现率的调整将直接影响市场基准利率,对证券市场的影响最为显著。随着各国货币政策调控的工具从数量型货币政策工具转向价格型货币政策工具,央行在积极构建和完善利率走廊框架的同时,更多利用SLF、MLF等新型货币政策工具来调控市场利率水平。

2. 财政政策

财政政策是通过财政收入和财政支出的变动来影响宏观经济活动水平的经济政策。财政政策的主要手段有三个:一是改变政府购买水平;二是改变政府转移支付水平;三是改变税率。综合来看,实行扩张性财政政策,增加财政支出,减少财政收入,可增加总需求,使公司业绩上升,经营风险下降,居民收入增加,从而使证券市场的价格上涨;反之,实行紧缩性财政政策,减少财政支出,增加财政收入,可减少社会总需求,使过热的经济受到抑制,从而使得公司业绩下滑,居民收入减少,这样,证券市场的价格就会下跌。具体而言,不同的财政政策手段对证券市场的影响也是不同的。

(1) 政府购买的经济效应 作为社会总需求的关键驱动力,政府购买的增长,特别是在道路、桥梁、港口等基础设施领域的投资扩大,能够直接激发对水泥、钢铁、建材及机械等相关产业产品的强劲需求。这种需求不仅直接促进了这些产业的发展,还通过产业链的传导效应,引发对其他行业的间接需求增长,形成经济发展的乘数效应。这一过程不仅提升了公司盈利水平,还带动了居民收入的增长,进而为证券市场注入积极信号,推动证券价格攀升。同样,政府购买规模的缩减则会带来相反的经济与市场反应。此外,政府购买的具体流向还具备行业与地区导向作用,能够加速特定行业或地区的经济发展,提升相关企业的业绩,对相应证券产生正面提振效果。

(2) 政府转移支付的市场影响 调整政府转移支付水平,实质上是对社会购买力结构的一种精细调控,旨在影响总体需求水平。增加政府转移支付,如提升社会福利支出或增加对农民的农业补贴,能够有效提升部分人群的收入水平,间接促进消费与投资,增强企业盈利能力,最终对证券市场形成正面推动作用,促使证券价格上涨。反之,若降低政府转移支付水平,则可能削弱市场购买力,对证券价格构成下行压力。

(3) 税收政策调整与证券市场 税收政策的变动直接触及企业的盈利底线,影响其扩大再生产的意愿与能力,进而塑造企业的未来成长前景。同时,税收结构的调整会深刻改变利润分配的格局,对不同行业和企业产生差异化影响。例如:能源税的引入会加剧能耗高低不同行业间的成本差异,进而影响其市场竞争力与证券价格表现;个人所得税的调整直接影响居民可支配收入,从而改变证券市场的资金供需关系;而证券交易税的调整则直接关系到市场参与者的交易成本,影响市场活跃度与证券价格走势。一般而言,税率的提高会抑制市场热情,阻碍证券价格上涨;而税率的降低或免税政策则能激发市场活力,助力证券价格上涨。

5.3 行业分析

单个企业的命运总是和它所在行业的命运息息相关，深入的行业分析是证券分析取得成功的先决条件。行业是指一个企业群体，在这个企业群体中，各成员企业由于其产品（包括有形与无形）在很大程度上的可相互替代性而处于一种彼此紧密联系的状态，并且由于产品可替代性的差异而与其他企业群体相区别。行业的形成是社会分工的结果，天然不同步，且行业之间存在着较大的差异。俗话说"男怕入错行，女怕嫁错郎"，就是对行业最直观的认知。

5.3.1 行业分类

行业分析的第一步是对行业进行分类。对于政府而言，行业分类有助于从整体上把握经济发展，从而为产业结构调整及优化提供判断和决策依据；对于投资者则言，行业分类有助于投资者从行业差异化的视角挖掘潜在的投资机会。

1. 按行业生命周期分类

行业生命周期是最常用的划分依据，它能够反映出一个行业的发展历程。在这种方式下，行业从始至终被划分为初创期、成长期、成熟期和衰退期四个阶段。

（1）初创期：风险与机遇并存的探索阶段　在行业的生命周期中，初创期无疑是风险最为显著的阶段。这一时期的行业正奋力为其产品开辟市场，面临巨大的流动资金与固定资产需求，而经营成果往往仍处于亏损边缘或微利状态。初创期的行业特点鲜明：参与者较少，企业数量有限且集中度高，技术尚不成熟导致产品种类单一、质量波动。尽管如此，初创期也孕育着巨大成功的可能性，吸引着勇于承担高风险、追求高回报的投资者。他们相信，通过持续投入与创新，能够引领行业跨越重重障碍，迈向更广阔的未来。

（2）成长期：独立繁荣与激烈竞争并存　进入成长期，行业展现出勃勃生机，能够激发消费者潜在需求，其繁荣态势甚至能够超越经济周期的波动。销售额的快速增长与高额毛利率成为成长期的显著标志，直至高额回报吸引新竞争者涌入。在这一阶段，行业成长不仅速度惊人，且具有较强的可预测性，波动性相对较小。企业纷纷通过扩大产能、提升市场份额以及技术创新等手段来巩固竞争优势，市场竞争因此变得异常激烈。财力与技术实力强大的企业逐渐脱颖而出，而较弱者则可能面临淘汰或被兼并的命运。随着竞争态势逐渐稳定，行业开始迈向成熟阶段。

（3）成熟期：巅峰稳定与适度回报　成熟期是行业发展的鼎盛时期，也是竞争最为稳定、市场格局最为清晰的阶段。经过激烈的市场洗礼，少数大型企业凭借雄厚的实力与市场份额，几乎垄断了整个行业。这些企业间势均力敌，市场份额变动微小，使得成熟期成为行业发展的稳定期。高集中度与规模壁垒构成了新企业进入难以逾越的障碍，而行业内部则呈现出一定程度的垄断特征。尽管市场需求仍在增长，但增速已显著放缓，企业普遍获得的是行业平均水平的回报。在这一阶段，企业更加注重提升运营效率、优化产品结构与服务质量，以在激烈的市场竞争中保持领先地位。

（4）衰退期：行业落幕与转型的十字路口　在生命周期的尾声，行业步入了衰退期。在这一阶段，市场需求显著下滑，产品吸引力减弱，市场版图逐渐缩小。由于需求疲软和毛利率的持续走低，行业失去了对新资本的吸引力，部分企业开始选择撤离这一领域。随着需求的进一步萎缩，破产企业的数量逐渐增加，而仍在坚持的经营者则纷纷寻求合并之路，以图通过规模效应抵御市场的严寒。然而，即便是在这样的逆境中，也不乏经营稳健、眼光长远的企业。它们并未被眼前的困境束缚，而是积极寻求转型与突破。这些企业往往将目光投向未来，将宝贵的资金和资源投入到那些具有广阔发展前景的新兴行业中，通过业务多元化来规避单一行业的风险，为企业的持续发展开辟新的道路。

图 5-2 和表 5-1 分别描述了企业在行业生命周期不同阶段的盈利和风险状况以及特征。

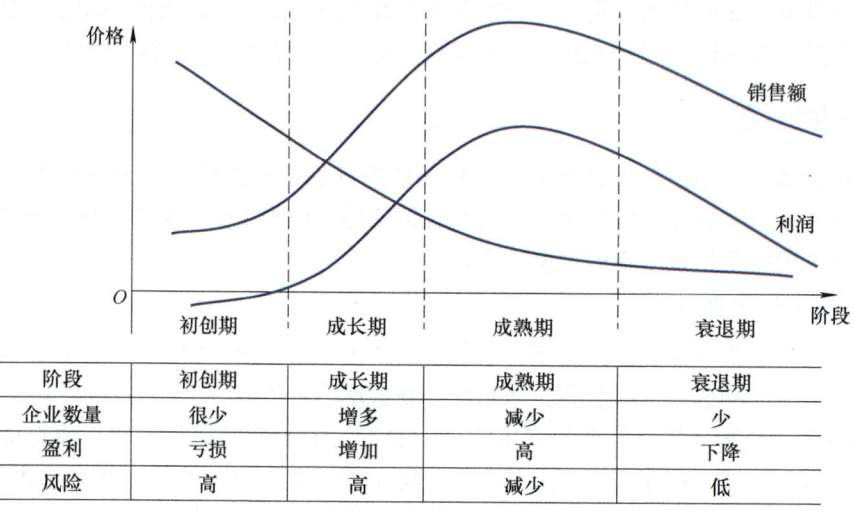

阶段	初创期	成长期	成熟期	衰退期
企业数量	很少	增多	减少	少
盈利	亏损	增加	高	下降
风险	高	高	减少	低

图 5-2　行业生命周期不同阶段企业的盈利和风险状况

表 5-1　行业生命周期不同阶段的特征

阶　　段	特　　征
初创期	产品的市场接受度不确定，商业战略的实施并不清晰，存在高风险和许多破产事件
成长期	产品已被接受，业务拓展开始，销售额和盈利加速增长，商业战略的实施仍不确定
成熟期	行业趋势与总体经济趋势相同，参与者在稳定的行业中争夺市场份额
衰退期	消费偏好的改变和新技术的出现使产品的需求逐步减少

2. 按行业对经济周期的反应分类

由于行业发展不同步，在经济周期的每一阶段，都会有一些行业相对于其他行业更加繁荣。按行业在经济周期中的行为方式可将行业划分为三类：增长性行业、防御性行业和周期性行业。它们的特征描述见表 5-2。

表 5-2　行业在经济周期中的行为模式及其特征

行为模式	特　　征
增长性	销售和利润独立于经济周期而超常增长
防御性	在经济周期的上升和下降阶段经营状况都很稳定
周期性	收益随经济周期的变化而变化，通常会夸大经济的周期性

增长性行业的运动状态与经济周期相关性不大，不论处于何种经济周期阶段，这些行业都保持着高速增长。它们主要依靠技术的进步、新产品的推出及更优质的服务，呈现出持续增长状态，如新兴行业。

防御性行业在整个经济周期中都有稳定的业绩，不论宏观经济处在经济周期的哪个阶段，行业的销售收入和利润均呈缓慢成长态势或变化不大。防御性行业通常处于成熟期，它们产品的需求弹性非常小，例如电力、煤气等公用事业和食品业。

周期性行业的盈利和经济周期一样呈现周期性的变化。它随着经济的繁荣而增加，随着经济的衰退而减少，且盈利的变动往往会大于经济周期的波动。周期性行业的产品消费需求往往与未来经济前景的预期相关，如汽车、珠宝等耐用消费品行业。

3. 按市场结构分类

按照市场竞争程度的不同，根据厂商数目、产品差异程度、厂商对产量和价格的控制程度及厂商进入市场的难易程度这些特点，可以将行业分为完全竞争、垄断竞争、寡头垄断和完全垄断四种类型。四种类型的行业特点比较见表 5-3。

表 5-3 四种类型的行业特点比较

行业类型	厂商数目	产品差异程度	厂商对产量和价格的控制程度	厂商进入行业的难易程度	现实中接近的行业
完全竞争	很多	无差别	没有	完全自由	农业
垄断竞争	较多	有些差别	有一些	比较自由	零售业
寡头垄断	几个	有或没有差别	相当有	有限	汽车制造业
完全垄断	一个	唯一产品，无替代品	很大，但常受政府管制	不能	公用事业

在实践中，行业结构往往是判断企业能否获得超额收益的一个重要依据，行业的垄断程度决定了行业可能获取的超额利润。

4. 中国证监会《上市公司行业分类指引》

中国证监会在 2001 年颁布的《上市公司行业分类指引》（以下简称《指引》）对中国上市公司的行业分类提出了指导性意见，规定了上市公司分类的原则、编码方法、框架及其运行与维护制度。《指引》为非强制性标准，适用于证券行业内的各有关单位、部门对上市公司分类信息进行统计、分析及其他相关工作。2012 年，证监会重新修订了《上市公司行业分类指引》，原《指引》同时废止。新《指引》的主要内容有：

（1）分类原则与方法　分类原则与方法主要有四条。①以上市公司营业收入等财务数据为主要分类标准和依据，所采用财务数据为经过会计师事务所审计并已公开披露的合并报表数据。②当上市公司某类业务的营业收入比重大于或等于 50%，则将其划入该业务相对应的行业。③当上市公司没有一类业务的营业收入比重大于或等于 50%，但某类业务的收入和利润均在所有业务中最高，而且均占到公司总收入和总利润的 30% 以上（包含本数），则该公司归属该业务对应的行业类别。④不能按照上述分类方法确定行业归属的，由上市公司行业分类专家委员会根据公司实际经营状况判断公司行业归属；归属不明确的，划为综合类。

（2）编码方法　新《指引》参照《国民经济行业分类》（GB/T 4754—2011），将上市公司的经济活动分为门类、大类两级。与此对应,门类代码用一位拉丁字母表示,即用字母 A、B、C……依次代表不同门类;大类代码用两位阿拉伯数字表示,从 01 开始按顺序依次编码。

(3) 管理机构及其职责　管理机构及其职责主要包括以下三个方面。①中国证监会统筹指导上市公司行业分类工作,负责制定、修改和完善《指引》,对《指引》及相关制度进行解释,对外发布上市公司行业分类结果。②中国上市公司协会负责按照《指引》组织对上市公司进行行业分类,向中国证监会报送上市公司行业分类结果,并向证券交易所、中证指数公司等相关机构通报上市公司行业分类结果。③中国上市公司协会建立上市公司行业分类专家委员会(以下简称专家委员会),由有关部委、证券期货监管系统和证券经营机构的专家组成。专家委员会负责就上市公司行业分类制度的修订提出意见和建议;依据专业判断,确定上市公司行业分类结果。

(4) 沟通反馈机制　中国上市公司协会应当建立与上市公司的日常沟通机制,就行业类别划分及变更情况征求上市公司意见;上市公司提出不同意见的,应提请专家委员会讨论作出最终判断。

5.3.2　行业竞争力分析

竞争决定了一个行业的利润率。竞争规律体现为迈克尔·波特的"五力"理论,即五种竞争的作用力:新进入者的威胁、替代品的威胁、买方的议价能力、卖方的议价能力以及现有企业之间的竞争。这五种竞争的作用力综合起来决定了某行业中的企业获取超额收益率的能力。"五力"理论不一定适合所有的行业,因行业而异。在五种竞争的作用力都比较理想的行业中,如医药业、白酒业等,许多竞争者都可获取相对可观的利润;而对于钢铁行业等受一种或多种作用力形成的压力强度较大,企业的获利能力相对较弱。具体而言:

1. 新进入者的威胁

行业的新进入者在给行业带来新生产能力、新资源的同时,也会对现有企业的市场份额、原材料、利润等造成巨大的压力,导致行业中现有企业的盈利水平降低,甚至危及企业生存。比如,触屏手机对传统以诺基亚为代表的按键手机的冲击,征途对网易、盛大的冲击等。整体看,竞争性进入威胁的严重程度取决于两方面的因素:进入新领域的壁垒大小与现有企业对进入者的反应。

(1) 进入壁垒　进入壁垒主要包括规模经济、产品差异、资本需要、转换成本、销售渠道开拓、政府行为与政策、不受规模支配的成本劣势(如商业秘密、商标、版权等)、自然资源、地理环境(如造船厂只能建在海滨城市)等方面,这其中有些障碍是很难借助复制或仿造的方式来突破的。

(2) 预期现有企业对进入者的反应情况　预期现有企业对进入者的反应情况主要是判断采取报复行动的可能性大小,取决于有关厂商的财力状况、报复记录、固定资产规模、行业增长速度等。总之,新企业进入一个行业的可能性大小,取决于进入者主观估计进入所能带来的潜在利益、所需花费的代价与所要承担的风险这三者的相对大小情况。

2. 替代品的威胁

如果一个行业的产品存在替代品,那么就意味着它将面临与相关行业进行竞争的压力。其主要表现在以下几个方面。①现有企业产品售价以及获利潜力的提高,将因存在着能被用户便于接受的替代品而受到限制。②由于替代品生产者的侵入，现有企业必须提高产品质量，或者通过降低成本来降低售价，或者使其产品具有特色，否则可能影响其销量与利润增长的目标。③源自替代品生产者的竞争强度，受产品需求方转换成本高低的影响。替代品价格越低、质量越好、用户转换成本越低，其所能产生的竞争压力就越强。例如，微信对移动运营商、网店对实体店、数码对影印、U盘对软盘、平板对台式机等产生的冲击。

3. 买方的议价能力

买方主要通过其压低价格、要求提供较高的产品或服务质量的能力，来影响行业中现有企业的盈利能力。一般而言，满足以下条件的买方可能具有较强的讨价还价能力：①买方购买了某一行业的大部分产品，则它可能就会掌握很大的谈判主动权，进而压低购买价格；②卖方行业由大量规模相对较小的企业组成；③买方所购买的基本上是一种标准化产品，如果向多个卖主购买可替代产品在经济上也可行；④买方有能力实现后向一体化，但卖方不能实现前向一体化。在实践中，可以通过客户的集中度以及企业预收账款与应收账款、应付账款和预付账款等财务指标判断买方的议价能力。

4. 卖方的议价能力

如果关键投入品的供应厂商在行业中处于垄断地位，它就能对这件产品索取高价，进而从需求方行业中赚取高额利润。决定卖方议价能力的关键因素是需求方能否得到相关的替代品，如果替代品存在且可以被需求者获得，卖方就会失去讨价还价的资本，也就难以向需求方索取高价。一般而言，满足以下条件的卖方会具有比较强大的讨价还价能力：①卖方行业被一些具有比较稳固市场地位而不受市场剧烈竞争困扰的企业控制，其产品的买主很多，以致每一单个买主都不可能成为卖方的重要客户；②卖方各企业的产品各具特色，以致买方难以转换或转换成本太高，或者很难找到可以与卖方企业产品相竞争的替代品；③卖方能够方便地实行前向联合或前向一体化，而买方难以进行后向联合或后向一体化。

5. 现有企业之间的竞争

大部分行业中的企业，相互之间的利益都是紧密联系在一起的，企业竞争战略的目标都在于使自己的企业获得相对于竞争对手的优势。当行业中存在较多的竞争者时，由于它们都试图扩大各自的市场份额，在竞争战略实施中必然会产生冲突与对抗现象，这些冲突与对抗就构成了现有企业之间的竞争，通常表现在价格、广告、产品介绍、售后服务等方面，其竞争强度与许多因素有关，比如拼多多、京东和淘宝之间的竞争。通常，出现下述情况将意味着行业中现有企业之间的竞争加剧。①行业进入壁垒较低，竞争对手较多，竞争者范围广泛且实力相当。②市场趋于成熟，产品需求增长缓慢。③竞争者企图采用降价等手段促销。④竞争者提供几乎相同的产品或服务，用户转换成本很低。⑤实施一个新的战略行动若取得成功，其收入相当可观。⑥行业外部实力强大的公司在接收了行业中实力薄弱企业后，发起进攻性行动，结果使得刚被接收的企业成为市场的主要竞争者，如平安国际融资租赁有限公司的强势崛起。⑦退出障碍较高，即退出竞争要比继续参与竞争代价更高。退出障碍主要受经济、战略、感情以及社会政治关系等方面的影响，具体包括：资产的专用性、退出的固定费用、战略上的相互牵制、情绪上的难以接受、政府和社会的各种限制等。

上述五种竞争的作用力可以用图5-3来描述。

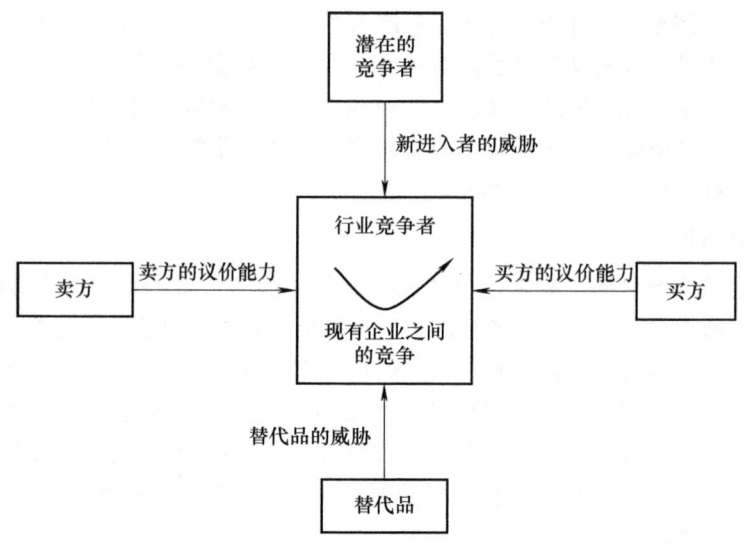

图 5-3　五种竞争的能力

在不同行业中，并非五种竞争的作用力都同等重要，因素是否重要因结构不同而异。每一个行业都有其独特的结构，五种作用力的框架能使分析人员透过复杂的表象看到本质，能准确揭示对行业的竞争至关重要的因素，也能识别那些最有利于行业及企业盈利能力提高的战略创新。

5.3.3　影响行业的外部因素

行业有其内在的发展规律，但是任何行业都不能生存在真空里，它的销售额和盈利受许多外部因素的制约。外部因素包括技术因素、政府因素、社会因素、其他因素等，每一类因素都与某些特定行业相关。

1. 技术因素

技术进步一方面创造新产品，开拓新领域，从而使新行业不断出现；另一方面也创新工艺，推动现有行业的技术升级。当今世界上许许多多的行业都是技术进步的结果，而另一些行业在技术进步的冲击下衰落或消亡。对于技术因素的分析，首先需要关注行业的可生存性，即行业产品能否抵挡新技术带来的替代品的攻势。例如，尽管出现了隐形眼镜技术，但框架眼镜行业依旧繁荣。与此相反，光盘则由于 U 盘的产生而销声匿迹。外部技术也常常能促进行业发展。例如：生物科技领域的成果应用于农业，最终带来了更高的粮食产出率；民用航空技术的进步直接促进了旅游人数的激增，提高了旅游业的收入等。在分析技术因素时，要注重分析技术进步是否会给行业发展带来颠覆性冲击。

2. 政府因素

政府影响和干预经济的目的在于维护经济的公平和自由竞争，保证经济的健康运行和发展。政府对行业的干预主要通过补贴、税收、信贷、价格等经济手段来实现，其他手段还有规划指导、额度限制、市场准入、企业规模限制、环保标准限制、安全标准限制、直接行政干预等。

国家对某一行业进行扶持或者限制，常常意味着这一行业有更多更好的发展机会或者被封杀了发展的空间。而且国家的行业政策往往是在对行业结构发展的方向和各行业发展规律有深刻认识的基础上作出并实施的,因而具有显著的导向作用。

3. 社会因素

社会因素可归纳为生活方式和流行趋势的变化。社会因素对关系经济增长的消费、储蓄、投资、贸易等诸方面产生影响,因而也会对行业的发展产生重要的影响。在这两种社会因素中,流行趋势更加难以预测。例如,女装的流行周期十分短暂,当前的流行服饰可能仅一两年之后就被其他样式代替,玩具业、娱乐业和电影业中也有类似的现象。

在分析生活方式或社会习惯时,随着人口老龄化和消费升级理念的深入,一些行业面临的需求大幅增加,如医疗保健、养老等行业。

4. 其他因素

随着全球经济一体化的发展,国与国之间的关联越来越紧密,贸易升级和贸易摩擦对行业的发展也会产生较为深远的影响。比如,美国挑起中美贸易摩擦,对我国芯片产业等高技术产业进行无端制裁,会对我国相关行业产生一定的影响。同时一些客观环境因素也会对相关行业产生一定的影响,如暖冬效应对服装业需求变化的影响。

5.3.4 行业的集中度

行业集中包括两个方面的含义:一个方面是指龙头企业规模的扩大即行业的绝对集中;另一个方面是指龙头企业在整个行业规模中的比重增大,即行业的相对集中。与此相对应,衡量行业集中度的指标也可以分为两类:

1. 行业绝对集中的衡量指标

行业绝对集中的衡量既要考虑行业内企业个数的多少,又要考虑行业内企业的大小分布。假设某行业有 n 个企业,各企业的产量为 X_i,行业总产量为 $\sum X_i$,第 i 个企业的市场占有份额为 S_i,即 $X_i / \sum X_i$,则有以下主要的绝对集中衡量指标:

1) 企业数的倒数,即用 $1/n$ 来衡量集中水平。这一指标考虑了企业数的多少,但未考虑企业产量的相对大小。

2) 集中比,是指某行业最大的 r 个企业所占的市场份额,其计算公式为

$$C_r = \frac{\sum_{i=1}^{r} X_i}{\sum_{i=1}^{n} X_i} = \sum_{i=1}^{r} S_i$$

式中,r 根据经验确定,通常取 3~5。

这一指标经济含义明确,资料容易取得,计算也相对简便。但若行业内的 $n-r$ 个企业间发生了兼并,尽管整个行业的集中水平提高了,C_r 却反映不出来。

2. 行业相对集中的衡量指标

通常用洛伦茨曲线来表明行业的相对集中程度,它可以表明行业内全部企业的规模分布情况,还可用来表明大企业的规模在整个行业规模中的占比状况。洛伦茨曲线如图5-4所示。

图5-4的内涵包括:

1) 连接两对角线的直线(45°线)是市场占有份额的绝对平均线 a。
2) OLK 是分布的绝对不平等曲线。

3）介于上述两者之间的实际分布曲线 b 表示占有企业总数一定百分比的企业拥有的市场占有份额。显然，实际分布曲线 b 越远离 45°线，说明企业集中度越高。

由洛伦茨曲线可引出基尼系数，其计算公式为

$$基尼系数 = \frac{A}{A+B}$$

式中，基尼系数介于 0~1 之间，且数值越接近 1，表明行业集中度越高。

通过上述衡量行业集中度的指标，投资者可以分析研究各行业的竞争程度。若一个分散的行业变成一个集聚的行业，那么必然会产生一家或几家在行业中占据绝对优势的企业，这就蕴含着巨大的投资机会，如未来的证券业。

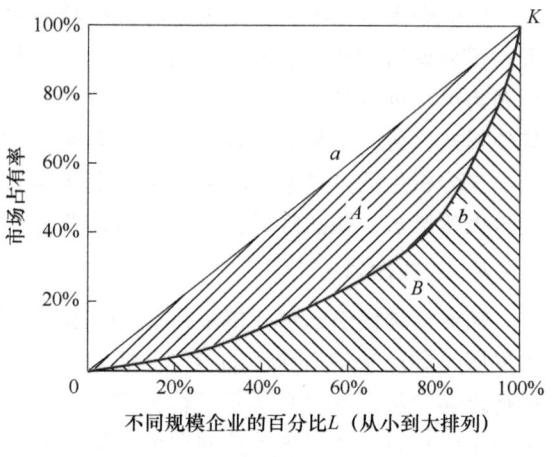

图 5-4　洛伦茨曲线示意图

5.4　公司分析

5.4.1　公司分析体系

1. 公司竞争地位分析

公司要在行业中保持盈利，就要具备持续的竞争优势。公司相对于其竞争对手的竞争优势整体可归纳为两种：低成本和差异性。若将这两种竞争优势与公司寻求获取优势的活动范围相结合，就可以得到公司在行业中的三个基本竞争战略：成本领先战略、差异化战略和集聚战略。其中集聚战略又分为成本集聚战略和差异集聚战略两种类型。这些基本战略如图 5-5 所示。

公司采用任何一种战略都能获得竞争优势，但实现不同战略的途径和范围不同。成本领先战略和差异化战略是在整个行业的广阔范围内寻求优势，而集聚战略是在某个行业狭窄的细分市场中寻求成本优势（成本集聚）或差异化（差异集聚）。在不同的行业中，可行的基本战略是不同的，并且推行每一种战略所要求的具体实施步骤也因行业的不同而差别很大。竞争优势为任何战略的核心所在，如果公司要获取竞争优势，就必须选择所要获取竞争优势的类型以及运用这种优势的范围。

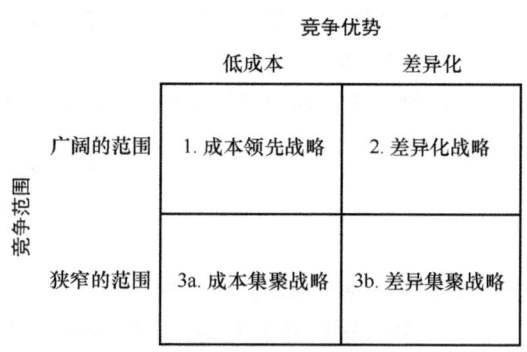

图 5-5　企业的三种基本竞争战略

（1）成本领先战略　成本领先战略是三种基本战略中最明确的一种。在该战略指导下，公司的目标是要成为所在行业中的低成本生产厂商，行业结构、规模经济、专有技术、原材料来源等都可能让公司获得成本领先的优势。

若公司能够创造和维持全面的成本领先优势，其只需要将价格控制在行业平均或接近平均水平，就能获得平均水平的经营业绩，即成本领先优势的公司创造出的产品价值需要与竞争对手相等或近似，这样才能以低成本获取高于行业平均水平的收益。因此，成本领先战略要求公司

是唯一的成本领先者，格外依赖先发制人策略。除非有重大或颠覆性的技术变革，否则别的公司很难从根本上改变其竞争地位。

（2）差异化战略　每个行业均依托于独特的差异化战略以区分自身。此战略根基广泛，涵盖产品核心、销售与交付体系、营销渠道及多重相关要素。在此框架下，公司的优势源自其产品所展现的，能精准对接客户单一或多元需求的独特属性。当这些独特属性所带来的价格溢价超越公司为塑造这些特质所投入的额外成本时，公司便能在行业内实现超越平均水平的盈利能力。差异化战略的核心逻辑强调，公司必须在经营活动中彰显其非凡之处，唯有真正在某一或某些领域实现差异化，方能赢得市场对其产品价值的认可与价格上的溢价空间。

（3）集聚战略　集聚战略聚焦于行业内的特定狭窄领域，实施此战略的公司精心挑选一个或一组细分市场作为其核心目标市场，并全力以赴地在这些市场上构建竞争优势。这种战略分为两大路径：成本集聚与差异集聚。

实施成本集聚战略的公司，其核心目标是在锁定的目标市场上实现成本领先。它们深入挖掘并利用各细分市场的成本结构差异，力求以更低的成本提供产品或服务，从而在价格上获得竞争优势。相反，实施差异集聚战略的公司则致力于在目标市场上创造并凸显差异化优势。它们聚焦于发掘并满足这些细分市场中客户的独特或特殊需求，通过提供定制化、高附加值的产品或服务来赢得客户的青睐和忠诚，进而在市场中占据有利位置。

这两种集聚战略的共同之处在于，它们都建立在目标市场与行业内其他细分市场的差异性基础之上。成本集聚战略侧重于成本行为的差异化，而差异集聚战略则侧重于客户需求的特殊化。在这样的背景下，那些试图在广泛市场中同时服务多个细分领域的竞争对手，往往会因为资源分散而失去相对竞争优势。相比之下，实施集聚战略的公司通过专注于特定的细分市场，能够更有效地利用资源，形成并巩固自身的竞争优势。但值得注意的是，如果实施集聚战略的公司所选择的目标市场与行业内其他细分市场并无实质性差异，那么这种战略就可能遭遇失败。因为在此种情况下，公司无法通过专注于某个细分市场来获得独特的竞争优势，反而可能因市场定位模糊而陷入被动。

2. 公司业务分析

对公司业务的分析主要围绕产品及市场、生产、销售、管理、研发与设计等，这其中最主要的就是产品及市场。投资者的分析需要围绕公司每种产品系列的销售数量和销售额及其在各细分市场中的地位、每种产品的利润率、公司是否会推出新产品及新产品的市场潜力等。对产品及市场的分析常常采用波士顿咨询集团（BCG）的"产品生命周期—市场份额"矩阵，也被称为"BCG矩阵"，如图5-6所示。

（1）明星产品　明星产品位于矩阵左上角，这些产品在快速增长的市场中占据较大份额。随着市场扩大，销售量上升，规模经济降低单位成本，明星产品的现金流增加、盈利能力增强。

（2）问号产品　问号产品位于矩阵右上角，这些产品市场增长率高，但公司市场占有率较低。它们具有成为明星产品的潜力，但也存在失败的风险，需要细致分析，以决定是投资促进增长还是逐步淘汰。

（3）现金牛产品　现金牛产品位于矩阵左下角，通常处

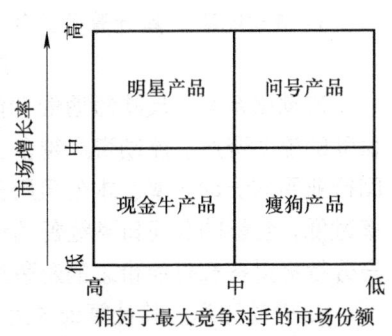

图5-6　增长/市场份额矩阵

于市场成熟阶段,增长缓慢,但拥有高市场份额,因此成本效益高,利润稳定。现金牛产品是企业现金流的重要来源,可以支持其他产品的发展。

(4) 瘦狗产品 瘦狗产品位于矩阵右下角,这些产品市场增长有限,且市场份额较小,盈利前景不佳,通常不值得进一步投资。

在具体分析一家公司时,还需要关注以下两个方面。一是公司分析。在评估公司时,应关注生产分析、销售渠道管理、管理团队分析和研发投入分析。生产分析有助于理解成本结构和生产效率;销售渠道管理影响市场覆盖和营销效率;管理团队分析可以评估管理层的能力;研发投入分析则关系到公司的创新能力和长期竞争力。二是实地调研。由于每家公司都有其独特性,实地调研和访谈可以为分析人员提供更深入的洞察,帮助他们更准确地评估公司的管理层、战略方向、项目建设和综合发展潜力。

3. 公司财务分析

财务分析是公司分析中的重要内容,通过对公司财务数据进行加工、分析和比较,投资者能够掌握公司财务状况和运营情况,预测公司未来的经营前景,判断公司证券的价值,从而作出合理的投资决策。

(1) 财务分析的方法 财务分析的方法主要有趋势分析法、结构百分比分析法、比率分析法和因素分析法。

1) 趋势分析法。趋势分析法就是将两个或两个以上连续期的财务数据进行对比,以便计算出它们增减变动的方向、数额以及变动幅度的一种分析方法。采用该种方法可以从公司的财务状况和经营成果的发展变化中寻求其变动的原因,并据此预测公司未来的发展趋势。在具体运用趋势分析法时,一般有两种分析方法:绝对数趋势分析和百分比趋势分析。其中绝对数趋势分析侧重于比较财务数据增减的绝对数量,而百分比趋势分析侧重于比较财务数据增减的相对数量。

2) 结构百分比分析法。结构百分比分析法将资产负债表、利润表、现金流量表转换成结构百分比报表。例如,在资产负债表中把资产定为100%,在利润表中把主营业务收入定为100%,而将其他科目转换成它们的百分比,这样就可以直观展示不同科目之间的比重关系,有利于发现存在显著问题的项目。

3) 比率分析法。财务比率能衡量各会计要素间的相互关系,反映其内在联系。财务比率的计算相对比较简单,但对其进行系统化的说明和解释却相当复杂。财务报表中有大量的数据,可以根据需要计算出反映不同财务特征的比率,这些比率主要涉及公司经营管理的以下几个方面。

① 偿债能力。

a. 流动比率。其计算公式为

$$流动比率 = 流动资产 / 流动负债$$

流动比率可以反映短期偿债能力。公司能否偿还短期债务,取决于负债规模及公司可变现偿债的流动资产。流动资产越多,短期负债越少,则偿债能力越强。计算出来的流动比率需要和同行业平均流动比率、本公司历史的流动比率进行比较,进而判断流动比率是高还是低。流动比率过低,会影响公司日常经营活动中资金的周转;流动比率过高,表明公司资金利用率低下,未充分挖掘财务杠杆能带来的避税好处。

b. 速动比率。其计算公式为

$$速动比率 = (流动资产 - 存货) / 流动负债$$

由于存货在流动资产中的变现速度最慢,且存货估价还存在着成本与合理市价偏差较大的问题,所以把存货从流动资产总额中扣除而计算出的速动比率更能反映公司的短期偿债能力。通常认为公司正常的速动比率为1,低于1则被认为短期偿债能力偏低。但由于行业不同,速动比率会有很大的差异,速动比率并没有统一的标准。

在计算速动比率时,除扣除存货以外,还可以从流动资产中去掉其他一些可能与当期现金流量无关的项目(如待摊费用等),以计算更进一步的变现能力。如采用保守速动比率(或称超速动比率),其计算公式如下:

$$保守速动比率 = (现金 + 短期投资 + 应收账款净额)/流动负债$$

c. 资产负债率与产权比率。其计算公式为

$$资产负债率 = 负债总额/资产总额$$

$$产权比率 = 负债总额/股东权益$$

两个比率都反映了公司的资产结构,比率越高,说明公司负债率越高,债权人提供的资金占总资产的比重越大,公司的财务杠杆就越高。从债权人的角度看,他们最关心的是能否按期收回本金和利息,若股东提供的资本只占资本总额较小的比例,则债权人承担的风险就较高,因此债权人希望公司的负债率越低越好。从股东的角度看,由于通过举债筹资的资金与股东提供的资金在经营中发挥同样的作用,因此只要公司的资产收益率高于借款利率,股东就有动力举债加杠杆来获得超额收益。

流动比率、速动比率指标主要反映了公司的短期偿债能力,而资产负债率与产权比率则反映了公司的长期偿债能力。

② 经营管理能力比率。

a. 存货周转率。在流动资产中,存货所占的比重较大。存货的流动性直接影响公司的流动比率。一般用存货的周转速度指标来反映存货的流动性,即存货周转率或存货周转天数。其计算公式为

$$存货周转率 = 主营业务成本/平均存货$$

$$存货周转天数 = 365/存货周转率 = (平均存货 \times 365)/主营业务成本$$

式中,主营业务成本数据来自利润表;平均存货来自资产负债表中的"期初存货"与"期末存货"的平均数。

存货周转率是衡量和评价公司购入存货、投入生产、销售收回等各环节管理状况的综合性指标。用时间表示的存货周转率就是存货周转天数。一般而言,存货周转速度越快,存货的占用水平越低,流动性越强,存货转换为现金或应收账款的速度就越快。提高存货周转率可以提高公司的变现能力,而存货周转速度越慢则变现能力越差。

b. 应收账款周转率。应收账款和存货一样,在流动资产中具有举足轻重的地位。及时收回应收账款,不仅可以增强公司的短期偿债能力,还反映出公司管理应收账款方面的效率。测度应收账款周转速度的指标是应收账款周转率,即年度内应收账款转为现金的平均次数,它反映应收账款流动的速度。用时间表示的周转速度是应收账款周转天数,也称为平均应收账款回收期或平均收现期,它反映公司从取得应收账款的权利到收回款项、转换为现金所需要的时间。其计算公式为

$$应收账款周转率 = 主营业务收入/平均应收账款$$

$$应收账款周转天数 = 365/应收账款周转率 = (平均应收账款 \times 365)/主营业务收入$$

式中，主营业务收入来自利润表，是指扣除折扣和折让后的主营业务收入净额；平均应收账款是指未扣除坏账准备的应收账款金额，它是资产负债表中期初应收账款和期末应收账款的平均数。

一般而言，应收账款周转率越高，平均收账期越短，说明应收账款的收回越快。否则，公司的营运资金过多地以应收账款形式存在，将会影响公司正常的资金周转。

c. 营业周期。其计算公式为

$$营业周期 = 存货周转天数 + 应收账款周转天数$$

营业周期是指从取得存货开始到销售存货并收回现金为止的这段时间。营业周期的长短取决于存货周转天数和应收账款周转天数。一般而言，营业周期短，说明资金周转速度快；营业周期长，说明资金周转速度慢。

③ 盈利能力比率。

a. 主营业务净利率。其计算公式为

$$主营业务净利率 = 净利润 / 主营业务收入$$

该指标反映每单位主营业务收入带来的净利润，表示主营业务收入的收益水平。

b. 毛利率。其计算公式为

$$毛利率 = (主营业务收入 - 主营业务成本) / 主营业务收入$$

毛利率表示每单位主营业务收入扣除主营业务成本后，可用于各项期间费用和形成盈利的金额。毛利率也称为主营业务利润率，是公司净利率的基础，没有较高的毛利率很难实现盈利。

c. 净资产收益率。其计算公式为

$$净资产收益率 = 净利润 / 平均净资产$$

式中，平均净资产 = (期初净资产 + 期末净资产)/2。

上述公式中的"平均净资产"也可以使用"期末净资产"。根据中国证券监督管理委员会的规定：

$$净资产收益率 = 净利润 / 年度末股东权益$$

$$全面摊薄净资产收益率 = 报告期利润 / 期末净资产$$

作为公司所有者，股东更关心公司净资产的增值情况。净资产收益率反映股东的投资收益率，是综合性最强、最具有代表性的一个指标，也是投资者分析公司财务状况的首要指标。

④ 现金流量分析。

a. 现金偿债能力比率。真正能够用于偿还债务的是现金流量，现金流量和债务的比率可以较好地反映企业偿还债务的能力。现金偿债能力比率主要有三个：

$$现金到期债务比率 = 经营现金净流入 / 本期到期的债务$$

$$现金流动负债比率 = 经营现金净流入 / 流动负债$$

$$现金债务总额比率 = 经营现金净流入 / 债务总额$$

式中，本期到期的债务是指本期到期的长期债务和本期应付的票据，通常这两种债务不能展期，必须如数偿还。

现金偿债能力比率越高，说明公司承担债务的能力越强。

b. 收益质量分析。通常用营运指数评价收益质量，主要是分析会计收益和现金净流量的比例关系。其计算公式为

$$营运指数 = 经营现金净流量 / 经营所得现金$$

式中，经营所得现金 = 经营活动净收益 + 非付现费用 = 净收益 - 非经营收益 + 非付现费用。

⑤ 每股指标。

a. 每股收益。其计算公式为

$$每股收益 = (净利润 - 优先股股利) / 普通股股数$$

每股收益是指净利润与普通股总数的比值。如果公司发行了优先股,则计算时要扣除优先股的股利,以使每股收益反映普通股的收益状况。

b. 股利支付率、股利保障倍数和留存利润率。其计算公式为

$$股利支付率 = 每股股利 / 每股收益$$

$$股利保障倍数 = 每股收益 / 每股股利$$

$$留存利润率 = (净利润 - 全部现金股利) / 净利润$$

股利支付率是指净收益中股利所占的比重,股利保障倍数是股利支付率的倒数,留存利润率是净利润减去全部现金股利的余额占净利润的比率,三个指标反映了公司的股利分配政策和支付股利的能力。

c. 市净率。其计算公式为

$$市净率 = 每股市价 / 每股净资产$$

市净率是每股市价和每股净资产的比率,反映市场对公司资产质量的评价。

d. 每股营业现金净流量。其计算公式为

$$每股营业现金净流量 = 经营现金净流量 / 普通股股数$$

该指标反映了公司最大的分派现金红利能力,若超过此限度,就要借款分红。

4) 因素分析法。因素分析,是根据分析指标和影响因素的关系,从数量上确定各因素对指标的影响程度。只有将一个综合性的指标分解成各个构成因素,才能从数量上把握每一个因素的影响程度。因素分析最常用的方法是杜邦分析法。

杜邦分析法是由美国杜邦公司最先采用的,是一种以净资产收益率为核心,利用几种主要的财务比率之间的关系来综合分析公司盈利水平的方法。杜邦分析法采用杜邦图将有关分析指标按内在勾稽关系排列,它主要体现了以下一些关系:

① 净资产收益率,其计算公式为

$$净资产收益率 = \frac{净利润}{股东权益} = \frac{净利润}{资产总额} \times \frac{资产总额}{股东权益} = 总资产净利率 \times 权益乘数$$

式中,资产总额=(期初总资产+期末总资产)/2。

② 总资产净利率,其计算公式为

$$总资产净利率 = \frac{净利润}{营业总收入} \times \frac{营业总收入}{资产总额} = 营业净利润率 \times 总资产周转率$$

③ 营业净利润率与总资产周转率的进一步分解:

$$净利润 = 收入总额 - 成本总额$$

收入总额= 营业总收入 + (其他收益 + 投资收益 + 汇兑收益 + 净敞口套期收益 + 公允价值变动收益 + 资产处置收益) + 营业外收入

成本总额 = 营业成本 + 税金及附加 + (财务费用 + 销售费用 + 管理费用 + 研发费用) + 资产减值损失(损失为负数) + 信用减值损失(损失为负数) + 所得税费用 + 营业外支出

资产总额 = 流动资产 + 非流动资产

流动资产= 货币资金 + 交易性金融资产 + 应收票据 + 应收账款 +

应收款项融资 + 其他应收款 + 存货 + 其他流动资产

非流动资产 = 债券投资 + 其他债权投资 + 其他权益工具投资 + 长期应收款 + 长期股权投资 + 投资性房地产 + 固定资产 + 在建工程 + 使用权资产 + 无形资产 + 商誉 + 长期待摊费用 + 递延所得税资产

权益乘数 = 1/(1 - 资产负债率)

以上指标的分解，可用杜邦图来展示，如图 5-7 所示，从而可直观地看出公司财务状况和经营成果的总体面貌。

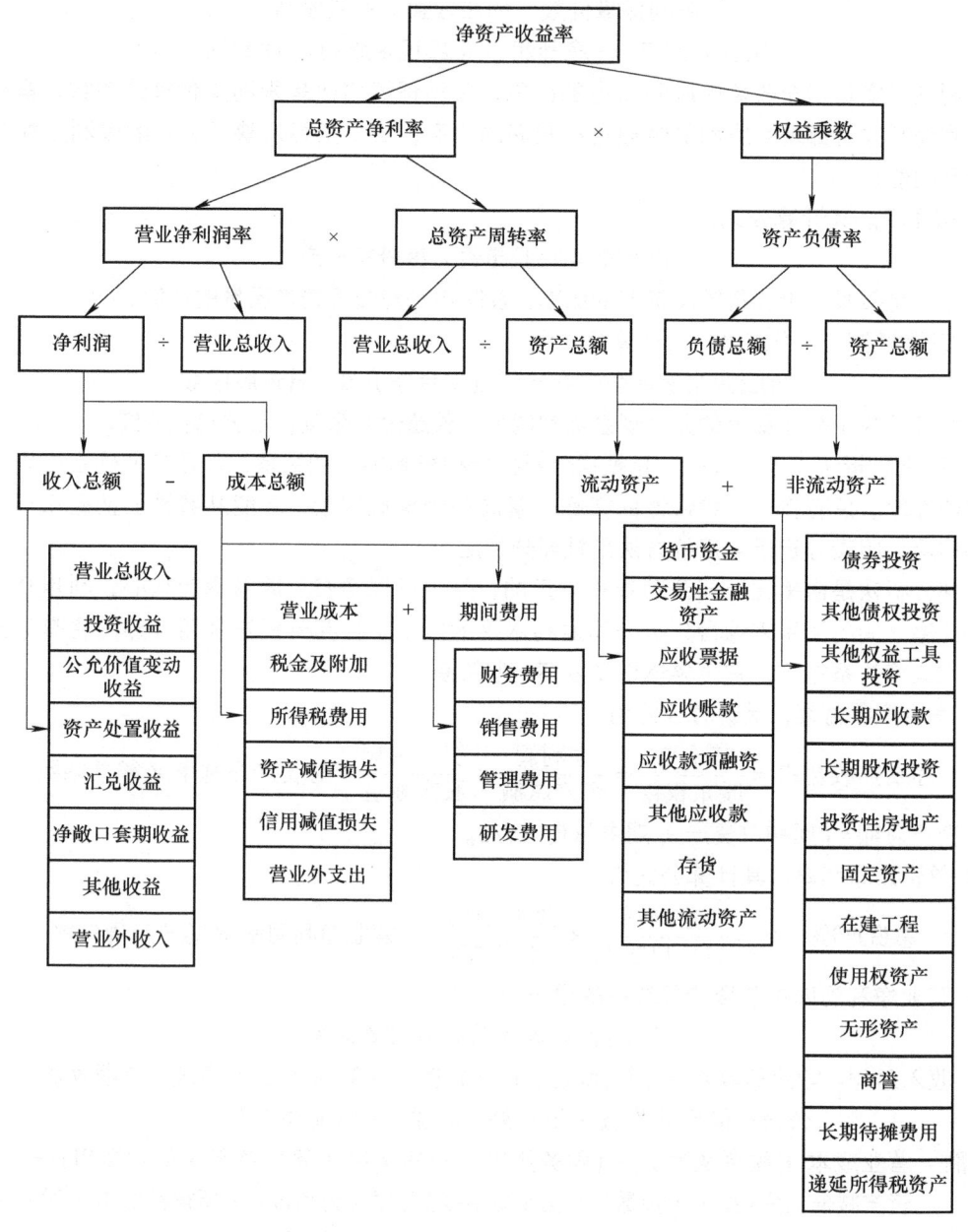

图 5-7　杜邦图

由杜邦图可获得如下的财务信息:

第一,净资产收益率是杜邦图中的核心内容,它代表了投资者净资产的获利能力。净资产的不断增值体现了公司经营活动的最终成果。从图 5-7 中可知,这一比率不仅取决于总资产净利率,还取决于股东权益的结构比重。因此,它是公司资产使用效率与公司融资状况的综合体现。

第二,总资产净利率是营业净利润率与总资产周转率的综合表现。营业净利润率反映了营业总收入与其利润的关系,要提高营业净利润率,不仅要增加营业总收入,还应努力降低各项成本。要提高总资产周转率,一方面要增加营业总收入,另一方面应降低资金的占用。由此可见,总资产净利率是营业收入与资产管理的综合体现。

第三,净利润的高低取决于收入总额与成本总额的差额大小。降低各项成本支出是公司财务管理的一项重要内容。通过各项成本开支的列示,有利于进行成本、费用的结构分析,加强成本控制。为了详细了解公司成本费用的发生情况,在具体列示成本总额时,还可根据重要性原则,将那些影响较大的费用单独列示(如财务费用等),以便为寻求降低成本的途径提供依据。

第四,影响总资产周转率的一个重要因素是资产总额。资产总额由流动资产与非流动资产组成,它们的结构是否合理直接影响到资金的周转速度。一般而言,流动资产直接体现公司的偿债能力和变现能力,非流动资产则体现了公司的经营规模、发展潜力,两者之间应该有一个合理的比率关系。若流动资产比重过大,则应分析一下存货是否有积压、货币资金是否有闲置、应收账款的坏账可能性;若非流动资产比重过大,则应重点分析固定资产、在建工程项目,特别是分析固定资产是否得到充分的利用。

综上所述,杜邦图以净资产收益率为主线,将公司在某一时期的主营业务成果以及资产营运状况全面联系在一起,逐步层层分解,构成了一个完整的分析体系。

(2)财务分析的局限性 财务报表在提供公司财务信息方面具有重要作用,但它们存在一些固有的局限性,投资者在使用时应谨慎:

1)局限性认知。财务报表基于会计准则编制,遵循特定的假设和规范。例如:资产通常以其历史成本计价,而非当前市场价值;报表不考虑通货膨胀对币值的影响;遵循稳健原则,可能导致损失被高估而收益被低估;报表按年度编制,可能无法全面反映公司的长期发展潜力。

2)比较分析的基础。在进行财务比较分析时,需要确立合适的比较基准,如公司自身历史数据、行业平均水平或预算计划等。这涉及几个要点:

一是横向比较时,使用行业平均数据作为参考。但行业平均数可能缺乏代表性,不等同于公司应达到的标准,选择一组具有代表性的公司作为比较基准可能更为合理。此外,对于业务多元化的公司,找到合适的行业对比可能更具挑战性。

二是趋势分析通常基于公司历史数据。然而,历史表现仅代表过去,不一定反映当前的合理性或未来的趋势。经营环境的变化意味着,即使年度利润有所增长,公司也不一定已经实现了其潜力。

因此,在分析和解释财务报表时,投资者需要对比较基准有准确的理解,并在限定的范围内解释分析结果,避免结论过于简化或绝对化。实地调研、深入了解公司的经营策略和市场环境,对于全面评估公司的财务状况和未来潜力至关重要。

5.4.2 内在价值评估

对公司证券的内在价值进行评估,通常有两种方法:绝对估值法和相对估值法。其中绝对估值法主要是贴现法,该方法认为一项资产的价值应该等于该资产预期在未来所产生的全部现金流的现值总和;而相对价值法通常依据某一变量,如收益、现金流、账面价值或销售收入等,考察同类可比资产的价值,借以对一项资产进行估值。

1. 基本原理

本方法的理论基础是现值理论,即任何资产的价值等于其预期未来全部现金流的现值总和。其计算公式为

$$V = \sum_{t=1}^{n} \frac{CF_t}{(1+r)^t}$$

式中,V 表示资产的内在价值(真实价值);n 为资产的寿命;CF_t 表示资产在 t 时刻产生的现金流;r 为预期现金流的贴现率。

不同类型资产现金流的界定略有差异。对于股票,现金流主要是红利;对于债券,现金流则主要是票面利息和面值。贴现率的高低取决于持有的风险资产的风险状况,资产风险越高,投资者要求的风险补偿越高,贴现率就越高。不同的现金流贴现所选取的贴现率也有一定的差异。如:在估计公司股权价值时,要使用股权资本成本对预期股权现金流进行贴现,股权资本成本是投资公司股票的投资者所要求的收益率,预期股权现金流是扣除公司各项费用、支付利息和本金以及所得税后的剩余现金流;而在估计整个公司的价值时,要用公司加权平均资本成本对预期的公司现金流进行贴现,公司加权平均资本成本是考虑公司不同融资渠道的成本并按其市场价值加权平均得到的,预期公司现金流是扣除公司各项费用和所得税后的剩余现金流,因此现金流中包括利息和本金。

2. 现金流

债券的现金流是按期支付的利息和到期的本金,比较容易估计,而股票的现金流估计相对比较复杂。股票的现金流估计主要有以下几种方法。一是利用红利进行估值。该方法认为公司发放的红利是股东所能获得的唯一现金流,股票的价值是预期红利的现值。二是将会计上的净收益作为股票的现金流进行估值。如公司自由现金流模型、股权自由现金流模型、经济增加值模型、调整现值模型、超额收益模型等。以股权自由现金流为例来说明自由现金流与净收益的区别:股权自由现金流量是公司支付所有营运费用、再投资支出、所得税和净债务支付(即利息、本金支付减去发行新债务的净额)后可分配给公司股东的剩余现金流量。其计算公式为

股权自由现金流量 = 公司实体现金流量 − 债权人现金流量
= 税后经营利润 + 折旧与摊销 − 营运资本追加 − 资本性支出 −
  税后利息费用 + 债务净增加
= (利润总额 + 利息费用) × (1 − 税率) − 净投资 − 税后利息费用 + 债务净增加
= (税后利润 + 税后利息费用) − 净投资 − 税后利息费用 + 债务净增加
= 税后利润 − (净投资 − 债务净增加)

股权自由现金流是公司能否发放红利的一个指标,它与会计上的净收益的主要区别在于:

(1)折旧与摊销 尽管在利润表中折旧与摊销是作为税前费用来处理的,但与其他费用不同,折旧与摊销是非现金费用,它们并不造成相关的现金流支出。它们给公司带来的好处是减少了公司的应税收入,从而减少了纳税额。特别对于那些折旧数额较大的资本密集型的公司,经营现金流将远大于净收益。

（2）资本性支出　股权资本投资者通常不能将来自公司经营活动的现金流全部提取，因为这些现金流的部分或全部将用于再投资，以维持公司现有资产的运行并创造新的资产来保证未来的增长。由于未来增长给公司带来的利益通常在预测现金流时已经加以考虑，所以在估计现金流时应考虑增长产生的成本。例如，对于制造业的公司，在现金流增长率很高的情况下，很少会出现没有或只有少量资本性支出的现象。

折旧和资本性支出之间的关系比较复杂，而且因公司所处行业和增长阶段的不同而各异。通常，处于高速增长阶段的公司的资本性支出要大于折旧；而处于稳定增长阶段的公司，资本性支出和折旧则比较接近。

（3）营运资本追加　公司的营运资本是流动资产与流动负债之间的差额。因为营运资本所占用的资金不能被公司用于其他用途，所以营运资本的变化会影响公司的现金流。营运资本增加意味着现金流出，营运资本减少则意味着现金流入。在估计股权自由现金流时，应该考虑公司营运资本追加因素，公司营运资本的需求量很大程度上与公司所属的行业类型、公司的增长率等相关。

3. 股息贴现模型

对股票运用贴现股息方法估值时，不可能对股息作出无限期的预测，根据对未来增长率的不同假设可以构造出不同形式的贴现模型。

（1）定常增长模型　定常增长模型也称作戈登模型，该模型假设公司未来的股息以不变的增长率增长。其计算公式为

$$V = \sum_{t=1}^{\infty} \frac{CF_t}{(1+r)^t} = \sum_{t=1}^{\infty} \frac{CF_0(1+g)^t}{(1+r)^t} = \frac{CF_0(1+g)}{r-g}$$

式中，V 为股票内在价值；CF_t 为 t 时点的每股股息；CF_0 为当前（0 时点）的每股股息；r 为折现率，即投资者要求的必要收益率；g 为股息增长率。

虽然定常增长模型是用来估计股票价值的一种简单、有效的方法，但是它的运用只限于以某一稳定增长率增长的公司。运用该模型需要选择一个合理的稳定增长率，从理论上讲，公司不可能长时间以一个比公司所处宏观经济环境总体增长率高得多的速度增长。因此，定常增长模型适用于一个现金流增长率与经济增长率相当或稍低的增速稳定的公司。

（2）两阶段增长模型　两阶段增长模型考虑了增长的两个阶段：增长率较高的初始阶段和随后的稳定阶段。该模型认为公司在前 n 年以较高的增长率（g_1）增长，之后公司以较低的稳定增长率（g_2）永续增长。则公司股票的内在价值公式为

$$V = \sum_{t=1}^{\infty} \frac{CF_t}{(1+r)^t} = \sum_{t=1}^{n} \frac{CF_t}{(1+r)^t} + \sum_{t=n+1}^{\infty} \frac{CF_t}{(1+r)^t} = \frac{CF_0(1+g_1)}{(r-g_1)}\left[1-\left(\frac{1+g_1}{1+r}\right)^n\right] + \frac{CF_0(1+g_1)^n(1+g_2)}{(r-g_2)(1+r)^n}$$

式中，V 为股票内在价值；CF_t 为 t 时点的每股股息；CF_0 为当前（0 时点）的每股股息；r 为折现率，即投资者要求的必要收益率；g_1 为第一阶段的股息增长率；g_2 为第二阶段的股息增长率；n 为第一阶段的年数。

两阶段增长模型适合具有下列特征的公司：公司目前处于高增长阶段，并预期在今后的一段时间内仍将保持较高的增长率，随后支持高增长率的因素消失，增长率突然下降至某一较低水平。虽然这种增长率的突变在实践中可能会发生，但通常认为增长率从超常增长阶段逐步下降到稳定增长阶段更加符合现实。

(3) 三阶段增长模型 三阶段增长模型将公司的增长阶段分为初始的超常增长阶段、增长率下降的过渡阶段及随后的稳定阶段。模型认为公司在前 n 年以较高的增长率（g_1）增长，随后 m 年以较高的增长率（g_2）增长，之后公司持续以较低的稳定增长率（g_3）永续增长。则公司股票的内在价值公式为：

$$V = \sum_{t=1}^{\infty} \frac{CF_t}{(1+r)^t} = \sum_{t=1}^{n} \frac{CF_t}{(1+r)^t} + \sum_{t=n+1}^{m+n} \frac{CF_t}{(1+r)^t} + \sum_{t=m+n+1}^{\infty} \frac{CF_t}{(1+r)^t} = \frac{CF_0(1+g_1)}{(r-g_1)} \left[1 - \left(\frac{1+g_1}{1+r}\right)^n \right] + \frac{CF_0(1+g_1)^n(1+g_2)}{(r-g_2)} \left[1 - \left(\frac{1+g_2}{1+r}\right)^m \right] + \frac{CF_0(1+g_1)^n(1+g_2)^m(1+g_3)}{(r-g_3)(1+r)^{m+n}}$$

式中，V 为股票内在价值；CF_t 为 t 时点的每股股息；CF_0 为当前（0 时点）的每股股息；r 为折现率，即投资者要求的必要收益率；g_1 为第一阶段的股息增长率；g_2 为第二阶段的股息增长率；g_3 为第三阶段的股息增长率；n 为第一阶段的年数；m 为第二阶段的年数。

这一模型适合具有下列特征的公司：公司当前收益以很高的速度增长，这一增长速度预期将保持一段时间，但当公司的规模越来越大并开始失去其竞争优势时，公司预期的增长率将会下降，最后逐渐达到稳定增长阶段的增长率。

5.4.3 相对价值法

1. 相对价值法的概念

相对价值法把对比作为确定价值的基础。这种方法是基于这样的思想：如果几个公司处于同一行业，经营业绩与资产负债表情况类似，这些公司间的比较符合相同的估价尺度。常见的相对估值比率有：股票价格与每股净收益的比率（市盈率）、股票价格与每股账面价值的比率（市净率）、股票价格与每股销售收入的比率（市销率）、股票价格与每股现金流的比率（市价现金流比）、股票价格与每股红利的比率（市价分红比）等。其中市盈率是最常用的相对估值指标。

2. 市盈率的决定因素

市盈率反映了投资者为每单位利润所必须付出的价格，可以看作股票的"相对价格"，即若盈利水平不变且不考虑货币的时间价值，收回投资需要花费的平均年限。不同股票市场的平均市盈率不同，即使同一市场在不同时点的市盈率也不相同，如何来理解市盈率呢？

假设公司处于稳定的增长状态，此时可以把股价看成由两部分组成：一部分为无增长状态下盈利资本化的价值（即股票的虚拟价格）；另一部分为"增长潜力的现值"，用 PVGO 表示。则股价可描述为

$$P_0 = E_1/r + \text{PVGO}$$

式中，E_1 为无增长状态下的每股收益；r 为贴现率；$0 \leq \text{PVGO} < P_0$（若 PVGO = P_0，则必有 E_1 = 0，显然矛盾）。进一步可得

$$\frac{P_0}{E_1} = \frac{1}{r} \left(\frac{P_0}{P_0 - \text{PVGO}} \right)$$

记 I_{t-1} 为 $t-1$ 年的留存收益，设 b 为留存收益占比。若假设 b 保持不变，可得 $b = 1 - D_1/E_1$（$0 \leq b \leq 1$），其中 D_1 为第 1 年的每股股利。

若已知 $t-1$ 的每股收益为 E_{t-1}，则第 t 年的每股收益可表示为

$$E_t = E_{t-1} + I_{t-1} \times \text{ROE}$$

又由于 $I_{t-1} = bE_{t-1}$，可得

$$E_t = E_{t-1}(1 + b \times \text{ROE})$$

即公司的盈利增长率 g 等于 $b \times \text{ROE}$。

下面讨论在稳定增长模式下，"增长潜力的现值" PVGO 值的计算。以第一年末为基期，公司可供再投资的金额为 $E_1 - D_1$，可得投资收益 $(E_1 - D_1) \times \text{ROE}$。若假设不存在再投资风险，则第一年末投资的现值为

$$\text{NPV}_1 = -(E_1 - D_1) + \sum_{t=1}^{\infty} \frac{(E_1 - D_1) \times \text{ROE}}{(1+r)^t} = D_1 - E_1 + \frac{(E_1 - D_1) \times \text{ROE}}{r}$$

同样，第二年末投资金额为 $(E_1 - D_1)(1 + g)$，投资收益为 $(E_1 - D_1)(1 + g) \times \text{ROE}$，则第二年末投资现值为

$$\text{NPV}_2 = -(E_1 - D_1)(1+g) + \frac{(E_1 - D_1)(1+g) \times \text{ROE}}{r} = \text{NPV}_1 \times (1+g)$$

依次类推到一般情况，即有 $\text{NPV}_t = \text{NPV}_1 \times (1+g)^{t-1}$，在增长率 g 小于贴现率 r 的条件下，有

$$\text{PVGO} = \sum_{t=1}^{\infty} \frac{\text{NPV}_t}{(1+r)^t} = \frac{\text{NPV}_1}{r} = \frac{1}{r-g}\left[D_1 - E_1 + \frac{(E_1 - D_1) \times \text{ROE}}{r}\right]$$

由于 $\text{ROE} = E_1 g/(E_1 - D_1)$，上式化简后可得

$$\text{PVGO} = \frac{rD_1 + gE_1 - rE_1}{r(r-g)}$$

可得股票的内在价值为

$$P_0 = \frac{E_1}{r} + \text{PVGO} = \frac{D_1}{r-g}$$

由此可见，公司盈利资本化价值和 PVGO 二者共同决定股价水平。

进一步地，考察相对股价 P/E 比率，由公式

$$\frac{P_0}{E_1} = \frac{1}{r}\left(\frac{P_0}{P_0 - \text{PVGO}}\right)$$

定义 $1/r$ 为"基础 P/E 比率"，记为 q；定义 $P_0/(P_0 - \text{PVGO})$ 为"P/E 比率增长乘数"，记为 m，则有

$$P_0/E_1 = mq$$

其中，q 仅由风险决定，而乘数 m 由 PVGO 决定。因此在市盈率的决定因素中，最关键的变量是公司盈利增长率，其次是投资风险因素。

3. 市盈率的估计

运用相对价值法首先要对相对价值指标作出准确的估计。以市盈率指标为例，目前主要有以下几种估计方法：

（1）根据基本因素估计　市盈率是股票价格与每股收益之比。如果利用贴现现金流模型估计的内在价值替代股票价格，即可得到影响市盈率的基本因素。以定常增长模型为例，股票的内在价值为 $P = D_1/(r-g)$，则市盈率为

$$P/E = \frac{D_1}{E(r-g)}$$

因此股票的市盈率是红利增长率和支付率的增函数,是贴现率的减函数。

(2) 依据可比公司的平均值估计　依据可比公司的平均值估计即选择一组可比公司,要求可比公司与待评估公司是同一行业中风险结构类似的公司,并计算这一组公司的平均市盈率,然后根据待评估公司与可比公司之间的差别对平均市盈率进行调整。该方法的关键在于可比公司的选择,但在实践中难度较大,因为不同公司在业务组合、风险程度和增长潜力等方面存在着较大的差异。目前比较适合可比公司估值的主要有银行业、证券业等具有一定特许经营权且经营的业务相对趋同的行业。

(3) 横截面回归分析　用公司横截面数据的回归分析也可以预测市盈率,其中市盈率为被解释变量,而风险、增长率和红利支付率等为解释变量。例如,Kisor 和 Whitbeck 根据 1962 年 6 月美国 135 只股票的数据,得到下面的回归方程:

市盈率 = 8.2 + 1.5 × 盈利增长率 + 6.7 × 股利支付率 - 0.2 × 每股收益的标准差

回归分析是通过统计的方法得到市盈率和公司基本财务指标之间的关系,该方法比较简单直观,但存在一定的缺陷。第一,该方法假设市盈率与公司基本财务指标之间存在线性关系;第二,解释变量之间存在着多重共线性的可能;第三,市盈率与公司基本财务指标的关系可能是不稳定的。

4. 其他相对价值指标

(1) 价格/账面价值(市净率)　账面价值在资产负债表上体现为所有者权益,是资产与负债的差额。资产账面价值的度量在很大程度上取决于会计制度,体现的只是它的初始成本。而资产的市场价值取决于公司资产未来的盈利能力和预期可得到的现金流,两者之间存在着内生的偏差。该方法比较直观,但同时也存在以下缺陷:第一,账面价值和盈利会受到折旧方法和其他会计政策的影响,若公司之间采用不同的会计制度,则不同公司的该指标就不具有可比性;第二,账面价值对于固定资产不多的行业意义不大。

(2) 价格/销售收入　价格/销售收入指标作为相对估值指标具有一定的优势。第一,该指标不会出现负值,相比而言,市盈率和价格/账面价值指标可能会因为负值而变得无意义;第二,与利润和账面价值不同,销售收入不受折旧、存贷和非经常性支出所采用的会计政策的影响,可操纵性较差;第三,价格/销售收入指标的波动相对较小,相对于周期性的公司而言,市盈率变化要比价格/销售收入变化频繁很多。

采用销售收入作为评估依据相较于利润或账面价值,其优势在于稳定性较高。然而,当公司面临成本激增等财务挑战时,即便利润和账面价值尚未显著恶化,销售收入也可能因市场策略调整、价格竞争等因素而保持相对稳定,不一定会立即大幅下降。但这种情况下,若仅依赖销售收入来评估那些已出现负利润或负账面价值的公司,可能会忽略了成本结构变化对公司实际经营状况的影响,从而导致估值结果产生较大的偏差。

(3) 行业特定比率　有时在估计某些经营困难公司的股票价值时,还可以根据该公司所处行业的特性,运用各种相对估值比率进行估计,一些行业的相对估值比率见表 5-4。这些行业特定的相对估值比率依赖于财务数据以外的变量,并结合与公司经营相关的资产或产值数据计算得到,是对基于会计数据计算得到的比率的补充,比较适合于那些经营不稳定、周期性强或者处于亏损的公司的估值。

表 5-4 一些行业的相对估值比率

行 业	特有的相对估值比率
餐饮业	公司价值/饮食店数目=每家营业中饮食店的价值
电话服务业	固定电话：公司价值/电话线数目=每条电话线的价值 移动电话：公司价值/覆盖区域的人口数目=每位潜在客户的价值
有线电视业	公司价值/用户数目=每位用户的价值
水泥、钢铁及石油化工业	公司价值/年生产能力（吨数）=每吨生产能力的价值
酒店业	公司价值/客房数=每间客房的价值 公司价值/（客房数×平均入住率）=每间入住客房的价值
航空业	公司价值/每年飞行的里程数=每飞行公里的价值 公司价值/每年乘坐率=每张售出座位的价值
影剧院业	公司价值/上映电影数量=每部上映电影的价值

5.4.4 公司研究的关注点

1. 公司基本要素的整体分析

通过提炼公司基本要素，有助于从整体上对公司的各个方面有一个大致的清晰认识，为展开深度分析提供基础，公司基本要素整体分析的框架体系见表5-5。

表 5-5 公司基本要素整体分析的框架体系

分析方面	分析的方法或分析的要点
行业研究	产业链/竞争/波特"五力"/SCP（市场结构-市场行为-市场绩效）理论/博弈论
公司层面	商业模式/非企业属性/人-文化-生态-战略
历史绩效	成长性/战略能力/核心优势/抗经营风险能力/管理
定位	竞争战略与核心竞争力（核心市场-资产-能力）
管理层与治理	进取心/诚信/动力/战略/历史绩效
公司价值链分析	关键驱动因素
产品与业务	客户需求/供需前景/定价能力/周期性/可扩展的新业务
财务表现与归因	盈利性-杜邦/经营效率/成长性/现金流/资本性支出
业绩预测	业务拆分/趋势/成长性/透明度/多情景分析
资本市场	增持或减持/诚信记录/融资/回购/股价波动/贝塔值
风险分析	关键驱动因子的变化/关键环境变量的恶化

资料来源：博实资本（BOUNSEA CAPITAL），作者整理。

2. 公司分析变量一：市场需求空间

对市场需求空间的分析，可以围绕以下问题来进行系统性的分析。①市场定位与趋势一致性。评估产品、技术或商业模式是否与社会发展趋势相一致，以及市场定位是否准确。②市场规模与潜力。分析市场规模、成熟度和细分程度，以及市场的增长潜力和启动阶段。③客户需求与购买行为。识别不同客户群体的需求点、购买意愿、支付能力以及购买行为背后的心理因素。

④需求动态与预测。探究需求的驱动力,预测未来3~5年的需求发展趋势,包括市场需求潜在的增长、减弱或消亡。⑤竞争环境与替代品。考察市场的竞争环境,包括潜在的替代品和新进入者的威胁,以及市场的进入退出壁垒。⑥商业模式与增长策略。评估价格管制、业务模式的复制性、增长潜力,以及新技术和商业模式对竞争格局的潜在影响。

3. 公司分析变量二:竞争优势

对于公司可能形成的竞争力来源,主要可以从九个方面展开,详见表5-6。

表5-6 公司竞争力来源

视角	分析的方法或分析的要点
无形资产	品牌-情感联系/专利/特许权/保密等级/稀缺性
转换成本	教育培训/转换风险/替代成本/情感联系-依赖
网络效应	交易平台/技术平台
成本优势	商业模式/流程/地理位置/资源/工艺/业务协同
规模优势	研发/原料/生产/分销/渠道/服务/定价能力/费用
技术壁垒	技术领先/垄断
资源优势	资源独占/资金壁垒
先发优势	区域性/市场小/产品同质
后发优势	退出壁垒高/重资产/要素低成本/学习成本低

资料来源:博实资本(BOUNSEA CAPITAL),作者整理。

上述的九个方面在实际中可能不完全准确,公司竞争实质上还是核心竞争力培育问题。因此需要对公司的核心竞争力展开较为系统的分析,可以从以下几个方面展开。①核心竞争力识别与保护。了解公司的核心竞争力,并评估其独特性和难以模仿性。②优势与劣势综合评估。分析公司的优势如何与业务紧密结合,同时识别并理解潜在的竞争劣势。③行业地位与市场影响力。考察公司在行业中的地位,能否形成或维持市场领导地位,以及是否具有"赢家通吃"的潜力。④盈利能力与可持续性。评估公司的盈利水平是否超越同行,并分析其盈利能力的可持续性。⑤关键环节与定价能力。分析公司在关键业务环节(如研发、制造、营销)的优势,以及其定价能力和市场影响力。⑥财务表现与风险因素。综合考虑公司的财务业绩,识别影响盈利能力和市场地位的风险因素,确保投资决策的稳健性。

4. 公司分析变量三:成长性

公司成长性的分析是多维度的,涉及市场需求、公司竞争力及战略实施,可以从以下几个方面进行把握。①市场定位与阶段。评估公司业务所处的市场发展阶段,识别成长潜力和市场规模。②成长动力与路径。分析公司的成长动力,包括市场需求、产品创新和市场扩张策略。③竞争优势。识别公司的核心竞争力,如品牌、技术、成本控制和市场地位。④战略与执行。判断公司的战略规划与管理层的执行能力是否相匹配,是否具有清晰的成长路径。⑤内部协调性。评估公司的资源配置、产能和管理能力是否协调一致,能否支持持续成长。⑥财务与市场表现。分析公司的财务健康度、盈利能力、市场份额和股价表现。⑦成长周期与天花板。判断公司所处的成长周期,探索市场潜力和行业发展的天花板。⑧国际视角与案例借鉴。考察国际市场同类公司的成长案例,提炼可行的成长逻辑和战略。

5. 公司分析变量四：管理层与治理

管理层的构成与公司治理的分析至关重要，优秀的管理团队应当具备较强的责任担当和出色的管理能力，主要可以从几个方面来展开分析。①股权结构与控制权。评估股权分布和实际控制人的控制力度，警惕股权过于分散或过于集中带来的风险。②管理团队信誉。考察管理团队的历史业绩、诚信记录和市场声誉，避免历史污点和不良行为。③决策流程与透明度。分析决策流程是否严谨和科学，同时判断信息披露是否客观、准确、及时、透明。④战略一致性。分析公司战略及行动与公司优势、市场定位和投资逻辑是否相符。⑤应对危机能力。评估管理团队在面对失误和挑战时的应对策略和恢复力。⑥领导风格与价值观。了解领导者的价值观、个性、领导风格及其对公司文化的影响。⑦团队能力与动力。分析团队的专业能力、学习能力、视野和市场敏感度。⑧激励与绩效。评估激励机制是否合理，能否有效激发团队的进取心和凝聚力。⑨创新与增长潜力。考察公司创新能力、业务模式的可持续性以及未来增长点。⑩风险管理与战略前瞻性。识别公司面临的最大风险，评估管理层的战略规划和风险应对能力。

6. 公司分析变量五：安全边际

安全边际分析是评估公司内在价值与市场价格之间差距的重要工具，在分析时可从以下几个方面展开。①不确定性分析。识别分析中的不确定因素，评估信息的完整性和可靠性，关注可观察的关键指标。②投资逻辑强度。反思投资逻辑的稳健性，比如存在小规模效应和规模不经济的可能性，中小市值公司可能受到投资者青睐，但中小市值公司的抗风险能力和面临外部信息冲击时的韧性也不确定。另外还要考虑公司经历负面冲击后再次恢复和成长的能力。③价格行为和价格趋势判断。股价大幅调整或波动后，价量的配合是否可信，除了关注技术指标，还要注重投资者风险偏好和市场环境的变化。④竞争优势与管理团队。要对公司的核心竞争优势展开全方位的分析，并对管理团队的稳定性和管理能力进行综合评估。

7. 公司选择的逆向思维一：警惕陷阱公司

查理·芒格提倡的逆向思维对投资至关重要。要实现投资成功，应能够识别并远离具有高潜在风险的公司，以避免投资失败。一些高风险的公司往往具有以下特征。①技术落后。避免选择那些技术较为落后且技术容易被新技术取代的公司。②公司规模较小。在"赢家通吃"的行业中，小公司很难生存。如果选择中小型公司，要选择那些具有真正竞争实力和发展潜力的"专精特新"公司。③处于产能过剩产业中的公司。特别是那些重资产且产能过剩的产业，竞争非常激烈，公司盈利空间有限，投资风险较大。即使是代表先进生产力的公司，若不能持续技术升级，也将被代表新质生产力的公司替代，如目前的光伏产业。④处于周期性高点行业的公司。周期性行业高峰之后整个行业将面临衰退的风险。在周期性高点，市场基本达到饱和，特别是那些细分市场小或产品单一的公司，经历行业高景气度高增长后可能遭遇市场空间的限制。⑤有会计造假嫌疑的公司。一些公司倾向于通过虚增收入、潜亏挂账、推迟费用确认、渠道压货等手段进行会计操纵，这样的公司面临着诚信经营的原则性问题。如果是成熟行业的公司出现异常高增长，需要深入分析高增长的根源及可持续性。⑥识别虚假"高成长"的可持续性。若公司的高成长是由于竞争对手退出而非自身竞争力的提升，或公司的收入或利润基数本身较低，或公司的高成长依赖于单一大客户或合作伙伴且自身独立性较差，这类公司都可能面临着可持续性不强的问题，比如过于依赖某地产商的装修公司。⑦经营出现问题的公司。经营出现问题往往表现在运营过程中现金流不足、公司盲目进行多元化扩张、缺乏持续研发和推出新产品能力及公司治理不健全、内部风险控制不规范等方面。

8. 公司选择的逆向思维二：防止欺诈和情绪化

看似正常的财务报表同样可能隐藏着风险，投资者在对财务报表进行分析时，要从以下几个方面重点关注。①核查主要客户。确认公司前五大客户的真实性及客户的背景资料，避免虚假交易。②审视大额订单。要重点提防与公司主营业务无关的大额订单或热门收购，确认其合理性和真实性。③开展实地调研。深入公司经营所在地调研，访问消费者和终端市场，从产业链上下游把握公司所提供信息的准确性。④警惕财务造假。密切关注公司的现金流和应收账款等关键指标，辨识潜在造假。⑤公司战略规划的逻辑与细节。识别公司的战略规划是否充分、可行、可靠，避免空中楼阁。⑥信息源审查。评估信息提供者的可信度，并综合考虑其潜在利益和偏见。⑦独立思考。不盲从他人意见，包括同行、权威或朋友，保持独立判断。⑧关注市场情绪。关注分析师推荐股票时的市场情绪，避免在情绪高涨时跟风。⑨区分事实与推测。明确和区分信息源中的客观事实、确定趋势、合理推测与个人主观想法。⑩避免心理锚定。不因市场概念、先入为主的结论或其他概念股表现而影响判断。⑪检视思维方式。避免逻辑陷阱和错误推理，保持思维清晰。对于现有的投资逻辑，思考如何反驳，并检验逻辑的有效期限。

本章小结

本章主要从宏观、行业和公司三个层面系统阐述了股票基本分析的思路体系。首先，将宏观因素划分为经济因素和非经济因素，前者主要包括GDP、利率、通货膨胀、净出口、汇率、固定资产投资额、克强指数等，后者则主要包括政治因素、市场自身因素、其他不确定性因素等，分析了不同宏观因素对公司经营业绩及股票价格波动的影响。其次，行业因素方面主要从行业分类、行业竞争力分析、影响行业的外部因素、行业的集中度等角度分析公司所处行业对公司股票估值的影响。在公司层面，则较为系统地介绍了竞争地位分析、业务分析、财务分析等方面对公司经营的影响；综合宏观–中观–微观因素对公司经营活动、现金流及经营业绩的影响，介绍了对公司内在价值评估的绝对估值模型；并结合市场价格与公司财务数据，介绍了相对估值模型。

思考练习

1. 请对过去几年我国的基本经济状况以及相应的货币政策和财政政策进行简单梳理，探讨这些政策对宏观经济的影响。

2. 若央行执行了一项未能预期到的扩张性货币政策，试讨论该政策对通货膨胀率、实际利率、名义利率、就业率和真实产量等经济变量的影响。

3. 在1997年东南亚金融危机中，我国政府坚决保持人民币不贬值，请简要分析对我国经济及证券市场基本面的影响。

4. 请分别分析一下光伏、超算、计算机硬件、计算机软件、生物工程、钢铁工业等行业目前处于生命周期的哪一个阶段。

5. 试分析娱乐业、制药业、航空业与食品制造业等对经济周期的敏感性，判断它们属于增长性、周期性和防御性等三种行业周期的哪一种。

6. 试分析影响产业潜在利润的五种竞争作用力是如何影响生物制药和中药行业的。

7. 请分析目前我国汽车工业的行业集中度，影响我国汽车行业演变的主要因素是什么？

8. 请选取你熟悉的一家上市公司，对该公司在行业中的竞争战略、竞争地位进行简要分析，并结合该公司特点对其业务能力进行分析。

9. 请以一家上市公司 2023 年的年报为基准，试着计算该公司的各项财务比率，并将其与公司所在行业的财务比率进行比较以说明公司财务状况。

10. 某公司的销售利润率低于行业平均水平，但是其资产收益率高于平均水平，这反映了公司资产周转率的什么信息？（提示：请用杜邦分析法解释）

11. 一个 5 年期的现金流详见表 5-7。

表 5-7 某 5 年期现金流

年 份	1	2	3	4	5
现金流（元）	3	4	7	9	11

问：若折现率为 10%，该现金流的现值为多少？

12. 如果某股票的股息为 5 元，其预期年增长率为 6%，而市场上同等风险水平股票的预期必要收益率为 14%，那么该股票的内在价值是多少？

13. 某公司是某特定商品的制造商，分析人员对公司收益和股利增长持有不同的看法。甲分析师预测股利按 5% 的比例无限增长，而乙分析师预测今后 3 年内股利的增长率为 20%，而此后增长率将降为 4% 且永远保持下去。该公司目前支付的股利为每股 3 元，市场上同等风险水平股票的预期必要收益率为 14%。问：根据甲、乙两名分析师的预测，计算出来的内在价值各是多少？

14. 请选择一家上市公司，计算该公司最近 3 年的市盈率，并与该公司所在行业的市盈率进行比较，试分析市盈率对评价公司股票投资价值的作用。

15. 假设某公司现在正处于高速成长阶段，其上一年支付的股利为每股 1 元，预计今后 3 年的股利年增长率为 10%，3 年后公司步入成熟期，从第 4 年开始股利的年增长率下降为 5%，并一直保持 5% 的增长速度。如果市场必要收益率为 8%，请计算该股票的内在价值。

16. 某公司预计从今年起连续 5 年每年发放固定股利 1 元，从第 6 年开始股利将按每年 6% 的速度增长。假定当前市场必要收益率为 8%，该公司股票价格为 50 元，请计算该公司股票的内在价值和净现值，并对当前股票价格的高低进行判断。

17. 某上市公司上一年每股股利为 0.3 元，预计以后股利每年以 3% 的速度递增。假设必要收益率（贴现率）是 8%，试用股利定价模型计算该股票的内在价值。若该股票当时股价为 5 元，请问该股票是被低估了还是被高估了？应如何操作该股票？

18. 某投资者打算购买一只普通股并持有一年，在年末投资者预期得到的每股现金红利为 1.5 元，预期股票一年后可以以 26 元的价格卖出。问：如果投资者要求的收益率为 15%，投资者购买该股票愿意支付的最高价格为多少？

案例讨论

康波周期

经济是按周期发展的，有高峰也有低谷，目前主要有四个较具代表性的经济周期理论，包括康德拉季耶夫周期、库兹涅茨周期、朱格拉周期、基钦周期，见表 5-8。所谓的周期，其实就是一种趋势，分析经济周期无非就是为了通过周期了解经济上升的趋势，从而在趋势中获取利润。这其中最有名的就是康波周期。

表 5-8 四种代表性的经济周期理论

经济周期理论	周期跨度	驱动因素
康德拉季耶夫周期	40~60年（长周期）	技术创新
库兹涅茨周期	15~25年（中长周期）	房地产和建筑业兴衰
朱格拉周期	8~10年（中周期）	设备更替、资本投资
基钦周期	2~4年（短周期）	库存投资变化

康波周期是1926年由苏联经济学家康德拉季耶夫提出的，他在分析了英、法、美、德以及世界经济的大量统计数据后，提出了以科学技术为驱动的40~60年的长经济周期。在周期中，前20年左右是繁荣期，在此期间新技术不断颠覆，经济快速发展；接着进入5~10年的衰退期，经济增速明显放缓；衰退期之后的10~15年是萧条期，经济缺乏增长动力；最后进入10~15年的复苏期，孕育下一次重大技术创新的出现。表5-9列示了世界经济经历的五轮康波周期。

表 5-9 世界经济经历的五轮康波周期

轮次	繁荣期	衰退期	萧条期	复苏期	标志性技术
第一波（63年）	1782—1802年（20年）	1815—1825年（10年）	1825—1836年（11年）	1836—1845年（9年）	纺织机、蒸汽机
第二波（47年）	1845—1866年（21年）	1866—1873年（7年）	1873—1883年（10年）	1883—1892年（9年）	钢铁、铁路
第三波（56年）	1892—1913年（21年）	1913—1929年（16年）	1929—1937年（8年）	1937—1948年（11年）	电气、化学、汽车
第四波（43年）	1948—1966年（18年）	1966—1973年（7年）	1973—1982年（9年）	1982—1991年（9年）	计算机
第五波	1991—2004年（13年）	2004—2015年（11年）	2015年至今		信息技术、生物

康波周期在现实中最突出的表现就是价格波段，每一个康波周期是指一个相当长时期的总的价格的上升或总的价格的下降。在研究了长期的价格波动规律之后，现阶段全球经济正处于第五轮康波周期（1991年至今）的萧条阶段，且萧条期预计会一直持续到2025年左右。而2018—2019年大概就是周期中的最低点，周期低点同时也意味着价格低点，即资产价格将在这一周期出现最低点。所谓把握康波周期的机会，本质就是在资产泡沫破灭的时候购买那些被低估的具有发展潜力的资产，资产价格越低，财富升值的机会则越大。通俗来讲，2019年可能是资产市场上"60年一遇"的介入时机。

假设康波周期理论有效，则2019年是绝好的投资时期，那么如何选择未来的投资标的呢？这可以从我国的宏观经济入手，重点分析我国的债务周期和转型经济。

1. 债务周期分析

在2008年全球金融危机之前，我国经济举债处于正常模式，当时虽然债务年均增速也较高，但并未超过GDP的名义增速。但从2009年开始，我国就逐步进入过度举债模式。我国GDP的平均增速降到个位数，但债务增速仍保持在两位数以上，导致了全社会债务率的持续上升。目前，我国债务率开始对经济产生影响，举债空间越来越有限，去杠杆、降低债务率成为重中之重。

2015年以来,中央加大供给侧改革,想方设法地降低债务率水平。随后在2015年通过降利率来推动降成本;2016年去产能但带来商品价格大幅上涨;2017年去库存但导致三线、四线城市房价大幅上涨。概括而言,主要通过降低利率和再通胀来解决债务问题。但实体经济中借款的冲动太多,单纯依靠降利率、再通胀已不能解决我国债务问题,最核心的是抑制不同主体对举债的冲动,即所谓的去杠杆收货币。因此未来需要通过提高经济增长潜力,把经济做实来提高收入,以降低债务率。

2. 转型经济分析

我国经济未来的增长潜力在哪里?过去依靠人口红利和举债的发展模式已不具有持续性,未来主要应该靠创新、改革和效率提升来驱动我国的经济。

随着居民消费升级,未来的消费将呈两个趋势分化:一是从数量需求转向品质需求;二是服务需求将会增加,即以教育、医疗等为核心的消费升级是未来的主旋律。但未来消费升级主要靠什么?医疗服务靠医生,各种传统行业产品提高技术要靠创新、人才,所有这些东西均是人力资本。人力资本是轻资产,没法给它贷款,只能靠资本市场去融资。尤其未来我国要转向靠人力资本、创新来驱动经济,核心是要从债务融资转向股权融资。

我国未来一定要靠新经济、创新发展,同时去激发人的活力,以满足市场的需要。因此,经济就需要一个风险共担机制,这个机制只有通过股权融资才能逐步实现。自1990年12月19日上海证券交易所开业后,目前我国已基本形成了多层次的资本市场体系。特别是2019年6月13日科创板的开板,为我国创新型企业提供了良好的融资渠道和融资平台。

总体而言,如果从宏观看我国经济,变化在于压缩债务融资,增加股权融资,新旧动能转化,用创新产业来弥补工业的下滑。也即对于普通的投资者而言,未来的投资机会就在于创新型企业。

资料来源:高升网.康波周期:2019年将是85后走上人生巅峰的机会?[EB/OL].(2019-04-17)[2024-08-10]. https://www.sohu.com/a/308469251-120112985.

案例思考:

你觉得康波周期的分析有道理吗?结合我国股票市场和康波周期理论,通过对历史数据的分析来对康波周期理论的有效性进行检验。

第 6 章
技术分析

> **本章提要**
> 本章首先介绍了技术分析的基本假设和技术分析的四个分析维度,综合四个维度的指标变化,对股票未来价格趋势进行预测判断;其次介绍了道氏理论、图形分析理论、移动平均线、技术指标等技术分析方法;最后对技术分析方法进行了综合评价。

重点难点

本章重点:技术分析的三大基本假设及其内涵;技术分析价、量、时、空四个维度的内涵;不同技术分析方法的判断依据及应用。

本章难点:技术分析有效性的判断。

强化对高频量化交易等的监测监管护航公平交易、提振市场信心

1. 证监会批准中证金融公司暂停转融券业务申请,并从 2024 年 7 月 11 日开始实施

转融券是一种证券市场的借贷业务,指的是中国证券金融公司将自有或依法筹集的证券出借给证券公司,再由证券公司将这些证券借给投资者,用于融券交易。证监会相关负责人表示,此次暂停转融券业务不是"一刀切",存量业务可以依法展期,但不得晚于 2024 年 9 月 30 日了结。与此同时,证监会还批准证券交易所将融券保证金比例由不得低于 80%上调至 100%,私募证券投资基金参与融券的保证金比例由不得低于 100%上调至 120%,2024 年自 7 月 22 日起实施。随后,沪深北(上海、深圳、北京)三家交易所相继发布了关于暂停转融券业务、调整融券交易保证金比例的相关通知。2023 年 8 月以来,证监会采取了一系列加强融券和转融券业务监管的举措,截至 2024 年 6 月底,融券、转融券规模累计下降 64%、75%。受转融券暂停影响,沪深两市 11 日成交额 7871 亿元,较上个交易日放量 1095 亿元,全市场近 5000 只个股上涨,逾百股涨超 9%。专家表示,当前转融券业务规模很小,相关政策出台更多是起到了提振市场信心的作用。

2. 证监会再定调高频量化监管,五大举措即将出台

2024 年 4 月,资本市场新"国九条"(《关于加强监管防范风险推动资本市场高质量发展的若干意见》)明确提出要出台程序化交易监管规定,加强对高频量化交易的监管。证监会相关部

门负责人表示，今年以来，证券市场程序化交易总体稳中有降。截至2024年6月末，全市场高频交易账户1600余个，年内下降超过20%，触及异常交易监控标准的行为在过去3个月下降近6成。

证监会表示，下一步将指导证券交易所尽快出台程序化交易管理实施细则；指导证券交易所尽快公布和实施程序化异常交易监控标准，划定程序化交易监控"红线"；加强与香港地区沟通协调，抓紧制定发布北向资金程序化交易报告指引；明确高频量化交易差异化收费安排；持续强化交易行为监测监管，对利用程序化交易，特别是高频量化交易从事违法违规行为坚决查处。

资料来源：央视网．强化对高频量化交易等监测监管 护航公平交易、提振市场信心［EB/OL］. (2024-07-12)[2024-08-10]. https://jingji.cctv.com/2024/07/12/ARTIOWwQDMEaaNCKc2QLeOLb240712.shtml.

案例讨论与思考：

查阅相关资料，理解转融券与转融通、融资融券的区别。你认为暂停转融券对市场可能带来何种影响？同时，融券交易有助于对冲股票下跌的风险，但从国内外经验看，有信用交易的市场上，融资规模都远高于融券规模，然而股票市场往往呈现"放量上涨、缩量下跌"的现象，是否意味着做空市场比做多市场更容易获利？谈谈你的想法。

6.1 技术分析概述

6.1.1 技术分析的概念

技术分析是根据证券市场的历史交易资料，运用统计技术和图形分析的技巧，对证券价格变动方向和变动程度进行判断的分析方法。技术分析常用于分析股票的价格趋势，以便选择最有利的买入或者卖出时机。技术分析认为，证券的价格不仅由基本经济因素理性地决定，还受到投资者情绪、偏好等因素的影响，通过对其他投资者的心理和投资行为进行分析来把握证券价格趋势更加有效，因此预测证券价格的未来走势进行择时分析比对证券进行估值更加重要。技术分析把证券投资当作投资者之间的博弈，倡导低买高卖、短线操作的理念。

技术分析利用图形、指标等直观化形式展示判断结果，不要求分析人员必须具备专门的经济或财务基础，也不必动态收集宏观、行业及公司经营等方面的数据变化，相对比较简单。与基本分析相比，两者的差别主要表现在以下几个方面：

1）技术分析是着眼于描述证券价格的运动模型，不深入研究推动价格变动的内因。基本分析注重证券价值的发现，通过对政治、经济、市场和企业的运行情况进行分析，确定证券本身的价值，把握价格变动的趋势。

2）技术分析认为未来的价格趋势是过去价格运动的延续，因此技术分析将证券交易的历史数据作为分析的依据；基本分析认为证券的价值取决于未来的投资收益，因此基本分析将基本经济因素的预测值作为分析的依据。

3）技术分析强调选择合适的投资时机，即何时买进证券，何时抛售证券；基本分析强调选择投资对象，即买进价值被低估的证券，抛出价值被高估的证券。

4）技术分析有通用性，即每一种技术分析方法适用于任何一种证券或者任何一个证券市场；而基本分析以针对性和特异性为特征，对不同的证券进行基本分析，不仅内容不同，方法也不一致。

5）技术分析关注证券价格的短期变化，而基本分析偏重于分析中期、长期的投资价值。

6.1.2 技术分析的基本假设

技术分析建立在三大基本假设条件的基础上：市场行为包含一切信息；价格沿趋势运动并保持趋势；历史会重演。

（1）市场行为包含一切信息　该假设认为影响股票价格的任何一个因素，不管是内在的还是外在的，都会通过投资者的交易行为，并最终以股票价格的变动反映出来，即证券价格由证券的供求关系唯一决定。若某个消息公布后，股票价格并未发生较大变动，则说明该消息不是影响股票价格的因素。技术分析认为，由于影响股票价格的所有因素都已经在市场的行为中得到了反映，投资者只需要关心这些因素对市场行为的影响效果，而不用关心这些变化产生的具体原因。

（2）价格沿趋势运动并保持趋势　该假设认为股票价格的变动是按一定规律进行的，股票价格有保持原来方向的惯性。如果忽略价格的细微波动，则股票价格在相当长的一段时间内都保持相对稳定的变动趋势。技术分析的目标就试图找出股票价格变动的规律。

（3）历史会重演　历史会重演即假设过去决定事物发展的因素也决定着事物未来的发展，该假设是从人的心理因素方面考虑的。在证券市场上，若现阶段的股票价格走势跟过去的某一时间段的股票价格走势非常接近，那么就可以根据过去出现该情景后的价格变化趋势来作出未来股票价格趋势的预测。

技术分析的上述三大理论假设有其合理的一面，但并不是完全正确的。对于假设（1），市场行为反映的信息通过价格的变动体现，但信息在传播过程中遭受损失是正常的，价格反映的信息与原信息有一定差异。对于假设（2），证券市场上的价格波动被认为是最无规律可循的，但如果价格沿某个方向波动的时间过长，未来反转的可能性就越大，即生活中常讲的"没有只跌不涨的股票，也没有只涨不跌的股票"。对于假设（3），股票市场是时刻变化的，不可能有完全相同的情况重复。例如，有人曾做了2006年和2015年的上证A股的走势预测，惊奇地发现两个时期在上涨阶段股票指数的相关性高达0.98，但随后的走势并未重演。

6.1.3 技术分析的要素——价、量、时、空

价格、成交量、时间和空间是进行技术分析的四个维度，四个维度之间相互关联，也是进行技术分析的基础。

1. 价格和成交量

成交价格和成交量是市场行为最基本的表现。过去和现在的成交价格和成交量反映了大部分的市场行为，在任一时点的价格和成交量反映的都是买卖双方在该时点的共同市场行为，是双方暂时的均衡点。但随着时间的变化，均衡也会不断地发生变化。两者的关系主要表现在以下几个方面：

第一，成交量是推动股价涨跌的动力。在牛市中，股价的上升常常伴随成交量的放大；股价回调时，成交量随即减小。在熊市中，股价下跌时，会出现恐慌性抛售，成交量显著放大；股价反弹时，投资者对后市仍有疑虑，成交量并不增加。虽然人们对成交量与股价涨跌的因果关系还有不同的看法，但股价大幅调整往往伴随着成交量的增加，这种量价配合的现象却是客观存在

的事实。

第二，量价背离是市场逆转的信号。例如：在牛市中，股价连创新高，成交量却并未放大；在熊市中，股价连创新低，成交量却极度萎缩。这种量价背离的现象表明价格的变动得不到成交量的配合，价格的变动趋势将很难持续，往往是市场趋势反转的信号。

第三，成交密集区对股价运动有阻力作用。当股票在一个价格区间内沉积了数量巨大的成交量，股价突破价格区间向上运动时，将会有很多投资者因获利而抛售，增加了上升的阻力；相反，当股价突破该区间向下运动时，很多投资者不愿意亏损抛售股票，增加了下行的阻力，也即实践中经常提及的"放量上涨，缩量下跌"的现象。因此，成交越密集，阻力作用越大，在一定程度上成交密集区成为股价相对稳定的均衡区域；但投资者也要预防"盘久必跌"，也即若股票价格盘整了较长时间而未有向上突破，则股价破位下跌的可能性将大大增加。

第四，成交量放大是判断突破有效性的重要依据。除非买卖双方力量发生明显倾斜，否则很难突破成交密集区的阻力，有效的突破必然伴随成交量的放大。

2. 时间和空间

在技术分析中，"时间"是指完成某个过程所经过的时间长短，通常是指一个波段或一个升降周期所经过的时间；"空间"是指价格的上涨或下跌所能够达到的程度。换言之，时间主要是指"价格有可能在何时出现上涨或下跌"，空间则主要是指"价格有可能上涨或下跌到什么位置"。时间体现了市场潜在能量由小变大再变小的过程；而空间反映的是每次市场发生变动程度的大小，体现市场潜在能量上涨或下跌的大小。上涨或下跌的幅度越大，潜在能量就越大；相反，上涨或下跌的幅度越小，潜在能量就越小。

一般而言，对于时间长的周期，未来价格变动的空间也应该大；对于时间短的周期，未来价格变动的空间也应该小。时间长、波动空间大的过程，对未来价格趋势的影响和预测作用也大；时间短、波动空间小的过程，对未来价格趋势的影响和预测作用也小。

6.2 道氏理论

6.2.1 道氏理论的发展

道氏理论是以美国著名的证券分析师查尔斯·道的姓命名、使用最早、影响最大的技术分析方法。查尔斯·道与爱德华·琼斯在1880年共同创建了从事证券投资咨询的道·琼斯公司，并于1889年出版了《华尔街日报》。查尔斯·道潜心研究股票市场价格变动的规律，在报刊上发表了一系列分析股票价格走势的评论文章。1902年，查尔斯·道去世，其追随者萨谬尔·尼尔森将这些文章中的一部分整理出版，第一次采用了"道氏理论"的提法。1908年起接任《华尔街日报》编辑的威廉·汉密尔顿撰写了很多应用道氏理论分析市场趋势的文章，为推广、完善发展道氏理论做了大量工作；其随后在1922年出版的《股票市场的晴雨表》一书，奠定了道氏理论在技术分析法中的地位。

6.2.2 道氏理论的内容

道氏理论的主要内容包含六个方面：

1) 可以用股票价格平均数的波动来研究整个股票市场的变动趋势，因为平均价格指数的波动已经包含了一切的信息，其升跌变化都反映了公众的心态。

2）股票价格的周期性变动可以分解成三种运动：主要趋势（Tide）、次要趋势（Wave）和短期波动（Ripple）。主要趋势如潮起潮落，持续时间长，波动幅度大；次要趋势如海浪翻腾，持续时间不长，峰谷落差较小；短期波动如浪花滚动，转瞬即逝，变动范围最小。三种运动合成了复杂的股价运动，对三种运动的解释如下：

主要趋势，又称为基本趋势、长期趋势，是大规模的、总体上的上下运动，通常持续一年或数年之久。如果每一个后续价位上升到比前一个更高的水平，而每一次回调的低点都比前一次高，那么这一主要趋势就是上升趋势，称为牛市；如果每一个后续价位下跌到比前一个更低的水平，而每一次反弹的高点都比前一次低，那么这一主要趋势就是下降趋势，称为熊市。

次要趋势，又称为中期趋势，是价格在沿主要趋势演进过程中产生的重要反复，表现为在一个牛市中发生的中等规模的下跌（回调），或在一个熊市中发生的中等规模的上涨（反弹）。正常情况下，次要趋势将持续三周到数月的时间，在牛市中价格可能会回撤到沿基本趋势方向推进幅度的 $1/3 \sim 2/3$。

短期波动，又称为日常波动，持续时间很短，一般小于6个交易日。道氏理论认为，短期波动本身意义不大，可利用的价值较小，在分析时可以忽略不计。

3）主要趋势可以划分为三个阶段。

牛市可以划分为三个阶段。第一阶段是建仓。在该阶段，市场虽然还处于相对萧条阶段，但有远见的投资者已开始买入股票，并逐渐抬高其出价以刺激抛售，而一般公众则远离股市，市场活动基本停滞，但也开始有少许反弹。第二阶段是一轮十分稳定的上涨。在该阶段，交易量随着公司业务的好转不断增加，同时公司的盈利开始受到关注，早期潜伏的投资者获利丰厚。第三阶段是市场上演疯狂。在该阶段，公众投资者信心十足，利好消息不断，价格快速上涨，新股不断大量上市。伴随着市场交易量暴增，卖空也频繁出现。

熊市也可以划分为三个阶段。第一阶段是出货。在该阶段，上涨趋势逐渐减弱，但交易量仍居高不下，公众仍很活跃，由于预期利润的逐渐消失，行情开始显弱。有远见的投资者感到交易的利润已达至一个反常的高度，因而在涨势中抛出所持股票。第二阶段是恐慌阶段。伴随着价格跌势突然加速，成交量也不断放大，价格几乎直线落至最低点，随后市场可能存在一个中短期的反弹或盘整。第三阶段是持续的阴跌。在该阶段随着利空消息的不断释放和股价的持续小幅下跌，投资者信心不足或者因其他资金需要而将股票抛出；但当坏消息被证实，且预计行情还会继续看跌时，这一轮熊市就结束了。

没有任何两个牛市或熊市是完全相同的，也不一定会出现典型的三个阶段。如，一些牛市由始至终都是极快地价格上涨，一些短期熊市形成没有明显的恐慌阶段，而另一些则以恐慌阶段结束。且任何一个阶段都没有一定的时间限制。

4）成交量在确定趋势中起很重要的作用。趋势的转折点是进行投资的关键，成交量所提供的信息有助于作出正确的判断。通常，在多头市场，价位上升，成交量增加；价位下跌，成交量减少。在空头市场，当价格滑落时，成交量增加；当价格反弹时，成交量减少。当然，这条规则有时也有例外，因此只根据几天的成交量是很难得出正确的结论的。

5）收盘价是最重要的价格，道氏理论并不注重一个交易日内的最高价和最低价，而只考虑收盘价。

6) 只有当出现了明确的反转信号时，才意味着一轮趋势的结束。当一个新的主要趋势第一次确定后，如果不考虑短期的波动，趋势会持续下去，直到出现了明确的反转信号。

6.2.3 道氏理论的不足

尽管道氏理论在实践中对牛市、熊市的转换有较为准确的判断，奠定了其作为技术分析理论基础的地位，但道氏理论也存在以下几个方面的不足：

1) 道氏理论只能推断出股市的基本趋势，却不能判断趋势的升幅或跌幅。
2) 道氏理论侧重于对市场总体基本趋势转折进行判断，未对市场的中期波动进行深入分析。
3) 道氏理论对市场逆转的确认往往具有滞后性。
4) 道氏理论不适用于个别股票趋势的分析。

6.3 图形分析理论

6.3.1 K线图分析

1. K线图的含义

K线图起源于日本江户时代，最早被用来分析米市的行情，由于其形状像蜡烛，又称作蜡烛线。K线由上影线、下影线和实体线构成，是反映股票价格在一定时间内运动特征的图形，这些信息包括开盘价、收盘价、最高价和最低价。

根据价格变动的表现，K线可分为阳线和阴线，如图6-1所示。判断阳线和阴线的主要依据是开盘价和收盘价之间的比较：若开盘价高于收盘价为阴线，若开盘价低于收盘价为阳线。

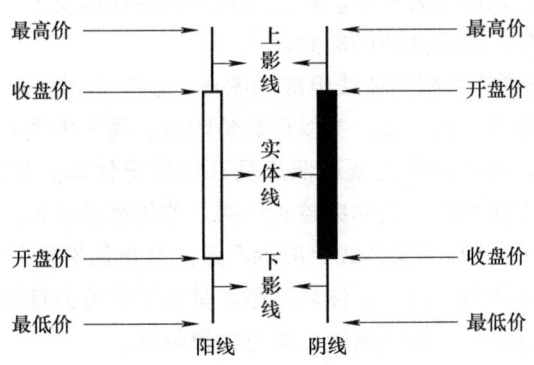

图6-1 阳线和阴线的图示

根据时间周期的长短，K线有日K线、周K线和月K线之分。由于K线图包含了较多的信息，它可以反映在一段时间内股票供求力量的对比，并据此预测股价未来的走势。

2. K线的种类及其应用

以单根K线为例，根据开盘价、收盘价、最高价和最低价的不同表现特征，K线会产生不同的形状，如图6-2所示。

下面分别对不同特征的K线所代表的含义进行简单解释。

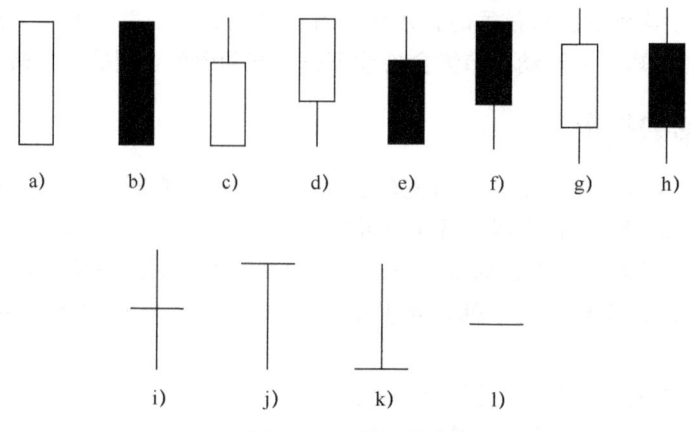

图 6-2 K 线的种类

a）光头光脚阳线　b）光头光脚阴线　c）光脚阳线　d）光头阳线　e）光脚阴线　f）光头阴线　g）有上下影线的阳线　h）有上下影线的阴线　i）"十"字形　j）"T"字形　k）倒"T"字线　l）"一"字形

1）光头光脚阳线，即没有上影线和下影线，只有阳实体线的图形。开盘价即为最低价，股价呈上升趋势且以最高价收盘。阳线越长，表明买方的力量越强，上涨的动能越充分。

2）光头光脚阴线，即没有上影线和下影线，只有阴实体线的图形。开盘价即为最高价，股价一路下跌且以最低价收盘。阴线越长，表明卖方的力量越强，下跌的动能越充分。

3）光脚阳线，即由上影线和阳实体线组成的图形，没有下影线。开盘价为最低价，开盘后股价上涨，但伴随着股价上涨卖方抛压增加，到最高价后上涨势头受阻价格回落，但收盘价仍比开盘价高。其表明总体上买方的力量比卖方强，但股价上涨至某一高点后卖方开始占优，属于上升抵抗型。买卖双方力量对比可以通过上影线与实体线的长度来判断：实体线越长，上影线越短，说明买方占优；反之，说明卖方占优。若上升趋势的后期出现了上影线很长，实体线很短的形态，往往是上升趋势疲软、市场逆转的前兆。

4）光头阳线，即由下影线和阳实体线组成的图形，没有上影线。开盘后价格一度下探，在最低价位得到支撑后股价开始一路上涨，并以最高价收盘，属于先跌后升型。其表明开盘后买方承受住了卖方的抛盘压力，并在股价达到最低点后开始显出优势。买卖双方的力量可以根据实体线与下影线的长度进行对比判断：实体线越长，买方的优势越明显。

5）光脚阴线，即由上影线与阴实体线组成的图形。开盘后价格曾一度上升，但在最高价位处受阻开始回落并以最低价收盘，属于先涨后跌型。其表明卖方力量整体占优，买方虽然试图拉高股价但并未成功。实体线越长，影线越短，卖方力量越强。

6）光头阴线，即由下影线与阴实体线组成的图形。开盘后价格顺势下滑，在最低价位处受阻后反弹上升，但收盘价仍低于开盘价，属于下跌抵抗型。其表明开始阶段卖方占优，但伴随着价格下跌，卖方力量逐渐削弱。在收盘前，买方力量稍稍占优，将股价向上推动。但从整个周期看，收盘价没有超过开盘价，买方的力量仍占下风。实体线越长，表示买方力量越弱。

7）有上下影线的阳线，即带有上下影线，实体线为阳线的图形，属于价格震荡上升型。整体上，买方力量占优，价格有所上升，但在高价位处买方受到卖方的抛压形成上影线，而在低价位区卖方的力量并不占优，因而形成了下影线。可通过上下影线和实体线的长度来对买卖双方的优势进行对比：一般而言，上影线越长，下影线越短，实体线越短，越有利于卖方；上影线越短，下影线越长，实体线越长，越有利于买方。

8）有上下影线的阴线，即带有上下影线，实体线为阴线的图形，属于价格震荡型。尽管总体上卖方占优，但在低价位区买方略占优势，遏制了价格的跌势，形成了下影线。上下影线越长，表明买卖双方的较量越激烈，股价上下震荡越大；若实体线部分的比例越大，则说明卖方的优势越大。

9）"十"字形，即只有上下影线，实体线长度为零的图形，表示开盘价等于收盘价，买卖双方的力量呈胶着状态。当上下影线较长时，表明双方对当前股价的分歧较大。因此，十字形往往是股价变盘的预兆。

10）"T"字形，即由下影线和长度为零的实体线组成的形态，表示交易都在开盘价以下的价位成交，并以最高价收盘，属于下跌抵抗型。其表明卖方力量有限，买方力量占优。下影线越长，买方优势越大。

11）倒"T"字形，即由上影线和长度为零的实体线组成的形态，表示交易都在开盘价以上的价位成交，并以最低价收盘，属于上升抵抗型。其表明买方力量有限，卖方力量占优。上影线越长，卖方优势越明显。

12）"一"字形，这是一种非常特殊的形状，表示全部的交易只在一个价位上成交。交易不活跃的股票或流动性很差的股票往往会出现这种情形。如，在我国目前实施涨跌停板制度的背景下，股票开盘后直接封涨跌停板并维持到收盘时，就会出现这种情况。

就单根K线而言，一般上影线和阴线的实体表示股价的下压力量，下影线和阳线的实体则表示股价的上升力量。上影线和阴线实体较长说明股价的下跌动量较强，下影线和阳线实体较长则说明股价的上升动量较强。

多空双方力量的对比，不仅表现在是否收阳收阴，也表现在上下影线的长短上。当K线实体线一样时，下影线越长，下跌支撑力度越强；上影线越短，上升阻力越小。当K线实体线一样时，上影线越长，上升阻力越强；下影线越短，下跌支撑力度越弱。总之，上影线长抛压重，下影线长支撑强。值得注意的是，K线反映的是某一时段区间的最高价格、最低价格、开盘价和收盘价的区间范围，并不能完全准确地刻画出价格变化的过程。

单根K线只能反映一日、一周或一个月内供求力量的对比；多根相邻K线的组合，往往能从价格的连续变化中，动态地反映供求力量的此消彼长。分析人员经常用几个月甚至数年的日K线的变化来分析股价中长期的趋势。

6.3.2 形态分析

在实践中，技术分析人员不仅用图形客观地描述股价的运动，还对各种图形形态进行整理、归纳，从中寻找并挖掘出对预测股价未来走势有特殊意义的图形变化规律。下面介绍几种主要的形态分析：

1. 头肩顶和头肩底形态

头肩顶和头肩底形态是实际股价形态中出现较多的形态，表征"反转突破"形态，侧重于对趋势逆转的判断。头肩顶形态如图6-3所示，其中 ABC 为左肩，CDE 为头部，EFG 为右肩，连接 CE 的直线称为颈线。在左肩 AB 段，通常有大量的买盘推动股价上升，到达 B 点后逐渐回落，但交易量不大。股价在 C 点处再度上升，到达新高点 D，然后下跌至 E 点，到达 E 点后虽然有买盘介入但力量不大，股价只升到 F 点就开始回落，未能超过前期高点。当股价跌至 G 点时表明头肩顶图形已形成，股价将进入下降趋势。但由于投资者的持仓成本主要集中在头部和左肩部区域，当股价向下突破 G 点后投资者不会立马抛售，所以股价开始下降的速度不太快，但随后会逐渐加速。因此，技术分析人员常将 G 点作为卖出信号。

头肩底形态就是一个倒置的头肩顶图形，如图 6-4 所示。B、F 分别为两个肩，D 为头顶，CE 为颈线。同样，当股价曲线在 G 点向上突破颈线后形成头肩底形态，表示新一轮的上升趋势已经开始。因此，G 点被视为买入信号。

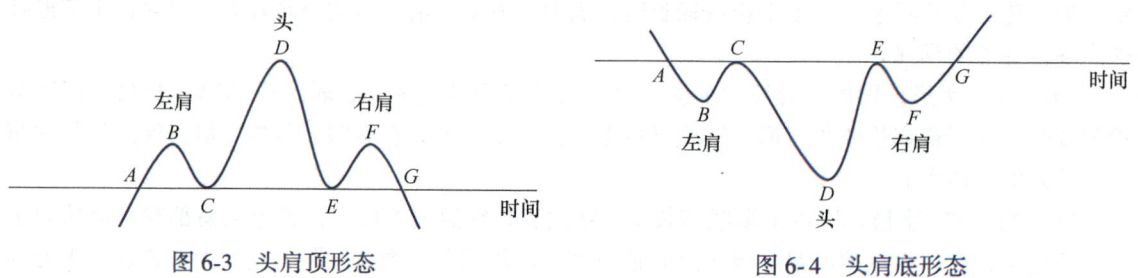

图 6-3　头肩顶形态　　　　　　　　　　　图 6-4　头肩底形态

头肩顶和头肩底形态一经确认，其下跌或上涨幅度一般不会小于头部到颈线的垂直距离。

2. 双重顶和双重底形态

双重顶形态又称为"M"形，有两个高点，如图 6-5 所示。当价格从 A 点上升到 B 点后，在 A 点之前购买的投资者已有较高的获利并开始抛售，使得股价回落至 C 点，随后又有买盘介入，但上升动能不如 AB 段，成交量也没有相应放大，股价冲高至 D 点后又开始下跌，形成"M"形，这也是上升趋势逆转时常见的形态。过 C 点的直线为颈线，股价向下穿过颈线的交点 E 为卖出信号。

双重底形态又称为"W"形，是倒置的双重顶图形，有两个底部，如图 6-6 所示。当股价到达 E 点向上突破颈线后，双重底形成，预示股价开始步入上升通道。

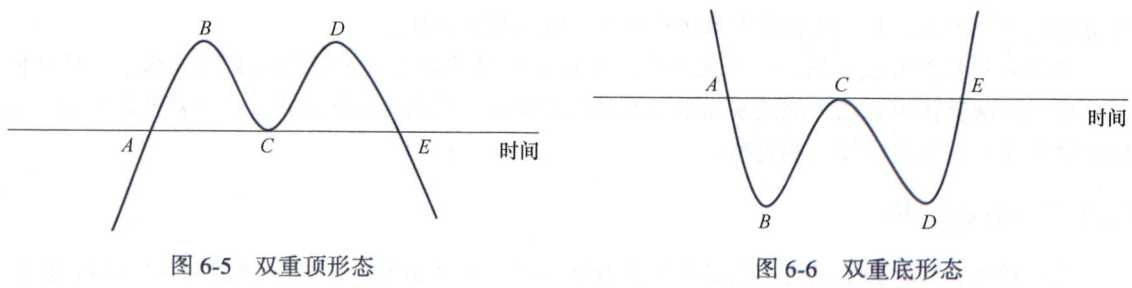

图 6-5　双重顶形态　　　　　　　　　　　图 6-6　双重底形态

双重顶和双重底形态不一定都是反转信号，有时也会是整理形态。这需要视两个波峰或波谷之间的时差而定，通常间隔时间越长，反转的可能性越大。双重顶（底）形态一经确认，其下跌（上涨）幅度一般不会少于顶部（底部）到颈线的垂直距离。

3. 三角形形态

三角形形态是一种持续整理的形态，可以分为对称三角形、发散三角形、上升三角形和下降三角形，后两种又统称为直角三角形，如图 6-7 所示。三角形形态开始时，价格未来的变动方向尚不确定，当股价到达三角形形态的顶端时，股价将面临突破。对称三角形大多发生在一个大趋势进行过程中，表示原有的趋势暂时处于休整阶段，股价的波动幅度逐渐减小，如图 6-7a 所示。直角三角形是一条水平线和另一条斜线相交所形成的三角形：上面的直线水平、下面的直线向上倾斜的为上升三角形，上升三角形每一波的峰值相近，底部逐渐抬高常预示价格将会向上突破，如图 6-7b 所示；下面的直线水平、上面的直线向下倾斜的为下降三角形，下降三角形峰值逐波下降，谷底值保持不变，常预示价格将向下突破，如图 6-7c 所示。还有一类发散三角形，伴随着价格的宽幅震荡，成交量也不断放大，反映买卖双方的分歧不断增加，未来大概率出现逆转下跌，如图 6-7d 所示。

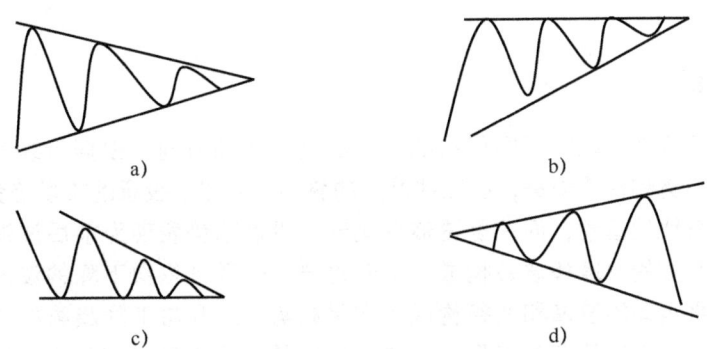

图 6-7　三角形形态
a）对称三角形　b）上升三角形　c）下降三角形　d）发散三角形

4. 旗形

旗形形态是股价在两根近似平行的直线之间摆动的图形，如图 6-8 所示，是股价长期趋势过程中出现的一种调整状态。旗形形态在市场极度活跃、股价被直线拉升或下跌的波动环境下较为常见，是市场对股价短期大幅上涨和下跌后的修复调整，在调整结束后还将突破旗形而维持原先的运动趋势。

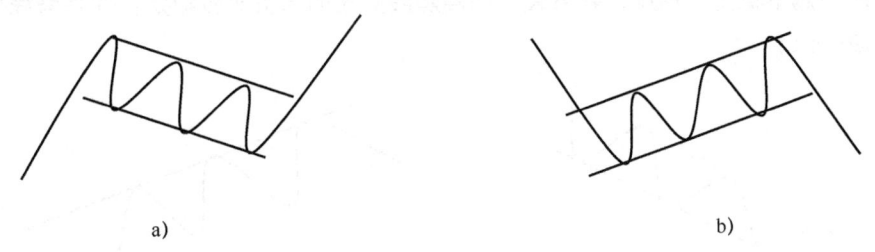

图 6-8　旗形形态

5. 矩形形态

矩形形态又称为箱形形态，也是一种典型的整理形态，如图 6-9 所示。股票价格在两根水平线之间上下波动，进入"盘整"阶段，并在该价格区间形成成交的密切区。通过矩形整理后，股价一般会继续原先的趋势。

除了上述的基本形态以外，还有圆弧形、三重顶底形、楔形、菱形、喇叭形等形态，在此不再一一介绍。

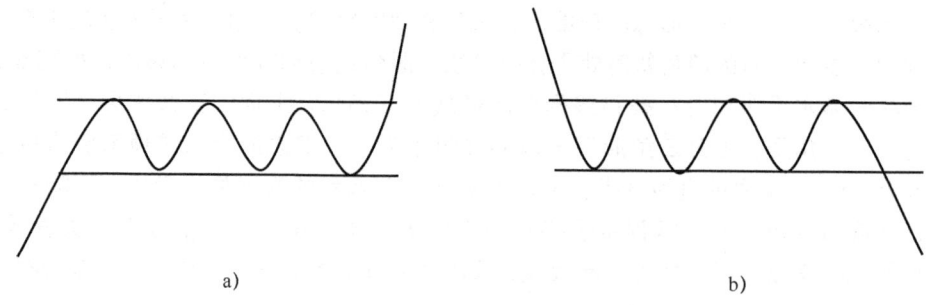

图 6-9 矩形形态

6.3.3 趋势分析

趋势是指股票价格在一段时间内保持的相对稳定的运动方向，根据持续时间的长短可以分为长期趋势、中期趋势和短期趋势，这三种趋势的叠加就合成了股票的市场趋势。实践中，股票价格的变动并不是直线的运动，而是呈波浪形运动，股价趋势表现为前后波浪之间相对位置的变化。一系列逐波升高的波峰和波谷构成了上升趋势，一系列依次下降的波峰和波谷构成了下降趋势，一系列水平运动的波峰和波谷构成了水平趋势。上升与下降趋势的交替转换是股票市场价格的主要形式，水平运动有时仅是上升与下降交替过程中的过渡形态。技术分析人员不仅要识别趋势的类型，还要对趋势的反转进行判断。

1. 趋势线

如图 6-10 所示，上升趋势线是连接一系列升高波浪底部的直线，股价始终处于直线上方；下降趋势线是连接一系列下降波浪顶部的直线，股价始终处于直线的下方。过两个波谷的底部或者波峰的顶部就能画出一条趋势线。通常认为，趋势线须触及三个波谷的底部或波峰的顶部才能确认，触及的底部或顶部的次数越多，作出的趋势线越有效。趋势线有以下特点：①趋势线一旦确认，就会在一段时间内保持相对稳定；②趋势线的斜率越大，趋势线就越倾斜，表明股价变动剧烈，趋势越不稳定；相反，斜率较小的趋势线则表明趋势比较稳定；③趋势线持续的时间越长，趋势越有效。

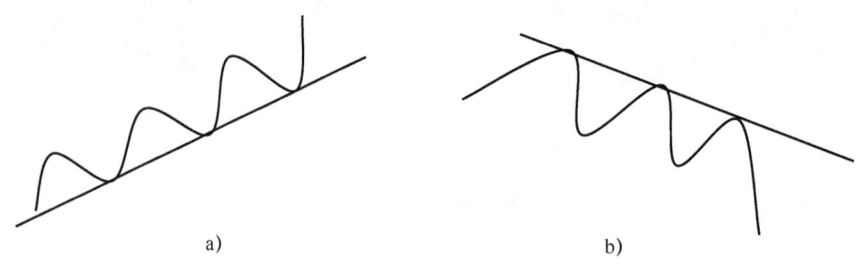

图 6-10 趋势线
a) 上升趋势线 b) 下降趋势线

2. 阻力线和支撑线

股价作波浪式运动时，若每次上升到某个股价水平后便掉头下行，那么该股价水平就称作上升的阻力价位，连接一系列阻力价位的直线称为阻力线；而若股价每次下跌到某个股价水平后便反转上升，则称该股价水平为支撑价位，连接一系列支撑价位的直线称为支撑线，如图 6-11 所示。支撑线和阻力线之间构成的股价运动空间称为通道，根据通道的斜率可以分成上升通道、下降通道和水平通道。上升通道和下降通道是股价变动的基本形态，而水平通道往往是运动方向不明朗时的过渡形态。

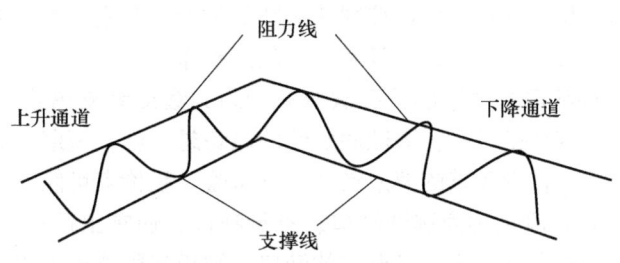

图 6-11　阻力线和支撑线

阻力线和支撑线主要是从人的心理因素方面来考虑的，表现为股票市场上存在的"关键点位"效应，关键点位可能是股价中期或长期内达到的极值点。当股价触及关键点位时，投资者在心理上会产生一种股价很难突破的思维定势。例如，股价上升到长期某个关键点位时，所有的投资者都是获利的，但一些投资者会认为这个关键点位就是近期的高点，存在着关键点位的锚定效应，因此他们会抛售股票。而未持有股票的投资者可能选择观望，股票因供大于求而致股价下跌，除非有好消息足以扫除投资者的心理障碍，否则这个关键点位就很难跨越，这一系列关键点位的连线就构成了阻力线。股票价格下跌时也存在类似的现象，在下跌中不易被突破的关键点位的连线就构成了支撑线。

3. 突破

阻力线和支撑线构成的通道是一定时间内股票供求关系达到某种均衡的区间。但从长期看，这种均衡是暂时的，终将被打破而被新的均衡替代。股价冲破阻力线或支撑线，改变原来运动趋势的现象称为突破，股价运动就是"通道→突破→新的通道……"不断交替的动态均衡的过程。股价突破阻力线或支撑线，并改变了原来的运动方向才能称为有效突破；若股票价格只是突然冲破阻力线或支撑线，随即又回到原来的通道，这种现象称为突破失败。通常利用股价冲破阻力线或支撑线以后的变动幅度来判断突破的有效性。依据筛选原理，突破的临界值通常为股价的百分之五，即股价越过阻力线或支撑线以后继续上涨或下跌的幅度超过股价的百分之五时便可确认"突破"有效。

股价突破阻力线或支撑线后，往往也需要成交量的配合。原来通道持续的时间越长，沉积的成交量越大，突破需要的成交量也越多。有效突破后，原来通道的阻力线变成了新通道的支撑线，而原来通道的支撑线则变成了新通道的阻力线。

4. 缺口

缺口是指股票价格在上升或下跌过程中发生跳跃，形成一段没有交易量的价格区间的现象。在我国目前的交易机制下，集合竞价交易阶段股票成交价的变动是离散的，并不能算做缺口；在其随后的连续竞价交易阶段，股票成交价格始终高于前一交易日的收盘价，才算作缺口。一种极端的情况是股票价格连续出现涨跌停板，这种情形又称为"流动性黑洞"。

技术分析认为，缺口是股票价格非常态的运动形成的非稳态图形。经过一段时间，股价还会回到原来的位置，封闭原来形成的缺口。缺口反映了股票供求关系的急剧变化，因此分析缺口大小、位置以及缺口处的成交量，有助于投资者了解股票供求的变化，预测股价的变化趋势。缺口可以分为普通缺口、突破缺口、超速缺口和衰竭缺口四种。

(1) 普通缺口　普通缺口可能发生在股价图形的各种位置上，这种缺口形成的价格落差不大，也不伴随成交量的变化。这类缺口往往很快被随后的交易填补，股价继续维持原来的趋势。普通缺口不是股价走势发生变化的征兆，没有特殊的分析意义。

(2) 突破缺口　这种缺口发生在股价突破原来的阻力线或者支撑线，股价走势发生转变是有效突破的标志。缺口处成交量越高，突破后股价的趋势越稳健，短期内缺口不容易被填补；但若缺口处的成交量未见放大，则突破的有效性将受到考验，股价有可能回头填补缺口。

(3) 超速缺口　这种缺口又称为逃逸缺口、测量缺口，通常出现在价格上升或下降基本趋势的中期，是价格突然加速上升或者下降形成的缺口，被用来预测未来股价的走势。这种缺口是供求力量严重不平衡的表现，说明股价的基本趋势还将持续一段时间，但是这种缺口会极大消耗供求优势方的力量。若出现两次超速缺口，通常认为股价持续行情的中点便在两次缺口之间；若连续出现多次超速缺口，则说明行情接近尾声并可能出现反转。

(4) 衰竭缺口　这种缺口通常出现在上升或者下降趋势的后期，是基本趋势即将逆转的征兆。例如，在上升趋势中出现成交量很大的缺口，但随后几天成交量明显萎缩，便可确认为衰竭缺口，表明买方的优势基本上已经耗尽，买卖双方的力量对比逆转。

6.4　移动平均线

6.4.1　移动平均线的概念

尽管道氏理论认为股价的日常波动是股价趋势中的"噪声"，对分析股价的趋势没有显著的意义；但实践中通过运用统计分析中的平滑技术尽可能地消除偶然的、细微的因素对股价的影响，也能使有价值的股价变化规律显现出来。

股价移动平均线就是描述一定长度的时间区间内股价平均水平变动的曲线，通常利用股票每个交易日的收盘价来计算股价平均数。时间区间可选择 5 日、10 日、30 日、120 日、200 日甚至更长，以分别反映短期、中期和长期的股价变动趋势。其计算公式为

$$MA_t = \frac{1}{n}\sum_{i=1}^{n} P_{t-i+1}$$

式中，MA_t 表示第 t 期的 n 个交易日的股价平均数；P_{t-i+1} 表示第 t 期前第 i 个交易日的股票价格（通常用收盘价表示）。

通常利用简单算术平均方法来计算得到 n 个交易日股价的平均数，将连续的股价平均数连接起来就得到了移动平均线。

若考虑到近期股价对未来价格趋势的影响较大，在计算股价平均数时可以对 n 个交易日内每日的股价赋予不同的权重，计算加权平均数，并绘制加权股价移动平均线，其计算公式为

$$MA_t = \sum_{i=1}^{n} W_i P_{t-i+1}$$

式中，W_i 是第 i 日的权数，且满足 $\sum_{i=1}^{n} W_i = 1$，权重可以根据具体情况加以规定，若假设为等权重

即是简单算术平均数。

6.4.2 移动平均线的特点

移动平均线最基本的思想是消除偶然因素的影响,它具有以下几个特点:

(1) 追踪趋势　移动平均线能够表示股价的趋势方向,不受小的反向波动的影响,并追随这个趋势。

(2) 滞后性　由于移动平均线反映的是若干交易日的股价平均数,所以短时间内很难发生较大变化。当股价原有趋势发生反转时,移动平均线调整比较迟缓,调头速度落后于大趋势,因此在移动平均线发出反转信号时,股价调头的深度可能已经较大。

(3) 稳定性　移动平均线的变动不是一个交易日的变动,而是几个交易日变动的累积效果。某一个交易日的大变动在平滑后,变动就会变小而显现不出来。

(4) 助涨助跌性　当股价突破移动平均线时,无论是向上突破还是向下突破,股价和移动平均线均会沿突破方向继续运动。

(5) 支撑线和压力线的特性　移动平均线由于具有上述四个特性,使得它在股价走势中起支撑线和压力线的作用。移动平均线被突破,实际上是支撑线和压力线被突破。

移动平均线参数的选择可以加强移动平均线上述几方面的特性,参数选择得越大,上述的特性就越大。

6.4.3 移动平均线的应用

周期越长的移动平均线越平滑,越能较明确地反映长期的趋势,但对当前股价变动的反应就会比较迟钝;而周期越短的移动平均线,虽然对当前股价变动的反应比较敏感,但容易受"噪声"干扰而影响对基本趋势判断的准确性。技术分析通常将长期、中期和短期的移动平均线结合起来分析,通过比较并根据它们之间的位置变化来发现有价值的信息。

技术分析通常把下列情况视为卖出的信号:

1) 短期移动平均线自上而下穿过平坦的长期移动平均线,股价往往难以在短期内恢复上升的趋势,这种交叉称为死亡交叉,如图 6-12a 所示。

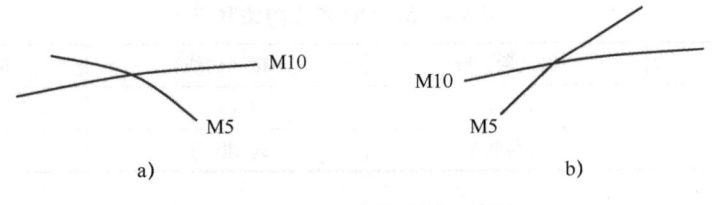

图 6-12　死亡交叉和黄金交叉

a) 死亡交叉　b) 黄金交叉

M10——长期移动平均线　M5——短期移动平均线

2) 短期移动平均线虽在长期移动平均线之上,但长期移动平均线方向朝下。

3) 短期移动平均线从上向下穿过长期移动平均线后向上爬升,在接近长期移动平均线时重新转头向下。

4) 短期移动平均线向上骤升,远离长期移动平均线,这种情景很有可能回调。

下面的几种情形则通常被视为买进的信号：

1）短期移动平均线自下向上穿过平坦的长期移动平均线，特别是中短期移动平均线向上穿过长期移动平均线，被称为黄金交叉，表明股价将有一段上升趋势，如图 6-12b 所示。

2）短期移动平均线虽降到长期移动平均线之下，但长期移动平均线开始上升。

3）短期移动平均线在长期移动平均线之上，并呈下降趋势，但在接近长期移动平均线之前重新掉头上升。

4）短期移动平均线突然下跌，且远离长期移动平均线，这种情景极有可能反弹。

6.4.4 平滑异同移动平均线

平滑异同移动平均线（Moving Average Convergence Divergence，MACD）用来衡量计算周期长短不同移动平均线之间的距离变化。短期移动平均线对股价的反应较灵敏，称为快速移动平均线；周期长的移动平均线对股价的反应较迟钝，称为慢速移动平均线。用慢速移动平均线与快速移动平均线之间距离的变化来预测股价变动的趋势。

MACD 由正负差（DIF）和异同平均数（DEA）两部分组成，通过二者的差值可计算 MACD 值（BAR）。通常短期（快速）移动平均线和长期（短速）移动平均线的参数选为 12 和 26，用 EMA 表示收盘价的移动平均值。DIF、DEA 和 BAR 的计算方法如下：

记 EMA 为收盘价的移动平均值（计算方法类似于均线）；DIF 为短期移动平均值与长期移动平均值的差值，即 $DIF_t = EMA(12) - EMA(26)$，DIF（白线）的正负决定了收盘价的涨跌，其数值决定了收盘价的涨跌幅度（斜率）。

记 DEA_t 为第 t 日的异同平均数，则其值等于

$$DEA_t = \frac{2}{10} \times DIF_t + \frac{8}{10} \times DEA_{t-1}$$

可见，DEA 是 DIF 的移动平均线，变化趋势比 DIF 迟钝。

$$BAR_t = (DIF_t - DEA_t) \times 2$$

BAR 反映了 DIF（斜率）的变化速度，柱状线的长短与斜率变化的绝对值存在线性相关关系。若从数学角度和物理角度，MACD 指标的关联见表 6-1。

表 6-1 MACD 指标的关联

MACD 指标	收 盘 价	DIF（白线）	BAR（柱状线）
数学角度	$F(x)$	$F'(x)$	$F''(x)$
物理角度	S(位置)	v(速度)	α(加速度)

MACD 的应用如下：

（1）根据 DIF 和 DEA 的取值和相互关系进行判断　DIF 和 DEA 都是正值，说明收盘价处于上升阶段（斜率为正），属于多头市场；DIF 向上突破 DEA，说明收盘价开始加速上升，突破点表示最新收盘价的斜率超过了最近一段时间的平均斜率，是买入信号；DIF 向下突破 DEA，说明收盘价的上升趋势趋缓，视为收盘价的短暂回落。

简言之，当 DIF > 0 时，形成黄金交叉，则买入；当 DIF < 0 时，形成死亡交叉，则卖出。其背后的内涵在于，股票处于上升过程时，加速上升则买入；股票处于下降过程时，加速下降则卖出。运用该指标的依据在于趋势明确并确认后的追涨杀跌。

(2)根据指标背离情况进行判断 根据指标背离情况判断趋势和反转信号,主要有顶背离和底背离。顶背离,即股价创新高,DIF未创新高,此时意味着虽然股价持续上涨,但是斜率逐步降低,上涨势头趋缓;底背离,即股价创新低,DIF未创新低,此时意味着虽然股价持续下跌,但是斜率逐步降低,即下跌势头趋缓。运用该指标的依据在于一波趋势中的股价变化势头放缓,则意味着趋势方向即将改变。

MACD考虑了两条移动平均线,包含了较多的市场信息,剔除了移动平均线产生的频繁出现的买入卖出信号,增加了发出信号的要求和限制,避免假信号的出现,比移动平均线更有效。但值得注意的是,MACD指标是中长线指标,适用于较长趋势的行情,震荡行情要尽量避免使用;同时,MACD有一定的滞后性,当一两日内的涨跌幅度特别大时,MACD来不及反应,此时指标无法发生作用。

6.5 技术指标

利用一定的数学统计方法对不同时间的股价或者成交量等进行处理,就能够得到一系列不同的技术指标。尽管目前技术指标较多,但这些指标所提供的信息并不一直都正确,不同指标甚至还可能得到互相矛盾的理论,本节将介绍一些常用的技术指标。

6.5.1 相对强弱分析

相对强弱分析是比较和测量某类股票或整个市场某个时段走势强弱程度的一种方法。以股票为例,既可以直接通过比较不同股票近期的收益率高低判断股票走势的强弱;又可以把某只股票的走势与股价指数的走势对比,分析其相对于市场总体水平的强弱;还可以将股票近期的走势与其自身的平均趋势对比,分析其近期走势的强弱。常用的相对强弱指标有相对强弱比率(RRS)和相对强弱指标(RSI)。

1. 相对强弱比率

相对强弱比率是某只股票的价格与股价指数之比,计算公式为

$$\text{RRS}_i(t) = \frac{P_i(t)}{I(t)}$$

式中,$\text{RRS}_i(t)$ 表示第 i 只股票在第 t 期的相对强弱比率;$P_i(t)$ 表示第 i 只股票在第 t 期的价格;$I(t)$ 表示第 t 期的股价指数。

由于每只股票的价格水平有较大差异,因此不同股票的相对强弱比率没有可比性。在利用相对强弱比率分析时,主要观察指标的变化趋势,依据相对强弱比率曲线的升降来分析该股票走势的坚挺程度。该指标也可用于分析某股票相对于同行业的走势强弱程度,或某一个行业相对于整个市场的相对强弱程度。

2. 相对强弱指标

相对强弱指标是将一定时间内某只股票价格上涨日的涨幅之和和这段时间内涨跌幅之和进行比较,以反映股票价格的坚挺程度。下面以10日为例简要介绍其计算方法。

选定包括当日在内的连续10日的收盘价,用当日收盘价减去前一日收盘价,计算10个涨跌

数据，显然这10个数据有正（比前一日高）有负（比前一日低）。记 A 为 10 个数据中正值之和，表示 10 个交易日中股价向上波动的大小；B 为 10 个数据中负值之和乘 -1，表示 10 个交易日中股价向下波动的大小。则可计算得到相对强弱指标为

$$\text{RSI}(10) = \frac{A}{A+B} \times 100\%$$

式中，A+B 表示股价总的波动大小，因此 RSI 的取值应介于 0~100% 之间。该指标测度向上波动的幅度占总波动的百分比，如果占的比例大就是强市，否则就是弱市。

通常，当相对强弱指标=50%时，表示买卖双方力量均衡；当指标>50%时，表示股价涨势大于跌势，买方力量占优；当指标>75%时，表示买方力量明显占优。但若市场偏离均衡状态太多，短期可能出现回调。因而，技术分析人员通常认为 RSI>75%时为超买区，视为卖出信号；而当 RSI<25%时，称为超卖区，视为买进信号。

在具体实践中，参考临界点的选取并不唯一，在确定临界点位置时应考虑以下两个因素：

1）与相对强弱指标的时间段参数有关。不同的时间段参数划分的区域不同。一般而言，参数越大，分界线离中心线 50%就越近，离 100%和 0 就越远。

2）与选择的股票自身有关。不同股票的活跃程度不同，相对强弱指标所能达到的强弱程度也不同。一般而言，交易越活跃的股票，分界线的位置离 50%就应该越远，越不活跃的股票，分界线离 50%就越近。

相比较而言，相对强弱比率主要用于分析某只股票与市场大盘相比的强弱程度，而相对强弱指标主要用于分析某只股票价格的近期走势坚挺程度与未来趋势。因此，前者可用于选择走势强于大盘的股票（择股），而后者主要用于选择入市买卖股票的时机（择时）。

6.5.2 威廉指标和随机指标

威廉指标（WMS%）和随机指标（KDJ）都是股市中重要的技术分析指标，最早起源于期货市场，并在股票市场得到广泛应用。

1. 威廉指标

（1）威廉指标的计算公式

$$n \text{ 日 WMS\%} = \frac{C - L_n}{H_n - L_n} \times 100\%$$

式中，C 为当日的收盘价；H_n 和 L_n 为最近 n 日内（包括当日）出现的最高价和最低价。

威廉指标衡量的是当日的收盘价在过去一段时间的价格变动范围内所处的相对位置。如果威廉指标值比较大，表明当日的价格处在相对较高的位置，短期可能回落；如果威廉指标值较小，则表明当日的价格处在相对较低的位置，短期可能反弹；如果威廉指标取值在 50% 左右，则表明未来短期回落和反弹的可能性都有。

（2）威廉指标的应用　利用威廉指标进行操作的依据，主要可以从两个角度展开：

1）基于威廉指标取值的绝对数值。威廉指标的取值介于 0~100% 之间，以 50% 为中轴将其分为上下两个区域。若威廉指标>80%，即处于超买区，应视为卖出信号；若威廉指标<20%，即处于超卖区，应视为买入信号。与相对强弱指标一样，威廉指标设置的 80%和 20%的临界值也只是经验数字，需要依据具体股票、具体时间段等来确定合适的临界点。

2）基于威廉指标曲线的形状。这主要是依据"背离原则"以及"撞顶和触底次数的原

则"。在威廉指标进入高位后,一般要回落,若此时股价还在继续上升,就会产生背离,是卖出的信号;在威廉指标进入低位后,一般要反弹,若此时股价还继续下降,也会产生背离,是买进的信号。若威廉指标连续多次撞顶(底),局部形成双重或多重顶(底),则是卖出(买进)的信号。

2. 随机指标

(1) 随机指标的计算公式　随机指标称为 KDJ 指标,是超买超卖型指标的一种,其反映了价格走势的强弱和波段的趋势,对把握中短期的行情走势十分敏感。KDJ 指标由 K 值、D 值和 J 值三部分构成。

对威廉指标(WMS%)进行指数平滑,就得到 K 值:

$$K_t = \text{WMS\%} \times \alpha + K_{t-1}(1 - \alpha)$$

对 K 值进行指数平滑,就得到 D 值:

$$D_t = K_t \alpha + D_{t-1}(1 - \alpha)$$

式中,α 是平滑系数,一般取 1/3;K、D 的初值一般为 50%。

J 值的计算公式为

$$J_t = 3D_t - 2K_t$$

在实践中,通常将 J 作为超买超卖指标进行使用。当 J 值超过 100 时,被认为是超买;当 J 值低于 0 时,被认为是超卖。

(2) KDJ 指标的应用

1) 根据三条线的取值和相互关系进行判断。K、D 的取值范围都是 0~100%,可将其划分为三个区域:超买区、超卖区、徘徊区。按通行的划分法,80% 以上为超买区,20% 以下为超卖区,其余为徘徊区。若 K 值、D 值都在 80% 以上,为超买区,为卖出信号。原因在于,D 值是股价移动平均值的移动平均值,其对股价的变化比较迟钝,因此使其达到 80% 的条件比较苛刻:要么股价在短时间内大幅上涨,要么股价在很长一段时间都保持上涨(时间和空间二者取一),这些情况出现之后,都意味着股价在短期内有调整的必要。因此,该判断的依据逻辑主要是时间或空间上的"涨久必跌,跌久必涨"。

2) 根据指标背离情况进行判断。这主要判断趋势和反转信号,分为顶背离和底背离。顶背离即股价创新高,D 值(白线)未创新高,此时意味着虽然股价持续上涨,但是收盘价与最高价的平均距离在加大,上涨势头趋缓;底背离即股价创新低,D 值(白线)未创新低,此时意味着虽然股价持续下跌,但是收盘价与最低价的平均距离在加大,即下跌势头趋缓。运用该指标的依据在于一波趋势中的股价变化势头放缓,则意味着趋势方向即将改变。原因在于两个方面。一是趋势中的股价变化势头放缓,则意味着股价变化方向即将改变。当价格区间下限提高的速度超过了收盘价提高的速度,即顶背离;当价格区间上限下降的速度超过了收盘价下降的速度,即底背离。二是趋势中的股价连续出现较多的上影线(下影线),则意味着股价变化方向即将改变。当价格区间上限提高的速度超过了收盘价提高的速度,即顶背离;当价格区间下限下降的速度超过了收盘价下降的速度,即底背离。

KDJ 指标是常用的预测短期趋势的技术分析方法,这种指标特别适合于水平盘整的市场状态分析;但若市场处于长期上升或下降趋势,基于历史股价波动计算的威廉指标可信性下降,此时运用 KDJ 指标判断的准确度也会受到影响。

6.5.3 乖离率指标

乖离率（BIAS）描述股价与股价移动平均线的相对距离，以 n 日的平均股价作为衡量目前股价高低的标准。其计算公式为

$$\text{BIAS}_t(n) = \frac{P_t - \text{MA}_t(n)}{\text{MA}_t(n)}$$

式中，P_t 表示第 t 期股票的价格；$\text{MA}_t(n)$ 表示第 t 期 n 日的股价平均数。

一般而言，乖离率越大，股价偏离平均价格越远，状态越不稳定。投资者可以根据市场波动特征和股票风险性质，并结合选择的参数（n）大小来设定一个临界值。参数越大，股票越活跃，临界值就越大。以下临界值可作为买入和卖出的参考点：乖离率(5)>3.5%、乖离率(10)>5%、乖离率(20)>8%，以及乖离率(60)>10%是卖出时机；乖离率(5)<−3%、乖离率(10)<−4.5%、乖离率(20)<−7%，以及乖离率(60)<−10%是买入时机。

乖离率常用来判断短期内股价偏离其均衡值的程度，选择的移动平均值的周期不宜过长，主要原因在于长期移动平均线存在滞后效应，与实际股价的偏差较大，特别在上升或下跌的基本趋势中，乖离率的提示信息容易出错。

6.5.4 ADL、ADR 和 OBOS 指标

1. ADL 指标

ADL 指标又称为腾落指标，是上涨股票数量和下跌股票数量的差的累计值。

$$\text{ADL}_t = \sum_{i=1}^{t} (A_i - D_i)$$

式中，A_i 表示第 i 期上涨的股票数量；D_i 表示第 i 期下跌的股票数量。

腾落指标不考虑每只股票的发行规模、上涨及下跌幅度，只反映市场上上涨股票与下跌股票的数量对比，避免了个别投资者操纵少数大盘股票的价格来影响股价指数的弊端。该指标的大小与选取的计算起始时点有关，因此技术分析人员主要关注腾落指标的变动方向，通过将各期的腾落指标连接起来，画出腾落曲线。腾落曲线与股价曲线的变动方向通常是一致的，当腾落曲线变动方向与股价曲线变动方向不一致时，常常预示股价趋势的逆转。例如，ADL 连续上涨（下跌）了较长时间（一般是 3 日），而指数却向相反方向下跌（上升）了较长时间，则是买进（卖出）信号。

腾落指标只能用于判断整个市场的走势，不能用来分析某一个股票的行情。同时该指标提示的信号通常是中期趋势，即长期趋势中的反弹或者回调行情。

2. ADR 指标

ADR 指标又称为涨跌比率指标或上升下降比指标，其基本思想是观察股票上涨数量与下降数量的比率，据此判断股市目前所处的大环境。

$$\text{ADR}(n) = \frac{n \text{ 日内上涨股票的数量}}{n \text{ 日内下跌股票的数量}}$$

选择几个交易日的股票上涨和下降数量的总和，而不是一日的上涨和下降数量，目的是避免因某一交易日的特殊表现误导判断。参数的选择没有统一标准，由人为设定，目前参数选择 10 较为普遍。ADR 的图形在数值 1 附近来回波动，波动幅度的大小以 ADR 的取值为准。影响

ADR 取值的因素很多，主要是公式中分子和分母的取值。参数选择得越小，ADR 上下波动的幅度就越大，曲线的起伏就越剧烈；参数选择得越大，ADR 上下波动的幅度就越小，曲线的起伏就越平稳。

从 ADR 的取值看，ADR 的取值范围在 0 以上。尽管理论上 ADR 的取值可以很大，但实践中 ADR>3 的情景都较少见。一般而言，依据 ADR 的取值可以把市场分成几个区域。①正常状态。ADR 取值在 0.5~1.5 之间被视为常态，多空双方力量均衡，该区域是 ADR 取值较多的区间。但在极端特殊的情况下，比如外部消息冲击引发的股市暴涨暴跌的情景，常态区间取值可能在 0.4~1.9 之间。②非常态。ADR 的取值超过了常态的上下限，就是非常态的状况。当 ADR 进入非常态状况往往就是采取行动的信号，表明处于超涨或超跌状态，股价可能会反转，因此 ADR 的有效性更多地体现在市场处于非常态状况下。在实践中，可以将 ADR 与综合指数结合进行判断。如果 ADR 上升（下降）而综合指数同步上升（下降），短期反转的可能性不大；如果 ADR 上升（下降）而综合指数向反方向移动，则短期内会有反弹（回落）。

3. OBOS 指标

OBOS 指标又称超买超卖指标，是指一定时间内上涨股票数与下跌股票数的差，表示 n 日内股票供求力量的对比。其计算公式为

$$\text{OBOS}_t = \sum_{i=t-n+1}^{t} (A_i - D_i)$$

当市场处于盘整时期时，OBOS 应该在 0 的上下来回摆动。当市场处在多头市场时，OBOS 应该是正数，并且距离 0 较远。同样，市场处在空头市场时，OBOS 应该是负数，并且距离 0 较远。一般而言，距离 0 越远，力量越大，势头越强劲。

与 ADL 相比，该指标没有规定计算的起始日期，但是规定了计算期的年度，逐日滚动计算。即该指标只考虑最近 n 个交易日股票涨跌的数量对比，舍去了较远一些交易日的影响。

OBOS 和 ADR 都是用一段时间内上涨和下跌的股票的数量差距来反映当前股市多空双方力量的对比和强弱；但 ADR 选择的方法是两者相除，而 OBOS 选择的方法是两者相减。两者只是在描述多空双方差距的方法上不同，本质并未改变。从直观上看，OBOS 的多空平衡位置是 0，OBOS 大于 0 或小于 0 表明多方或空方占优势，而 ADR 是以 1 为平衡位置。

6.6 有关技术分析的讨论

技术分析法着重研究证券价格的市场表现，力图寻找证券价格自身变化的模式，进而预测未来价格的走势。技术分析人员认为证券的价格是由市场对证券的供求关系决定的，各种经济、政治和市场因素都会不同程度地改变证券的供求关系，最终影响证券价格。换言之，证券的价格变化是各种因素综合影响的结果，只要研究证券价格的表现，就足以作出正确的投资决策。

西方金融学术界中，大多数经济学家对技术分析持保留甚至否定的态度。他们认为，技术分析方法缺少科学依据，预测的准确性较差。但在证券投资实务界里，几乎所有的证券经纪公司和投资咨询公司都拥有各自的技术分析专家，技术分析对提高投资人的择时（Timing）判断能力有一定的帮助作用。

本章小结

本章首先介绍了技术分析的基本假设,对技术分析关注的四个维度——价、量、时、空的内涵进行认识,并结合心理学的思想,对价量配合下的投资决策进行判断识别;其次对技术分析的奠基理论——道氏理论的发展、内容进行了较为详细的解释;最后对图形分析理论、移动平均线、技术指标进行了分类详细阐述,对不同技术分析方法在买卖时机的判断依据和有效性方面进行了评述。

思考练习

1. 技术分析的基本前提是什么?它与基本分析的思想冲突吗?它有什么优缺点?

2. 尽管技术分析方法的有效性受到很多专家的质疑,但是仍有许多投资者注重某些形式的技术分析。试对投资者采用技术分析方法的原因进行解释。

3. 请以上证综合指数为例,划分1992—2023年上海股市周期变化的主要趋势、次要趋势和短期波动。

4. 某公司股票近6日的开盘价、收盘价、最低价、最高价等见表6-2,请画出该公司近6个交易日的K线图。

表6-2 某公司近6个交易日的日成交信息

天 数	1	2	3	4	5	6
开盘价(元)	19.5	20	20	21	19.5	20.75
收盘价(元)	20	20.75	21	21.175	21	21.75
最低价(元)	19	18	19.5	20.125	19	20.75
最高价(元)	21	20.75	22	23.25	23.25	22

5. 请结合形态分析和趋势分析中介绍的各种形态和趋势,在股票市场上找到相应的形态和趋势并加以熟悉掌握。

6. 请选择一只你熟悉的股票,计算在2024年内任意连续5日和20日的移动平均线,看看它们是如何反映市场行情的,并计算相应的乖离率指标。

7. 请选择一只你熟悉的股票,计算该股票在2024年中任意连续10个交易日的相对强弱比率、威廉指标、随机指标、ADL、ADR和OBOS指标等。

8. 请仔细考虑如何将技术分析和基本分析结合起来进行证券投资决策。

9. 技术分析理论认为市场过去的行为(   )。

A. 完全确定未来的趋势

B. 可以作为预测未来的参考

C. 对预测未来的走势无帮助

D. 以上说法都不对

10. 与基本分析相比,技术分析的优点是(   )。

A. 能够比较全面地把握证券价格的基本走势

B. 同市场接近,考虑问题比较直观

C. 考虑问题的范围相对较窄

D. 进行证券买卖比较慢,获得利益的周期长

第 6 章 技术分析

案例讨论

A 股市场存在"历史会重演"吗？

2014 年 6 月，随着全球经济逐渐回暖和国内一系列政策层面利好的推动，中国 A 股市场在经历长达 5 年的盘整后，市场氛围开始发生微妙变化，逐渐走出相对独立的牛市行情。据 Wind 数据统计，以上证指数 2014 年 6 月 30 日的收盘指数 2048.33 点为基准，到 2014 年 7 月 31 日指数收盘为 2201.56 点，涨幅高达 7.48%；截至 2014 年 12 月 31 日收盘，上证指数收盘指数为 3234.68 点，相较于 6 月 30 日的收盘指数，累计涨幅已高达 57.92%。市场充满牛市的氛围，尽管 2015 年新年开盘冲高后大盘回落近 1 个月，但在 2015 年 2 月 9 日，上证指数又开启第二波上涨，从 2015 年 2 月 6 日的收盘指数 3075.91 点一路上涨至 2015 年 4 月 27 日的 4527.40 点，区间涨幅 47.19%。随后大盘回调几日后又开始加速上涨，结果于 2015 年 6 月 12 日达到最高点 5178.19 点后，一路回调，截至 2015 年 8 月 27 日收盘指数点位为 3083.59 点，两个半月的时间大盘回调近 40.45%，随后大盘指数又步入盘整阶段。在短短的 14 个月内，A 股经历了大涨大落，接下来对当时市场上的一些焦点问题再深入讨论一下。

1) A 股市场走势与 2005—2007 年的中国股市相似度很高。从走势的形态看，A 股在 2014—2015 年的走势跟在 2006—2007 年的走势更为接近，如图 6-13 所示。有专业人士做了一个统计分析，将 2006 年 9 月 28 日—2007 年 5 月 18 日的上证指数收盘价与 2014 年 9 月 29 日—2015 年 5 月 13 日上证指数收盘价按交易日排列，对两列数据做相关系数计算，得到的相关系数高达 0.978，可谓高度相关。因此，市场上有人在 2015 年 4 月底的时候曾断言，A 股将开启第三波牛市，只可惜第三波上涨持续时间极短，随后就开始大幅回调。

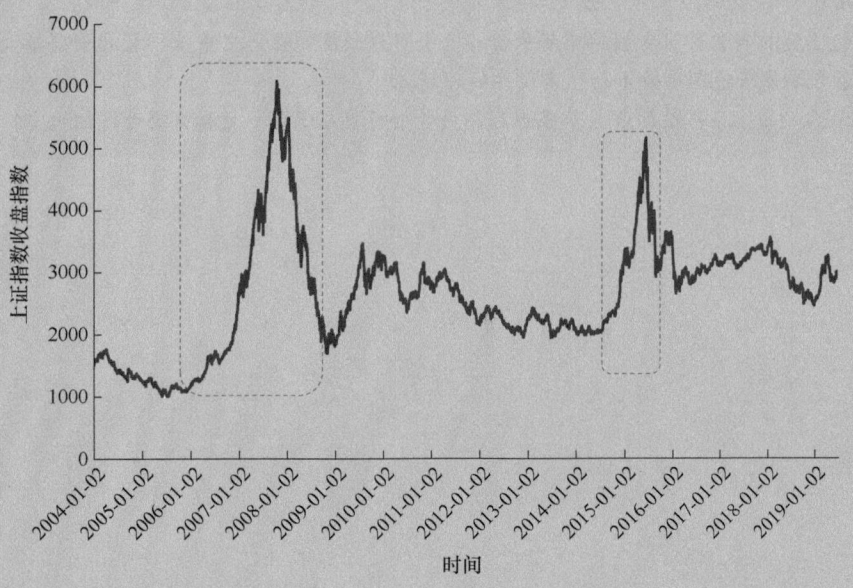

图 6-13 上证指数 2004—2019 年趋势图

2) 有专家指出，2015 年股市的大涨大跌与场外配资及监管滞后也有关联。根据相关数据，2015 年场外配资的规模相当庞大，主要通过结构化信托、基金子公司资管产品、民间配资公司等多种渠道进入股市，形成了巨大的资金池，这无疑助推了股市泡沫。高杠杆的场外配资使用使得股市在短时间内积累了大量泡沫，导致股价脱离了实体经济的基本面。当监管趋严市场出现回调时，场外配资的高杠杆特性和"强制平仓"机制，加速了泡沫的破裂并引发风险传染的连锁反应，最终导致股市的暴跌。当然，作为金融创新，场内配资监管相对到位，但场外配资受到的监管和风控约束较少，这导致了监管空白和漏洞的存在，使得不法机构和个人能够利用这些漏洞进行违规操作。同时还存在着监管滞后的问题，在股市泡沫破裂发生前和初期，监管部门没有及时采取有效的措施来遏制场外配资的过度发展和市场泡沫的积累。直到股灾爆发后，监管部门才开始出手打击违规配资活动。

3）还有专家指出，2015年股市的大涨大跌与股指期货的高频量化交易有关。有统计显示，股市异常波动前后，以IF1507（沪深300股指期货1507）为代表的主力合约套期保值仓位仅为40%左右，其余60%均以投机性仓位为主。因此股指期货市场实际上主要成为一个投机、套利的市场。2015年6月12日至7月8日，上证指数连续下跌32%，在此期间，沪深300股指期货主力合约IF1507日均成交量平均达到持仓量的14.3倍，最高为28.5倍；中证500股指期货主力合约IC1507平均为10.3倍，最高为24.3倍；上证50股指期货主力合约IH1507分别为7.3倍和13.3倍。相对而言，海外成熟市场股指期货成交量一般不会超过持仓量1倍，美国股指期货持仓量一般高出交易量30%~40%。在实践中，不少机构在股指期货中采用计算机算法驱动的高频交易策略，这种策略可以基于市场信号，在短时间内产生大量的买单和卖单，进行跨市场瞬时套利或单边投机交易。在我国，由于一只股票只能在一个交易场所进行，因此高频交易不是现货跨市场套利，而是在期货、现货市场之间套利。高频交易在我国属于新兴事物，尚没有相对严格的监管措施，在期货、现货市场发展不匹配的情形下，几乎形成了低风险高收益的套利环境。其带来的盈利效应非常富于投机诱惑性，对期货、现货市场带来的冲击远高于境外市场，巨大的"追涨杀跌"作用加剧了短时间内股指的大幅波动。

资料来源：聂庆平. 证金董事长解密2015年股灾原因及应对：救市是唯一选择［EB/OL］.（2017-06-13）［2024-08-10］. https://www.thepaper.cn/newsDetail_forward_1707858.

案例思考：

（1）通过上述材料，你认为股票市场的价格是否可以预测？在历史重演、量化交易盛行的时代，获利是否意味着市场还未达到有效市场？谈谈你的理解。

（2）你认为利用上证指数的收盘价来进行相关性分析存在哪些不足和需要改进的地方？

第 7 章 有效市场假说

本章提要

本章首先结合对有效市场假说本质内涵的理解，对有效市场假说在资产定价效率和价格行为方面的应用进行了分析。其次在对有效市场假说信息来源认知的基础上，将市场分为强式有效市场、半强式有效市场和弱式有效市场三种形态，并从价格信息含量、分析方法有效性、能否获得超额收益、投资策略等方面对三种形态进行对比。再次对有效市场假说下不同市场形态的检验展开剖析。最后简要介绍了与有效市场假说相悖的多种市场异常现象。

重点难点

本章重点：理解有效市场假说内涵；了解有效市场假说的三种市场形态；掌握有效市场的识别和检验。

本章难点：有效市场假说的应用。

引导案例

如果您走在校园里，看到地上有 100 元钱，你会不会弯腰去捡起来？理性的决策应当是：不要去捡。原因在于，若你是理性的，当你弯腰去捡这 100 元钱之前，你首先应想到：如果这张钱是真钱，那么前面的人为什么没有捡呢？所以，这个钱应当是假钱，你就没有捡的必要。显然，你会进行这样的思考是基于微观经济学中的"理性人"假设和"完全信息"假设。

案例讨论与思考：

对于股票市场，信息来源主要有哪些渠道呢？这些不同来源的信息可信性如何？在现实中，您认为如何理解"理性人"？

7.1 有效市场假说理论

7.1.1 有效市场的含义

有效市场通常指的是证券价格完全反映了所有可获得信息的市场，即证券的价格反映了其内在价值的市场。在有效市场上,每一种证券都被公平定价,以当前的市场价格买入或卖出,并不能使投资者获得任何超额收益,且证券价格会对信息迅速无偏地作出反应。一些学者从不同的视角对有效市场进行了界定。如:Maurice Kendall 认为股票价格"像一个醉汉走步一样,几乎宛若机会之魔每周扔出一个随机数字,把它加在目前的价格上,以此决定下一周的价格"——股价几乎遵循一种随机游走[①](Random Walk)的规律;Samuelson 认为在信息有效的市场,若可以合理地预期价格变动,即价格变动将所有市场参与者的信息完全结合在一起,那么价格变动就是无法预测的;Fama 认为股票价格在任何一个时点上都准确地反映公司的内在价值;Malkiel 认为如果市场在决定证券价格时,完全正确地反映出所有相关信息,那么这个市场就是有效的。

股票市场的效率可以分为外在效率和内在效率两类:外在效率是指股票市场的资金分配效率,即市场上股票的价格能否根据有关的信息作出及时、快速的反应,它反映了股票市场调节和分配资金的效率;内在效率是指股票市场的交易运营效率,即股票市场能否在最短的时间内和以最低的交易费用使交易者完成一笔交易,它反映了股票市场的组织和服务功能的效率。从本质上讲,有效市场理论研究的是股票市场的外在效率,通常可以从两个方面来衡量股票市场是否具有外在效率:一是价格能否自由地根据有关信息变动;二是证券的有关信息能否充分地披露和均匀地分布,使每个投资者在同一时间内得到等量等质的信息。

7.1.2 有效市场假说的发展

有效市场假说起源于路易斯·巴舍利耶(Louis Bachelier),他从随机过程角度研究了布朗运动以及股价变化的随机性,并且他认识到市场在信息方面的有效性:过去、现在的事件,甚至将来事件的贴现值通过市场价格反映。他提出的"基本原则"是股价遵循公平游戏(Fair Game)模型。Samuelson(1965)、Mandelbrot(1966)通过数学证明澄清了公平游戏模型和随机游走的关系,从理论上论述了有效市场和公平游戏模型之间的对应关系,这为有效市场假说在理论上进行了铺垫。Fama(1970)基于 Samuelson(1965)的分析方法和 Roberts(1967)提出的三种有效市场形式,系统提出了有效市场假说并使其成为金融市场定价的基础。该假说认为:若资本市场在证券价格形成中充分而准确地反映了全部信息,则认为市场是有效率的;换言之,如果证券价格不会因向所有投资者公开信息集而受到影响,则该市场对信息集是有效率的,也意味着以证券市场信息为基础的证券交易不可能获得超额利益。

早期有效市场假说的经验著作认为:如果资本市场是竞争性的和有效率的,则投资者所预期的收益就等于所使用的资金机会成本。其表达关系式如图 7-1 所示。

有效市场假说实际上意味着"天下没有免费的午餐"。在一个正常的、有效率的市场上,投资者通过任何信息都不太可能获得超额收益。

[①] "随机游走"一词最早出现在 1905 年美国《自然》杂志刊登的一封通信中,它向人们提出了这样一个问题:如果将一个醉汉置于荒郊野外,之后又须将他找回来,那么,从什么地方开始找起最好呢?答案是从醉汉最初所在的地点找起,该地点可能是醉汉未来位置的最佳估计值,因为我们假设醉汉以一种不可预期的或随机的方式游走。

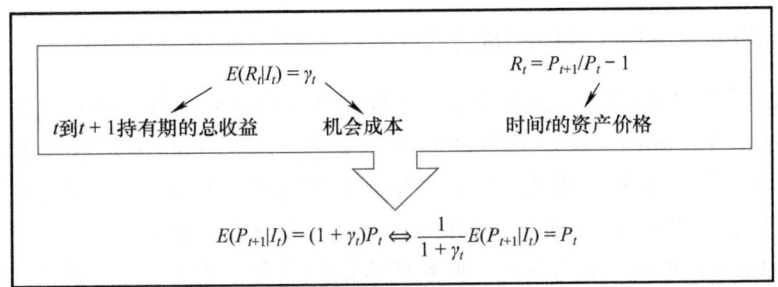

图 7-1 资金机会成本视角的预期收益

7.1.3 有效市场假说的前提

有效市场假说是以一个"完美的市场（Perfect Market）"为前提的，即需要满足以下条件：

1) 整个市场没有摩擦。不存在交易成本和税收；所有资产完全可分割、可交易；没有限制性规定。
2) 整个市场充分竞争。所有市场参与者都是价格的接受者，即所有参与者都认同影响每种证券的时价和未来价格分布的形态。
3) 信息成本为零，所有市场参与者同时接受信息。
4) 所有市场参与者都是理性的，并且追求效用最大化。

然而，在现实生活中，这些假设条件是很难成立的。世界各国的投资者进行投资都必须考虑以下成本：

1) 交易成本。投资者每进行一次交易，都要支付给经纪人一定佣金。
2) 税收。投资者需要按每次交易的金额或收入的一定比例缴纳印花税。
3) 买卖价差（Bid-Ask Spread）。在实行做市商（Market Maker）制度的市场中，投资者不能按照真正的市场价格买卖证券，而是购买时支付高价，卖出时获得低价。
4) 投资者为了掌握各种信息，也需要支付一定的费用。
5) 机会成本，包括时间、精力等。

但是，完美市场不存在并不影响人们对市场有效性问题的研究。迈克尔·C.詹森（Michael C. Jensen）于 1978 年提出的关于市场有效性的定义就具有很强的现实意义。他认为"市场有效性是指根据某组已知的信息作出的决策不可能给投资者带来经济利润"。这种经济利润是指实际收益减去预期收益和各种成本（包括税收、手续费、机会成本等）后的收益，也即如果市场存在缺陷，可以通过检验是否存在经济利润来判断市场的有效性。

有效市场假说最大的理论价值在于，它为判断资本市场上资本资源配置的效率提供了一种衡量标准。资本资源能否有效配置的关键主要在于是否具备一个高效运作的资本市场定价机制，以及在其作用下资本资源价格能否准确反映其稀缺程度。如果资本资源配置是有效的，那么各种金融产品的价格就应当正确地反映其内在投资价值，并使各交易者的边际投资收益率趋于一致，超额利润现象得以消除。因此，有效市场假说揭示了证券市场的特征，为资本资产定价模型和套利定价模型提供了前提基础，也为刻画新兴证券市场的发展状况提供了参照。

7.1.4 基于信息来源的有效市场分类

有效市场假说实际上研究的是证券市场上各种各样的信息对证券价格产生影响的速度问题。对近代股票市场价格的研究，真正起推动作用的是罗伯茨（Roberts）和奥斯本（Osborne）。Roberts（1959）发现从"累积随机数表"中抽取一系列数字，其呈现的形态和前后数字之间的差异与股价时间序列非常相像；Osborne（1959）研究也发现股价波动符合物理学上的布朗运动。虽然 Roberts 和 Osborne 的研究重点不同，但是两人的结论是一致的，即股票价格遵循"随机游走"的规律，股票价格的波动是随意的，没有任何轨迹可寻。

在随机游走理论看来，造成股票价格波动的原因主要在于：当新的经济、政治新闻消息流入市场时，投资者重新对股票的价值进行评估，不同的投资者对信息的认知存在差异，导致不同的投资者对股票的估值存在偏差，并从而产生新的交易需求，于是导致了股票价格的波动而寻求新的市场价格均衡。但由于这些信息无迹可寻，事前人们无法预期并估计其对股票价格的影响，所以无法对股票价格走势进行预测。因此，当无新的信息来源时，股票的价格已经充分反映股票的真实价值，且股票价格不会轻易发生变动。

通常影响股票价格的信息主要来源于三个渠道：历史成交信息（又称为市场内数据）、公开信息、内幕消息。自 1967 年由 Roberts 首次提出以来，人们就一直习惯于按信息集的三种来源将有效市场划分为三种类型，如图 7-2 所示。

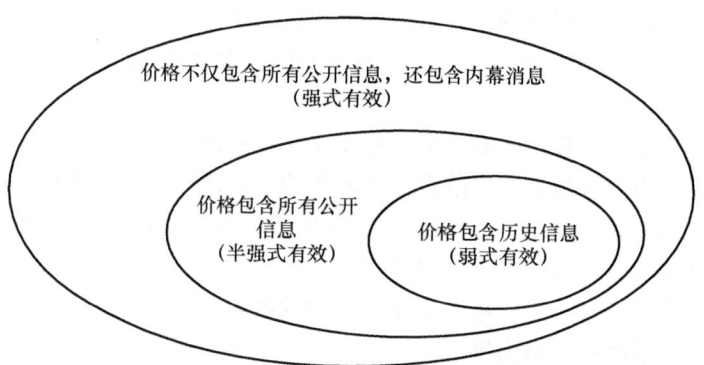

图 7-2 有效市场的形态与资产价格的信息来源

（1）弱式有效市场　价格已充分反映价格历史序列数据中所包含的一切信息，投资者不可能通过对历史价量进行分析而获得超额收益，市场即达到弱式有效。在弱式有效市场下，价格变化服从"随机游走"，技术分析方法失效。

（2）半强式有效市场　价格不仅充分反映了历史的价量信息，还反映所有与公司股票有关的公开信息。投资者不可能通过对公司财务信息、股利政策、经营决策等任何公开的信息进行分析而获得超额收益，市场即达到半强式有效。在半强式有效市场中，基本分析也失效。

（3）强式有效市场　价格充分反映了有关公司所有公开或未公开的一切信息，从而投资者都不可能通过任何分析来获得超额收益，只能获得市场平均收益，市场即达到强式有效。在强式有效市场中，内幕消息也失效。

随后 Fama 给出了基于合理预期理论更严密的定义，他将 Roberts 所定义的三种类型的有效市场根据其所包含的信息集进行描述。他认为在一个有效率的市场中，应当满足

$$f(p_t \mid \Phi_{t-1}) = f_m(p_t \mid \Phi_{t-1}^m)$$

式中，$p_t = (p_{1t}, p_{2t}, \cdots, p_{mt})$，$t$ 时刻各种证券价格的向量；Φ_{t-1}、Φ_{t-1}^m 分别表示 $t-1$ 期可获得的所有信息集合和实际利用的信息集合；$f_m(p_t \mid \Phi_{t-1}^m)$ 是市场在 Φ_{t-1}^m 条件下估计的 t 时期价格的概率密度函数；$f(p_t \mid \Phi_{t-1})$ 是信息集 Φ_{t-1} 所隐含的真实 t 时期价格的概率密度函数。

由此可见，若市场有效，那么在决定未来价格的概率密度函数时，市场利用了所有可获得的信息。但若市场低效或无效，意味着在决定 $t-1$ 的价格时，市场忽略了信息集 Φ_{t-1} 中的某些信息，或者错误地使用了信息。

若将 Fama 的定义与 Robert 的分类进行结合，三种有效市场形态的差异和应用就可通过表 7-1 列示。

表 7-1 三种有效市场形态的对比

对 比 项	弱式有效	半强式有效	强式有效
价格信息含量	历史（量、价）信息	所有已公开信息	所有即时相关信息
超额收益的信息来源	历史信息以外的信息	内幕信息	只能获取市场平均收益
投资分析方法的有效性	技术分析无效，但基本分析有效	技术分析、基本分析均无效	完全无效
投资策略或组合经理态度	主动投资策略：积极努力；选股、选择买卖时机		被动投资策略即指数化：买入持有，消极保守
投资期限	短线投资 ⟵⟶		长期投资

资料来源：作者整理。

7.2 有效市场假说的检验

有效市场假说提出后，仅利用基本分析和技术分析来获得超额收益有了一定的理论支持，同时对积极型投资策略的有效性产生一定的负面冲击，并引发了消极型投资策略（即指数化投资）的兴起。学术界和投资分析人员试图通过实证检验来判断不同国家证券市场所处的有效状态，以选择合理的投资策略。目前关于有效市场假说的检验基本上都是围绕着证券价格是否完全反映了市场信息展开。若强式有效假说成立，半强式有效必须成立；若半强式有效成立，弱式有效亦必须成立。所以，对一个证券市场有效性进行检验首先要检验弱式有效是否成立，若成立，再检验半强式是否有效，若成立，再检验强式有效是否成立，检验顺序不能颠倒。

7.2.1 弱式有效市场的检验方法

在弱式有效市场上，投资者仅利用过去的信息将无法获取超额利润。这些信息主要是指股价和成交量等历史信息，而这些历史信息又是技术分析的主要依据。若市场弱式有效，技术分析将无效。关于弱式有效市场的检验，主要有以下几种方法：

1. 线性相关检验

其计算公式为

$$P_t - P_{t-1} = a + b(P_{t-1-T} - P_{t-2-T}) + e_t \quad (T = 0, 1, 2, \cdots, n)$$

上式主要说明当前阶段证券价格变化和 T 阶段前价格变化之间的关系。如果认为 ΔP_t 和 ΔP_{t-T} 无关，则 b 应该为零，回归方程的决定系数 R^2 可表示 ΔP_t 中 ΔP_{t-T} 解释部分所占的百分比。

注意：式中有两个变量 t 和 T，t 表示的是选取的时间区间内的不同时点，T 表示选取的价格变化区间与当前阶段的间隔。若统计分析的是相邻交易日价格变化的关系，T 取 0；若检验某一日价格的变化幅度与前两日变化的关系，则 T 取 1。由此可得到一系列的 b 值和 R^2 值，通过分析 b 值的显著性和 R^2 值的大小来判断价格之间是否相关。若系数均不显著，则表明历史的价格信息不具有可预测性，市场达到弱式有效。

2. 检验过滤法则

弱式有效检验的另一种方法是对技术分析方法的有效性进行检验，即检验按照技术分析方法操作后能否获得超额收益。

过滤法则的逻辑是：只要没有新的消息进入市场，股票价格就应该在其"正常价格"的一定范围内随机波动。如果股票市场价格远远偏离其"正常价格"，市场上的投资者就会买入或卖出该股票，使其回到合理价位，股票价格会在一个上下限内波动。如果有新的信息出现，则股票价格将达到新的均衡价格。若新信息有利于该股票，则均衡价格将会上升，围绕均衡价格的上下限也将上升，因此投资者可以在股价突破原上限后判定股价的上升不是随机的，而是有实质性的变化，在股价超过原上限后立即购买。而若新消息不利于该股票，则均衡价格将下降，围绕它的上下限也将下降，投资者应该断定该股票发生了实质性的变化，在股价下降到低于原下限时应立即卖出或卖空该股票。具体操作思路如图 7-3 所示。

在运用过滤法则时，需要设定买入点和卖出点。如，证券价格上升 ×%，投资者就买入股票，并持有该股票直到其相对最高价下跌 ×% 后再卖出。不同的投资者对 ×% 的设定有所不同，涨跌幅度设定的越小，每个期间发生的交易次数就越多，交易成本也就越高。

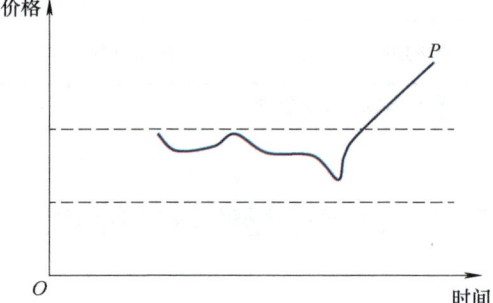

图 7-3 过滤法则示意图

3. 游程检验

所谓游程，是指若干个具有相同特征的股价变动连在一起的观察值序列。游程检验假设股价变动一般有两种情况：正的（股价上涨或涨不跌）、负的（股价下跌）。在样本数为 n 个观察值的序列中，游程的数目将随着样本的变化而变化。如果观察值序列表现出一个随机过程的特征，那么其游程的个数有一个期望值。游程检验即通过序列的实际游程数同随机序列游程数的期望值做比较，来判断观察序列是否随机。

游程检验不考虑观察值的数值大小，而仅对观察值的正负号趋势进行检验。其最大的优点就是可以避开随机游走模型对随机误差项方差有限或协方差稳定等条件的要求，而且可以克服序列相关检验易受极端值影响的弊端。

在大样本下，总游程数 m 趋于正态分布，构造统计量 Z 为

$$Z = \frac{m - E(m)}{\text{var}(m)}$$

式中，$m = \dfrac{2n_1 n_2}{N} + 1$；$\text{var}(m) = \left[\dfrac{2n_1 n_2 (2n_1 n_2 - n_1 - n_2)}{N^2 (N-1)} \right]^{\frac{1}{2}}$；$Z$ 服从标准正态分布 $N(0,1)$；$E(m)$

为总游程数的平均值；N 为股价变动的总天数；n_1 为股价上涨天数；n_2 为股价下跌天数。

若证券市场弱式有效，则在一定显著水平下，总游程数应服从正态分布。若统计量 Z 小于临界值，则表明股市达到弱式有效。

7.2.2 半强式有效市场假说检验

半强式有效市场假说检验的主要思路是分析判断股票价格是否充分反映了与公司有关的基本信息。如何判断股票市场是否具有半强式有效性，西方学术界提出多种方法，其中以 Fama、Fisher、Jensen 和 Roll（FFJR）提出的"事件研究法"最为广泛，该方法以影响股票价格的某一特殊事件（如年报发布、盈余预告、股利政策、公司控股权变更等）公告日为基准点，通过研究该类事件公告前后股票价格的变化来检验股市的半强式有效性。半强式有效检验的思想是：在无外部信息冲击的影响下，股票的交易价格一般不会出现较大幅度的偏离，正是外部信息的冲击使得股票价格呈现一种方向性的异常变化。因此，事件分析法主要是检验与公司基本面相关的事件发生时，股价是否快速进行了反应。若能快速反应，意味着投资者不能通过新信息获得超额收益，基本分析失效，半强式有效成立。

利用事件研究法分析时，主要是在假设市场有效或股票被均衡定价的基础上，利用 CAPM（资本资产定价模型）来计算第 t 期股票 i 的市场均衡价格。主要采用的方法是第 9 章中讲到的单指数模型和 CAPM，在市场均衡时可由单指数模型推导出 CAPM。以单指数模型为例，股票 i 的收益率 $R_i = \alpha_i + \beta_i R_m + \varepsilon_i$，股票的价格不仅有系统风险的贡献，还有影响公司的随机扰动项的贡献，因此在 t 时点观测到的股票 i 的收益率 R_{it} 是一个随机变量。当市场均衡时，股票的价格应满足 $\overline{R}_{it} = R_f + \beta_i(\overline{R}_{mt} - R_f)$，而 $R_{it} - \overline{R}_{it}$ 可以认为是证券 i 在 t 期的超额收益率。具体而言，事件检验法的步骤如下：

1）将样本区间分为估计期、事前检验期和事后检验期。记 $T = 0$ 为事件发生时点，若选取的事件检验窗口为 $[T-30, T+30]$，那么通常会选取 $[T-230, T-31]$ 至少 200 个交易日的交易数据来进行参数估计。然后以事件公布时刻为 0 时点，取 $[T-30, T+30]$ 为事件检验期，其中 $[T-30, 0]$ 为事件检验前期，$(0, T+30]$ 为事件检验后期。（注意：这里时间窗设定为 60 日，但一般也可以根据需要自行设定为 10 日、20 日、30 日、50 日等）。

2）计算样本区间内股票 i 和市场指数（组合）M 的收益率序列。

股票 i 的收益率：$R_{i,t} = (P_{i,t} - P_{i,t-1})/P_{i,t-1}$ 或 $R_{i,t} = \ln(P_{i,t}/P_{i,t-1})$。

市场 M 的收益率：$R_{m,t} = \ln(P_{m,t}/P_{m,t-1})$（$t = -230, -229, -228, \cdots, -31$）。

3）以估计期的数据为样本，利用单指数模型回归分析或公式 $\beta_i = \text{cov}(R_i, R_m)/\text{var}(R_m)$ 来估算证券 i 相对于市场组合的敏感系数。若依据单指数模型，做回归分析后可直接得到股票 i 的 α_i 值和 β_i 值（在均衡定价的情况下，单指数模型和 CAPM 是等价的）。即对 $R_{i,t} = \alpha_i + \beta_i R_{m,t} + \varepsilon_i$ 进行估计，估计结果为 $\overline{R}_{i,t} = \hat{\alpha}_i + \hat{\beta}_i \overline{R}_{m,t}$。

4）利用 3）中计算出的 β_i 值，估算检验期 $[T-30, T+30]$ 的每一个交易日股票 i 的正常收益率，即 $\overline{R}_{i,t} = R_f + \beta_i(\overline{R}_{i,t} - R_f)$；或将单指数模型估计的 α 值和 β 值代入 $\overline{R}_{i,t} = \hat{\alpha}_i + \hat{\beta}_i \overline{R}_{m,t}$，来计算股票 i 在检验期的正常收益率。（注意：两者计算的结果会有一定的偏差，但偏差一般不大）

5）计算股票 i 在检验期（事前及事后）的超额收益率，即事件期间的实际收益率与正常收益率的差值。其计算公式为

$$\mathrm{AR}_{i,t} = R_{i,t} - \overline{R}_{i,t}(t = -30, -29, -28, \cdots, 0, 1, \cdots, 30)$$

6）计算事前及事后的累积超额收益率。其计算公式为

$$\mathrm{CAR}_{i,t} = \sum_{-30}^{t} \mathrm{AR}_{i,t}(t = -30, -29, -28, \cdots, 0, 1, \cdots, 30)$$

通过对不同截面、不同窗口检验周期的 $\mathrm{CAR}_{i,t}$ 值进行 T 检验来判断所获得的累积超额收益率与零是否有显著的差异，若检验结果显著，则说明市场尚未达到半强式有效。

而对强式有效市场的检验，主要是判断内幕消息是否有用。其主要的检验思路是对基金或有可能获得内幕消息人士的投资绩效进行评价，若被评估者的投资绩效确实优于市场平均，则强式有效不能成立。但这种检验一般很难在实践中实现，且市场很难达到强式有效，因而针对强式有效市场检验的研究并不多。

7.2.3 有效市场假说本身存在的缺陷

第一，有效市场假说是基于理性基础上的完全竞争市场理论，而完全竞争的市场需要满足以下四个条件：交易对象是同质的；交易双方均可以自由进出市场；交易双方都是价格的接受者；所有交易者都具备完全知识和完全信息而且信息能够免费获得。但这些条件与现实市场存在较大偏差，以致有效市场假说在实践应用中面临着较多"异象现象"的挑战。

第二，有效市场假说假设投资者具有理性预期，但现实中投资者更多地表现为"有限理性"，而且正是由于投资者具有不同的预期，才使得市场在价格的随机波动过程中趋向均衡。如果投资者都具有相同的预期，则市场可能陷入供求严重失衡的状态，市场的有效性反而下降。

第三，投资者不可能是完全同质的。因为投资者掌握的知识、操作熟练程度、对信息的收集、分析和处理能力等方面都存在较大差异，这也是市场套利存在的土壤。

第四，由于信息具有复杂性、混沌性、不确定性和非线性等特点，信息不对称是市场的常态，而有效性所涉及的信息非常多，很难全面测量；同时投资者获得的信息也需要支付一定的成本，而公司发布虚假信息或各类专业机构发布研究报告引发的信息预期都可能成为市场中的噪声，影响市场的效率。另外，有效市场假说认为市场能够自发调节，而否定了市场运行中的内在矛盾和问题，未与实体经济运行进行关联，在一定程度上也排斥了政府调控市场运行的积极作用。

事实上，对有效市场假说的检验也存在着一定的问题，主要表现在两个方面。一方面，有效市场的检验与市场均衡定价模型之间具有相互依赖性。在检验市场有效性时，首先要先假设某种均衡定价模型是正确的，然后计算均衡条件下的预期收益率，并以此为标准检验是否存在超额收益率。而市场均衡模型又是以市场的有效性为前提的，这就存在一个联合假设的问题，即如果市场真的出现超额收益率，无法判断是市场无效还是均衡定价模型本身有问题。另一方面，市场有效性的检验尚需借助有关预期收益的模型。CAPM 和 APT 模型的提出和运用，虽然为金融市场收益结构或证券收益的描述提供了更好的拟合及分析的理论依据，并被广泛、有效地应用于市场效率的检验，但在实际检验中却也存在着循环定义以及联合假设的问题。实证检验都是对市场有效性和模型合理性的联合检验，无法对造成检验结果的原因进行区分。

7.3 投资策略

信奉有效市场理论的人认为股票价格已经反映了所有的信息,没有任何分析可以导致超过市场的收益;而另外一些人则认为市场并非有效,可以通过一定的方法获得超过市场的表现。由此产生了两种基本的投资策略:消极的投资策略和积极的投资策略。认为市场有效的投资者采取消极的投资策略,而认为市场非有效的投资者则采取积极的投资策略。

7.3.1 消极的投资策略

消极投资策略以长期持有为基础,投资者不主动分析或调整投资组合,旨在获得与市场整体表现相当的收益。这类投资者往往基于市场有效性理论,即市场在任何时点上,其价格都是对公司真实价值的最好反映,认为通过识别并利用市场中的非效率部分以获取超额收益的做法往往是无效且成本高昂的。他们坚信市场能够迅速且准确地吸收并反映所有相关信息,套利机制会即时消除任何由信息不对称产生的市场偏差。而市场上长期存在的微小非效率现象多源于交易费用等市场摩擦因素,难以通过套利完全消除。保罗·萨缪尔森的观点进一步支持了上述理念,他指出积极投资者通过频繁交易,试图寻找并买入低估的股票、卖出高估的股票,这样的行为最终会使得市场价格已充分反映公司的未来前景,从而理论上消极随机选股与积极选股可能殊途同归,均有机会选中优质股票。

风险分散理论与市场有效假设共同推动了指数基金的兴起。指数基金作为一种特殊的投资工具,旨在通过复制某一特定市场指数或依据其编制原理构建投资组合,以实现与整个市场基准相似的回报。由于其运作策略相对简单,无须复杂的选股和择时研究,因此管理费用相对较低。在20世纪70年代股市低迷时期,指数基金以其稳健的表现脱颖而出,超越了众多积极管理型基金。理论上,指数基金的低管理成本、低周转率和低交易费用,以及避免对单一证券或行业的过度集中投资,使其成为一种更为稳健、成本效益高的投资选择,同时坚持全额投资而非进行市场投机。

指数型投资也引发了不少质疑,主要表现在以下两个方面:

1)指数型投资起源于市场有效的观点,但只有在投资者研究了所有可获得的市场信息并促使股价反映这些已公布的数据时,市场才是有效的。这意味着随着指数型投资者比重的增长,投资机构的分析研究人员需求减少,市场也将变得非有效。这将使积极型投资经理有机会在业绩表现上超过指数型基金。

2)指数型基金的部分优势来源于它在任何市场环境下都可以100%地投资于股票,而绝大多数的股票型基金都要保持净资产5%~10%的流动性头寸。因此在牛市行情中指数型基金的表现较好,但在市场下跌期间指数型基金并不是特别突出,且不同标的的指数型基金的表现分化比较严重。

指数型投资的消极投资策略为投资者提供了一个参与高度分散化资产组合的有效途径。事实上即使是积极型投资基金,也可以选择合适的指数基金进行投资,以增加长期的投资业绩。

7.3.2 积极的投资策略

积极的投资策略是指投资者通过主观行为判断做出投资管理,具体是指通过寻找证券价格出现的错误定价或者通过对不同资产进行择时来提高投资收益。换言之，投资者运用各种估价方法挑选价值被低估的股票和选择合适的买卖时机，期望持有的投资组合的收益率高于市场平均水平。积极的投资策略运用技术分析"择股"和运用基本分析"择时"会有力地促成有效市场的形成，但市场不可能总是有效的或总是无效的，若所有投资者都认为市场有效而不采用积极的投资策略，则市场又将恢复到无效状态，套利交易又将使市场趋于有效。

对于积极投资和消极投资的争论也依然存在，其实两种策略之间并无严格的界限，最好的投资策略是：在认为有效的市场上进行消极投资，而在认为不太有效的市场上进行积极投资；也可以在一个市场上将两者结合，一部分组合采取积极投资，另一部分采取消极投资。

7.4 金融市场上的异常现象

实证研究表明市场有效地反映了大部分的公开信息，但一些研究也发现市场上存在不规则的现象，通常被人们称为市场异常（Market Anomalies）。行为金融学通过金融学、心理学、行为学、社会学等交叉学科的融合，力图揭示金融市场的非理性行为和决策规律。行为金融理论认为，证券的市场价格并不仅由证券内在价值决定，还在很大程度上受到投资者主体行为的影响，即投资者心理与行为对证券市场的价格决定及其变动具有重大影响，而这也是造成金融市场异常现象的原因。

7.4.1 对弱式有效市场的挑战

1. 动量效应

动量效应（Momentum Effect）一般又称惯性效应，由 Jegadeesh 和 Titman（1993）提出，是指股票的收益率有延续原来运动方向的趋势，即过去一段时间收益率较高的股票在未来获得的收益率仍会高于过去收益率较低的股票。这意味着投资者可以通过买入过去收益率高的股票、卖出过去收益率低的股票获利，这种利用股价动量效应构造的投资策略称为动量投资策略。

与动量效应相对的是反转效应，是指过去一段时间收益率较高的股票在未来获得的收益率将会低于过去收益率较低的股票。

动量效应不仅在世界各地的股票市场上普遍存在，甚至在其他类型的一些市场上也存在。一些学者从行为金融学的角度对动量效应作出了解释。如：Barberis、Shleiffer 和 Vishny（1998）认为保守性偏差导致投资者对新信息的反应不足，使得股价在短期表现出惯性，但以偏概全倾向导致投资者对新信息的反应过度，结果导致股价出现反转；Daniel、Hirshleifer 和 Subrahmanyam（1998）的解释则是利用了人的过度自信和自归因偏差；Hong 和 Stein（1999）强调投资者的异质性，把交易者分为信息观察者和动量交易者两类，认为私人信息在信息观察者之间是逐步扩散的，他们的研究结论表明，信息扩散慢的股票的动量效应或反转效应高于信息扩散快的股票，公司规模小、换手率低的股票具有更高的动量收益率或者反转收益率；但随后 Lee 和 Swaminathan（2000）等人的研究发现高换手率的股票，其动量效应收益率更高，HS 模型的结论受到质疑。

2. 日历效应

日历效应是指金融市场与日期相联系的非正常收益、非正常波动等现象，主要包括周日历效应、一月效应、月初效应、周内效应等。

1)周日历效应,是指一周中某一个交易日金融市场的平均收益或平均波动水平明显不同于其余交易日。周日历效应的研究始于 Osborne(1962)和 Cross(1973)的研究。

2)一月效应,是指证券市场在一月份的平均收益率比其他月份的平均收益率要高,且在统计上显著。关于一月效应的研究始于美国股市,Rozeff、Kinney(1976)对 1904 年—1974 年纽约股票交易所的股指进行验证,发现一月的收益率明显高于其他 11 个月,随后一些学者的研究也证实在全球大多数国家普遍存在着一月效应。针对一月效应的解释,主要有"避税售卖假说"和"窗口修饰假说"。

3)月初效应,是指证券市场在一个月中前几个交易日的平均收益率比同月其他交易日的平均收益率要高得多,且在统计上显著为正。Ariel(1987)对 1963 年—1981 年的美国股市进行研究,将每个月分为两部分:第一部分是从前一个月的最后一个交易日到本交易月的第九个交易日,第二部分为本月的剩余交易日。然后,他将这两部分的累计收益率进行比较,实证结果发现正的收益率仅来自每一交易月的第一部分。但 Jaffe 和 Westerfield(1998)研究发现,英国、日本、加拿大和澳大利亚的股票市场虽然不存在月初效应,但存在月末效应,即一个月的最后一个交易日的平均收益率高于其他交易日的平均收益率。Howe 和 Wood(1994)采用 Ariel 划分交易月的方法研究检验了 1981—1991 年日本、澳大利亚、新加坡和我国的香港及台湾的股市,发现在我国香港和澳大利亚存在显著的月初效应。

4)周内效应,是指证券市场在周一的平均收益率比一周内其他任何一天的平均收益率要低得多,且在统计上显著为负。对于周内效应,许多文献发现美国、英国和加拿大股市的周一收益显著为负,而周五的收益显著为正。针对周内效应的解释,主要有"日历时间假说"和"交易时间假说"。

3. 指数效应

指数效应一般是指每当指数调整样本股时,某只个股入选指数成分股后,其股价往往会在短期内出现大幅上升,甚至在中长期内维持稳步上升态势;而当某只个股从指数中被剔除,其股价会应声下跌。这就增加了指数调整时的套利机会,从而增强投资者对指数调整的关注程度,进一步提高指数效应。

4. "股权溢价之谜"

"股权溢价之谜"主要是指股票市场的总体历史收益率水平高出无风险收益率(同期国债收益率)的部分,很难由基于消费者的资产定价模型来解释。如:麦诺和普雷斯科特(Mehra et al.,1985)基于美国股票市场的历史数据分析的结果表明,股票回报率比长期国债回报率平均高 7% 左右;坎贝尔和科克伦(Campell et al.,1999)使用 1871—1993 年的年度数据,发现标准普尔 500 指数的收益率比短期商业票据的收益率高 3.9%。

5. "波动率之谜"

"波动率之谜"主要是指证券价格(包括股票价格和债券价格)的波动明显过大,远远大于由有效市场理论所预测的内在价值(未来收益的现值)的波动。统计数据显示,美国股票的实际年收益率的标准差是 15.5%,而红利实际增长率的标准差只有 6%。

7.4.2 对半强式有效市场的挑战

1. 基于会计变量的效应

(1)规模效应 规模效应又称公司效应、小盘股效应,是指投资于小市值股票所获收益比大市值股票高的金融现象。对于规模效应，理论上的解释主要有两点。一是投资者追逐高风险溢价的动机。小盘股的股本规模较小，流动性较差，股票价格波动较大，风险较高，能够给投资者提供较高的预期风险补偿。二是投资者对小公司持续增长的盈利的偏好。小盘股因规模较小，具备较好的成长性和盈利增长预期，而投资者对诸如销售增长率、利润增长率等的过分关注，给小盘股价格上涨提供了空间。

（2）低市盈率效应　低市盈率效应是指由低市盈率股票组成的投资组合的表现要优于由高市盈率股票组成的投资组合的表现。通过对低市盈率股票的观察可以发现：一方面，这类股票的价格存在着被低估的情况；另一方面，这类股票投资者短期内往往关注较少。但整体而言，价格向价值回归是一种长期趋势，而热点轮换也是市场运行的内在规律，因此价值被低估的、暂时性非热点的股票往往就是潜在的下一个热点，其上涨的空间和概率都比较大。

（3）低市净率效应　经验证据表明，市净率较高的公司与市净率较低的公司相比，其股票的收益率相对要低得多，而且前者的市场风险也要比后者高（Fama et al., 1992）。这一现象在市场低迷、经济衰退的时候表现得尤为突出（Lakonishok et al., 1994）。

2. 过度反应与反应不足异象

过度反应是指当有影响证券价值的新信息出现时，证券价格的调整对新信息的反应有些过度，证券价格的调整超出了信息对价格影响的水平；或者当新信息出现时，证券的市场价格与其基本价值的偏离需要在一个较长的期限内才会逐渐消失。过度反应主要由投资者在不确定条件下系统性心理认知偏差造成，当投资者面对突发的或未预期到的事件时，倾向于过度关注当前的信息并忽视过往的信息，从而引发股价短期的非理性上涨或下跌，待市场对事件的影响消化后，股价就会反转并恢复到理性的内在价值区间。过度反应往往表现为羊群效应、非理性泡沫等。

反应不足是与过度反应相对应的一个概念，是指证券价格对影响公司价值的基本面消息没有作出充分的、及时的反应，表现为当影响证券价格的新信息到来后，证券价格并没有即时调整到应有的水平，或需要较长的时间才调整到其应有的水平，即证券价格对信息的反应呈现"利好不好、利空不空"的现象，而市场也会持续表现为"强者恒强、弱者恒弱"的格局，市场上呈现出比较明显的"魅力股"或"价值股"现象。所谓魅力股，就是指在过去和将来都比较被看好的股票，投资者从过去的投资中获得收益，并认为在未来魅力股仍会有较好的业绩表现，因此他们会主观地对投资期间的利空消息选择性忽略，坚定看好曾经持有的魅力股。而价值股通常是指过去和将来都不被看好的股票，尽管利好不断，但投资者对该类股票反应迟钝，不愿意持有，而这类股票的业绩很可能超过魅力股。导致反应不足的心理因素主要是保守性偏差、心理距离等，而反应不足一般也表现为盈余公告效应、分红效应、公开回购股票效应等。

股票价格对市场信息反应的情况如图7-4所示。

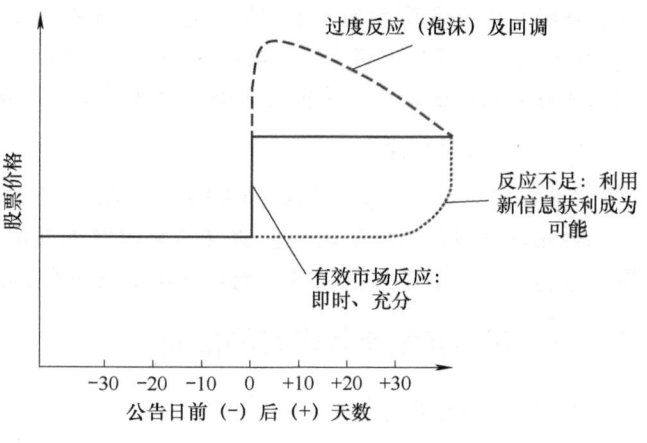

图7-4　股票价格对市场信息反应的情况

3. 市场异象与公司融资行为

理性的公司主体在进行融资时，会寻求融资成本的最小化。在牛市时，由于股票的价格向上偏离内在价值的概率增加，公司倾向于通过发行较少数量的股票来获得融资；而在熊市时，由于股票价格下跌，股票价格低于内在价值的可能性较大，此时公司要募集到一定数额的资金需要发行更多的股份，这可能会稀释公司的控股权，所以上市公司一般倾向于发行债券募集资金，这是因为熊市时宏观经济一般也不景气，债务融资的资金成本也相对较低。概括而言，就是公司融资倾向偏好牛市发股（高估）、熊市发债（低估），但聪明的上市公司往往通过发行可转债来募集资金。

4. 盈余公告效应

盈余公告效应是指公司在发布盈利公告后，"好消息"公司股票累积超额收益会持续上扬，"坏消息"公司股票累积超额收益会持续向下。因此如果在信息披露后采用惯性投资策略，就能获得可观的超额收益。盈余公告效应的发现极大挑战了有效市场理论。按照有效市场理论，当信息完全公开后，市场会立刻反应，使股价迅速调整到位，因此事后买入股票无法获取超额收益。

本章小结

本章首先从定价效率的角度来探讨有效市场假说的本质内涵，根据影响金融资产价格信息的来源（历史成交信息、公开信息、内幕消息）等将市场划分为弱式有效市场、半强式有效市场和强式有效市场三种类型。其次从能否获得超额收益、分析方法有效性、适合的投资策略和投资期限等方面对三种有效市场形态进行对比分析，并梳理和总结了不同市场形态的检验方法。最后简要介绍了与有效市场假说相悖的多种市场异常现象。

思考练习

1. 思考有效市场假说中的"有效"是指什么？有效性与哪些因素有关？
2. 在选择证券的方法中，一种方法是购买高增长、低市盈率的证券，如何对这种方法的有效性进行检验？
3. 若市场是半强式有效的，则它是否必然是弱式有效的？
4. 当一公司总经理宣布退休时，你确信购买该公司股票可以获得超额收益，试设计一种方法来检验你的假设。
5. 试分析当前我国的证券市场属于何种有效市场形态。

案例讨论

A股又现跨界算力租赁案例，主营大型铸钢件及环境治理业务的福鞍股份（603315.SH）2024年5月13日晚间公告称，公司拟与上海集铁网络科技有限公司（以下简称上海集铁）共同以现金出资方式设立合资公司，开拓AI算力租赁服务业务。福鞍股份公司、上海集铁拟分别持有合资公司71%、29%的股权，合资公司拟对AI算力租赁服务业务投入资金约3.5亿元，主要用于租赁算力服务器及配套设备设施后对外出租算力资源，项目建成后定位于提供AI算力租赁服务，利润来源为算力租赁服务费。按出资比例计算，福鞍股份拟使用自有资金、银行贷款等方式对外投资约2.49亿元。福鞍股份在公告中进行多项风险提示，如：预计全面开展业务还需要一定时间，短期内对经营业绩提升不会产生实质性影响；本次拟投资项目或会导致投资性现金流出增加，提高资产负债率；公司过去未涉入AI算力服务领域，可能存在投资损失风险。

上海集铁系一家通信服务运营商，于2017年成立，主要提供数据通信和互联网服务，实际上其股东颇值得市场关注。查阅天眼查发现，上海世纪珑腾数据科技有限公司（以下简称世纪珑腾）对上海集铁持股比例约32.43%，而世纪华通（002602.SZ）全资子公司浙江世纪华通企业管理有限公司对世纪珑腾持股63%。此外据世纪华通2023年年报，世纪珑腾为其重要的非全资子公司。世纪珑腾官网显示，世纪珑腾是世纪华通云数据业务版块的核心主体，旨在提供IDC（互联网数据中心）云数据中心建设及运营一站式基建服务，涉及IDC、政务云、产业园区开发、5G边缘计算、服务器采购等五项业务。此前据媒体报道，2022年世纪珑腾还曾与华为签署框架合作协议，在云数据中心业务、数据中心能源基础设施、智能光伏、绿色储能、综合智慧能源等方面开展合作。

与福鞍股份的合作不是世纪珑腾促成A股算力租赁跨界布局的先例。2023年6月利通电子（603629.SH）公告，公司拟与世纪珑腾合作并签署合作框架协议，设立项目公司世纪利通提供AI算力租赁服务。利通电子2023年年报显示，世纪利通是NVIDIA（英伟达）认定的在DGX AI服务器方面有优先级的云业务伙伴，去年四季度算力业务开始产生营收，报告期内算力租赁服务收入731.43万元。在数字科学和人工智能的快速发展下，算力租赁概念兴起，不少A股公司纷纷追捧，但随着几家龙头企业的"翻车"，日趋被市场和投资者质疑。

随后上交所火速下发问询函要求其就运营模式、盈利模式、主要客户供应商情况等进行补充披露，并明确提到AI算力租赁与福鞍股份主业不存在协同性，公司也无算力租赁相关业务经验，因此对其是否具备开展算力租赁业务的必要条件等提出质疑。同时，上海集铁主要从事IDC、算力服务等业务，与标的公司业务存在重合。而福鞍股份公告显示，上海集铁从事AI算力相关业务的人员将与标的公司签署雇佣协议及保密协议、竞业限制协议，上海集铁在标的公司运营期间将不会从事相同或类似业务。基于此，上交所发问：标的公司是否对上海集铁存在重大依赖？公司能否对标的公司形成有效管控？由于收盘后福鞍股份才披露跨界布局算力一事，在问询函中，上交所还发问：出租算力资源是否涉及类金融业务？股价收盘上涨7.28%，是否存在内幕信息提前泄露情形？

福鞍股份2024年1季报财务数据显示，公司账面货币资金1.33亿元，本次约2.49亿元的投资规模高于账面自有资金。

资料来源：付静．又现跨界算力！福鞍股份股价"抢跑"被疑内幕信息泄露［EB/OL］．（2024-05-13）［2024-08-10］．https://www.cls.cn/detail/1675098．

案例思考：

（1）结合材料1，查阅算力租赁概念股在5月13日的表现。结合福鞍股份的股价变化，判断福鞍股份是否存在内幕交易的嫌疑并给出判断的依据。据此判断，A股处于哪种有效市场形态？

（2）福鞍股份账面的货币资金仅为1.33亿元，但参与合资跨界算力租赁的金额高达2.49亿元。结合福鞍股份的财务状况，判断福鞍股份是否面临流动性不足的问题，试回答有哪些融资模式可以缓解现金流不足的问题。

第 8 章 投资组合理论

本章提要

本章主要介绍投资组合的核心思想,即"不要把鸡蛋放在同一个篮子里",理解投资组合的风险和收益的测度方法,掌握风险与收益相匹配的本质内涵,进而理解资产定价的本质。

重点难点

本章重点:掌握组合收益率和组合风险测度指标的计算;理解组合风险是组合中不同证券与市场组合协方差的加权平均值;认识到市场风险的本质是不同证券之间的共振;理解组合中最优证券数量确定的方法。

本章难点:组合风险测度指标的推导。

引导案例

一位老太太有两个女儿,大女儿卖草帽,二女儿卖雨伞,但老太太成天愁眉苦脸的。一位邻居问她为什么。老太太说:"唉,一到下雨天,我就担心大女儿的遮阳草帽卖不出去;可是等天晴了吧,我又担心二女儿的雨伞卖不出去。你说我能不发愁吗?"邻居听完笑呵呵地说:"老太太,您为何不让您的两个女儿合伙开个店,既卖雨伞又卖遮阳帽,这样不论天晴和下雨,这个店的生意都会很好,你两个女儿每天都可能有收入。"

案例讨论与思考:

分散投资虽不能完全消除投资风险,但通过对不同股票进行组合构建,可以有效避免单只股票带来的集中风险。

8.1 投资组合的基本含义

证券组合由一种以上的有价证券组成,如包含各种股票、债券、存单等,是指个人或机构投资者所持有的各种有价证券的总称。构建证券投资组合的主要动机是降低风险和实现收益最大化。但如何确定不同证券或资产上的投资比例,以使资金在控制风险的前提下保持稳定快速增长,是投资组合理论要解决的核心问题。

8.2 投资组合的收益与风险

Markowitz（1952）提出的均值-方差模型标志着现代资产组合理论的诞生。均值-方差模型的最大贡献表现在两个方面：一是对风险进行了量化，用收益率的波动率 σ 来测度风险；二是用不同资产占比的权重向量来表示组合，同时用权重 $x_i > 0$ 表示不允许卖空，从而将投资决策的视角从期望收益率的一维空间拓展至风险与收益均衡的二维空间。

8.2.1 概率分布条件下单个证券的期望收益率与方差

设某投资者可选择的证券有 N 个，对于任一种证券，其收益率均有 M 种可能性，用 $R_{i,j}$、$p_{i,j}$ 分别表示证券 i 在第 j 种可能性下的收益率和概率，则证券 i 的期望收益率可表示为

$$\overline{R}_i = \sum_{j=1}^{M} p_{i,j} R_{i,j}$$

有这样一则小故事，国外有位数学家坚信均值足以描述任何事件，因此被淹死在一条平均深度只有 2 厘米的河里。因此对于投资者而言，收益率均值大小只表示某个证券收益率的期望值，并不能作为决策时唯一考虑的因素，还需要参考未来不同情景下可获得的各收益率偏离期望收益率的离散程度，特别在对两种证券进行比较时更加直观。表 8-1 列示了 A、B 两种投资方案，两者的期望收益率都是 10%，但离散程度不同，显然投资者在选择时会感觉到两种投资方式的差异。

表 8-1 两种投资方案的收益分布

方案 A		方案 B	
到期收益	概率	到期收益	概率
12%	1/3	15%	2/5
10%	1/3	10%	1/5
8%	1/3	5%	2/5

离散程度用收益率的标准差 σ 来衡量，收益率偏离均值越大，标准差就越大，意味着风险也越高。由此，可定义证券 i 的收益率的方差为

$$\sigma_i^2 = \sum_{j=1}^{M} p_{i,j} (R_{i,j} - \overline{R}_i)^2$$

若证券的收益率在未来不同情景下发生的概率相同，即 $p_{i,j} = 1/M$，则有

$$\sigma_i^2 = \sum_{j=1}^{M} \frac{(R_{i,j} - \overline{R}_i)^2}{M}$$

【例 8.1】假设市场上有五只证券 A、B、C、D、E，未来市场存在好、正常和坏的三种情景。假设三种情景是等概率发生的，五只证券在不同情景下的收益率见表 8-2，那么可以分别计算出不同证券的均值、方差及标准差等指标。

在选择证券时，可以依据"若标准差一样，则选择均值大者；若均值一样，则选择标准差小者"。如表 8-2 中 B 优于 A，B 优于 C，但无法对 B、D、E 三只证券的优劣进行比较。

表 8-2　五只证券的收益率情况

市场状况		概　率	收　益　率				
			A	B	C	D	E
市场状况	好	1/3	15%	16%	1%	10%	4%
	正常	1/3	9%	10%	10%	16%	10%
	坏	1/3	3%	4%	19%	4%	16%
均值			9%	10%	10%	10%	10%
方差			24%	24%	54%	24%	24%
标准差			4.9%	4.9%	7.35%	4.9%	4.9%

8.2.2　概率分布条件下证券组合的期望收益率与方差

例 8.1 对单个证券的优劣提供了判断的依据，但实践中投资者可能更倾向于将资产配置在不同的资产上从而构成一个"组合体"。考虑三种投资方案：

方案 1：投资者将 1 元钱全部投资于证券 B，则到期后在三种不同情景下的期末值分别为 1.16 元、1.10 元和 1.04 元。

方案 2：投资者将 1 元钱全部投资于证券 C，则到期后在三种不同情景下的期末值分别为 1.01 元、1.10 元和 1.19 元。

方案 3：投资者将其资金的 60% 投资于证券 B、40% 投资于证券 C，则到期后在三种不同情景下的期末值均为 1.10 元。

三种方案的资产组合期末值情况见表 8-3。

表 8-3　不同资产组合的期末值计算　　　　　　　（单位：元）

市场状况	方　案　1	方　案　2	方　案　3
	B	C	组合（60%×B+40%×C）
好	1.16	1.01	1.10
正常	1.10	1.10	1.10
坏	1.04	1.19	1.10

由表 8-3 可知，不论未来市场处于何种情景下，由证券 B 和证券 C 构建的组合的均值一样，组合变成了"无风险资产"。事实上，满足类似情景的投资具有一定的规律。

假设某投资者用 N 种证券组成了他的资产组合，记该资产组合为 P，投资在证券 i 上的资金占总投资的比例为 w_i($i=1,2,\cdots,N$)。假设未来有 M 种情景，则组合 P 在第 j 种情景下的收益率可表示为

$$R_{P,j} = \sum_{i=1}^{N} w_i R_{i,j} \qquad j = 1, 2, \cdots, M$$

进一步地，可得组合 P 的期望收益率为

$$\overline{R}_P = E(R_P) = E\left(\sum_{i=1}^{N} w_i R_{i,j}\right) = \sum_{i=1}^{N} w_i \overline{R}_i$$

证券 i 和证券 k 的协方差为

$$\sigma_{i,k} = \sum_{j=1}^{m} p_j [R_{i,j} - E(R_i)][R_{k,j} - E(R_k)]$$

组合 P 的方差为

$$\sigma_p^2 = \sum_{i=1}^{n} \sum_{j=1}^{n} w_i w_j \text{cov}(R_i, R_j) = W^T \Sigma W$$

由上述讨论可知，组合的期望收益率等于组合中不同证券期望收益率的加权平均和，但组合的方差计算则相对较为复杂。先以组合中只有两只证券为例，则组合的方差可表示为

$$\sigma_p^2 = w_1^2 \sigma_1^2 + w_2^2 \sigma_2^2 + 2w_1 w_2 \rho_{1,2} \sigma_1 \sigma_2 = w_1^2 \sigma_1^2 + w_2^2 \sigma_2^2 + 2w_1 w_2 \sigma_{1,2}$$

式中，σ_1、σ_2 分别为这两种证券的标准差，显然组合方差的前两项均为非负项；$\sigma_{1,2}$ 为这两只证券的协方差，其取值可能大于、等于或小于 0，因此其符号会对组合的方差产生影响，这意味着证券间的相关性会对方差产生作用。

若组合中包含有 N 种证券，则组合的方差 P 可表示为

$$\sigma_P^2 = \sum_{i=1}^{N} w_i^2 \sigma_i^2 + \sum_{i=1}^{N} \sum_{\substack{k=1 \\ k \neq i}}^{N} w_i w_k \sigma_{i,k}$$

如果组合中不同证券是等权重投资的，即 $w_i = 1/N$，则有

$$\sigma_P^2 = \frac{1}{N} \sum_{i=1}^{N} \left[\frac{\sigma_i^2}{N} \right] + \frac{(N-1)}{N} \sum_{i=1}^{N} \sum_{\substack{k=1 \\ k \neq i}}^{N} \left[\frac{\sigma_{i,k}}{N(N-1)} \right] = \frac{1}{N} \overline{\sigma_i^2} + \frac{(N-1)}{N} \overline{\sigma_{i,k}}$$

式中，$\overline{\sigma_i^2}$ 是组合中 N 个证券方差的平均值；$\overline{\sigma_{i,k}}$ 则是组合中 N 个证券之间所组成的除自身方差外其余 $N(N-1)$ 项协方差的平均值。

8.2.3 一般情景下单一证券收益率与风险的度量

1. 预期收益率及其度量

投资证券的收益率可用投资期内投资该证券所获得的全部收益与其投入的资本金比值来衡量，主要有简单收益率与对数收益率两种测量方法。

持有证券从 $t-1$ 期到 t 期的简单收益率 R_t 可定义为

$$R_t = \frac{P_t - P_{t-1} + D_t}{P_{t-1}} = \frac{P_t}{P_{t-1}} + \frac{D_t}{P_{t-1}} - 1$$

对数收益率可表示为

$$R_t = \ln\left(\frac{P_t + D_t}{P_{t-1}}\right)$$

式中，P_{t-1}、P_t 分别表示 $t-1$ 和 t 时刻的证券价格；D_t 表示该投资期间所得的红利。

由于收益率受诸多不确定因素的影响，因而其是一个随机变量，在简单预期假设下，n 个观测值下的资产期望收益率可表示为

$$E(R) = \frac{1}{n} \sum_{i=1}^{n} R_i$$

2. 风险及其度量

若投资者以期望收益率为依据进行决策，很有可能到期时得不到期望收益率。正如我们把钱从银行存款转向股票账户时，决策的出发点是认为投资股票能获得比银行存款更高的期望收益率，但事实上实际收益率与期望收益率会有较大偏差。从统计意义上讲，期望收益率只是使未来可能的实际值与其预测值之间的平均偏差达到最小（最优）的点估计值，未来可能的收益率

越分散，它们与期望收益率的偏离程度就越大，投资者承担的风险也就越大。衡量收益率风险的指标通常有四分位差、极差、离差、平均（绝对离）差、方差、标准差、半方差、VaR（在险价值）、离散系数等，在经典投资组合分析中是用方差衡量风险的。

8.2.4 一般情景下证券组合收益率与风险的度量

一个证券组合是由一系列单一证券构成的，每只证券在组合中占有一定的比例。我们也可将证券组合视为一只证券，这样证券组合的收益率和风险也可用上述单一证券的期望收益率和方差来度量。下面分别讨论两种证券和多种证券组合下的组合期望收益率和方差计算。

1. 两种证券组合的收益率和风险

设有两种证券 1 和 2，某投资者将一笔资金以 w_1 的比例投资于证券 1，以 w_2 的比例投资于证券 2，且 $w_1 + w_2 = 1$，称该投资者拥有一个证券组合 P。如果到期时，证券 1 的收益率为 R_1，证券 2 的收益率为 R_2，则证券组合 P 的收益率 R_P 为

$$R_P = w_1 R_1 + w_2 R_2$$

证券组合中的权重可以为负，比如 $w_1 < 0$，则表示该组合卖空了证券 1，并将所得的资金连同自有资金买入证券 2。由于 $w_1 + w_2 = 1$，故 $w_2 = 1 - w_1 > 1$。

投资者在进行投资决策时并不知道 R_1 和 R_2 的准确值，因而 R_1、R_2 为随机变量，对其分布的简化描述就是它们的期望值和方差。两种证券组合 P 的期望收益率 $E(R_P)$ 为

$$E(R_P) = w_1 E(R_1) + w_2 E(R_2)$$

根据随机向量之和的方差计算公式 $D(X \pm Y) = DX + DY \pm 2\mathrm{cov}(X,Y)$，可知两种证券组合的收益率方差 σ_P^2 为

$$\begin{aligned}\sigma_P^2 &= D(w_1 R_1 + w_2 R_2) = D(w_1 R_1) + D(w_2 R_2) + 2\mathrm{cov}(w_1 R_1, w_2 R_2)\\ &= w_1^2 \sigma_1^2 + w_2^2 \sigma_2^2 + 2 w_1 w_2 \sigma_{1,2}\\ &= w_1^2 \sigma_1^2 + w_2^2 \sigma_2^2 + 2 w_1 w_2 \rho_{1,2} \sigma_1 \sigma_2\end{aligned}$$

式中，$\rho_{1,2}$ 为两种证券之间的相关系数；$\sigma_{1,2} = \rho_{1,2} \sigma_1 \sigma_2$ 为两种证券之间的协方差，记为 $\mathrm{cov}(R_1, R_2)$，即

$$\sigma_{1,2} = \mathrm{cov}(R_1, R_2) = \sigma_1 \sigma_2 \rho_{1,2} = E[(R_1 - E(R_1))(R_2 - E(R_2))]$$

由此可见，组合的方差不仅与组合中不同证券的权重及其方差有关，还与证券之间的相关系数或协方差有关。对组合中不同证券赋予不同的权重就可以构建出不同的证券组合，投资者可以根据自身的风险-收益特征来选择效用最大化的组合。

2. 多种证券组合的收益率和风险

如果组合中有 n 种证券，不同证券的权重为 $\boldsymbol{w} = (w_1, w_2, \cdots, w_n)^T$，若允许卖空，则权重为负值，表示卖空资产占总资金的比例，则证券组合的收益率仍等于组合中不同证券收益率的加权平均和，即

$$R_P = w_1 R_1 + w_2 R_2 + \cdots + w_n R_n = \sum_{i=1}^n w_i R_i$$

则组合 P 的期望收益率和方差可分别表示为

$$E(R_P) = E\left(\sum_{i=1}^n w_i R_i\right) = \sum_{i=1}^n E(w_i R_i) = \sum_{i=1}^n w_i E(R_i)$$

$$\sigma_P^2 = E(R_P - \overline{R}_P)^2 = E\left(\sum_{i=1}^n w_i R_i - \sum_{i=1}^n w_i E(R_i)\right)^2 = E\left(\sum_{i=1}^n w_i (R_i - \overline{R}_i)\right)^2$$

$$= E(w_1(R_{1j} - \overline{R}_1) + w_2(R_{2j} - \overline{R}_2) + \cdots + w_n(R_{nj} - \overline{R}_n))^2$$

$$= w_1^2 \sigma_1^2 + w_2^2 \sigma_2^2 + \cdots + w_n^2 \sigma_n^2 + 2w_1 w_2 \sigma_{1,2} + \cdots + 2w_1 w_n \sigma_{1,n} +$$

$$2w_2 w_3 \sigma_{2,3} + \cdots + 2w_2 w_n \sigma_{2,n} + \cdots + 2w_{n-1} w_n \sigma_{n-1,n}$$

在计算组合中不同证券间的协方差时,由于下标顺序不影响协方差的计算结果,即 $\sigma_{i,j} = \sigma_{j,i}$,因此 n 种证券组合的收益率方差可简化为

$$\sigma_P^2 = \sum_{i=1}^n (w_i^2 \sigma_i^2) + \sum_{i=1}^n \sum_{\substack{j=1 \\ j \neq i}}^n (w_i w_j \sigma_{i,j}) = \sum_{i=1}^n \sum_{j=1}^n w_i w_j \sigma_{i,j}$$

式中,$\sum_{i=1}^n w_i^2 \sigma_i^2$ 为不同证券的方差贡献,反映了不同证券自身的风险状况,为非系统性风险; $\sum_{i=1}^n \sum_{\substack{j=1 \\ j \neq i}}^n w_i w_j \sigma_{i,j}$ 为不同证券之间协方差的贡献,反映了证券之间的相互作用,为系统性风险。

一般而言,非系统性风险会随着组合中证券数目的增加而减小甚至消除;但系统性风险随着组合中证券数目的增加并不会完全消失,而是趋于各证券之间的平均协方差。当组合中证券数目较少时,新增加证券对组合的风险下降较为明显,但随着加入证券数目的增加,其边际贡献呈递减趋势,如图 8-1 所示。当证券数目达到一定水平后,进一步增加证券只能分散很少的风险。如果考虑分散化投资的交易成本、信息成本,那么投资者实际上并不需要进行最大限度的分散化投资。

由组合风险的计算公式可知,当组合中的证券数量 n 非常大时,估计 $E(R_P)$ 和 σ_P^2 的计算量非常大。在资产组合理论被提出来的 20 世纪 50 年代,该模型主要适用于

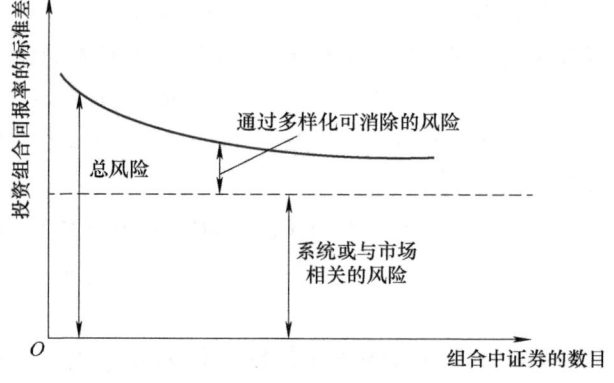

图 8-1 组合方差随组合中证券数目变化趋势图

大类资产(如股票、债券、存单等)之间的资产分配,较少应用于大规模资产配置。随后在 1963 年,威廉·夏普提出的指数模型极大地简化了计算。但随着计算机技术的发展,运用软件计算 $E(R_P)$ 和 σ_P^2 非常方便,也大大推进了资产组合理论在实践中的应用。

8.3 投资组合的可行域和有效集合

8.3.1 两种资产的组合可行域及有效集合

假设投资者对两种资产 A 和 B 进行组合投资,主要考虑是否允许卖空和无风险借贷条件约束限制两个维度,对组合的可行域及有效集展开讨论。

1. 不允许卖空、不考虑无风险借贷条件下两种资产组合的可行域

若用期望收益率和标准差来描述一种资产的预期收益与风险,那么任意一种资产都可以用以期望收益率为纵坐标和标准差为横坐标的坐标系中的一点来表示。相应地,任何一个资产组

合也可以由组合的期望收益率和标准差来确定其在坐标系中的位置,这些位置点将随资产组合中投资比重的变化而变化,轨迹是经过资产 A 和 B 的一条连续曲线,这条曲线称为资产 A 和 B 的投资组合可行线,这条线上的所有点描述的就是资产 A 和 B 的所有可行组合。由这两种风险资产构成的组合的期望收益率和方差用通式可表示为

$$\overline{R}_P = w_A \overline{R}_A + (1 - w_A) \overline{R}_B$$

$$\sigma_P^2 = w_A^2 \sigma_A^2 + (1 - w_A)^2 \sigma_B^2 + 2w_A(1 - w_A) \rho_{A,B} \sigma_A \sigma_B$$

显然,给定资产 A 和 B 的期望收益率和方差,由组合的期望收益率和标准差构成的组合可行线的形状将由这两种资产的权重及两者的相关系数决定。

【例 8.2】 已知资产 A 的预期收益率为 20%,标准差为 10%;资产 B 的预期收益率为 25%,标准差为 20%。试以标准差为 X 轴,以期望收益率为 Y 轴,分别画出当 A、B 两种资产之间的相关系数为 1、0.5、0、-0.5 和 -1 时组合的可行线。

在确定组合可行线时,既可以借助 Excel 等基本数据分析工具来作散点图,也可以利用 Matlab、SAS 等软件工具直接作图。以 Excel 分析工具为例,分别计算资产 A 和 B 在不同权重下的组合期望收益率和标准差,计算结果见表 8-4,组合可行线如图 8-2 所示。

表 8-4 不同投资组合及不同相关系数下的期望收益率及标准差

资产 A 的比重	期望收益率	标准差				
		$\rho_{A,B}=1$	$\rho_{A,B}=0.5$	$\rho_{A,B}=0$	$\rho_{A,B}=-0.5$	$\rho_{A,B}=-1$
0	25.00%	20.00%	20.00%	20.00%	20.00%	20.00%
10.00%	24.50%	19.00%	18.52%	18.03%	17.52%	17.00%
20.00%	24.00%	18.00%	17.09%	16.12%	15.10%	14.00%
30.00%	23.50%	17.00%	15.72%	14.32%	12.77%	11.00%
40.00%	23.00%	16.00%	14.42%	12.65%	10.58%	8.00%
50.00%	22.50%	15.00%	13.23%	11.18%	8.66%	5.00%
60.00%	22.00%	14.00%	12.17%	10.00%	7.21%	2.00%
66.66%	21.67%	13.33%	11.55%	9.43%	6.67%	0
70.00%	21.50%	13.00%	11.27%	9.22%	6.56%	1.00%
80.00%	21.00%	12.00%	10.58%	8.94%	6.93%	4.00%
90.00%	20.50%	11.00%	10.15%	9.22%	8.19%	7.00%
100.00%	20.00%	10.00%	10.00%	10.00%	10.00%	10.00%

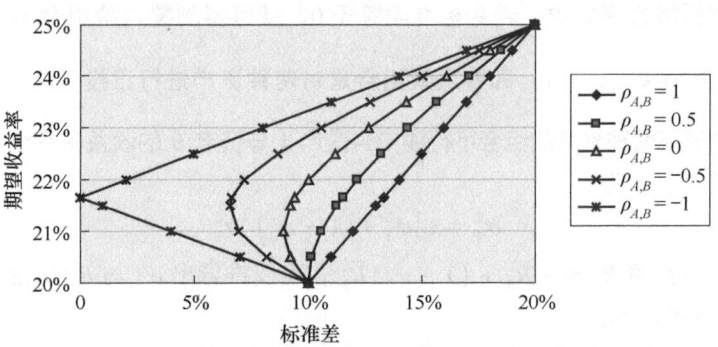

图 8-2 不允许卖空的情况下两个风险资产组合的可行组合

下面将两种资产的组合可行线拓展至一般情况：

（1）完全正相关下的组合可行线　当两种资产完全正相关（$\rho_{A,B}=1$）时，由于不允许卖空，即 $0 \leq w_A \leq 1$，组合标准差为

$$\sigma_P = w_A\sigma_A + (1-w_A)\sigma_B$$

可解得

$$w_A = \frac{\sigma_P - \sigma_B}{\sigma_A - \sigma_B}$$

将 w_A 的取值代入组合期望收益率 $\overline{R}_P$，可得

$$\overline{R}_P = \frac{\sigma_P - \sigma_B}{\sigma_A - \sigma_B}\overline{R}_A + \left(1 - \frac{\sigma_P - \sigma_B}{\sigma_A - \sigma_B}\right)\overline{R}_B$$

进一步可得

$$\overline{R}_P = \left(\overline{R}_B - \frac{\overline{R}_A - \overline{R}_B}{\sigma_A - \sigma_B}\sigma_B\right) + \left(\frac{\overline{R}_A - \overline{R}_B}{\sigma_A - \sigma_B}\right)\sigma_P$$

由上式可知，$\overline{R}_P$ 与 σ_P 之间是线性关系。从函数表达式看，在完全正相关条件下，资产 A 和 B 所构成的组合可行线是连接 A、B 两点的直线段。若资产 A 的期望收益率与方差都小于资产 B，则组合的期望收益率与标准差之间的关系就如图 8-3 所示。

由此可见，在两种资产完全正相关的情况下，资产组合的收益率和风险是单项资产收益率和风险的加权平均，持有完全正相关的资产并不能降低风险。

（2）完全负相关下的组合可行线　当两种资产完全负相关（$\rho_{A,B}=-1$）时，组合的标准差可表示为

$$\sigma_P = |w_A\sigma_A - (1-w_A)\sigma_B|$$
$$= \begin{cases} w_A\sigma_A - (1-w_A)\sigma_B & w_A \geq \dfrac{\sigma_B}{\sigma_A + \sigma_B} \\ (1-w_A)\sigma_B - w_A\sigma_A & w_A < \dfrac{\sigma_B}{\sigma_A + \sigma_B} \end{cases}$$

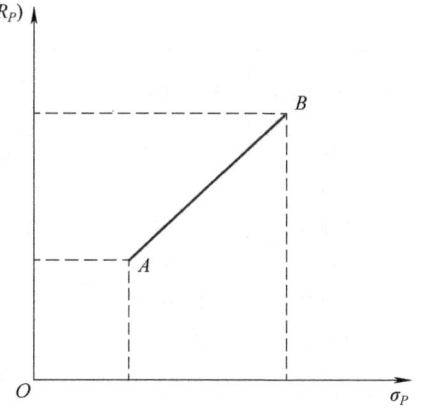

图 8-3　完全正相关时期望收益率与标准差之间的关系

进一步，可推得 σ_P 与 $\overline{R}_P$ 是分段线性关系，其组合可行线是如图 8-4 所示的折线段。这意味着在完全负相关条件下，组合的风险总是小于完全正相关时的风险且总能找到这两类资产的零风险组合。如，在折线方程式中，若令标准差等于 0，就可得到零风险组合中资产 A 的投资比例 $w_A = \dfrac{\sigma_B}{\sigma_A + \sigma_B}$，显然 $0 < w_A < 1$，即零风险组合是对两种资产进行正投资。

（3）不相关情形下两种资产的组合可行线　当资产 A 与资产 B 的收益率完全不相关（$\rho_{A,B}=0$）时，组合的标准差可表示为

$$\sigma_P^2 = w_A^2\sigma_A^2 + (1-w_A)^2\sigma_B^2$$

结合组合期望收益率 $\overline{R}_P = w_A\overline{R}_A + (1-w_A)\overline{R}_B$，可以推导出 σ_P 与 $\overline{R}_P$ 的曲线是一条经过 A 和 B 的双曲线，如图 8-5 所示。

由图 8-5 可知，投资组合的方差存在着极小值，对组合的方差求 w_A 的一阶导数并令其值等于零，可得

$$\frac{\partial \sigma_P}{\partial w_A} = \frac{1}{2} \frac{2w_A\sigma_A^2 - 2\sigma_B^2 + 2w_A\sigma_B^2}{[w_A^2\sigma_A^2 + (1-w_A)^2\sigma_B^2]^{1/2}} = 0$$

进一步，可求解出使组合风险取得最小值时资产 A 的投资比例为

$$w_A = \frac{\sigma_B^2}{\sigma_A^2 + \sigma_B^2}$$

此时资产 B 的投资比例为 $w_B = \dfrac{\sigma_A^2}{\sigma_A^2 + \sigma_B^2}$，组合的最小方差为 $\dfrac{\sigma_A^2 \sigma_B^2}{\sigma_A^2 + \sigma_B^2} < \min(\sigma_A^2, \sigma_B^2)$。

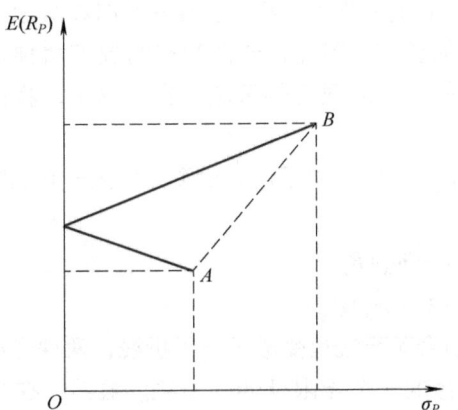

图 8-4 完全负相关时期望收益率与标准差之间的关系

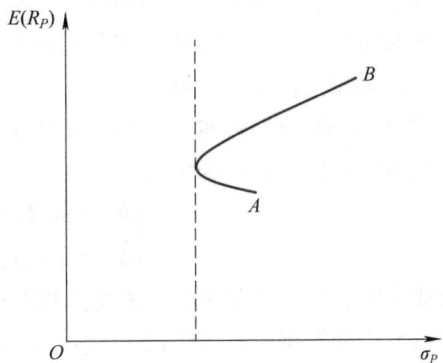

图 8-5 完全不相关时期望收益率与标准差之间的关系

(4) 在不完全相关条件下两种资产的组合可行线　当两种资产不完全相关（$0 < \rho_{A,B} < 1$ 或 $-1 < \rho_{A,B} < 0$）时，由 $\overline{R}_P = w_A\overline{R}_A + w_B\overline{R}_B$ 和 $w_A + w_B = 1$，可解得组合中两种资产的权重分别为

$$w_A = \frac{\overline{R}_P - \overline{R}_B}{\overline{R}_A - \overline{R}_B}$$

$$w_B = 1 - w_A = 1 - \frac{\overline{R}_P - \overline{R}_B}{\overline{R}_A - \overline{R}_B} = \frac{\overline{R}_A - \overline{R}_P}{\overline{R}_A - \overline{R}_B}$$

把 w_A、w_B 的值代入组合方差公式中，可得 $\overline{R}_P$ 与 σ_P 之间的关系式为

$$\begin{aligned}\sigma_P^2 &= \left(\frac{\overline{R}_P - \overline{R}_B}{\overline{R}_A - \overline{R}_B}\right)^2 \sigma_A^2 + \left(\frac{\overline{R}_A - \overline{R}_P}{\overline{R}_A - \overline{R}_B}\right)^2 \sigma_B^2 + 2\left(\frac{\overline{R}_P - \overline{R}_B}{\overline{R}_A - \overline{R}_B}\right)\left(\frac{\overline{R}_A - \overline{R}_P}{\overline{R}_A - \overline{R}_B}\right)\sigma_{A,B} \\ &= \left[\frac{\sigma_A^2 + \sigma_B^2 + 2\sigma_{A,B}}{(\overline{R}_A - \overline{R}_B)^2}\right](\overline{R}_P)^2 - 2\left[\frac{\overline{R}_B\sigma_A^2 + \overline{R}_A\sigma_B^2 - (\overline{R}_A + \overline{R}_B)\sigma_{A,B}}{(\overline{R}_A - \overline{R}_B)^2}\right]\overline{R}_P + \\ &\quad \left[\frac{(\overline{R}_B)^2\sigma_A^2 + (\overline{R}_A)^2\sigma_B^2 - 2\overline{R}_A\overline{R}_B\sigma_{A,B}}{(\overline{R}_A - \overline{R}_B)^2}\right]\end{aligned}$$

显然，在 $(\overline{R}_P, \sigma_P)$ 坐标系中，$\overline{R}_P$ 与 σ_P 的函数关系为抛物线方程。

由上述分析可知，投资组合可行曲线在位于最小方差组合之上的部分是凹的，而位于最小方差之下的部分是凸的。相关系数决定组合可行线在 A 与 B 之间的弯曲程度，且随着相关

系数的增大,弯曲程度将降低。当 $\rho_{A,B} = -1$ 时,弯曲程度最大,呈折线;当 $\rho_{A,B} = 1$ 时,弯曲程度最小,呈直线;不相关是一种中间状态,比正完全相关弯曲程度大,比负完全相关弯曲程度小。

2. 允许卖空、不考虑无风险借贷情况下两种资产组合的可行域

在存在信用交易机制的资产市场上,投资者可以通过融资融券进行买空或卖空交易。比如,投资者预期未来某项资产的价格可能下降,他可以通过融券交易融入该资产并卖出,等未来资产价格下跌后再从市场上进行买入平仓操作。从本质上讲,卖空就是持有这种资产的负头寸。在卖空机制下,组合中某项资产的投资比例可以小于 0 或大于 1,因为投资者可以将其通过卖空交易获得的资金再投资于预期未来期望收益率较高的资产。因此,允许卖空情况下两种风险资产的可行集合是包含不允许卖空情况下的可行集合的一个无限延伸区域。在本书中,我们仅讨论两种资产正相关和负相关时的特征。

(1) 卖空机制情况下两种资产完全正相关 ($\rho_{A,B}=1$) 由于没有投资比例大于 0 的限制,组合的期望收益率和标准差可表示为

$$\begin{cases} \overline{R}_P = w_A \overline{R}_A + (1 - w_A) \overline{R}_B \\ \sigma_P = |w_A \sigma_A + (1 - w_A) \sigma_B| \end{cases}$$

由上式可知,当允许卖空时,完全正相关的组合可行线也变成了分段折线,两种资产组合的可行域是包含不允许卖空情况下的直线段可行集合的一个无限延伸的曲线。显然,在允许卖空时,即使两个完全正相关的资产也存在着零风险的组合点(推导过程及原理可参考不允许卖空条件下的负相关情况)。假设资产 A 与资产 B 的风险不同,即 $\sigma_A \neq \sigma_B$(此时 A、B 不会落在一条垂直的直线上),令 $\sigma_P = 0$ 可解得 A 与 B 的权重:$w_A = \dfrac{\sigma_B}{\sigma_B - \sigma_A}$、$w_B = \dfrac{-\sigma_A}{\sigma_B - \sigma_A}$。组合可取得的无风险收益为 $\overline{R}_P = \dfrac{\sigma_B \overline{R}_A - \sigma_A \overline{R}_B}{\sigma_B - \sigma_A}$。可以分两种情景讨论:

1) 情景 1:若 $\sigma_A < \sigma_B$,则可得 $w_B < 0$,两种资产组合的可行集合如图 8-6 所示。
2) 情景 2:若 $\sigma_A > \sigma_B$,则可得 $w_B > 0$,两种资产组合的可行集合如图 8-7 所示。

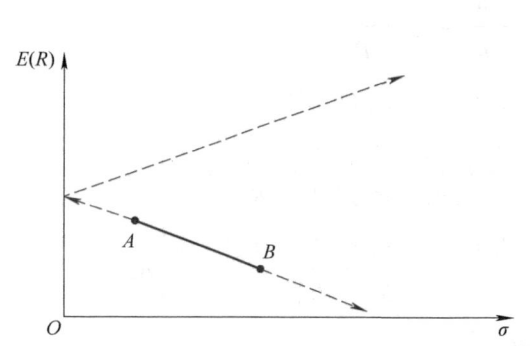 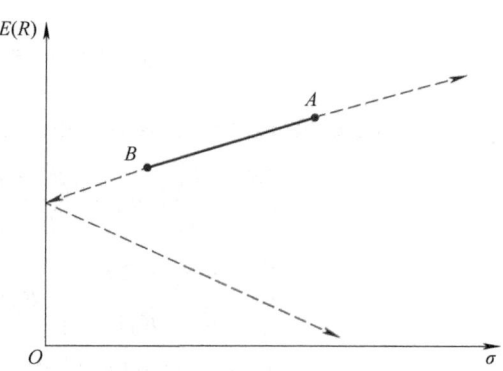

图 8-6 卖空机制下 $\sigma_A < \sigma_B$ 时的两种资产可行集合　　图 8-7 卖空机制下 $\sigma_A > \sigma_B$ 时的两种资产可行集合

(2) 卖空机制情况下两种资产完全负相关 ($\rho_{A,B}=-1$) 两种资产完全负相关与完全正相关的不同之处在于,完全负相关是由无风险组合点出发的,分别经过 A、B 点,向外无限延伸的折线,如图 8-8 所示,推导过程不再赘述。

事实上，对于两种资产相关性的其他情形，其本质也是包含不允许卖空情况下可行集合的一个无限延伸区域。

（3）无风险借贷条件下资产组合的可行域　可以将无风险利率视为持有固定收益（$R_f, \sigma_f = 0$）的资产，按无风险利率借贷可视为卖空该无风险资产。考虑由风险资产组合 A 和无风险资产所构成的资产组合，若投资不允许卖空风险资产则有 $w_A > 0$；而若投资者可以无风险利率借款，则投资于组合 A 的资金可以大于初始资金，即 $w_A > 1$。也可以分为两种情景进行讨论。

1）情景 1：投资者可以按无风险利率无限制借贷资金。

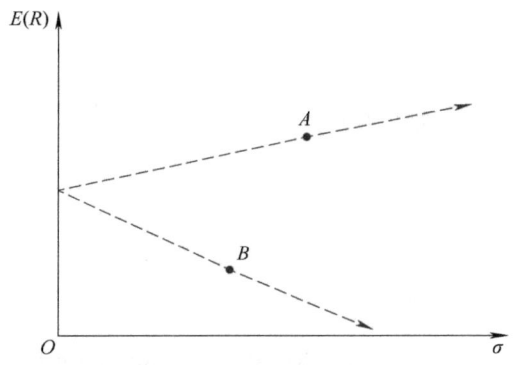

图 8-8　完全负相关时的两种资产可行集合

$$E(R_P) = (1 - w_A) R_f + w_A \cdot E(R_A)$$
$$\sigma_P^2 = (1 - w_A)^2 \sigma_f^2 + w_A^2 \sigma_A^2 + 2w_A(1 - w_A) \sigma_f \sigma_A \rho_{fA} = w_A^2 \sigma_A^2$$

即 $\sigma_P = w_A \sigma_A$，可得：$w_A = \dfrac{\sigma_P}{\sigma_A}$。

把上式代入组合收益方程，可得

$$E(R_P) = R_f + \left(\dfrac{E(R_A) - R_f}{\sigma_A} \right) \sigma_P$$

由此可知，由无风险资产和风险资产构成的投资组合的风险是风险资产风险的简单线性函数，它是一条直线方程，由无风险资产出发经过风险资产向外无限延伸的射线 $R_f AH$ 或 FMH 线。它表明由无风险资产 F 与任何投资资产组合 A 构成的所有投资组合都位于这条直线上。这条直线在收益轴上的截距为 R_f，直线斜率为 $(\overline{R_A} - R_f)/\sigma_A$，如图 8-9 所示。

最佳投资组合是不同投资组合点的连线与有效边界相切的点，即图 8-9 中的 M 点，在该点投资者投资于风险资产带来的单位风险补偿最大。在 FM 段，投资者将一部分资金投资于无风险资产，一部分资金投资于风险资产组合 M；而在 MH 阶段，投资者将以无风险利率借入一部分资金，并连同以前的资金一同投资于风险资产组合 M。

2）情景 2：投资者无风险借贷受约束。

投资者虽然可以在资本市场上以无风险利率贷出资金，却不能按无风险利率借入资金，此时投资者只能在 M 点与 H 点之间持有风险投资组合，其投资比例大于 0 小于 1，有效边界为曲线段 FMH，如图 8-10 所示。

3）情景 3：投资者无风险借入利率高于无风险贷出利率。

此时的有效边界为曲线 $FGHI$，如图 8-11 所示。

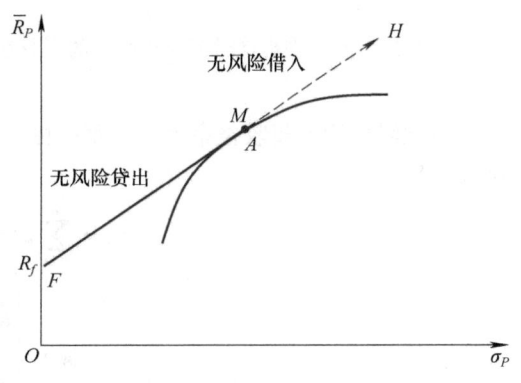

图 8-9　按无风险利率无限制借贷资金的有效边界

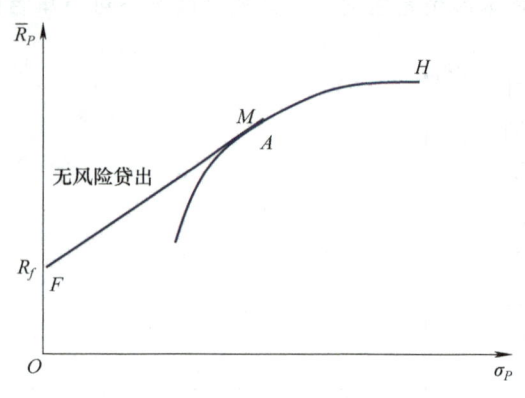

图 8-10 允许无风险贷出资金但没有无风险借入条件下的有效边界

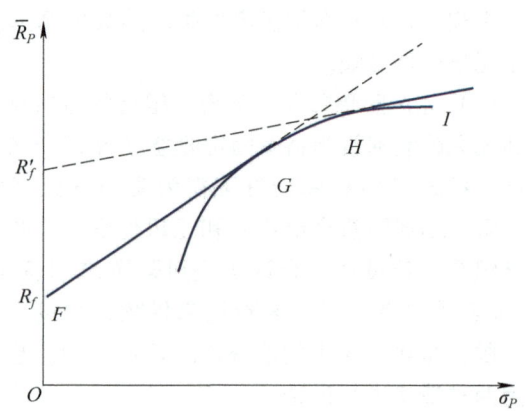

图 8-11 不同无风险借贷利率条件下的有效边界

8.3.2 多种资产组合的可行域

一般而言，当由多种资产（不少于三种资产）构造资产组合时，组合可行域是所有有效资产组合构成的期望收益率与标准差 $(\sigma, \overline{R})$ 坐标系中的一个区域，其形状如图 8-12 和图 8-13 所示。

图 8-12 不允许卖空时多资产组合的可行域

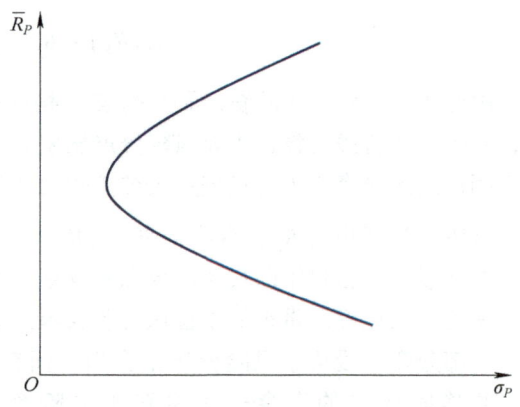

图 8-13 允许卖空时多资产组合的可行域

假定组合的期望收益率为 μ，那么由 n 种资产所构成的在该收益率下的所有可能组合的求解可表示为

$$\sigma_P = \sum_{i=1}^{n} w_i^2 \sigma_i^2 + \sum_{1 \leqslant i < j \leqslant n} w_i w_j \sigma_i \sigma_j \rho_{i,j}$$

$$\text{s.t.} \begin{cases} \overline{R}_P = \sum_{i=1}^{n} w_i \overline{R}_i = \mu \\ \sum_{i=1}^{n} w_i = 1 \end{cases}$$

由此可见，可行域的形状不仅依赖于组合中单个资产的期望收益率和标准差及它们收益率之间的相关系数 $\rho_{i,j}$，还依赖于组合中不同资产的权重约束。

8.3.3 资产组合的有效集合

1. 描述资产组合的有效边界

资产组合的可行域表示了投资者在进行组合投资时所有可能的资产组合,不同的投资者对期望收益率和风险的偏好不同,因此他们所选择的最优组合也不相同。在实践中,投资者对期望收益率的偏好超过对风险的厌恶,在投资决策时希望期望收益率越大越好,风险越小越好,这种选择原则称为投资者的共同偏好规则。即

1) 如果两种资产组合具有相同的收益率方差和不同的期望收益率,即 $\sigma_A^2 = \sigma_B^2$,但 $\overline{R}_A \neq \overline{R}_B$。若 $\overline{R}_A > \overline{R}_B$,则投资者决策时将选择期望收益率高的组合 A。

2) 如果两种资产组合具有相同的期望收益率和不同的收益率方差,即 $\overline{R}_A = \overline{R}_B$,但 $\sigma_A^2 \neq \sigma_B^2$。若 $\sigma_A^2 < \sigma_B^2$,则投资者决策时将选择方差小的组合 A。

按照投资者的共同偏好规则,在相同风险下投资者都会选择期望收益率最大的组合,而在期望收益率相同的情况下会选择风险最小的组合。由这些组合在 (σ, μ) 的二维空间里所构成的组合就称为有效资产组合。在 (σ, μ) 表示的可行域图形中,它是可行域的上边界部分,称为"有效集合、有效前沿或有效边界"。在不允许卖空的情况下,有效集合是凹的,它是从最小方差组合开始延伸至最大收益组合的一条曲线,如图 8-14 所示。

理性的投资者会选择有效边界上的组合进行投资,但最优组合的选择还取决于投资者的风险偏好,可利用投资者的风险-回报率效用函数与有效边界的切点来确定。如图 8-14 所示,选择 B 点组合投资者的风险厌恶程度要高于选择 C 点组合的投资者。而图中 A 点则是上边界和下边界的交汇点,该点所代表的组合在所有可行组合中方差最小,也被称作"最小方差组合"。

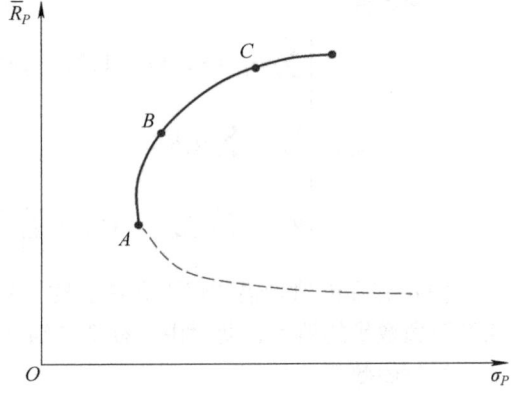

图 8-14 资产组合的有效边界

在允许卖空的情况下,有效边界仍然从最小方差组合开始延伸,只是它的上界是无限的,这是因为投资者可以运用卖空交易出售有较低期望收益率的(证券)资产组合,并将所得资金连同原有资金投资于有效边界上的资产,在此情景下投资组合可以获得无限大的期望收益率。

2. 有效集合的计算

(1) 允许卖空且存在无风险借贷 基本思想:在投资于各资产比例的总和为 1 的约束下,通过寻找超额收益率(即风险组合期望收益率减去无风险收益率)与组合收益率的标准差之比最大的投资组合来确定有效边界。在允许卖空且存在无风险借贷的情况下,包括无风险资产在内的 n 种资产组合的有效边界规划求解模型可表示为

目标函数:

$$\max_{w_i} \theta = \frac{\overline{R}_P - R_f}{\sigma_P}$$

约束条件:

$$\text{s.t.} \begin{cases} \sum_{i=1}^{n} w_i = 1, \ (i=1,2,\cdots,n) \\ \overline{R}_P = \sum_{i=1}^{n} w_i \overline{R}_i \\ \sigma_P^2 = \sum_{i=1}^{n}\sum_{j=1}^{n} w_i w_j \sigma_{i,j} = \sum_{i=1}^{n}\sum_{j=1}^{n} w_i w_j \rho_{i,j}\sigma_i\sigma_j = \sum_{i=1}^{n} w_i^2\sigma_i^2 + \sum_{i=1}^{n}\sum_{\substack{j=1\\j\neq i}}^{n} w_i w_j \sigma_{i,j} \\ \sigma_f = 0 \end{cases}$$

可以用运筹学方法或者拉格朗日乘数法求解，也可以将条件约束项代入目标函数化为无条件优化问题对模型进行求解。

（2）允许卖空但不存在无风险借贷　当市场允许卖空，但投资者不能在市场上进行无风险利率借入时，n 种资产组合的有效边界规划求解模型为

目标函数：
$$\max_{w_i} \theta = \frac{\overline{R}_P - R_f}{\sigma_P}$$

约束条件：
$$\text{s.t.} \begin{cases} \sum_{i=1}^{n} w_i = 1, \ (i=1,2,\cdots,n) \\ \overline{R}_P = \sum_{i=1}^{n} w_i \overline{R}_i \\ \sigma_P^2 = \sum_{i=1}^{n}\sum_{j=1}^{n} w_i w_j \sigma_{i,j} = \sum_{i=1}^{n}\sum_{j=1}^{n} w_i w_j \rho_{i,j}\sigma_i\sigma_j = \sum_{i=1}^{n} w_i^2\sigma_i^2 + \sum_{i=1}^{n}\sum_{\substack{j=1\\j\neq i}}^{n} w_i w_j \sigma_{i,j} \end{cases}$$

（3）存在无风险借贷但不允许卖空　在存在无风险借贷但不允许卖空的情景下，投资者不能持有负数量的资产，此时由 n 种资产组合的有效边界规划求解模型为

目标函数：
$$\max_{w_i} \theta = \frac{\overline{R}_P - R_f}{\sigma_P}$$

约束条件：
$$\text{s.t.} \begin{cases} \sum_{i=1}^{n} w_i = 1 \\ w_i \geq 0, \ (i=1,2,\cdots,n) \end{cases}$$

（4）既不允许卖空也不允许无风险借贷　在既不允许卖空也不允许无风险借贷情景下，限制条件为：投资于每种资产的权重之和为1，且每种资产的投资比例不小于0。n 种资产组合的有效边界规划求解模型为

目标函数：
$$\min_{w_i} \sigma_P^2 = \sum_{i=1}^{n} w_i^2\sigma_i^2 + \sum_{i=1}^{n}\sum_{\substack{j=1\\j\neq i}}^{n} w_i w_j \sigma_{i,j}$$

约束条件：
$$\text{s.t.} \begin{cases} \sum_{i=1}^{n} w_i = 1 \\ w_i \geq 0, \ (i=1,2,\cdots,n) \\ \overline{R}_P = \sum_{i=1}^{n} w_i \overline{R}_i \end{cases}$$

本章小结

本章首先讲述了投资组合的含义,理解投资组合分散风险的内涵本质即"不要把鸡蛋放在同一个篮子里"。其次分析了在概率分布和一般情景下单一证券和证券组合的收益率及风险的测算及衡量。最后介绍了两种资产和多种资产组合的可行域及有效集合的确定。

思考练习

1. 某公司持有 A、B、C 三种股票构成的证券组合,它们目前的市价分别为 20 元/股、6 元/股和 4 元/股,它们的 β 系数分别为 2.1、1.0 和 0.5,它们在证券组合中所占的比例分别为 50%、40%、10%,上个会计年度的股利分别为 2 元/股、1 元/股和 0.5 元/股。预期持有 B、C 股票每年可分别获得稳定的股利,持有 A 股票每年获得的股利逐年增长率为 5%。若目前的市场收益率为 14%,无风险收益率为 10%。

要求:
(1) 计算持有 A、B、C 三种股票投资组合的风险收益率。
(2) 若投资总额为 30 万元,风险收益额是多少?
(3) 分别计算投资 A 股票、B 股票、C 股票的必要收益率。
(4) 计算投资组合的必要收益率。
(5) 分别计算 A 股票、B 股票、C 股票的内在价值。
(6) 判断该公司应否出售 A、B、C 三种股票。

2. 假设证券收益率由一个单因素模型生成。陈先生拥有一个组合,见表 8-5。根据其特征,可以利用这三种证券构造一个套利组合。"增加 A 的比例,相应减少 B 和 C 的比例"来套利。假定其将 A 的比重增加 0.2,则 B 和 C 的比重如何变化?

表 8-5 证券组合

特 征	A	B	C
期望收益率	20%	10%	5%
因素灵敏度	2.0	3.5	0.5
投资比例	0.2	0.4	0.4

3. 如果你管理的基金是一种预期回报率为 18% 和标准差为 28% 的风险资产组合,市场短期国库券利率为 8%。回答以下问题:

(1) 如果你的委托人决定将其资产的 70% 投入到你的基金中,另外 30% 投入到货币市场的短期国库券基金中,则该资产组合的预期收益率与标准差各是多少?
(2) 你的风险资产组合的风险回报率是多少?你的委托人的呢?
(注:风险回报率=风险溢价/标准差)
(3) 在预期收益与标准差的图表上作出你的资产组合的资本配置线(CAL),资本配置线的斜率是多少?在你的基金的资本配置线上标出你的委托人的位置。
(4) 假如你的委托人决定将占总投资预算为 y 的投资额投入到你的资产组合中,目标是获得 16% 的预期收益率,那么 y 应该是多少?

(5) 假如委托人想把他投资额的 y 比例投资于你的基金中,以使他总投资的预期回报最大,同时满足总投资标准差不超过 18% 的条件。

a) 投资比率 y 是多少?
b) 总投资预期回报率是多少?

案例讨论

时隔四年再度减持美国银行 14.7 亿美元股票

在本周美股市场收盘后,伯克希尔·哈撒韦向美国 SEC(证券交易委员会)提交减持声明,披露在过去一周里减持了接近 15 亿美元的美国银行(Bank of America)股票。这也是巴菲特自 2020 年三季度以来首次减持这只长期"爱股"。根据公告披露,伯克希尔·哈撒韦在 2024 年 7 月 17 日至 7 月 19 日期间,分四次减持了 3389 万股美国银行股票,价格介于 43.12~44.06 美元之间,合计减持金额约 14.76 亿美元。完成此次交易后,伯克希尔·哈撒韦持仓中依然拥有 9.989 亿股美国银行股票,价值超过 428 亿美元,依然是伯克希尔·哈撒韦投资组合中仅次于苹果的第二大持仓。

巴菲特的此番减持,恰逢美股市场近几天切入"轮动交易"的风格,大量获利颇丰的资金从科技巨头中涌出,加仓价值蓝筹和小盘股。虽然美国银行并没有像高盛、摩根大通那样创历史新高,但股价同样升至近两年半高位。从 2023 年 10 月开始算起,美国银行这一波上涨的累计涨幅超过 75%。

与巴菲特投资苹果类似,伯克希尔·哈撒韦对美国银行的投资也是一个经典的"华尔街价值投资寓言"。巴菲特于本周减持的这些股票,来源可以追溯到 2011 年,伯克希尔·哈撒韦对经历次贷危机后的美国银行投资 50 亿美元,拿到每年付息 6% 的优先股,同时可以按照 7.14 美元/股的价格转换为 7 亿股普通股,期限为 10 年。当时美国银行股价正处于持续下跌状态中,宣布交易的当周一度跌至 6 美元,之后股价一度拉升至 8 美元上方,但接下来又是接近 4 个月的持续下跌,到 2011 年年底一度跌破 5 美元后才算是见底。

属于巴菲特的真正高光时刻是在 2017 年的夏天,伯克希尔·哈撒韦宣布将执行当年的换股权利。由于当时美国银行的股价已经涨至 24 美元,所以单单是行权的那一瞬间,巴菲特就净赚超过 120 亿美元。这笔交易也使得伯克希尔·哈撒韦成为美国银行的第一大股东,直至今日。事实上,在 2011 年载入投资史册的交易前,巴菲特也曾在美国银行这只股票上"栽过跟头"。根据历史统计,伯克希尔·哈撒韦历史上首次买入美国银行的股票,是在 2007 年的二季度。在那个财富泡沫即将破灭的时间点,巴菲特以接近 50 美元的价格买入 870 万股美国银行股票,又在三季度进一步加仓。但随着市场开始泥沙俱下,巴菲特先是在 2008 年三季度砍掉一半仓位,后续憋到 2010 年四季度,以接近 10 美元的价格清掉所有仓位。

与交易海外股票不同,巴菲特在交易美股时经常会买进卖出,并不会"一路抛到底"。所以巴菲特在美国银行这只股票上也曾多次"做 T"。根据交易数据统计,在 2017 年行权大赚一笔后,巴菲特在 2018 年和 2019 年先后分四次增持接近 2.7 亿股,随后在 2019 年三、四季度减持 4560 万股(其间还曾买回 2000 万股)。2020 年 7 月巴菲特又大幅增持,分四次买入超过 1 亿股。随后巴菲特又在 2020 年三季度卖掉 2280 万股。从事后的股价走势看,该笔交易的交易时点是"卖在股价起飞前的最后一刻"。等到 2023 年一季度,巴菲特在 26~36 美元的价格区间里,把他两年半前在 22~26 美元的价格区间里卖掉的 2280 万股全部买回,这也是本周这笔交易前的最后一次操作。

资料来源:财联社. 巴菲特又要"做 T"了?时隔四年再度减持美国银行 14.7 亿美元股票 [EB/OL]. (2024-07-21) [2024-08-20]. https://www.cls.cn/detail/1739561.

案例思考：

（1）请查阅并结合美国银行的历史股价走势图，对上述材料中巴菲特投资美国银行的买入或卖出决策时点、买卖规模进行分析，评价一下巴菲特的择股、择时能力。

（2）巴菲特是典型的"价值投资"理念推崇者，其通过深入研究和精选个股，将大部分资金投入到具有长期增长潜力和竞争优势的少数几家公司上，以实现资产的长期稳健增长。但从巴菲特投资美国银行的案例看，巴菲特"买高卖低"的现象也有发生，你认为巴菲特在投资风险管理方面表现如何？

（3）巴菲特不盲目追求多元化的投资组合，集中投资策略较为明显。以旗下伯克希尔·哈撒韦公司（公司网址：https：//www.berkshirehathaway.com/）的持仓为例，2024年年度1季报显示，公司前五大重仓股分别是苹果、美国银行、美国运通、可口可乐和雪佛龙，占总市值的比例约为75%，低于2023年年报的79%。查阅相关资料，谈谈你对巴菲特投资理念和投资策略的理解。

第 9 章 风险定价理论

本章提要

本章主要介绍资产定价模型的发展脉络，重点介绍均值-方差模型、CAPM、APT 等资产定价模型，从理论上理解资产定价模型的本质是风险与收益匹配的内涵。并能够理解全风险定价、系统性风险定价的差异，从而对单指数模型和多指数模型在无套利定价思想下的均衡定价思想进行深入理解。

重点难点

本章重点：掌握均值-方差模型有效前沿的推导过程；了解资本市场线和证券市场线的区别及联系；掌握风险分解；能够从无风险套利的角度推导均衡状态下的证券市场线方程和套利定价模型。

本章难点：均值-方差模型有效前沿推导；基于无套利定价理论推导资产定价方程。

引导案例

现代资产定价理论的发展脉络

早期理论（20 世纪初）：主要基于传统的财务理论，如股利贴现模型（Dividend Discount Model，DDM）和收益资本化模型（Capitalization of Income Model）。

组合选择理论（1952 年）：哈里·马科维茨（Harry Markowitz）提出的均值-方差（Mean-Variance）组合选择理论，强调资产组合的预期收益和风险的均衡，该理论奠定了现代资产定价理论的基础。

资本资产定价模型（CAPM）（20 世纪 60 年代）：威廉·夏普（William Sharpe）、约翰·林特纳（John Lintner）和简·莫辛（Jan Mossin）分别于 1964 年、1965 年、1966 年独立提出了资本资产定价模型。CAPM 将资产的预期收益与市场组合的预期收益联系起来，通过市场风险溢价来解释资产的预期收益。

套利定价理论（APT）（20 世纪 70 年代）：斯蒂芬·罗斯（Stephen Ross）在 1976 年提出了套利定价理论。该理论认为，资产的预期收益可以通过多个宏观经济因素来解释，而不仅有市场风险。

行为资产定价模型（20 世纪 80 年代）：主要是行为金融学的发展对资产定价理论提出了挑

战,如一些学者研究发现投资者的非理性行为(如过度自信、羊群效应等)对资产价格有显著影响。

因子定价模型(2000年前后):尤金·法玛(Eugene Fama)和肯·弗伦奇(Ken French)在1992年提出了三因子模型,将市场风险、公司规模和账面市值比作为解释资产收益的主要因素;随后Carhart在三因子模型的基础之上,加入"一年期收益动量异常因子",即将过去股价走势较好的"赢家"组合和过去股票走势较差的"输家"组合的收益率之差作为动量因子,提出Carhart四因子模型;随后尤舍·法玛和肯·弗伦奇在他们三因子模型的基础上,又加入盈利水平风险、投资水平风险等因子,构建了五因子模型。

风险平价和因子投资(2000—2010年):风险平价策略和因子投资策略的发展,使得投资者更加关注风险的分散化和特定风险因子的暴露。

机器学习和人工智能(2010年至今):随着大数据和计算技术的进步,机器学习和人工智能在资产定价中的应用越来越广泛。这些技术可以帮助投资者识别和利用更多的非传统因素来预测资产价格。

环境、社会和治理(ESG)因素(2010年至今):投资者越来越关注企业的社会责任和可持续发展,ESG因素成为影响资产定价的新维度。

现代资产定价理论的发展是一个不断演进和深化的过程,随着金融市场的变化和新技术的应用,理论也在不断地更新和扩展。

案例讨论与思考:

(1)影响投资决策的因素有很多,基本分析和技术分析为投资决策提供"择股"和"择时"的依据,组合投资解决最优化配置问题,那么在投资决策中,如何运用不同的分析方法呢?

(2)从早期投资者只能感知风险到量化和测度风险,并从预期收益率与风险均衡的视角进行风险定价。但从资产定价理论的发展看,影响资产定价的因素越来越多,试选择一种影响因素,查阅相关文献并理解该因素影响资产定价的作用机理。

9.1 均值-方差模型

9.1.1 均值-方差有效前沿

在马科维茨(1952)提出均值-方差模型奠定现代资产组合理论之前,传统的金融投资理论仅关注投资的收益而不能对风险进行有效的量化。马科维茨首次提出可利用收益率波动的方差来衡量风险,从而将投资的视角拓展到了关注收益-风险均衡的二维空间。

假设市场上有 N 种风险资产,记 $\tilde{r} = (\tilde{r}_1, \tilde{r}_2, \cdots, \tilde{r}_N)^T$、$\bar{r} = (E(\tilde{r}_1), E(\tilde{r}_2), \cdots, E(\tilde{r}_N))^T$ 分别为风险资产的收益率向量和预期收益率向量,记不同风险资产收益率之间的协方差为 $\Sigma_{N \times N} = \{\sigma_{ij}\}_{i,j=1}^N$ (其中 $\sigma_{ij} = \text{cov}(\tilde{r}_i, \tilde{r}_j)$)。

假设投资者的期初财富为 W,用 a_k 表示投资于第 k 项金融资产的金额,则有 $\sum_{k=1}^N a_k = W$ (其中 $k = 1, 2, \cdots, N$)。记投资者初始财富在不同风险资产中分配的金额向量为 $\boldsymbol{a} = (a_1, a_2, \cdots, a_N)^T$,则投资者构建的组合中不同资产的权重向量为 $\boldsymbol{x} = (x_1, x_2, \cdots, x_N)^T = \left(\dfrac{a_1}{W}, \dfrac{a_2}{W}, \cdots, \dfrac{a_N}{W}\right)^T$,且满足

$\sum_{k=1}^{N} x_k = 1$，即 $\boldsymbol{x}^T \boldsymbol{l} = 1$。若允许卖空，则 x_k 可以小于 0，但仍需满足 $\sum_{k=1}^{N} x_k = 1$。

若投资者进行两期投资，则在 $t=1$ 时期，投资者的期末财富可以表示为

$$\widetilde{W} = \sum_{k=1}^{N} a_k(1+\tilde{r}_k) = \boldsymbol{a}^T(1+\tilde{\boldsymbol{r}})$$

投资者期末的财富期望为

$$E(\widetilde{W}) = \sum_{k=1}^{N} a_k(1+E(\tilde{r}_k)) = \boldsymbol{a}^T(1+E(\tilde{\boldsymbol{r}})) = W(1+\boldsymbol{x}^T\bar{\boldsymbol{r}})$$

$t=1$ 时期投资者期末财富的方差为

$$\text{var}(\widetilde{W}) = W^2 \sum_{i=1}^{N} \sum_{j=1}^{N} x_i x_j \text{cov}(\tilde{r}_i, \tilde{r}_j) = W^2 \boldsymbol{x}^T \boldsymbol{\Sigma} \boldsymbol{x}$$

组合中不同资产的权重一旦确定，组合的收益率和风险就可以确定，因此可用权重向量来表示一个组合。由于由 N 种风险资产所构建的组合有无穷多个，对于理性的投资者而言，其优化投资组合选择的策略是：给定组合的预期收益率，投资者所承受的风险越小越好；给定投资者对组合可承受的风险水平，则预期收益率越高越好。由此可以定义在风险-收益二维空间下的均值-方差前沿组合。

定义：投资组合 $\boldsymbol{x}^p = (x_1^p, x_2^p, \cdots, x_N^p)^T$ 如果是下列二次规划的优化解，则称其为均值-方差前沿组合。

$$\boldsymbol{x}^p = \arg\min_{\boldsymbol{x}} \frac{1}{2} \boldsymbol{x}^T \boldsymbol{\Sigma} \boldsymbol{x}$$

$$\text{s.t.} \begin{cases} \boldsymbol{x}^T \bar{\boldsymbol{r}} = \mu \\ \boldsymbol{x}^T \boldsymbol{l} = 1 \end{cases}$$

式中，μ 表示组合某一个预期收益率水平。

由定义可知，均值-方差前沿组合满足：在给定的收益水平下，组合风险最小。由于 $\boldsymbol{\Sigma}$ 为组合中不同风险资产的协方差且 $\sigma_P^2 = \boldsymbol{x}^T \boldsymbol{\Sigma} \boldsymbol{x} \geq 0$，可假设 $\boldsymbol{\Sigma}$ 为非负定矩阵（一般假设为严格正定）。

对上述二次规划最优解的求解，可以通过构建拉格朗日函数的方法解决，构建的拉格朗日函数为

$$L(\boldsymbol{x}, \lambda_1, \lambda_2) = \frac{1}{2} \boldsymbol{x}^T \boldsymbol{\Sigma} \boldsymbol{x} + \lambda_1(\mu - \boldsymbol{x}^T \bar{\boldsymbol{r}}) + \lambda_2(1 - \boldsymbol{x}^T \boldsymbol{l})$$

分别对 $\boldsymbol{x}$、λ_1、λ_2 求一阶偏导，注意这里 $\boldsymbol{x}$ 是一个向量，表示对向量 $\boldsymbol{x}$ 中的每一个变量都求一阶偏导，可得

$$\frac{\partial L}{\partial \boldsymbol{x}} = \boldsymbol{\Sigma} \boldsymbol{x} - \lambda_1 \bar{\boldsymbol{r}} - \lambda_2 \boldsymbol{l} = 0 \tag{9-1}$$

$$\frac{\partial L}{\partial \lambda_1} = \mu - \boldsymbol{x}^T \bar{\boldsymbol{r}} = 0 \tag{9-2}$$

$$\frac{\partial L}{\partial \lambda_2} = 1 - \boldsymbol{x}^T \boldsymbol{l} = 0 \tag{9-3}$$

由于假设 $\boldsymbol{\Sigma}$ 是严格正定的，所以 $\boldsymbol{\Sigma}^{-1}$ 存在，将式（9-1）两边同时乘以 $\boldsymbol{\Sigma}^{-1}$ 可得

$$\boldsymbol{x}^* = \lambda_1 \boldsymbol{\Sigma}^{-1} \bar{\boldsymbol{r}} + \lambda_2 \boldsymbol{\Sigma}^{-1} \boldsymbol{l} \tag{9-4}$$

进一步地，在式（9-4）两边同时乘以 $\boldsymbol{l}^T$、$\bar{\boldsymbol{r}}^T$，可得

$$1 = \boldsymbol{l}^T\boldsymbol{x} = \lambda_1\boldsymbol{l}^T\boldsymbol{\Sigma}^{-1}\bar{\boldsymbol{r}} + \lambda_2\boldsymbol{l}^T\boldsymbol{\Sigma}^{-1}\boldsymbol{l}$$

$$\mu = \bar{\boldsymbol{r}}^T\boldsymbol{x} = \lambda_1\bar{\boldsymbol{r}}^T\boldsymbol{\Sigma}^{-1}\bar{\boldsymbol{r}} + \lambda_2\bar{\boldsymbol{r}}^T\boldsymbol{\Sigma}^{-1}\boldsymbol{l}$$

记 $A = \boldsymbol{l}^T\boldsymbol{\Sigma}^{-1}\bar{\boldsymbol{r}}$，$B = \bar{\boldsymbol{r}}^T\boldsymbol{\Sigma}^{-1}\bar{\boldsymbol{r}}$，$C = \boldsymbol{l}^T\boldsymbol{\Sigma}^{-1}\boldsymbol{l}$，$D = BC - A^2$，可解得

$$\begin{cases}1 = \lambda_1 A + \lambda_2 C \\ \mu = \lambda_1 B + \lambda_2 A\end{cases} \Rightarrow \begin{cases}\lambda_1 = \dfrac{C\mu - A}{D} \\ \lambda_2 = \dfrac{B - A\mu}{D}\end{cases}$$

进一步地，可得到有效前沿的组合为

$$\boldsymbol{x}^* = \frac{C\mu - A}{D}\boldsymbol{\Sigma}^{-1}\bar{\boldsymbol{r}} + \frac{B - A\mu}{D}\boldsymbol{\Sigma}^{-1}\boldsymbol{l} = \frac{1}{D}\boldsymbol{\Sigma}^{-1}[(C\mu - A)\bar{\boldsymbol{r}} + (B - A\mu)\boldsymbol{l}]$$

$\boldsymbol{x}^*$ 即 $\boldsymbol{x}^p$，由于 $\boldsymbol{x}^T\boldsymbol{l} = 1$，所以均值-方差前沿组合在权重的 N 维空间中是一个超平面。通过进一步推导，可以将均值-方差前沿从权重的 N 维空间转化为收益和风险的二维空间。

由 $\boldsymbol{\Sigma}\boldsymbol{x} = \lambda_1\bar{\boldsymbol{r}} + \lambda_2\boldsymbol{l}$，在方程的两边同时乘以权重向量 $\boldsymbol{x}^T$，则有

$$\sigma_p^2 = \lambda_1\boldsymbol{x}^T\bar{\boldsymbol{r}} + \lambda_2\boldsymbol{x}^T\boldsymbol{l} = \frac{C\left(\mu - \dfrac{A}{C}\right)^2}{D} + \frac{1}{C}$$

即

$$\mu = \frac{A}{C} \pm \sqrt{\frac{D}{C}\left(\sigma_p^2 - \frac{1}{C}\right)}$$

在不允许卖空的情况下，$\mu = \dfrac{A}{C} - \sqrt{\dfrac{D}{C}\left(\sigma_p^2 - \dfrac{1}{C}\right)}$ 舍去。

从组合风险与组合收益之间的函数关系看，在均值-标准差平面上，有效前沿图像是一条双曲线（上半枝），记为 EF（Efficient Frontier，有效前沿），如图 9-1 所示。

由 $\sigma_p^2 = \dfrac{C\left(\mu - \dfrac{A}{C}\right)^2}{D} + \dfrac{1}{C}$ 和 $\mu = \dfrac{A}{C} + \sqrt{\dfrac{D}{C}\left(\sigma_p^2 - \dfrac{1}{C}\right)}$ 的函数关系可得到：σ_p^2 的最小值为 $\dfrac{1}{C}$，当且仅当 $\mu = \dfrac{A}{C}$ 时，我们记 σ_p^2 的最小值为 σ_{mvp}^2，mvp 表示最小方差组合；μ 的最小值为 $\dfrac{A}{C}$，当且仅当 $\sigma_p^2 = \dfrac{1}{C}$ 时成立。

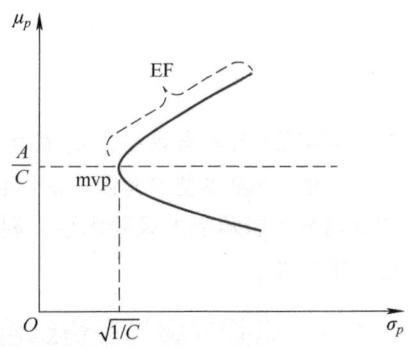

图 9-1 均值-方差有效前沿的图示

均值-方差有效组合是均值-方差前沿组合的子集，因此一个均值-方差的有效组合也可以表示为

$$\boldsymbol{x}^p = \frac{1}{D}\boldsymbol{\Sigma}^{-1}[(C\mu - A)\bar{\boldsymbol{r}} + (B - A\mu)\boldsymbol{l}]$$

记 $\boldsymbol{x}_\mu^p$ 为给定收益水平为 μ 时均值-方差前沿组合，令

$$\boldsymbol{g} = \frac{1}{D}(B\boldsymbol{\Sigma}^{-1}\boldsymbol{l} - A\boldsymbol{\Sigma}^{-1}\bar{\boldsymbol{r}})$$

$$\boldsymbol{h} = \frac{1}{D}(C\boldsymbol{\Sigma}^{-1}\bar{\boldsymbol{r}} - A\boldsymbol{\Sigma}^{-1}\boldsymbol{l})$$

则前沿组合可以表示为 $\boldsymbol{x}_u^p = \frac{1}{D}\boldsymbol{\Sigma}^{-1}[(C\mu - A)\bar{\boldsymbol{r}} + (B - A\mu)\boldsymbol{l}] = g + h\mu$，由于

$$\boldsymbol{l}^T g = \frac{1}{D}[B\boldsymbol{l}^T\boldsymbol{\Sigma}^{-1}\boldsymbol{l} - A\boldsymbol{l}^T\boldsymbol{\Sigma}^{-1}\bar{\boldsymbol{r}}] = \frac{1}{D}(BC - A^2) = 1$$

$$\boldsymbol{l}^T h = \frac{1}{D}[C\boldsymbol{l}^T\boldsymbol{\Sigma}^{-1}\bar{\boldsymbol{r}} - A\boldsymbol{l}^T\boldsymbol{\Sigma}^{-1}\boldsymbol{l}] = \frac{1}{D}(CA - AC) = 0$$

因此，g 为一个前沿组合，且组合的期望收益率等于 0，即 $\mu_g = 0$；h 为一个套利组合，因此 $g + h$ 也是一个前沿组合，且对应组合的期望收益率等于 1，即 $\mu_{g+h} = 1$。

可以证明所有的均值-方差前沿组合都可以由 g 和 $g + h$ 这两个均值-方差前沿组合的线性组合生成。由于 $\boldsymbol{x}^p = \frac{1}{D}\boldsymbol{\Sigma}^{-1}[(C\mu - A)\bar{\boldsymbol{r}} + (B - A\mu)\boldsymbol{l}] = g + h\mu$，只要令 $\alpha = 1 - \mu$，就有 $\alpha g + (1 - \alpha)(g + h) = g + (1 - \alpha)h = g + h\mu = \boldsymbol{x}_\mu^p$ 成立。由于均值-方差有效组合都是前沿组合，因此可以进一步推得任何均值-方差前沿组合都可以由两个不同的均值-方差前沿组合线性生成。证明过程如下：

令 $\boldsymbol{x}_{\mu_1}^p = g + h\mu_1$ 和 $\boldsymbol{x}_{\mu_2}^p = g + h\mu_2$ 是两个不同的均值-方差有效组合，且 $\mu_1 \neq \mu_2$。考察任何一个均值-方差有效组合 $\boldsymbol{x}_\mu^p = g + h\mu$。

令 $\alpha = \frac{\mu - \mu_2}{\mu_1 - \mu_2}$，则有

$$\begin{aligned}\alpha \boldsymbol{x}_{\mu_1}^p + (1 - \alpha)\boldsymbol{x}_{\mu_2}^p &= \alpha(g + h\mu_1) + (1 - \alpha)(g + h\mu_2) \\ &= g + \alpha h\mu_1 + (1 - \alpha)h\mu_2 \\ &= g + h[\alpha\mu_1 + (1 - \alpha)\mu_2] \\ &= g + h\mu\end{aligned}$$

即任何均值-方差有效组合 $\boldsymbol{x}_\mu^p$ 都可以表示成 $\alpha \boldsymbol{x}_{\mu_1}^p + (1 - \alpha)\boldsymbol{x}_{\mu_2}^p$。

均值-方差模型的有效前沿组合为投资者在进行风险投资时提供了参照的依据，即投资者会依据自身可以承受的风险水平，利用均值-方差有效前沿中该风险水平所对应的组合构成来进行组合的构建。

9.1.2 风险厌恶与投资组合选择

在进行风险资产投资选择时，投资者的投资目标是追求期末财富效用的最大化。我们假设投资者的效用函数为 $u(W)$，则对于一位风险厌恶的投资者而言，应满足 $u'(W) > 0$、$u''(W) < 0$，表明投资者边际财富的增加所带来的效用是正的，但是单位财富增加所带来的边际效用是递减的。我们从期望效用准则分析框架下来分析风险厌恶投资者如何进行风险资产组合的选择。

在用期望效用准则对均值-方差模型进行分析时，需要一定的前提条件：

1）条件 1：投资者选择的风险资产组合满足二阶随机占优（即相同期望收益下选择方差最小的组合）。

2）条件 2：均值-方差模型在风险资产收益率服从多元正态分布的假设下有效（正态分布是均值-方差分析的充分而非必要条件）。

3）条件 3：对于任意的分布，均值-方差模型在二次效用函数的假设下有效（该条件也是任何资产集上都存在两项基金分离的充要条件）。

我们假设对于所有的投资者而言，他们投资收益的效用函数都是二次效用函数，$u(W) = W - \frac{a}{2}W^2$，（$a>0, W \sim N(\mu, \sigma^2)$）。

假设投资者都是非厌足性和严格凹的效用函数，则需要满足

$$u'(W) > 0 \Rightarrow a < \frac{1}{2W}$$

进一步可得到投资者期末的期望财富和财富的方差为

$$E(u(W)) = \int u(W) \mathrm{d}D(W) = \int W \mathrm{d}D(W) - \frac{a}{2} \int W^2 \mathrm{d}D(W) = \mu - \frac{a}{2} \int W^2 \mathrm{d}D(W)$$

$$\sigma^2 = E(W - E(W))^2 = E(W - \mu)^2 = \int (W - \mu)^2 \mathrm{d}D(W) = \int W^2 \mathrm{d}D(W) - \mu^2$$

由 $\sigma^2 = \int W^2 \mathrm{d}D(W) - \mu^2 \Rightarrow \int W^2 \mathrm{d}D(W) = \sigma^2 + \mu^2$，可得

$$E(u(W)) = \mu - \frac{a}{2} \int W^2 \mathrm{d}D(W) = \mu - \frac{a}{2}(\mu^2 + \sigma^2)$$

对 u 求微分，可得

$$\begin{cases} \mathrm{d}u = \frac{\partial u}{\partial \sigma} \mathrm{d}\sigma + \frac{\partial u}{\partial \mu} \mathrm{d}\mu = 0 \\ \frac{\mathrm{d}\mu}{\mathrm{d}\sigma} = \frac{-\frac{\partial u}{\partial \sigma}}{\frac{\partial u}{\partial \mu}} = \frac{a\sigma}{1 - 2a\mu} > 0 \\ \frac{\mathrm{d}\mu^2}{\mathrm{d}^2\sigma} = \frac{a}{1 - 2a\mu} > 0 \end{cases}$$

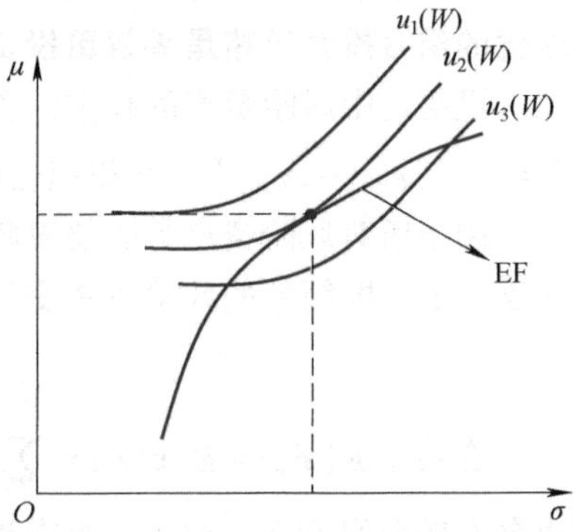

由于 $\frac{\mathrm{d}\mu}{\mathrm{d}\sigma} > 0$、$\frac{\mathrm{d}\mu^2}{\mathrm{d}^2\sigma} > 0$，所以在 (σ, μ) 的二维空间中，投资者的效用函数为下凸函数，如图9-2所示。

图9-2 单个投资者风险资产组合的最优选择

因此，对于不同风险厌恶的投资者，在给定风险资产的均值-方差前沿上，就可依据不同的效用函数来进行最优风险资产的选择决策。

9.1.3 均值-方差模型的延伸及局限

均值-方差有效前沿组合提供了最早的资产定价基础，突出了风险与收益相匹配的均衡思想。但依据均值-方差模型进行组合选择的计算量很大，特别是在二十世纪五六十年代计算机得不到普遍应用的背景下，计算过程更是烦琐。若组合中有 N 种风险资产，即使不考虑原始序列数据的处理，计算出组合的均值和方差所需要的计算数据会达到 $\frac{N^2 + N}{2} + 2$ 个，这极大限制了均值-方差模型的应用。后来一些学者对组合的风险进行了分解，并在其基础上提出了简化的投资策略，这主要包括两个方面的认识。

1）性质9.1：假设组合中所有风险资产等权重投资，当组合中的证券数目趋于无穷大时，组合的风险取决于不同风险资产之间的"共振"。

假设组合中有 N 种风险资产，不同风险资产的权重向量为 $\boldsymbol{x} = (x_1, x_2, \cdots, x_N)^{\mathrm{T}}$，满足 $\sum_{k=1}^{N} x_k = 1$，即 $\boldsymbol{x}^{\mathrm{T}} \boldsymbol{l} = 1$。则该组合风险的定义为

$$\sigma_P^2 = \boldsymbol{x}^{\mathrm{T}} \boldsymbol{\Sigma} \boldsymbol{x} = \sum_{i=1}^{N} \sum_{j=1}^{N} x_i x_j \mathrm{cov}(\tilde{r}_i, \tilde{r}_j) = \sum_{i=1}^{N} x_i^2 \sigma_i^2 + \sum_{i=1}^{N} \sum_{\substack{j=1 \\ j \neq i}}^{N} x_i x_j \sigma_{i,j}$$

若投资者等权重投资，即 $x_i = 1/N (i=1,2,\cdots,N)$，则有

$$\sigma_P^2 = \frac{1}{N} \sum_{i=1}^{N} \left(\frac{\sigma_i^2}{N} \right) + \frac{(N-1)}{N} \sum_{i=1}^{N} \sum_{\substack{j=1 \\ j \neq i}}^{N} \left[\frac{\sigma_{ij}}{N(N-1)} \right] = \frac{1}{N} \overline{\sigma_i^2} + \frac{(N-1)}{N} \overline{\sigma_{i,j}}$$

当 $N \to \infty$ 时，$\lim_{N \to \infty} \sigma_P^2 = \overline{\sigma_{ij}}$，组合的风险等于组合中不同风险资产协方差的平均值，即组合的风险主要取决于不同风险资产之间的共振。并在此基础上可以进一步将组合的风险分解为不同风险资产之间相互作用的系统性风险以及与单个风险资产相关的非系统性风险，这也构成了组合中最优风险资产数目确定的依据，即可结合组合中加入单个风险资产的边际风险下降与边际成本来决定最优组合中风险资产的数目。

2) 性质 9.2：若假设组合中的风险资产收益服从独立同分布，对于风险厌恶的投资者而言，最优的组合投资策略是等权重投资。

设组合中风险资产的权重向量为 $\boldsymbol{x} = (x_1, x_2, \cdots, x_N)^{\mathrm{T}}$，组合中不同风险资产的收益率向量为 $\tilde{\boldsymbol{r}} = (\tilde{r}_1, \tilde{r}_2, \cdots, \tilde{r}_N)^{\mathrm{T}}$，可得组合的收益率和风险分别为 $\boldsymbol{x}^{\mathrm{T}} \tilde{\boldsymbol{r}}$ 和 $\boldsymbol{x}^{\mathrm{T}} \boldsymbol{\Sigma} \boldsymbol{x}$。

由于所有风险资产的收益率随机变量都是独立同分布的，则组合中不同风险资产之间的协方差为零，即组合的风险可转变为

$$\sigma_P^2 = \sum_{i=1}^{n} x_i^2 \sigma_i^2$$

在给定 $E(\tilde{r}_P) = E(\boldsymbol{x}^{\mathrm{T}} \tilde{\boldsymbol{r}}) = \sum_{i=1}^{n} x_i E(\tilde{r}_i)$ 和 $\sum_{i=1}^{n} x_i = 1$ 的约束下，组合的最优解是：$x_i = 1/N$。这也是在较强假设下，市场上存在等权重指数及等权重投资策略的原因。

均值-方差模型尽管在资产定价方面较全面地刻画了风险与收益之间的均衡关系，但组合中有多项资产时，较为复杂的计算量限制了其应用。同时，由于均值-方差模型局限于对风险资产组合展开的分析，因此在考虑引入无风险资产时，如何进行优化则存在一定的不足。

若投资者的资产组合中含有无风险资产，假设 $t=0$ 时期市场上有 N 种风险资产和 1 种无风险资产，投资者投资于风险资产的权重向量为 $\boldsymbol{x} = (x_1, x_2, \cdots, x_N)^{\mathrm{T}}$，则投资于无风险资产的权重为 $1 - \boldsymbol{x}^{\mathrm{T}} \boldsymbol{l}$。记组合中风险资产的收益率为 $\tilde{r}_k (k=1,2,\cdots,N)$，无风险资产的收益为 r_f，则 $t=1$ 时期组合的收益率和风险分别为

$$\begin{cases} \tilde{r}_P = (1 - \boldsymbol{x}^{\mathrm{T}} \boldsymbol{l}) r_f + \boldsymbol{x}^{\mathrm{T}} \tilde{\boldsymbol{r}} = r_f + \boldsymbol{x}^{\mathrm{T}} (\tilde{\boldsymbol{r}} - r_f) \\ \sigma_P^2 = \boldsymbol{x}^{\mathrm{T}} \boldsymbol{\Sigma} \boldsymbol{x} \end{cases}$$

此时均值-方差前沿组合可定义为

$$\boldsymbol{x}^p = \arg \min_{\boldsymbol{x}} \frac{1}{2} \boldsymbol{x}^{\mathrm{T}} \boldsymbol{\Sigma} \boldsymbol{x}$$
$$\mathrm{s.t.} \quad \mu_p = r_f + \boldsymbol{x}^{\mathrm{T}} (\bar{\boldsymbol{r}} - r_f)$$

构建拉格朗日函数

$$L = \frac{1}{2} \boldsymbol{x}^{\mathrm{T}} \boldsymbol{\Sigma} \boldsymbol{x} - \lambda_1 [\mu_P - r_f - \boldsymbol{x}^{\mathrm{T}} (\bar{\boldsymbol{r}} - r_f)]$$

分别对 $\boldsymbol{x}$、λ_1 求一阶偏导数，并令其为零，则有

$$\begin{cases} \boldsymbol{\Sigma x} - \lambda_1 (\bar{\boldsymbol{r}} - r_f) = 0 \\ \mu_p - r_f - \boldsymbol{x}^{\mathrm{T}}(\bar{\boldsymbol{r}} - r_f) = 0 \end{cases}$$

可解得：$\boldsymbol{x}_p^* = \lambda_1 \boldsymbol{\Sigma}^{-1}(\bar{\boldsymbol{r}} - r_f)$。

方程的两边同时乘以 $(\bar{\boldsymbol{r}} - r_f)^{\mathrm{T}}$，则有

$$(\bar{\boldsymbol{r}} - r_f)^{\mathrm{T}} \boldsymbol{x}_p^* = \lambda_1 (\bar{\boldsymbol{r}} - r_f)^{\mathrm{T}} \boldsymbol{\Sigma}^{-1}(\bar{\boldsymbol{r}} - r_f) = \mu_p - r_f$$

可推出 $\lambda_1 = \dfrac{\mu_p - r_f}{(\bar{\boldsymbol{r}} - r_f)^{\mathrm{T}} \boldsymbol{\Sigma}^{-1}(\bar{\boldsymbol{r}} - r_f)}$，则 $\boldsymbol{x}_p^* = \lambda_1 \boldsymbol{\Sigma}^{-1}(\bar{\boldsymbol{r}} - r_f) = \dfrac{\mu_p - r_f}{(\bar{\boldsymbol{r}} - r_f)^{\mathrm{T}} \boldsymbol{\Sigma}^{-1}(\bar{\boldsymbol{r}} - r_f)} \boldsymbol{\Sigma}^{-1}(\bar{\boldsymbol{r}} - r_f)$。

令 $\boldsymbol{\eta} = \dfrac{\boldsymbol{\Sigma}^{-1}(\bar{\boldsymbol{r}} - r_f)}{(\bar{\boldsymbol{r}} - r_f)^{\mathrm{T}} \boldsymbol{\Sigma}^{-1}(\bar{\boldsymbol{r}} - r_f)}$，显然有：$(\bar{\boldsymbol{r}} - r_f)^{\mathrm{T}} \boldsymbol{\eta} = 1$。

由 $\boldsymbol{\Sigma x} = \lambda_1(\bar{\boldsymbol{r}} - r_f)$，可推得

$$\sigma_p^2 = \boldsymbol{x}^{\mathrm{T}} \boldsymbol{\Sigma x} = \lambda_1 \boldsymbol{x}^{\mathrm{T}}(\bar{\boldsymbol{r}} - r_f) = \lambda_1(\mu_p - r_f) = \dfrac{(\mu_p - r_f)^2}{(\bar{\boldsymbol{r}} - r_f)^{\mathrm{T}} \boldsymbol{\Sigma}^{-1}(\bar{\boldsymbol{r}} - r_f)}$$

定义 $H = (\bar{\boldsymbol{r}} - r_f)^{\mathrm{T}} \boldsymbol{\Sigma}^{-1}(\bar{\boldsymbol{r}} - r_f)$，一般假设 $H > 0$，则可进一步推得

$$\mu_p - r_f = \sqrt{H}\sigma_p$$

即：$\mu_p = r_f + \sqrt{H}\sigma_p$。

即在引入无风险资产后，由无风险资产和风险资产构成的有效前沿在 (σ_p, μ_p) 坐标轴上为通过 $(0, r_f)$ 的一条射线。在前沿组合上，组合的收益与组合的风险之间呈现线性正相关关系，从而揭示了资产定价的一条最基本原则：在含有无风险资产的均值-方差前沿上，组合的期望收益与组合的风险资产构成是无关的，只与投资于风险资产和无风险资产的分配比例有关，如图 9-3 所示。给定组合中的风险资产，H 值是可以确定的，$\sqrt{H}$ 也就反映了组合单位风险每增加 1 个单位，组合收益所要求的补偿。此时，在投资者是风险厌恶者，并且投资者的效用函数是二次函数的条件下，投资者的无风险收益曲线与引入无风险资产的均值-方差前沿的切点为投资者的最优组合决策点。尽管对于单个的投资者而言，能够根据自身的效用函数来构建最优的组合，但难以量化的效用函数在进行最优决策分析时先天就存在着缺陷，因为投资者本身就不知道自己准确的效用函数，因此，在利用均值-方差前沿分析时如何选择最优决策点是一个悬而未决的问题。

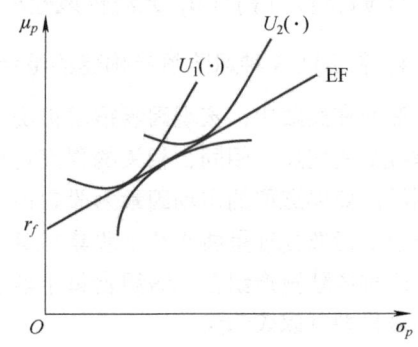

图 9-3 引入无风险资产的均值-方差前沿
注：$U_1(\cdot)$、$U_2(\cdot)$ 表示不同风险偏好的投资者。

计算比较烦琐及引入无风险资产时最优组合难以选择的问题，引出了后来的简化证券组合选择模型及均衡状态的 CAPM、多指数模型及 APT 等。

9.2 简化证券组合选择模型

9.2.1 单指数模型

单指数模型（Single Index Model，SIM）是由夏普（Sharpe）提出的，其基本思想为风险资

产的收益率只与一个因素有关。夏普发现在均值-方差模型中计算量最大的部分是风险资产间的协方差，但大量的分析和经验表明，诸如经济周期、市场利率波动、通货膨胀及技术创新等这些宏观性因素可能会对所有的风险资产都产生影响，虽然影响的程度不完全一样，但方向基本上是一样的。因此夏普考虑是否可以将影响所有风险资产收益的因素归为一个因素，将仅影响单个风险资产收益的其他因素对风险资产期望收益的影响假设为零。由此，夏普将风险分为宏观经济因素带来的系统性风险和公司特有因素带来的非系统性风险，极大地减少了资产组合选择时的工作量。基于不同风险资产之间具有关联的原因在于它们收益的变化主要受到同一因素影响认识，夏普提出了单因素模型，即

$$\tilde{r}_i = \alpha_i + \beta_i \tilde{y} + \varepsilon_i$$

式中，α_i 表示风险资产 i 的特有收益率；β_i 表示第 i 项风险资产的收益率对市场收益率的敏感系数（衡量的是第 i 种风险资产的系统性风险）；$\tilde{y}$ 表示一项影响所有风险资产收益率的宏观因素（市场因素或系统性因素），它也是一个随机变量，能对所有风险资产产生影响；ε_i 表示第 i 种风险资产的特有风险或非系统性风险（称为随机扰动项）。

影响风险资产收益率的因素主要有市场因素 $\tilde{y}$ 与随机扰动因素 ε_i，而 α_i 在夏普的单指数模型中并没有给出明确的内涵，其在模型中应为特征线方程与纵轴的截距，可以称为风险资产的特有收益率或超额收益率。

单因素模型存在以下假设：

1）$E(\varepsilon_i) = 0$，即随机扰动项的期望收益为 0。

2）$E(\varepsilon_i \varepsilon_j) = 0$，不同随机扰动项之间是互不相关的。

3）$\forall i, E(\varepsilon_i | \tilde{y}) = 0$，系统性风险与非系统性风险之间是相互独立的。

4）若用这 N 种风险资产构建的组合满足 $\sum_{i=1}^{N} x_i \varepsilon_i = 0$，说明 x 是一个完全分散化的投资组合。

然而在实践中，宏观因素很难被确定和准确量化。夏普发现在证券市场上，所有的证券对市场指数的变化反应相同，相关的程度可以用一种证券的收益率与股票市场指数的收益率的关系来刻画。如果选取的市场因素为股票市场指数收益率，那么单因素模型就可以称为单指数模型。由于股价指数往往是将市场上股票或某一类型的股票加权平均后得到的，因此可以将股价指数视为一种风险资产组合，该组合体的收益称为市场指数收益。若用 m 来表示市场指数组合，则单指数模型可以表示为

$$\tilde{r}_i = \alpha_i + \beta_i \tilde{r}_m + \varepsilon_i$$

它表明单个证券在某阶段的收益率与同期市场指数的收益率在统计上存在线性相关关系。进一步地，利用单指数模型的思想来考察组合的期望收益率与风险的关系。计算组合中第 i 只证券的期望收益率和风险，可得

$$\bar{r}_i = \alpha_i + \beta_i \bar{r}_m$$

$$\sigma_i^2 = E(\tilde{r}_i - \bar{r}_i)^2 = E[(\alpha_i + \beta_i \tilde{r}_m + \varepsilon_i) - (\alpha_i + \beta_i \bar{r}_m)]^2$$
$$= \beta_i^2 E(\tilde{r}_m - \bar{r}_m)^2 + E(\varepsilon_i)^2$$
$$= \beta_i^2 \sigma_m^2 + \sigma_{\varepsilon i}^2$$

式中，σ_i^2 表示单个证券的总风险；$\sigma_{\varepsilon i}^2$ 表示可分散风险或非系统性风险；$\beta_i^2 \sigma_m^2$ 表示不可分散风险或系统性风险，因此通常用 β_i 作为单个风险资产系统性风险的衡量指标。

组合中不同证券的协方差为

$$\sigma_{ij} = E[(\tilde{r}_i - \bar{r}_i)(\tilde{r}_j - \bar{r}_j)] = E[(\beta_i(r_m - \bar{r}_m) + \varepsilon_i)(\beta_j(r_m - \bar{r}_m) + \varepsilon_j)] = \beta_i\beta_j\sigma_m^2$$

对于证券组合 P，组合的期望收益率和风险为

$$\bar{r}_P = \sum_{i=1}^{N} x_i \bar{r}_i = \sum_{i=1}^{N} x_i \alpha_i + \sum_{i=1}^{N} x_i \beta_i \bar{r}_m$$

$$\sigma_P^2 = \sum_{i=1}^{N} x_i^2 \sigma_i^2 + \sum_{\substack{i=1 \\ j \neq i}}^{N} \sum_{j=1}^{N} x_i x_j \sigma_{i,j} = \sum_{i=1}^{N} x_i^2 \beta_i^2 \sigma_m^2 + \sum_{\substack{i=1 \\ j \neq i}}^{N} \sum_{j=1}^{N} x_i x_j \beta_i \beta_j \sigma_m^2 + \sum_{i=1}^{N} x_i^2 \sigma_{\varepsilon i}^2$$

$$= \left(\sum_{i=1}^{N} x_i \beta_i\right)\left(\sum_{j=1}^{N} x_j \beta_j\right) \sigma_m^2 + \sum_{i=1}^{N} x_i^2 \sigma_{\varepsilon i}^2$$

$$= \beta_P^2 \sigma_m^2 + \sum_{i=1}^{N} x_i^2 \sigma_{\varepsilon i}^2$$

假设 $\beta_P = \sum_{i=1}^{N} x_i \beta_i$，$\alpha_P = \sum_{i=1}^{N} x_i \alpha_i$ 为组合 P 的特征值，则组合的期望收益率为 $\bar{r}_P = \alpha_P + \beta_P \bar{r}_m$。这意味着，若构建的组合 P 与市场指数组合 m 一样，则有 $\bar{r}_P = \bar{r}_m$，此时 α_P 为 0，β_P 为 1；也即市场组合的超额收益 $\alpha_m = 0$，敏感系数 $\beta_m = 1$。

若组合中所有证券等权重投资，即 $x_i = \dfrac{1}{N}$，则有

$$\sigma_P^2 = \beta_P^2 \sigma_m^2 + \frac{1}{N} \sum_{i=1}^{N} \frac{1}{N} \sigma_{\varepsilon i}^2$$

$$\lim_{N \to \infty} \sigma_P^2 = \beta_P^2 \sigma_m^2 = \left(\sum_{i=1}^{N} x_i \beta_i\right)^2 \sigma_m^2$$

随着组合中证券数目 N 的增加，组合风险随着组合中不同证券 $\sigma_{\varepsilon i}^2$ 的均值下降而下降，但当组合中证券数目达到一定数量后，组合的风险下降将十分有限。当 $N \to \infty$ 时，单个证券自身风险（$\sigma_{\varepsilon i}^2$）对组合的风险贡献将趋于 0。

在单指数模型中，β 被认为是单个证券或证券组合的某种属性。把市场指数组合 m 作为比较的基准，若证券组合的 $\beta_P > 1$，则其比市场平均水平更激进；若 $\beta_P < 1$，则其比市场平均水平更保守。

9.2.2 多指数模型

单指数模型认为只有一个因素影响风险资产的收益，但事实上很多宏观经济因素都会对风险资产的收益率产生影响，因此利用多指数模型来刻画风险资产的收益更接近于实际。假设风险资产的收益率受到 K 个共同因素 $I_1, I_2, \cdots, I_K$ 的影响，则多指数模型可以表示为

$$\tilde{r}_i = a_i + b_{i1} I_1 + b_{i2} I_2 + \cdots + b_{iK} I_K + \varepsilon_i$$

式中，$b_{i1}, b_{i2}, \cdots, b_{iK}$ 为风险资产 i 对这 K 个指数的敏感性；ε_i 表示随机扰动项。

与单指数模型一样，多指数模型也存在以下假设：

1) $E(\varepsilon_i) = 0$，即随机扰动项的期望收益为 0。
2) $E(\varepsilon_i \varepsilon_j) = 0$，不同随机扰动项之间是互不相关的。
3) $E(\varepsilon_i I_j) = 0$，随机扰动项与不同的指数之间不相关。这条假设很重要，表明除了 K 个因素外，没有其他因素影响证券的收益。
4) 对于一切 $i \neq j$，$E((I_i - \bar{I}_i)(I_j - \bar{I}_j)) = 0$，表明指数之间互不相关。

在实际经济结构中，所选取的宏观因素的各指数之间可能存在相关作用的现象。因此在运

用多指数模型估计时，通常需要先将这 K 个指数正交化，以满足多指数模型的上述四个假设条件。

进一步地，通过推导可以得到多指数模型的一些结果，即

$$\bar{r}_i = a_i + b_{i1}\bar{I}_1 + b_{i2}\bar{I}_2 + \cdots + b_{iK}\bar{I}_K$$

$$\sigma_i^2 = b_{i1}^2\sigma_{I1}^2 + b_{i2}^2\sigma_{I2}^2 + \cdots + b_{iK}^2\sigma_{IK}^2 + \sigma_{\varepsilon i}^2$$

$$\sigma_{ij} = b_{i1}b_{j1}\sigma_{I1}^2 + b_{i2}b_{j2}\sigma_{I2}^2 + \cdots + b_{iK}b_{jK}\sigma_{IK}^2$$

在利用多指数模型进行风险资产组合的收益与方差计算时，只需要输入 $2N + 2K + NK$ 个数据，计算量大幅减少。对于多指数模型，同样具有投资分散化导致因素风险平均化和降低非因素风险的结论。

9.2.3 利用单指数模型决定有效边界

在均值-方差模型中，可以利用有效前沿组合来表示风险与收益的均衡关系；而在指数模型假设下，对组合收益率和方差的计算可得到极大简化。下面以单指数模型为例，考察利用单指数模型简化确定有效边界的方法。

决定有效边界技术的基本逻辑过程如下：给各风险资产确定某一指标→将风险资产按其指标值排列→求出有效边界指标值→将指标值大于有效边界指标值的风险资产纳入最优组合。

在利用单指数模型确定最优组合边界时，一般要引入无风险资产作为参照，具体过程如下：

假设 $t = 0$ 时期市场上有 N 种风险资产和 l 项无风险资产，投资者投资于风险资产的权重向量为 $\boldsymbol{x} = (x_1, x_2, \cdots, x_N)^T$，则投资于无风险资产的权重为 $1 - \boldsymbol{x}^T\boldsymbol{l}$。记投资于风险资产的收益为 $\tilde{r}_k(k = 1, 2, \cdots, N)$，投资于无风险资产的收益为 r_f，则 $t = 1$ 时期投资者的优化问题为

$$\min_{\boldsymbol{x}} \frac{1}{2}\boldsymbol{x}^T\boldsymbol{\Sigma}\boldsymbol{x}$$

$$\text{s.t.} \quad \mu_p = r_f + \boldsymbol{x}^T(\bar{\boldsymbol{r}} - r_f)$$

构建拉格朗日函数，即

$$L = \frac{1}{2}\boldsymbol{x}^T\boldsymbol{\Sigma}\boldsymbol{x} - \lambda_1[\mu_p - r_f - \boldsymbol{x}^T(\bar{\boldsymbol{r}} - r_f)]$$

对 $\boldsymbol{x}$ 求一阶偏导数，并令其为 0，则有

$$\boldsymbol{\Sigma}\boldsymbol{x} - \lambda_1(\bar{\boldsymbol{r}} - r_f) = 0$$

即 $\bar{\boldsymbol{r}} - r_f = \dfrac{\boldsymbol{\Sigma}\boldsymbol{x}}{\lambda_1} = \boldsymbol{\Sigma}\boldsymbol{\phi}$，其中 $\boldsymbol{\phi} = \dfrac{\boldsymbol{x}}{\lambda_1}$，则第 i 个风险资产方程为

$$\bar{r}_i - r_f = \phi_i\sigma_i^2 + \sum_{\substack{j=1 \\ j \neq i}}^{N}\phi_j\sigma_{ij}$$

将单指数模型中的 $\sigma_i^2 = \beta_i^2\sigma_m^2 + \sigma_{\varepsilon i}^2$，$\sigma_{ij} = \beta_i\beta_j\sigma_m^2$ 代入，可得

$$\bar{r}_i - r_f = \phi_i\beta_i^2\sigma_m^2 + \phi_i\sigma_{\varepsilon i}^2 + \sum_{\substack{j=1 \\ j \neq i}}^{N}\phi_j\beta_i\beta_j\sigma_m^2 = \phi_i\sigma_{\varepsilon i}^2 + \beta_i\sigma_m^2\sum_{j=1}^{N}\phi_j\beta_j$$

进一步地，可解得

$$\phi_i = \frac{\bar{r}_i - r_f}{\sigma_{\varepsilon i}^2} - \frac{\beta_i\sigma_m^2}{\sigma_{\varepsilon i}^2}\sum_{j=1}^{N}\phi_j\beta_j$$

上述方程两边同时乘以 β_i，并对 $i = 1, 2, \cdots, N$ 分别取值后求和，可得

$$\sum_{j=1}^{N}\phi_j\beta_j = \sum_{j=1}^{N}\frac{\bar{r}_j - r_f}{\sigma_{\varepsilon j}^2}\beta_j - \sum_{j=1}^{N}\frac{\beta_j\sigma_m^2}{\sigma_{\varepsilon j}^2}\sum_{j=1}^{N}\phi_j\beta_j = \frac{\sum_{j=1}^{N}\frac{\bar{r}_j - r_f}{\sigma_{\varepsilon j}^2}\beta_j}{1 + \sum_{j=1}^{N}\frac{\beta_j\sigma_m^2}{\sigma_{\varepsilon j}^2}}$$

将其代入 $\phi_i = \frac{\bar{r}_i - r_f}{\sigma_{\varepsilon i}^2} - \frac{\beta_i\sigma_m^2}{\sigma_{\varepsilon i}^2}\sum_{j=1}^{N}\phi_j\beta_j$，可得

$$\phi_i = \frac{\beta_i}{\sigma_{\varepsilon i}^2}\left(\frac{\bar{r}_i - r_f}{\beta_i} - \sigma_m^2\frac{\sum_{j=1}^{N}\frac{\bar{r}_j - r_f}{\sigma_{\varepsilon j}^2}\beta_j}{1 + \sum_{j=1}^{N}\frac{\beta_j\sigma_m^2}{\sigma_{\varepsilon j}^2}}\right)$$

在这里，一般假定给定的指数 $D_i = \frac{\bar{r}_i - r_f}{\beta_i}$。指标 D_i 表示持有风险资产 i 所获得的单位系统性风险的超额收益，即不可分散化风险的价格，D 值越大越好。

记 $C^* = \sigma_m^2\dfrac{\sum_{j=1}^{N}\frac{\bar{r}_j - r_f}{\sigma_{\varepsilon j}^2}\beta_j}{1 + \sum_{j=1}^{N}\frac{\beta_j\sigma_m^2}{\sigma_{\varepsilon j}^2}}$，则可得 $\phi_i = \dfrac{\beta_i}{\sigma_{\varepsilon i}^2}\left(\dfrac{\bar{r}_i - r_f}{\beta_i} - C^*\right)$。该式表示在单指数模型下，允许卖空时最优风险资产组合的最优投资比例。

在构建的组合中，不同风险资产的最终权重确定为：$x_i = \phi_i / \sum_{i=1}^{N}\phi_i$。

以上是适用于存在无风险借贷条件下，允许卖空时的最优化组合。如果不允许卖空，则投资者的最优组合确定标准也略有相同。原因在于在不允许卖空的条件下，C^* 的取值参考价值不大，在进行选择时要限制 $D_i > C_i^*$，但步骤大同小异，具体步骤如下：

1）把所有可选择证券的指标 D_i 计算出来，然后按 D 值从大到小排序。

2）计算 C_i^* 值，比较 D_i 值和 C_i^* 值的大小，找出满足 $D_i > C_i^*$ 中最小的 i，则 C_i^* 即为划分 C^* 的值。

3）确定最优风险资产组合中的风险资产，然后确定各种风险资产的投资比例。

9.3 均衡资产定价模型——CAPM

CAPM 由威廉·夏普（1964）、约翰·林特纳（1965）和简·莫辛（1966）分别独立地提出。CAPM 阐述了投资者都采用马科维茨的理论进行投资管理时市场均衡状态的形成，把资产的预期收益与预期风险之间的理论关系用一个简单的线性关系表达出来。作为一种阐述风险资产均衡价格决定的理论，它使得证券投资理论从以往的定性分析转入定量分析，从规范性（Normative）分析转入实证性（Positive）分析，对证券投资的理论研究和实际操作都产生了巨大的影响。

9.3.1 CAPM 的假设条件

1）所有投资者处于同一单期投资期或同一水平阶段。

2）投资者可以按无风险利率进行任何数量的资金借贷。

3）不考虑税收和交易成本。

4）单一资产无限可分，意味着投资者能按任意数量比例购买他所期望的资产。

5）投资者使用预期收益率和标准差这两个指标来选择投资组合，也就是说，投资者遵循的是马科维茨的理论。

6）投资者都是风险回避者：当面临其他条件相同的两种组合时，他们将选择具有较高预期收益率的组合，或选择具有较低风险也就是标准差较小的组合。

7）每个投资者拥有相同的信息，信息充分、免费并且立即可得。

8）所有投资者以相同的方法对信息进行分析和处理，从而对证券收益和风险的预期都相同。

9）市场组合包括全部证券种类。

9.3.2 分离定理与市场组合

1. 分离定理

假设每一位投资者的投资组合中都包括一个无风险资产和相同的风险资产组合 M，不同投资者的决策差异在于他们在无风险资产和风险资产组合 M 之间分配的比例，而这取决于投资者的风险厌恶程度。风险厌恶程度高的投资者将借出较多的无风险资产，风险厌恶程度低的投资者则会借入更多的无风险资产并投资于风险资产组合 M，这个关于投资与融资分离的决策理论被称为"分离定理"。依据分离定理，投资者依据自身的无差异曲线与有效边界相切的切点来确定其最优资产组合。尽管不同投资者的最优资产组合各不相同，但在有效边界相同的情况下，投资者持有的最优风险资产组合都是一样的，也即投资者对风险和收益的偏好与其持有的最优风险资产组合的构成是无关的。

如图 9-4 所示，面对相同的有效边界，不同风险厌恶的投资者，其最佳组合点为效用无差异曲线与 CML 相切的点。在 FM 段（如 P_1 点），投资者将其资金的一部分投资于无风险资产，剩余部分投资于风险资产组合 M。而在 MA 段（如 P_2 点），投资者将以无风险利率借入资产，并与自有资金一起投资于风险资产组合 M。

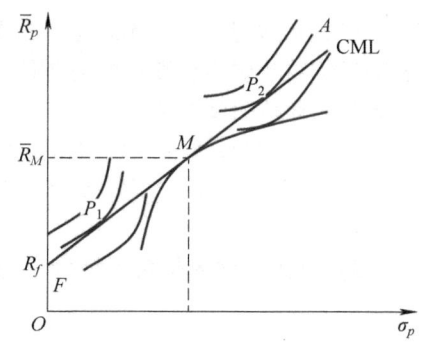

图 9-4 不同投资者最佳组合的决定

2. 市场组合

根据分离定理，每一位投资者的投资组合中，最优风险资产组合 M 与该投资者对风险的厌恶程度无关，即组合中都包括了对最优风险资产组合 M 的投资。

当市场达到均衡时，每一种风险资产在最优风险资产组合 M 中都会有一个非负的比例。这是因为，假设存在一种风险资产，它在风险资产组合中的比例为 0，即没有人对它进行投资。因而该资产在资本市场上供大于求，价格必然会下降，从而预期收益率上升，一直到在风险资产组合中占据了一定的比例从而供求平衡为止。反之，如果初始时，风险资产组合 M 中某一风险资产所占的比例过大，以至在资本市场上供小于求，则其价格会上涨，从而导致预期收益率下降，一直到它在风险资产组合中的比例下降到一定水平从而市场上供需相等为止。

当所有风险资产的价格调整都停止时,市场就达到了一种均衡状态。当市场达到均衡时,首先,投资者对每一种风险资产都愿意持有一定数量,也就是说最佳风险资产组合包含了所有的风险资产;其次,每种风险资产供需平衡,此时价格是一个均衡价格;最后,无风险利率的水平正好使得借入资金的总量与贷出资金的总量相等。结果就是,最佳风险资产组合中投资于每一种风险资产的比例就等于该风险资产的相对市值,即该风险资产的总市值在所有风险资产市值总和中所占的比例。通常,我们把最佳风险资产组合 M 称为市场组合(Market Portfolio)。

9.3.3 CAPM 的理论推导

用 R 表示仅由风险资产构成的任意组合,它属于 Markowitz 可行域。P 表示引入无风险资产后的任意组合。x 表示在新组合 P 中无风险资产所占的比例,$1-x$ 表示投资于风险资产组合 R 的比例。假设无风险利率为 r_f,风险资产组合的预期收益率为 $\bar{r}_R$,标准差为 σ_R,则由无风险资产和风险资产组合 R 共同构成的新的组合 P 的预期收益率为

$$\bar{r}_P = xr_f + (1-x)\bar{r}_R$$

其中,当 $x > 0$ 时,表示投资者将初始资金的一部分以无风险利率借出,另一部分投资于风险资产组合 R;当 $x = 0$ 时,表示全部资金投资于该风险资产组合 R;当 $x < 0$ 时,则表示以无风险利率借入资金,与初始资金一起投资于风险资产组合 R。

组合 P 的方差为

$$\sigma_P^2 = x^2\sigma_f^2 + (1-x)^2\sigma_R^2 + 2x(1-x)\rho_{f,R}\sigma_f\sigma_R$$

式中,σ_f^2 为无风险资产收益率的方差,显然有 $\sigma_f^2 = 0$;$\rho_{f,R}$ 为无风险资产与风险资产组合 R 的相关系数。

组合 P 的方差可以简化为 $\sigma_P^2 = (1-x)^2\sigma_R^2$,所以,组合 P 收益率的标准差为 $\sigma_P = (1-x)\sigma_R$。

在推导 CAPM 之前,首先考虑投资组合由无风险资产和风险资产构成时,组合的预期收益与风险之间的关系。

1. 资本配置线

用资本配置线(Capital Allocation Line)来描述引入无风险借贷后,将资本在某一特定的风险资产组合 R 与无风险资产之间分配,从而得到所有可能新组合的预期收益与风险之间的关系。

由 $\sigma_P = (1-x)\sigma_R$,可得 $x = 1 - \dfrac{\sigma_P}{\sigma_R}$。

将 $\bar{r}_P = xr_f + (1-x)\bar{r}_R$ 和 $x = 1 - \dfrac{\sigma_P}{\sigma_R}$ 联立,可推导出资本配置线的函数表达式,即

$$\bar{r}_P = r_f + \frac{\bar{r}_R - r_f}{\sigma_R}\sigma_P$$

如图 9-5 所示,由风险资产组合 R 和无风险资产构成的新组合 P,其所对应的资本配置线是从无风险资产的对应点 A 出发的一系列射线,射线与风险资产有效前沿的不同交点取决于所选择的风险资产组合构成。在这些所有的资产配置线中,理性的投资者将选择能使单位风险的超额收益补偿最大化的组合,即要求 $\dfrac{\bar{r}_R - r_f}{\sigma_R}$ 的取值最大化。显然,当从无风险资产的对应点 A 出发的射线与风险资产有效边界前沿相切时,此时 $\dfrac{\bar{r}_R - r_f}{\sigma_R}$ 的取值最大化,而这个切点处的组合就

是市场组合，即 $\max \dfrac{\bar{r}_R - r_f}{\sigma_R} = \dfrac{\bar{r}_M - r_f}{\sigma_M}$。原因在于：基于 CAPM 的基本假设，投资者期望具有相同的预期，即每位投资者对市场上任意证券的期望收益率、风险以及两个证券之间的协方差预期估计相同，当风险资产给定时，由这些风险资产所构成的有效边界对每位投资者而言都是一样的。由于市场上只有一种无风险资产，因此图 9-5 中每位投资者在 M 点的最优风险资产组合是完全相同的（这里的相同，是指每个投资者持有任一种风险资产的比例相同，而不是任一风险资产的市值相同），而所有投资者有效组合的总和即是市场组合，这意味着投资者个人的有效风险资产组合的构成比例和市场风险资产组合的构成比例相同。这构成了新的"两基金分离定理"（Two Fund Separation Theorem），即所有投资者的最优资产组合仅包括两个子组合：一个为市场风险资产组合，另一个为无风险资产。不同投资者之间的差异仅仅取决于在无风险资产和市场风险资产组合之间配置的资金比例不同，而持有的风险资产组合的构成均相同。

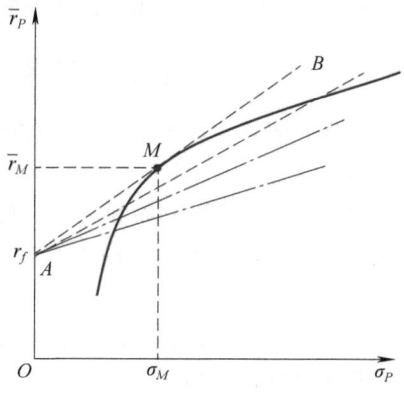

图 9-5　资本配置线

2. 资本市场线

通过对切点组合 M 的分析可知，所得到的线性有效集合实际上是从无风险资产所对应的点 F 出发，经过市场组合对应点 M 的一条射线，它反映了市场组合 M 和无风险资产的所有可能组合的收益与风险的关系。这个线性有效集合就是通常所说的资本市场线（Capital Market Line，CML），如图 9-6 所示。其函数表达式如下：

$$\bar{r}_P = r_f + \dfrac{\bar{r}_M - r_f}{\sigma_M}\sigma_P$$

式中，$\bar{r}_M$ 是市场组合 M 的预期收益率；σ_M 是市场组合 M 收益率的标准差；$\dfrac{\bar{r}_M - r_f}{\sigma_M}$ 是有效风险资产组合单位风险的市场价格，它和 σ_P 的乘积表示该组合承受风险而得到的回报；r_f 是无风险资产收益，可看作对延迟消费的一种补偿。

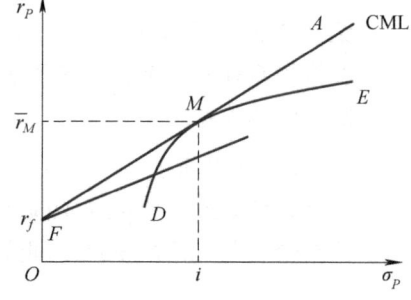

图 9-6　资本市场线（CML）

故上式可表述为如下意义方程式：

风险资产收益 = 无风险资产的时间价格 + 单位风险的市场价格 × 风险量

可见，资本市场线的实质就是在允许无风险借贷下的新的有效边界，它反映了当资本市场达到均衡时，投资者将资金在市场组合 M 和无风险资产之间进行分配，从而得到所有有效组合的预期收益率和风险的关系。值得注意的是，CML 上所有的点都是有效组合，且有效组合的风险中只有系统性风险。

3. 证券市场线

资本市场线反映了市场达到均衡时有效组合的预期收益与风险之间的关系。作为构成市场组合的单个资产以及它们的其他组合，由于是非有效的，资本市场线并没有体现其预期收益与风险之间的关系。为了更多地了解均衡条件下任意单个资产及其组合的预期收益与风险的关系，还需要进行更深入的分析。

(1) 单个风险资产对市场组合的风险贡献 假设组合中有 n 种风险资产,则组合的风险可表示为

$$\sigma_M^2 = \mathrm{cov}\left(\sum_{i=1}^{n} x_i r_i, r_M\right) = x_{1M}\sigma_{1M} + x_{2M}\sigma_{2M} + \cdots + x_{nM}\sigma_{nM}$$

式中,x_{iM} 表示风险资产 i 在市场组合 M 中所占的比例;σ_{iM} 为风险资产 i 与市场组合的相关系数。

可见,市场组合收益的方差等于构成组合的所有资产与市场组合的协方差的加权平均和,权重为各项资产在组合中所占的比重,单个资产与组合的协方差代表它对整个组合的风险贡献程度。

(2) 单个资产预期收益与风险的关系 当市场达到均衡时,必然要求组合中风险贡献度高的资产按比例提供高的预期收益率。若某一资产在给市场组合带来风险的同时却没有提供相应的预期收益率,就意味着如果将这项资产从组合中剔除,将会使市场组合单位风险的预期收益率有所上升;如果某一资产在给市场组合带来风险的同时提供过高的预期收益率,就意味着如果增加这项资产在组合中的比重,会使市场组合的预期收益率相对于其风险有所上升,市场组合将不再是最佳组合,资产的价格将因供需的变化而调整至均衡价格。

达到均衡时市场组合的预期收益率可以表示为

$$\bar{r}_M = r_f + (\bar{r}_M - r_f)$$

式中,$\bar{r}_M - r_f$ 即为对应于市场组合的风险 σ_M^2 的风险溢价,因此单位风险所要求的预期收益率即为 $\dfrac{\bar{r}_M - r_f}{\sigma_M^2}$。

根据以上分析,均衡时组合中任意一种资产 i 所提供的风险溢价应该等于 $\dfrac{\bar{r}_M - r_f}{\sigma_M^2}\sigma_{iM}$,所以资产 i 的风险与收益之间的均衡关系为

$$r_i = r_f + \frac{\bar{r}_M - r_f}{\sigma_M^2}\sigma_{iM}$$

(3) 证券市场线的数学推导 当证券市场达到均衡时,无法通过改变市场组合中任意一项资产或资产组合的比重,而使得整个组合的预期收益相对于风险有所上升或使得单位风险的回报增加。现在构建一个新的组合 P,该组合中包括市场组合 M 和任意一种资产或者几种资产的某种组合 i,假定资产(组合)i 在新的组合中所占的比重为 α,那么市场组合 M 所占的比重就为 $1-\alpha$。当 $\alpha=1$ 时,表示组合 P 仅由资产(组合)i 构成;当 $\alpha=0$ 时,这一新的组合 P 即为市场组合 M。要注意的是,当 $\alpha=0.5$ 时,并不表示资产(组合)i 在新组合 P 中所占的比例为 0.5,因为在市场组合 M 中还有一定比例的 i 存在,所以当 α 为某一个小于 0 的值时,新的组合 P 中才不包括资产(组合)i。因此,组合 P 的预期收益 $\bar{r}_P$ 和风险 σ_P 分别为

$$\bar{r}_P = \alpha\bar{r}_i + (1-\alpha)\bar{r}_M$$

$$\sigma_P = \left[\alpha^2\sigma_i^2 + (1-\alpha)^2\sigma_M^2 + 2\alpha(1-\alpha)\sigma_{iM}\right]^{\frac{1}{2}}$$

由上述分析可知,任意组合的对应点与无风险资产对应点连线的斜率表示该资产单位风险所提供的预期收益率。由均衡的性质可知,当市场达到均衡时,所有投资者持有的风险资产组合都是市场组合 M,此时射线 FMA 的斜率应该是 F 点与弧线 DE 上任意一点连线斜率中最大的,如图 9-6 所示。即在市场组合 M 基础上,无论是增加资产 i 的比例还是减少资产 i 的比例,都不能得到更高的单位风险回报,即射线 FMA(资本市场线)与弧线 DE 相切,切点为市场组合 M

的对应点。

预期收益率和标准差分别对 α 求偏导,有

$$\frac{\partial \bar{r}_P}{\partial \alpha} = \bar{r}_i - \bar{r}_M$$

$$\frac{\partial \sigma_P}{\partial \alpha} = \frac{\alpha \sigma_i^2 - (1-\alpha)\sigma_M^2 + (1-2\alpha)\sigma_{iM}}{\sigma_P}$$

考察弧线 DE 在点 M,即 $\alpha = 0$ 处的斜率,此时 $\sigma_P = \sigma_M$,可得

$$\left.\frac{\partial \sigma_P}{\partial \alpha}\right|_{\alpha=0} = \frac{\sigma_{iM} - \sigma_M^2}{\sigma_P} = \frac{\sigma_{iM} - \sigma_M^2}{\sigma_M}$$

进一步可得

$$\left.\frac{\partial r_P/\partial \alpha}{\partial \sigma_P/\partial \alpha}\right|_{\alpha=0} = \left.\frac{\partial r_P}{\partial \sigma_P}\right|_{\alpha=0} = \frac{\sigma_M(\bar{r}_i - \bar{r}_M)}{\sigma_{iM} - \sigma_M^2}$$

因为资本市场线与弧线 DE 在点 M 相切,所以资本市场线的斜率应该等于弧线 DE 在点 M 处的斜率,即

$$\frac{\bar{r}_M - r_f}{\sigma_M} = \frac{\sigma_M(\bar{r}_i - \bar{r}_M)}{\sigma_{iM} - \sigma_M^2}$$

整理得

$$\bar{r}_i = r_f + \frac{\bar{r}_M - r_f}{\sigma_M^2}\sigma_{iM}$$

上式就是证券市场线(Security Market Line,SML)的一般表达形式。它表明当市场达到均衡时,任意资产(组合)i(无论是有效组合还是非有效组合)的预期收益由两部分构成:一是无风险资产的收益率;二是单位风险的预期收益率 $\frac{\bar{r}_M - r_f}{\sigma_M^2}$ 与其风险的乘积。需要注意的是,这里资产的风险已经不再用预期收益率的标准差来衡量,而是用该资产与市场组合的协方差来衡量。协方差形式的证券市场线 SML,如图 9-7 所示。这是因为风险厌恶的投资者都尽量通过资产的多元化来降低风险,当市场达到均衡时,所有的投资者都会建立市场组合与无风险资产的某种比例的组合,从而最大限度地降低风险,最终使得非系统风险等于 0,只剩下不可分散的系统风险。因而,单个资产的风险回报就应该与它对系统性风险的贡献成比例,因为其中的非系统性风险已经通过组合消除。

由 $\sigma_M = \left(\sum_{i=1}^{N} x_i^2\sigma_i^2 + \sum_{i=1}^{N}\sum_{\substack{j=1 \\ j\neq i}}^{N} x_i x_j \sigma_{ij}\right)^{1/2}$,对组合中第 i 种证券的比例 x_i 进行一阶求导,可得

$$\frac{d\sigma_M}{dx_i} = \frac{\frac{1}{2}\left(2x_i\sigma_i^2 + 2\sum_{\substack{j=1 \\ j\neq i}}^{N} x_j \sigma_{i,j}\right)}{\left(\sum_{i=1}^{N} x_i^2\sigma_i^2 + \sum_{i=1}^{N}\sum_{\substack{j=1 \\ j\neq i}}^{N} x_i x_j \sigma_{i,j}\right)^{1/2}} = \frac{\sigma_{iM}}{\sigma_M}$$

即 $\frac{\sigma_{iM}}{\sigma_M}$ 等于第 i 个证券的投资比例增加一个单位时,系统风险所增加的数量。可见,$\frac{\sigma_{iM}}{\sigma_M}$ 可以被认为是第 i 个证券对市场指数组合风险影响的测度。因此可以将资本市场线上任一点,即有效

资产定价的经济含义推广至任意资产组合证券，即

证券期望收益 = 时间价格 + 风险的市场价格 × 风险量

若定义 $\beta_{iM} = \dfrac{\sigma_{iM}}{\sigma_M^2}$，则 $\bar{r}_i = r_f + \dfrac{\bar{r}_M - r_f}{\sigma_M^2}\sigma_{iM}$ 可转化为

$$\bar{r}_i = r_f + \beta_{iM}(\bar{r}_M - r_f)$$

β_{iM} 即通常所说的贝塔系数，它是衡量系统性风险大小的重要指标。用贝塔系数表达的证券市场线如图 9-8 所示。

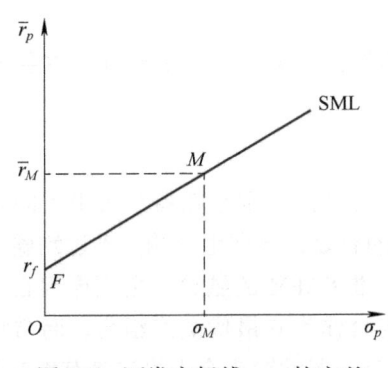

图 9-7　证券市场线——协方差

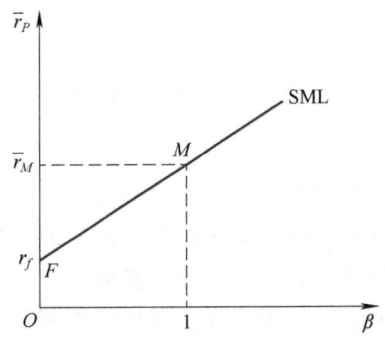

图 9-8　证券市场线——贝塔系数

4. 资本市场线与证券市场线的关系

一是描述对象不同。CML 描述的是有效组合的收益与风险之间的关系；SML 描述的是单项资产或某个资产组合的收益与风险之间的关系，既包括有效组合又包括非有效组合。

二是风险指标不同。CML 采用标准差作为风险度量指标，是有效组合收益率的标准差；SML 采用 β 系数作为风险度量指标，是单项资产或某个资产组合的 β 系数。因此，对于有效组合，可以用两种指标来度量其风险；但对于非有效组合，只能用 β 系数来度量其风险，标准差可能是一种错误度量。

9.3.4　CAPM 的局限性

CAPM 与均值-方差模型相比，计算过程大大简化，并且可以从数理推导上证明其合理性；但 CAPM 是建立在一定的假设之上的，而这些假设在实际应用中存在一定的缺陷。比如，投资者的决策期限是单期一致的、市场无摩擦、卖空无限制、投资者具有同质预期与信息对称等假设，均与实际不太相符。尽管这些假设是模型成立的充分条件，但并不一定是必要条件。近年的研究主要从 CAPM 两个方面的突出问题展开。一是市场组合的识别和计算问题。CAPM 刻画的是资本市场达到均衡时资产收益的决定，即均衡资产的收益率取决于市场资产组合的期望收益率。理论上市场资产组合定义为所有资产的加权组合，每一种资产的权重等于该资产总市场价值占所有资产总价值的比重；但实际上由于市场上资产涵盖范围较广，在应用 CAPM 时，要识别一个真正的市场组合几乎是不可能的。二是利用单因素模型无法全面解释现实中决定资产收益率的影响因素。一些研究发现，加入红利、企业规模等因素后（Rosenberg et al.，1977），贝塔系数更有说服力，而一些市场异常现象的存在也挑战了 CAPM 的定价有效性。针对 CAPM 的不足，最有名的是罗尔批评（Roll's Critique），其主要观点是：对 CAPM 唯一合适的检验形式，应当是检验包含所有风险资产在内的市场资产组合是否具有均值-方差效率。如果检验是基于某种作为

市场资产组合代表的股票指数,且该指数具有均值-方差效率,则任何单个风险资产都会落在证券市场线上,但这只是简单的恒等变形引起的,并没有实际意义;而如果检验是基于某种无效率的指数,则风险资产收益的任何情形都有可能出现,它取决于无效指数的选择。在罗尔看来,即使市场组合是均值-方差效率的且CAPM成立,利用证券市场线(SML)也不能够证明单一风险资产均衡收益同β系数、市场组合之间的关系。所以罗尔认为,CAPM是无法检验的。但无论如何,资本资产定价模型建立了在资产风险与收益之间一种清晰的线性关系。

9.3.5 非标准的 CAPM

基于CAPM的假设与现实不符的情况,一些学者展开了对CAPM的修正,主要从考虑不允许卖空、无风险借贷等情形下对CAPM进行修正。

1. 不允许卖空

标准CAPM的前提假设为允许卖空,若考虑不允许卖空,则意味着组合中不同风险资产的权重均应大于0,当其他假设条件不变时,将对组合的有效边界产生影响。不过约翰·林特纳的严格证明结果表明,加入不允许卖空条件并不改变标准CAPM的结论。主要原因在于:在允许卖空的均衡状态下,所有投资者均会选择市场证券组合作为其最优资产组合,而市场证券组合中是不会发生卖空的。因此,在存在允许卖空的条件下,虽然对于个人投资者有卖空的机会,但对市场总体而言,则不可会存在卖空状态下的资产。因此任何一个投资者在其有效资产组合边界上没有卖空任何一种证券,即使加入不允许卖空的约束,也并没有起到约束作用,故在允许卖空条件下所得到的CAPM的所有结论都与不允许卖空条件下一样。

2. 无风险借贷的修正

在实践中,无限制地借入无风险资产是不太可行的,而且借入和贷出无风险资产的利率也不可能相同。在实践中可能存在三种情景:不存在无风险借贷;存在无风险贷出,但不存在无风险借入;存在无风险借贷,但借入利率高于贷出利率。

(1) 不存在无风险借贷　由标准的CAPM可知,在存在无风险资产自由借贷的情况下,所有投资者组合中风险资产的比例与市场组合一致,不同投资者投资组合之间的差异仅与风险资产组合和无风险资产资金的分配比例有关。若市场上不存在无风险借贷,则投资者选择的有效组合均在风险资产的均值-方差组合前沿上,不同风险厌恶的投资者,所选择的投资组合和对应的市场组合均不相同。当市场均衡时,所有风险资产均被有效定价,可以利用单指数模型"收益率只与其系统风险测度有关且两者之间满足线性关系"来展开进一步分析。假设在坐标平面$(\bar{r},\beta)$上的两个前沿风险资产组合A、B,两点可以确定一条直线AB,由单指数模型可知它们的组合也在直线AB上。进一步可推广至,所有的前沿风险资产组合都可以用A和B来表示并且在直线AB上,而市场组合是所有风险资产组合的组合,因此也应在直线AB上。

可以采取寻找特殊点的方法在坐标平面$(\bar{r},\beta)$上确定直线AB。选择市场组合点$M(\bar{r}_M,1)$,而另一点可以在前沿组合上选取与市场组合对偶的组合,即零β组合(与市场组合零协方差的组合)。与市场组合零协方差的点的确定标准为:沿市场组合点作有效边界的切线,沿与纵轴相交的点作平行于横轴的直线,该直线与有效边界下边界的交点即为与市场组合零协方差的点,记为Z点。Z点的纵坐标,记为$\bar{r}_{zcp}$,可作为无风险利率借贷利率的替代,如图9-9所示。此时的证券市场线方程可记为$\bar{r}_i = r_{zcp} + (\bar{r}_M - r_{zcp})\beta_i$,如图9-10所示。

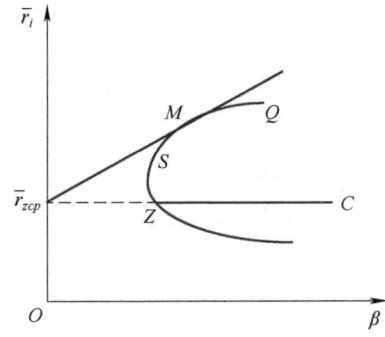

图 9-9 市场组合的对偶组合的确定

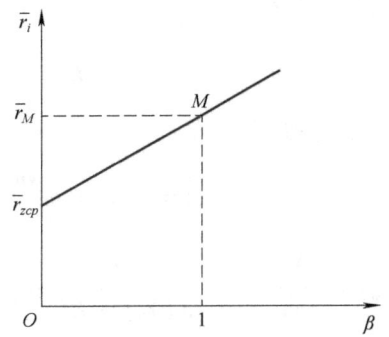

图 9-10 不存在借贷下的证券市场线

零 β 系数并不表明该风险资产组合没有风险，只是该风险资产组合的收益与市场组合的收益无关。在均值-方差前沿上找到市场组合的对偶组合十分简单，下面给出具体的推导过程。

1) 首先证明对偶组合的存在性。对于任何一个均值-方差前沿有效组合（除最小方差组合外），一定存在另外一个均值-方差前沿组合，二者之间的协方差等于 0。在均值-方差前沿有效组合上选择一个组合 P，定义它的对偶组合为 zcp。由于所有的均值-方差前沿组合，均可以用 g 和 h 表示，即

$$x^P = g + h\mu_p$$
$$x^P_{zcp} = g + h\mu_{zcp}$$

因此组合 P 和 zcp 的协方差可表示为

$$\mathrm{cov}(\tilde{r}_P, \tilde{r}_{zcp}) = \boldsymbol{x}^{PT}\boldsymbol{\Sigma}\boldsymbol{x}^{zcp} = \boldsymbol{x}^{PT}\boldsymbol{\Sigma}(g + h\mu_{zcp})$$

只要 $x^P \neq x^{mvp}$，就有 $\boldsymbol{x}^{PT}\boldsymbol{\Sigma}h \neq 0$，因此

$$\mathrm{cov}(\tilde{r}_P, \tilde{r}_{zcp}) = 0 \Leftrightarrow \mu_{zcp} = -\frac{\boldsymbol{x}^{PT}\boldsymbol{\Sigma}g}{\boldsymbol{x}^{PT}\boldsymbol{\Sigma}h}$$

即只要 $x^P \neq x_{mvp}$，就有 μ_{zcp} 存在，取 $x^P_{zcp} = g + h\mu_{zcp}$。

2) 其次证明任一前沿组合都可以用均值-方差有效组合与其对偶组合来表示。假设 x^P、x^Q 为任意前沿组合，从均值-方差前沿解析公式中可知，在给定一定收益 μ 下：

$$x^P = \frac{1}{D}\boldsymbol{\Sigma}^{-1}[(C\mu - A)\bar{\boldsymbol{r}} + (B - A\mu)\boldsymbol{l}] = \lambda_1 \boldsymbol{\Sigma}^{-1}\bar{\boldsymbol{r}} + \lambda_2 \boldsymbol{\Sigma}^{-1}\boldsymbol{l}$$

式中，$\lambda_1 = \frac{C\mu - A}{D}$；$\lambda_2 = \frac{B - A\mu}{D}$。组合 x^P 与 x^Q 的协方差可表示为

$$\mathrm{cov}(\tilde{r}_P, \tilde{r}_Q) = \boldsymbol{x}^{PT}\boldsymbol{\Sigma}\boldsymbol{x}^Q = (\lambda_1 \boldsymbol{\Sigma}^{-1}\bar{\boldsymbol{r}} + \lambda_2 \boldsymbol{\Sigma}^{-1}\boldsymbol{l})^T \boldsymbol{\Sigma}\boldsymbol{x}^Q = \lambda_1 \bar{\boldsymbol{r}}^T \boldsymbol{x}^Q + \lambda_2 \boldsymbol{l}^T \boldsymbol{x}^Q = \lambda_1 E(\tilde{r}_Q) + \lambda_2$$

上式中，当 $\mu = A/C$ 时，$\lambda_1 = 0$，即 x^P 为最小方差组合点。因此，只要 $\mu \neq A/C$，x^P 就不是最小方差组合，即 $\lambda_1 \neq 0$。当 x^P 不是最小方差组合时，对上式进行整理可得

$$E(\tilde{r}_Q) = -\frac{\lambda_2}{\lambda_1} + \frac{\mathrm{cov}(\tilde{r}^P, \tilde{r}^Q)}{\lambda_1}$$

若 $x^Q = x^P$，即 x^Q 就是 x^P 本身，则

$$E(\tilde{r}_Q) = E(\tilde{r}_P) = -\frac{\lambda_2}{\lambda_1} + \frac{\mathrm{var}(\tilde{r}_P)}{\lambda_1}$$

若 $x^Q = x^{zcp}$，则有

$$E(\tilde{r}_Q) = E(\tilde{r}_{zcp}) = -\frac{\lambda_2}{\lambda_1}$$

两式联立，可得

$$E(\tilde{r}_Q) = E(\tilde{r}_{zcp}) + \frac{\operatorname{var}(\tilde{r}_P)}{\lambda_1} \Rightarrow \lambda_1 = \frac{\operatorname{var}(\tilde{r}_P)}{E(\tilde{r}_P) - E(\tilde{r}_{zcp})}$$

将 $E(\tilde{r}_{zcp}) = -\frac{\lambda_2}{\lambda_1}$、$\lambda_1 = \frac{\operatorname{var}(\tilde{r}_P)}{E(\tilde{r}_P) - E(\tilde{r}_{zcp})}$ 代入 $E(\tilde{r}_Q) = -\frac{\lambda_2}{\lambda_1} + \frac{\operatorname{cov}(\tilde{r}_P, \tilde{r}_{zcp})}{\lambda_1}$，可得

$$E(\tilde{r}_Q) = E(\tilde{r}_{zcp}) + \frac{\operatorname{cov}(\tilde{r}_P, \tilde{r}_{zcp})}{\operatorname{var}(\tilde{r}_P)}[E(\tilde{r}_P) - E(\tilde{r}_{zcp})]$$

定义 $\beta_{PQ} = \frac{\operatorname{cov}(\tilde{r}_P, \tilde{r}_{zcp})}{\operatorname{var}(\tilde{r}_P)}$，则有

$$E(\tilde{r}_Q) = E(\tilde{r}_{zcp}) + \beta_{PQ}[E(\tilde{r}_Q) - E(\tilde{r}_{zcp})] = \beta_{PQ} E(\tilde{r}_P) + (1 - \beta_{PQ}) E(\tilde{r}_{zcp})$$

这意味着对于任何一个组合，都可以用均值-前沿组合与其对偶组合线性表示，但权重是该组合相对均值-前沿组合的敏感系数。

由 $E(\tilde{r}_{zcp}) = -\frac{\lambda_2}{\lambda_1}$，可推得

$$E(\tilde{r}_{zcp}) = -\frac{\dfrac{B - A\mu}{D}}{\dfrac{C\mu - A}{D}} = -\frac{B - A\mu}{C\mu - A} = \frac{A}{C} - \frac{\dfrac{D}{C^2}}{\mu - \dfrac{A}{C}} = \frac{A}{C} - \frac{\dfrac{D}{C^2}}{E(\tilde{r}_P) - \dfrac{A}{C}}$$

由于 $E(\tilde{r}_{mvp}) = \frac{A}{C}$，若 $E(\tilde{r}_P) > \frac{A}{C}$，则 $E(\tilde{r}_{zcp}) < \frac{A}{C}$。这意味着如果 x^P 是均值-方差前沿有效组合，则其对偶的协方差为 0 的前沿组合 x_{zcp}^P 不是有效组合。而若 x_{zcp}^P 是有效组合，则 x^P 不是均值-方差有效组合。两者分别在均值-方差前沿组合边界最小方差值的上枝和下枝。

由均值-方差前沿组合构成的平面满足

$$\sigma_P^2 = \frac{C\left(\mu - \dfrac{A}{C}\right)^2}{D} + \frac{1}{C} \text{ 和 } \mu = \frac{A}{C} + \sqrt{\frac{D}{C}\left(\sigma_P^2 - \frac{1}{C}\right)}$$

两边分别对 μ 和 σ_P 求全微分，则有

$$2\sigma_P \mathrm{d}(\sigma_P) = \frac{2C\left(\mu - \dfrac{A}{C}\right)}{D} \mathrm{d}\mu \Rightarrow \frac{\mathrm{d}\mu}{\mathrm{d}(\sigma_P)} = \frac{D\sigma_P}{C\mu - A}$$

式中，$\mathrm{d}\mu/\mathrm{d}(\sigma_P)$ 表示在均值-方差平面前沿组合上某一点的斜率。

此时，沿 x^P 点做切线，切线在纵轴的截距为

$$E(\tilde{r}_P) - \frac{\mathrm{d}E(\tilde{r}_P)}{\mathrm{d}\sigma(\tilde{r}_P)} \sigma(\tilde{r}_P) = E(\tilde{r}_P) - \frac{D\sigma(\tilde{r}_P)}{CE(\tilde{r}_P) - A} \sigma(\tilde{r}_P) = E(\tilde{r}_P) - \frac{1}{\lambda_1} \sigma^2(\tilde{r}_P) = E(\tilde{r}_{zcp})$$

截距即为与前沿组合协方差为 0 的组合对应的期望收益率，如图 9-11 所示。

（2）存在无风险贷出，但不存在无风险借入　该假设认为投资者能够进行无风险贷出，但

却不能进行无风险借入，设 r_f 为无风险贷出收益率。

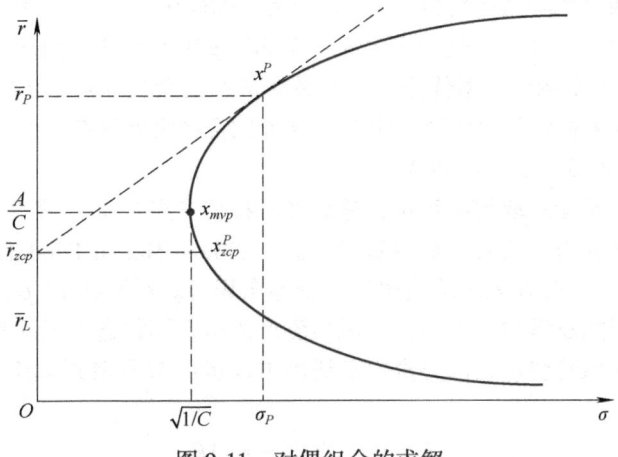

图 9-11 对偶组合的求解

1) 存在无风险贷出，但没有无风险借入时的资本市场线。此时市场上投资者进行组合构建时，只可能有三种情况：仅持有风险资产组合、仅持有无风险资产、持有无风险资产和风险资产的组合。因此此时的资本市场线如图 9-12 所示。

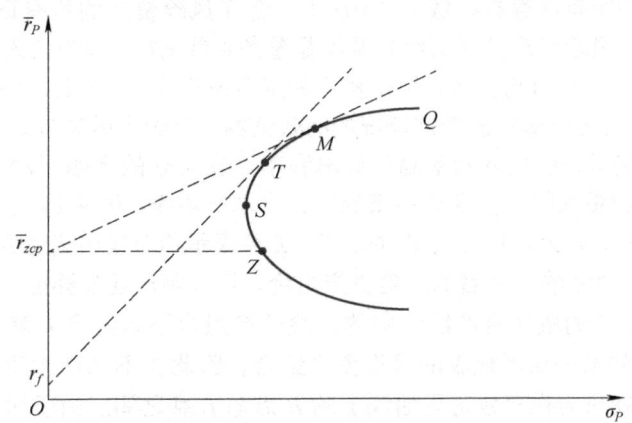

图 9-12 存在无风险贷出，不存在无风险借入时的资本市场线

由于不存在无风险的借入，所以此时经过 r_f 与均值–方差前沿相切的点（T 点）不再是市场组合。持有无风险资产的任何投资者最优资产组合都将在 $r_f T$ 直线上，即投资者都将持有风险资产组合 T 和无风险资产。对于不愿持有无风险资产的投资者，他们只可能选择 TQ 曲线段上的某一风险证券资产组合，而不会选择 TS 曲线段上的风险证券资产组合。然而资产组合 M 是所有投资者风险资产组合的再组合，即由 T 点以及 T 点右边的组合再组合而成，所以资产组合 M 的位置 M 点只可能在 T 点右上边。

由于 $\bar{r}_{zcp}$ 为资产组合 M 点切线与纵轴的点，而 r_f 是过 T 点切线与纵轴的交点，故有不等式：$\bar{r}_{zcp} > r_f$。

投资者的整个有效边界为 $r_f TMQ$。在不存在无风险借入时，任何有效组合的再组合也是有效组合。但并非所有有效组合的再组合也一定是有效的，比如无风险资产 r_f 与 TQ 曲线上任一点的组合不再是有效组合。

若投资者所选的最优风险资产组合在 r_fT 直线上,即表示他选择了资产组合 T 和无风险资产构成其最优组合,而资产组合 T 又是由资产组合 M 和 zcp 组合而成,因此投资者可以选择资产组合 M、zcp 和无风险资产来构建其最优组合。若最优资产组合在曲线 TM 段上,也就意味着可以选择资产组合 M 和 zcp 来构建其最优资产组合;若最优资产组合落在曲线 MQ 段上,则表示投资者卖空资产组合 zcp 并投资在资产组合 M 上。

由此可见,投资者不管采取何种策略,总是在三种资产组合 M、零 β 组合 zcp 和无风险资产中进行选择,这一定律称为"三资产组合决定原理"(Three Mutual Fund Theorem)。

2)没有无风险借入,存在无风险贷出下的证券市场线。对于在 $(\bar{r},\beta)$ 坐标体系中的所有证券组合,可分两种情况加以考虑:不包含无风险资产的组合和包含无风险资产的组合。如果一个任意资产组合不包含无风险资产,即证券市场线由市场组合 M 和其对偶组合 zcp 决定,可得到如下方程:

$$\bar{r}_i = \bar{r}_{zcp} + (\bar{r}_M - \bar{r}_{zcp})\beta_i$$

这一方程仅包含了所有的风险证券资产组合,或单个风险证券资产收益的描述。它在图 9-13 中表示为直线 $\bar{r}_{zcp}TMQ$,并没有描述无风险资产收益或是包含有无风险资产的组合收益情况。

若一个任意资产组合包含无风险资产,则证券市场线的推导可以沿用标准 CAPM 下的结论,即证券市场线由 r_f 点和 T 点决定,故允许无风险贷出部分的证券市场线为 r_fT。

不含无风险资产的所有证券在折线 $\bar{r}_{zcp}TMQ$ 上,含无风险资产的所有证券在直线 r_fT 上。它们相交于点 T,但含无风险资产的所有组合并不是整条直线 r_fT,因为含无风险资产的其他风险资产的收益也不会超过 $\bar{r}_T$。因此,含无风险资产的组合位于线段 r_fT 上。整个证券市场线为折线段 $\bar{r}_{zcp}TMQ$,这是包含有无风险贷出资产情况的有效证券资产组合的轨迹。

(3)存在无风险借贷,但借入利率高于贷出利率 在实际的金融活动中,贷出利率 r_L 小于借入利率 r_B 与实际情况更加符合。在这种情况下,资本市场线如图 9-14 所示。图 9-14 中 B 点为对应于 $\bar{r}_B$ 点的切点,L 点则为对应于 $\bar{r}_L$ 点的切点。L 点表示所有借出资金的投资者的风险资产组合,B 点表示所有借入资金的投资者的风险资产组合。可证明市场证券组合 M 点在 B 点与 L 点之间。这是因为任何投资者的最优资产组合中的风险资产组合不是组合 L 就是组合 B,或者是在 BL 有效边界曲线段上的某一点所代表的风险资产组合,因此在不允许卖空条件下所有投资者总和的市场组合 M 点也就只会在有效边界曲线上的 B 点与 L 点之间。由于对于市场组合而言不存在卖空的资产,因此不论是否有卖空,M 点总位于 B 点与 L 点之间。

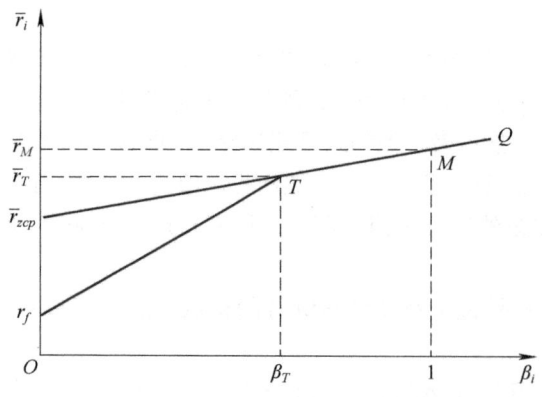

图 9-13 存在无风险贷出的证券市场线

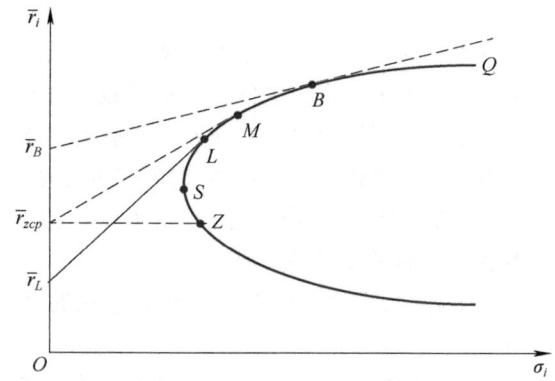

图 9-14 无风险贷出低于借入的资本市场线

而此时的证券市场线为

$$\bar{r}_i = \bar{r}_{zcp} + \beta_i(\bar{r}_M - \bar{r}_{zcp})$$

这一方程仅描述了不包含无风险资产的风险资产组合的收益,比如曲线 BL 段上的风险资产组合,而包含无风险资产借入或贷出的风险资产组合的收益则不能用此方程描述。

9.4 APT

罗斯(Ross)在因素模型的基础上提出了套利定价理论(Arbitrage Pricing Theory,APT),使 CAPM 有了突破性发展。与 CAPM 类似,APT 也是一种均衡的资产定价模型,但 APT 的假设条件比 CAPM 少很多,APT 的基本假设为:

1)市场处于竞争均衡状态。
2)投资者都是风险厌恶者,追求效用的最大化。
3)资产的收益率可用因素模型表示,即风险资产的收益率与一组影响它的因素线性相关,即

$$\tilde{r}_i = a_i + b_{i1}\tilde{F}_1 + \cdots + b_{ik}\tilde{F}_k + \varepsilon_i$$

式中,参数 a_i 代表当所有因素为 0 时的风险资产收益率的期望水平;$\tilde{r}_i$ 表示风险资产 i 的收益率,它是一个随机变量;$\tilde{F}_k$ 表示第 k 个影响因素;b_{ik} 表示风险资产 i 的收益对因素 k 的敏感度;ε_i 表示影响风险资产 i 收益率的随机误差项,同时满足多指数模型的假设条件,即 $E(\varepsilon_i)=0$、$E(\varepsilon_i\varepsilon_j)=0$、$E(\varepsilon_iF_j)=0$,且对于一切 $i\neq j$,$E((I_i-\bar{I}_i)(I_j-\bar{I}_j))=0$。

4)组合中证券品种 N 必须远远超过模型中影响因素的种类 K。

由 APT 的假设可知,当影响因素仅包括市场组合一项时,CAPM 就是 APT 的一个特例。

9.4.1 套利的本质

在均衡的市场状态下,意味着不存在套利机会。所谓套利机会,是指市场上不存在不承担风险、不需要额外资金就能获得收益的机会。套利一般有五种基本形式,包括空间套利、时间套利、工具套利、风险套利和税收套利。在套利定价理论中,套利机会被套利组合描述。

以单因素定价模型为例,所谓套利组合,是指满足下述三个条件的证券组合:

1)该组合中各种风险资产的权重满足:$\sum_{i=1}^{N}x_i = 0$。

2)该组合因素敏感系数为零,即 $\sum_{i=1}^{N}x_i\beta_i = 0$。其中,$\beta_i$ 表示风险资产 i 的因素敏感系数。

3)该组合具有非负的期望收益率,即 $\sum_{i=1}^{N}x_i\bar{r}_i \geq 0$。其中,$\bar{r}_i$ 表示风险资产 i 的期望收益率。

套利组合的本质就是"零投资、零风险、正收益",如果市场上存在着套利组合,投资者就会积极地复制套利组合来进行套利交易,所以套利定价理论认为,如果市场上不存在(即找不到)套利组合,那么市场就不存在套利机会。套利的核心在于组合的风险资产的复制,如果市场上存在套利机会,投资者就会不断地进行套利交易,从而推动风险资产的价格趋于合理。值得注意的是,套利对于投资者而言并不具有共享性。

9.4.2 APT 的理论推导

套利组合理论认为,当市场上存在套利机会时,投资者会不断地进行套利交易,从而不断推动证券的价格向套利机会消失的方向变动,直到套利机会消失为止,此时证券的价格即为均衡价格,市场也就进入均衡状态。下面利用单因素模型来进行推导,单因素模型如下:

$$\tilde{r}_i = \alpha_i + b_i \tilde{F} + \varepsilon_i$$

对于 APT 模型,证明其能够成立的充分条件是:在市场上存在着多种风险资产,使得能够构造一种含有 N 种风险资产的组合,且组合满足零投资和零风险两个条件,即 $\sum_{i=1}^{N} x_i = 0$ 和 $\sum_{i=1}^{N} x_i b_i = 0$。同时要求组合风险资产的数量 N 要充分大,以保证组合不受非因素风险的影响,即:$\sum_{i=1}^{N} x_i \varepsilon_i \approx 0$。

由于该组合为零投资和零风险,在不存在套利机会的情况下,其收益必将为零,这也必然意味着该组合的预期收益率为零,即:$\sum_{i=1}^{N} x_i \bar{r}_i = 0$。

利用数学知识我们可以给出如下解释:

1) $\sum_{i=1}^{N} x_i = 0$,意味着组合中不同风险资产的权重向量 $\boldsymbol{x} = (x_1, x_2, \cdots, x_N)^T$ 与 N 维单位向量 $\boldsymbol{l} = (l, l, \cdots, l)^T$ 正交。

2) $\sum_{i=1}^{N} x_i b_i = 0$,意味着权重向量 $\boldsymbol{x}$ 与不同风险资产相对于因素的敏感系数向量 $\boldsymbol{b} = (b_1, b_2, \cdots, b_N)^T$ 正交。

3) $\sum_{i=1}^{N} x_i \bar{r}_i = 0$,意味着权重向量 $\boldsymbol{x}$ 与组合中不同风险期望收益向量 $\bar{\boldsymbol{r}} = (\bar{r}_1, \bar{r}_2, \cdots, \bar{r}_N)^T$ 正交。

由线性代数的知识可知,若一个向量和 $N-1$ 个向量正交就意味着和第 N 个向量也正交,则这 N 个向量可以被 $N-1$ 个向量线性组合而成。这也意味着 $\bar{r}$ 向量可被向量 $\boldsymbol{l}$ 和 $\boldsymbol{b}$ 线性表示,即:$\bar{\boldsymbol{r}} = \lambda_0 \boldsymbol{l} + \lambda_1 \boldsymbol{b}$。

对于组合中第 i 个风险资产,意味着套利方程满足 $\bar{r}_i = \lambda_0 + \lambda_1 b_i (i = 1, 2, \cdots, N)$。那么在套利定价方程中出现的常数 λ_0 和 λ_1 表示何种含义呢?假设存在一种风险资产,这种风险资产具有常数的预期收益率 r_f,由于该风险资产对因素不敏感,则有 $b_i = 0$,这意味着 $\bar{r}_i = \lambda_0$。可见 λ_0 表示的是与风险资产和因素无关的常数,从而可知 $\lambda_0 = r_f$。此时套利方程可改写为:$\bar{r}_i = r_f + \lambda_1 b_i$。

若此时构建一个纯因素组合,用 F 来表示,那么该组合对因素就具有单位的敏感性,这意味着 $b_F = 1$,从而可推得:$\lambda_1 = \bar{r}_F - r_f$。这表明 λ_1 是相对于因素具有单位敏感性组合的预期超额收益率,即因素风险溢价。由此可得到套利定价方程的一般形式:$\bar{r}_i = r_f + (\bar{r}_F - r_f) b_i$。

若假定此时套利模型中有多种因素共同影响,市场上有 N 种风险资产,有 $F_1, F_2, \cdots, F_K$ 共 K 个因素,每一种风险资产在 K 因素模型中具有 K 个敏感性,记敏感系数向量为 $(b_{i1}, b_{i2}, \cdots, b_{iK})^T$。此时,多因素的套利方程可以描述为

$$r_i = a_i + b_{i1} F_1 + b_{i2} F_2 + \cdots + b_{iK} F_K + \varepsilon_i \quad (i = 1, 2, \cdots, N)$$

在均衡状态下，如果不存在套利组合或套利机会，则应有：$\sum_{i=1}^{N} x_i = 0$、$\sum_{i=1}^{N} x_i b_{ik} = 0 (k = 1, 2, \cdots, K)$、$\sum_{i=1}^{N} x_i \bar{r}_i = 0$。这意味着 $\bar{r}$ 可由 $K + 1$ 个向量线性表示，即可得到套利定价方程为

$$\bar{r}_i = \lambda_0 + \lambda_1 b_{i1} + \lambda_2 b_{i2} + \cdots + \lambda_K b_{iK}$$

在多因素的套利方程中，λ_0 为无风险利率，因为无风险资产对任何因素均无敏感性。设 $\bar{r}_{F_j}$ 代表一个因素组合 F_j 的预期收益率，该组合只对因素 j 有单位敏感性而对其他因素无敏感性，该组合的因素敏感系数为 $b_{Pj} = 1, b_{PK} = 0 (K \neq j)$，则多因素的定价模型为

$$\bar{r}_i = r_f + (\bar{r}_{F1} - r_f) b_{i1} + (\bar{r}_{F2} - r_f) b_{i2} + \cdots + (\bar{r}_{FK} - r_f) b_{iK}$$

因此，风险资产的预期收益率等于无风险收益率与风险资产对 K 个因素敏感性的风险溢价之和。

9.4.3 APT 与 CAPM 的关系

APT 是比 CAPM 更为一般的资产定价模型，其区别在于：

1) APT 是一个多因素模型，它假设均衡状态下风险资产的收益取决于多个不同的外生因素，而 CAPM 中的资产收益只取决于一个单一的市场组合因素。从这个意义上看，CAPM 只是 APT 的一个特例。

2) CAPM 成立的条件是投资者具有均值-方差偏好、资产的收益分布呈正态分布，而 APT 则不作这类限制，但它与 CAPM 一样，要求所有投资者对资产的期望收益和方差、协方差的估计一致。

3) 由于套利定价模型并不专注于真正市场指数的构建合理性，因而其理论具有一定的可检验性。

4) APT 可以对任意资产子集进行定价，投资者不必为检验理论而去对无穷尽的资产进行计量；在 APT 中，市场证券组合没有特殊的作用，而 CAPM 必须要求市场证券组合是有效的。

5) APT 容易扩展到多期模型中。

本章小结

本章首先对现代金融理论的奠基石——均值-方差模型进行了系统介绍，从期望收益率和风险两个维度研究资产定价均衡模型。其次从考虑引入无风险资产角度，分析了简化资产定价模型 CAPM，并分别推导出资本市场线和证券市场线方程，详细比较了两个定价方程的经济内涵。最后利用单指数模型和多指数模型，考虑在市场有效状态下，即在无风险套利条件下分别推导出证券市场线和 APT 模型。

思考练习

1. 假设市场组合由两个证券 A 和 B 组成，它们的投资比例和方差分别是 0.39、160 以及 0.61、340。两种证券的协方差为 190。计算两种证券的 β 系数。

2. 假设市场组合由两个证券 A 和 B 组成，它们的投资比例分别是 40% 和 60%。已知这两个证券的期望收益率分别是 10%、15%，标准差分别是 20%、28%，其相关系数为 0.3。假设无风险收益率为 5%，写出资本市场线方程。

3. 假设无风险收益率为3%，市场已处于CAPM所描述的均衡状态。如果已知市场上有一种风险证券，其期望收益率为6%、β系数为0.5。问：β系数为1.5的证券的期望收益率为多少？

4. 设市场的标准差为18%，单个股票的标准差为40%，该股票与市场的相关系数为0.5。计算该股票的β值。

5. 给定市场组合的期望收益率为10%，无风险收益率为6%，证券A的β系数为0.85，证券B的β系数为1.20。

(1) 画出证券市场线。

(2) 证券市场线的方程是什么？

(3) 证券A、B的均衡期望收益率是多少？

(4) 在证券市场线上描出两种风险证券。

6. 假设证券市场有三种证券，表9-1给出了它们的期望收益率和β系数。

表9-1 三种证券的期望收益率和β系数

指　　标	A	B	C
期望收益率	0.1	0.4	0.6
β系　数	1.0	2.0	2.5

问：可以用上述三种证券构造套利组合吗？说明理由。

7. 设F1和F2是两个独立的经济指标，并设证券A和B关于这些指标的信息见表9-2。

表9-2 证券A、B指标信息

证　　券	F1	F2	期望收益率
A	1.8	2.1	40%
B	2.0	-0.5	10%

若无风险利率为4%，用APT模型求出两个指标的收益率。

8. 小明将其财富的30%投资于一项预期收益率为15%、方差为0.04的风险资产，将其财富的70%投资于收益率为6%的国库券，他的资产组合的预期收益率和标准差分别是多少？

9. 甲公司持有A、B、C三种股票，在由上述股票组成的证券投资组合中，各股票所占的比重分别是50%、30%、20%，其β系数分别为2.0、1.0和0.5，市场收益率为15%，无风险收益率为10%。A股票当前每股市价为12元，刚收到上一年度派发的每股1.2元的现金股利，预计股利以后每年将增长8%。

计算以下指标：

(1) 甲公司证券组合的β系数。

(2) 甲公司证券组合的风险收益率。

(3) 甲公司证券组合的必要投资收益率。

(4) 投资A股票的必要投资收益率。

10. 假设两个资产组合A、B都已经充分分散化，$E(r_A)=12\%$，$E(r_B)=9\%$。如果影响经济的要素只有一个，并且$\beta_A=1.2$，$\beta_B=0.8$，试确定无风险利率。

11. 在无套利情况下，某股票的预期收益率为19%，$\beta=1.7$，股票二的收益率为14%，$\beta=$

1.2。问：若符合 CAPM，则该市场的无风险收益率为多少？市场组合的收益率为多少？

12. 按照 CAPM，假定市场预期收益率为 14%，无风险利率为 6%，XYZ 证券的预期收益率为 17%，XYZ 的 β 值为 1.2。问：以下哪种说法正确？

A. XYZ 被高估。

B. XYZ 是公平定价。

C. XYZ 的 α 值为 -1.4%。

D. XYZ 的 α 值为 1.4%。

13. (1) 投资者预期无风险利率为 10%，市场收益率为 14%。计算表 9-3 列示的股票的预期（必要）收益率，并把它们在证券市场线图中画出。

表 9-3 股票 U、N、D 的 β 及预期收益率

股 票	β	预期收益率
U	0.85	
N	1.25	
D	-0.20	

(2) 你询问一个股票经纪人她公司研发部预期这三只股票下一年的表现如何。她给你表 9-4 所示的资料。

表 9-4 三只股票的表现

股 票	当前价格	预期价格	预期股息
U	22	24	0.75
N	48	51	2.00
D	37	40	1.25

在证券市场线图中描出你估计的收益率，并说明你应该对这些股票有何动作。讨论你的决策。

14. 一个分析家预期无风险利率为 4.5%、市场收益率为 14.5%，股票 A 和 B 的收益率见表 9-5。

表 9-5 股票 A、B 的收益率

股 票	β	分析师的估计收益率
A	1.2	16%
B	0.8	14%

(1) 试回答问题并在图上标出：

a. 如果股票 A 和 B 用资本资产定价模型公平定价，那么它们将在证券市场线的什么位置？

b. 按照表 9-5 中分析师估计的收益率，在同一张图上股票 A 和 B 实际在什么位置？

(2) 说明如果分析师用证券市场线作出战略投资决策，那么股票 A 和 B 是被高估了还是被低估了？

案例讨论

以下材料节选自华夏基金管理公司网站关于"华夏经济转型股票型证券投资基金"的2024年2季报信息。

1. 投资目标

把握经济深化改革方向，挖掘经济转型中的优秀上市公司，追求基金资产的长期、持续增值。

2. 投资策略

主要投资策略包括资产配置策略、股票投资策略、债券投资策略、中小企业私募债券投资策略、权证投资策略、股指期货投资策略、国债期货投资策略等。在股票投资策略上，本基金所指经济转型为：符合国家经济结构转型和产业结构转型升级以及区域结构调整优化政策的，并从中受益的行业和公司；参与混合所有制改革、国企改革等制度转型升级的，并从中获得增长潜力的行业和公司；主动采用技术革新、重组、兼并等方式积极调整实现转型升级的，并因此持续健康成长的行业和公司。

3. 风险收益特征

本基金属于股票基金，风险与收益高于混合基金、债券基金与货币市场基金，属于较高风险、较高收益的品种。

4. 业绩比较基准

沪深300指数收益率×90% + 上证国债指数收益率×10%

5. 报告期内基金业绩

报告期内基金业绩见表9-6。

表9-6 本报告期基金份额净值增长率及其与同期业绩比较基准收益率的对比

阶 段	净值增长率①	净值增长率标准差②	业绩比较基准收益率③	业绩比较基准收益率标准差④	①-③	②-④
过去三个月	1.43%	1.12%	-1.73%	0.68%	3.16%	0.44%
过去六个月	-5.57%	1.47%	1.24%	0.81%	-6.81%	0.66%
过去一年	-16.13%	1.29%	-8.39%	0.79%	-7.74%	0.50%
过去三年	-32.96%	1.34%	-29.75%	0.94%	-3.21%	0.40%
过去五年	35.13%	1.44%	-5.97%	1.03%	41.10%	0.41%
自基金合同生效至今	86.99%	1.43%	16.50%	1.02%	70.49%	0.41%

资料来源：华夏基金管理有限公司. 华夏经济转型股票型证券投资基金2024年第2季度报告 [R/OL]. (2024-07-18) [2024-08-15]. https://www.chinaamc.com/fund/002229/index.shtml.

案例思考：

（1）从材料对华夏经济转型基金产品的介绍中，你认为该基金投资中运用的是积极型投资策略还是被动型投资策略？结合该基金与同期业绩比较基准收益率的对比，评价一下该基金的表现。

（2）查阅华夏经济转型基金的年报或季报，结合该基金的资产配置和业绩比较基准，评价一下该基金业绩比较基准的有效性。

（3）基金作为组合投资的证券产品，结合我国资本市场的现状及已有的金融产品，你觉得基金组合的市场风险可以消除吗？

第 10 章 债券投资分析

本章提要

本章首先介绍债券产品的基本估值方法,并在对影响债券定价的因素进行分析的基础上,解释影响债券价格变动的五大定理。其次比较债券的不同投资收益率指标和不同利率期限结构的理论。最后对影响债券价格的系统性风险——久期进行较为系统的分析。

重点难点

本章重点:掌握债券定价的五大定理,理解利率期限结构和久期的概念。
本章难点:对久期内涵的理解和认识。

引导案例

2024 年 7 月 23 日,福建阳光集团有限公司发布关于其发行的四期超短期融资券违约处置进展的公告。公告称,福建阳光集团有限公司发行的"21 福建阳光 SCP001"至"21 福建阳光 SCP004"四期债券,原定于 2022 年 3 月至 6 月期间兑付,涉及金额总计达到 19 亿元。由于公司面临经营困难,目前尚未兑付的本息金额分别为 5.24 亿元、1.05 亿元、2.62 亿元和 6.81 亿元,总计达到 15.72 亿元。这些债券的票面利率为 6.50%,原定发行期限为 270 天,且应于到期日一次性还本付息。公告表示,公司目前存在较多涉诉案件,部分资产已被冻结、保全或强制执行,导致诉讼结果存在不确定性。面对这一局面,福建阳光集团正积极与债权人洽谈和解方案,推动资产处置,并商讨债务重组的可能性。

案例讨论与思考:

福建阳光集团的四期超短期融资券均于 2021 年发行,但票面利率高达 6.50%,分析影响企业发行成本的因素,并分析福建阳光集团债券违约的触发因素。

10.1 债券估价

10.1.1 债券定价的基本原理

债券未来现金流入的现值,称为债券的价值或债券的内在价值。债券作为一种投资,现金流出是其购买价格,现金流入是利息和归还的本金,或者出售时得到的现金。债券价值是债券投资决策时使用的主要指标之一。只有债券的价值大于购买价格时,才值得购买。

1. 分期付息债券价值计算模型(基本模型)

一般情况下,债券的票面利率是固定的,利息按年支付并到期归还本金。按照现金流贴现定价的原理,债券价值的计算基本模型是

$$P = \sum_{t=1}^{T} \frac{C_i}{(1+i)^t} + \frac{F}{(1+i)^T}$$

式中,P 为债券价值(现值);C_i 为每年的利息;F 为到期的本金(面值);i 为市场利率或投资者要求的最低收益率;T 为债券到期前的年数。

【例 10.1】投资者 A 拟购买甲公司的企业债券作为投资,该债券面值为 1000 元,票面利率 5%,期限 3 年,每年付息一次,到期一次还本,当前市场利率为 6%。计算该债券的合理价格。

解:

未来现金流状况分布:

第 1 年年末:1000×5%元 = 50 元。

第 2 年年末:1000×5%元 = 50 元。

第 3 年年末:(1000×5%+1000)元 = 1050 元。

该债券的市场价格:

$$P = \left(\frac{50}{1+6\%} + \frac{50}{(1+6\%)^2} + \frac{1050}{(1+6\%)^3}\right) 元 = 973.27 元$$

2. 一次还本付息且不计复利的债券价值计算模型

目前市场上一次还本付息且不计复利的债券不多,但银行定期存款基本上属于该类型。对于该类债券,票面利率固定,利息每年计提但不支付,到期连同本金一起支付,其价值计算模型为

$$P = \frac{F + CT}{(1+i)^T}$$

式中,P 为债券价值(现值);F 为到期的本金;C 为每年的固定利息;T 为债券到期前的年数;i 为市场利率或投资者要求的最低收益率。

【例 10.2】投资者 A 拟购买甲公司的企业债券作为投资,该债券面值为 1000 元,票面利率 5%,单利计息,期限 3 年,到期一次还本付息。若当前市场利率为 6%,计算该债券的合理价格。

解:

未来现金流分布状况:

第 3 年年末:1000×5%×3 元 = 150 元。

该企业债券的价格为

$$P = \frac{1150}{(1+6\%)^3} 元 = 965.56 元$$

3. 零息债券的价值计算模型

零息债券又称纯债券,是指债券在发行时,以折现方式发行,没有票面利率,到期按面值偿

还。这类债券的价值计算模型为

$$P = \frac{F}{(1+i)^T}$$

式中，P 为债券价值（现值）；F 为到期时的本金（面值）；i 为市场利率或投资者要求的最低收益率；T 为债券到期前的年数。

值得注意的是，有些债券的票面利率为浮动利率，这类债券每期的利息会随浮动利率的变化而变化。由于未来浮动利率未知，所以估值难度较大。一般利用估计的浮动利率，通过现金流贴现的方法为这类浮动利率债券进行定价。

10.1.2 债券定价的基本定理

马尔基尔（Malkiel）在 1962 年最早系统地提出了债券定价的五个基本原理，奠定了投资者对非含权债券分析的基础。

1）定理一：债券的价格与债券的收益率成反比例关系。

定理一相对比较容易理解，根据债券定价公式

$$P = \sum_{t=1}^{T} \frac{C_t}{(1+i)^t}$$

式中，P 表示债券的价格；T 表示债券的到期期限；C_t 表示第 t 期的票面利息，其中 C_t 包含本金和票面利息；i 表示债券的投资收益率。

市场预期收益率处于分母位置，在预期现金流及到期期限不变的条件下，债券的价格随着市场利率的上升而下跌。

2）定理二：当市场预期收益率变动时，债券的到期时间与债券价格的波动幅度成正比关系。 换言之，在其他条件不变时，给定市场预期利率的变化，到期日长的债券价格变化要比到期日短的债券价格变化幅度大。

【例 10.3】考虑面值均为 100 元，票面利率均为 10% 且每年付息一次，到期日分别为 3 年、6 年和无限期的 A、B、C 三种债券。已知当市场利率为 10% 时，债券 A、B、C 的价格均为 100 元。当市场利率从 10% 变化为 11% 时，三种债券的价格变化程度见表 10-1。

表 10-1 市场利率变化下不同到期期限债券价格变化情况比较

对 比 项	债券 A	债券 B	债券 C
到期期限（年）	3	6	无限
当前价格（元）	100	100	100
每年发放利息（元）	10	10	10
当前市场利率	10%	10%	10%
新的市场利率	11%	11%	11%
新的债券价格（元）	97.56	95.77	90.91
价格变化率	-2.44%①	-4.23%	-9.09%

① 计算过程为：(97.56-100)/100×100% = -2.44%。

导致上述结果的原因主要涉及债券久期的概念，将在第 10.4 节进行学习。结合定理一和定理二，如果预期市场利率上升，则未来债券价格将下降，此时投资者应持有短期债券；而当预期

市场利率下降时,应持有期限较长的债券。

3) 定理三:随着债券到期时间的临近,债券价格的波动幅度减小,并且是以递增的速度减小;反之,到期时间越长,债券价格波动幅度增大,并且是以递减的速度增大。

换言之,债券的价格对利率变化的敏感程度随着距到期日时间长度的增加而增大,但增大的程度随距离到期日时间长度的增加而递减。

【例10.4】考虑A、B、C、D四种面值为100元的债券,票面利率均为10%且每年付息一次,四种债券的到期期限分别为3年、6年、9年和12年。当市场利率从10%变化为11%时,四种债券的价格变化程度见表10-2。

表10-2 市场利率变化时不同票面利率债券价格变化率及变化率的变差计算

对比项	债券A	债券B	债券C	债券D
到期期限(年)	3	6	9	12
当前价格(元)	100	100	100	100
每年发放利息(元)	10	10	10	10
当前市场利率	10%	10%	10%	10%
新的市场利率	11%	11%	11%	11%
新的债券价格(元)	97.56	95.77	94.46	93.51
价格变化率	−2.44%	−4.23%	−5.54%	−6.49%
价格变化率变差	—	73.36%①	30.97%	17.15%

① 计算过程为:[−4.23−(−2.44)]/(−2.44)×100% = 73.36%。

由表10-2可知,随着到期期限的增加,利率变化导致债券价格变化的幅度呈下降趋势,即期限越长,债券价格变化对利率的敏感性下降。

4) 定理四:对于期限既定的债券,由收益率下降导致的债券价格上升的幅度大于同等幅度的收益率上升导致的债券价格下降的幅度。换言之,利率上涨一个百分点导致的债券价格下跌幅度,要比利率下跌一个百分点导致的债券价格上涨幅度小。

【例10.5】考虑A、B、C、D四种面值为100元的债券,票面利率均为10%且每年付息一次,四种债券的到期期限分别为3年、6年、9年和12年。当市场利率从10%分别变化为9%和11%时,四种债券的价格变化程度见表10-3。

表10-3 利率变化引致的债券价格非对称效应

对比项	债券A	债券B	债券C	债券D
到期期限(年)	3	6	9	12
每年发放利息(元)	10	10	10	10
9%利率下的价格(元)	102.53	104.49	106.00	107.16
10%利率下的价格(元)	100	100	100	100
11%利率下的价格(元)	97.56	95.77	94.46	93.51
10%→11%的价格变化率	−2.44%	−4.23%	−5.54%	−6.49%
10%→9%的价格变化率	2.53%	4.49%	6.06%	7.16%

由表10-3可知,利率上升和下降相同的幅度,导致债券价格下跌的幅度要低于上涨的幅度,

主要原因在于债券的凸性存在。当然债券的凸性有正有负,对于投资者而言,选择具有正凸性的债券较好。定理二和定理四结合,可以有效地估算利率变化所带来的债券价格变化。

5)**定理五:对于给定的收益率变动幅度,债券的票面利率与债券价格的波动幅度成反比关系。**换言之,票面利率高的债券,对于利率变化所引起的债券价格变化程度要小于票面利率低的债券。

【例 10.6】考虑面值为 100 元,票面利率分别为 5%、10% 和 20%,到期期限均为 3 年的 A、B、C 三种债券。当市场利率从 10% 变化为 11% 时,三种债券价格的变化见表 10-4。

表 10-4 不同票面利率债券价格相对市场利率变化的敏感性比较

对比项	债券 A	债券 B	债券 C
第一年现金流(元)	5	10	20
第二年现金流(元)	5	10	20
第三年现金流(元)	105	110	120
利率为 10% 时的价格(元)	87.57	100	124.87
利率为 11% 时的价格(元)	85.33	97.56	121.99
10%→11% 的价格变化率	-2.56%	-2.44%	-2.31%

由表 10-4 可知,到期期限相同的债券,票面利率越高,利率变化导致债券价格变化的幅度越小。这主要与未来现金流的时点分布有关,票面利率越高,回收债券投资现金流的平均时间越短,债券价格变化幅度越小。

10.2 不同的债券收益率指标

收益率指标是一个相对宽泛的概念,特别是对于债券而言,衡量指标较多,但归根结底,收益率就是衡量投资者在一定时期内所得收益与投入本金的比率。需要先了解一下债券的投资收益构成。债券的投资收益主要包括两部分:一是持有债券的利息收入;二是资本损益,即债券买入价与卖出价或偿还额之间的差额(又称资本利得或资本损益)。决定债券收益率的因素主要有债券的票面利率、期限、面值、持有时间、购买价格、出售价格和付息方式等。一般而言,债券收益率的衡量指标主要有票面收益率、本期收益率、持有期收益率、到期收益率、债券相当收益率、年度百分比利率、年有效收益率、至第一回购日的收益率等。下面简要介绍一下不同的收益率指标:

1. 票面收益率

票面收益率又称名义收益率或票面利率,是印制在债券票面上的固定利率,即年利息收入与债券面值的比率。其计算公式为

$$\text{票面收益率} = \text{债券年利息} / \text{债券面值}$$

若投资者按面值购入债券并持有至期满,则投资者所获得的投资收益率与票面收益率一致。但若债券为溢价发行或折价发行,或投资者未持有债券至到期时,该指标就不太适用于衡量投资者的真实收益。

2. 本期收益率

本期收益率又称直接收益率或当前收益率，是指债券的年利息收入与买入债券的实际价格的比率，反映了投资者的投资成本所带来的收益。其计算公式为

$$本期收益率 = 债券年利息 / 债券买入价$$

该指标对每年从债券投资中获得一定利息现金收入的投资者而言较有意义，但由于其忽略了资本利得因素，也不能全面反映投资者的实际收益。

3. 持有期收益率

持有期收益率是指债券持有人在持有期内得到的收益率，能综合反映债券持有期间的利息收入和资本利得情况。

（1）短期债券持有期收益率　若不考虑资金时间价值，则持有期收益率为

$$持有期收益率 = \frac{持有期间收益率}{持有期} \times 100\%$$

其中，

$$持有期间收益率 = \frac{持有期间的利息收入 + (卖出价 - 买入价)}{买入价} \times 100\%$$

式中，持有期等于实际持有天数除以360，也可以用持有月数除以12表示。

若考虑资金时间价值，则持有期收益率可通过以下公式求得

$$(1 + y)^{持有期} = \frac{持有期间的利息收入 + 卖出价}{买入价}$$

式中，y 为债券的持有期收益率。

（2）长期债券持有期收益率　若债券的持有时间超过一年，应按复利计算其持有期年均收益率，即计算债券的内部收益率，可分为两种。

1）到期一次还本付息债券。到期一次还本付息的债券，其持有期收益率是使债券到期兑付的金额或提前出售时卖出价的现值等于债券买入价的贴现率，即

$$P(1 + y)^T = F + CT \Rightarrow y = \sqrt[T]{\frac{F + CT}{P}} - 1$$

式中，P 为债券的买入价；y 为债券的持有期收益率；T 为债券实际持有期限（年）；$F + CT$ 为债券到期兑付的金额或提前出售时的卖出价。

2）按期支付利息的债券。每年年末支付利息的债券，其持有期收益率是使持有期现金流入现值等于债券买入价的贴现率，可通过以下公式求得

$$P = \frac{F}{(1 + y)^T} + \sum_{t=1}^{T} \frac{C_t}{(1 + y)^t}$$

式中，P 为债券的买入价；F 为债券到期兑付的金额或提前出售时的卖出价；y 为债券的持有期收益率；T 为债券实际持有期限（年）；C_t 为第 t 期的票面利息。

4. 到期收益率

到期收益率（Yield To Maturity，YTM），即投资者持有债券至到期所能得到的年复合收益率。若投资者在债券发行时即购买并持有至到期，则投资者获得的到期收益率可通过以下公式求得

$$P = \sum_{t=1}^{T} \frac{F \times r_t}{(1 + YTM)^t} + \frac{F}{(1 + YTM)^T} = \sum_{t=1}^{T} \frac{C_t}{(1 + YTM)^t} + \frac{F}{(1 + YTM)^T}$$

式中，P 为债券的买入价；F 为债券的面值；r_t 为债券的票面利率（若是固定票面利率，则 r_t 不变）；YTM 为债券的到期收益率；T 为债券的到期期限（年）。

若为零息债券⊖，则投资者在持有期间没有任何利息收入，到期将按照面值赎回。其到期收益率 YTM 可通过以下公式求得

$$P = \frac{F}{(1+\text{YTM})^T}$$

【例10.7】某投资者于 2013 年 12 月 17 日在深交所交易平台以 98.50 元的价格买入 09 宜化债（交易代码：112019）。该债券由湖北宜化公司于 2009 年 12 月 17 日发行计息，每年付息 1 次，期限 10 年，于 2019 年 12 月 17 日到期，票面利率为 7%。试求若投资者持有至到期，其到期收益率是多少？

解：由于投资者在除息日买入，所以债券中不含应计未付利息。假设投资者持有至到期，则其在 2014—2019 年每年 12 月 17 日可得到的现金流分别为 7 元、7 元、7 元、7 元、7 元、107 元，则需要满足

$$98.50 = \frac{7}{1+\text{YTM}} + \frac{7}{(1+\text{YTM})^2} + \frac{7}{(1+\text{YTM})^3} + \frac{7}{(1+\text{YTM})^4} + \frac{7}{(1+\text{YTM})^5} + \frac{107}{(1+\text{YTM})^6}$$

解得

$$\text{YTM} = 7.32\%$$

即若投资者持有至到期，其到期收益率为 7.32%。

5. 债券相当收益率

在美国，由于财政部或公司发行的附息债券通常是每年付息两次，因此债券相当收益率（Bond Equivalent Yield，BEY）是债券价格最普通的表示方式。即利用债券半年度的付息信息来计算债券到期收益率，然后将计算的债券到期收益率乘以 2，就得到债券相当收益率，可通过以下公式求得

$$P = \sum_{t=1}^{T} \frac{C_t}{(1+y/2)^t} + \frac{F}{(1+y/2)^T}$$

式中，P 为债券的价格；T 为债券的到期期限再乘以 2；C_t 表示时点 t 的票面利息；y 表示债券的相当收益率。

6. 年度百分比利率

年度百分比利率（Annual Percentage Rate，APR）常用于贷款和信用卡利率的计算，在债券中应用相对较少，其以两次支付的最短时间间隔为复利时段，先确定时段到期收益率，再将时段到期收益率乘以一年中的复利时段数得到。其核心目的是将不同期限和付息频率的债券收益率建立统一的年化收益率标准，当支付时段为半年时，即是债券相当收益率。

【例10.8】假设某债券每季度付息一次，票面利率 5%，票面金额 100 元，两年后到期，平价交易。试计算投资该债券的年度百分比利率。

第一步：由于债券为平价交易，可先计算出季度时段的到期收益率为 5%/4=1.25%。

⊖ 在金融市场学的一些教材中，有时也将零息债券和贴现债券加以区分，一般认为贴现债券是期限在一年以内到期的零息债券。同时，一次还本付息的债券有时也被视为零息债券的一种。

第二步：计算得到年度百分比利率为 1.25%×4 = 5%。

7. 年有效收益率

年有效收益率是指在各种复利情况下，债券年化的实际收益率，即

$$y^* = (1+y)^n - 1$$

式中，y^* 表示年有效收益率；y 表示周期的到期收益率；n 表示付息频率或1年内的付息次数。

【例10.9】假设某债券按季支付利息，当前市场价格为980元，两年后到期，票面利率为6%。试计算投资该债券的相关收益率指标。

解：

设债券的季度到期复利收益率为 y，则由债券定价公式解得

$$980 = \sum_{t=1}^{8} \frac{15}{(1+y)^t} + \frac{1000}{(1+y)^8} \Rightarrow R = 1.7703\%$$

年度百分比收益率为

$$1.7703\% \times 4 = 7.0812\%$$

债券相当收益率为

$$[(1+1.7703\%)^2 - 1] \times 2 = 7.1439\%$$

年有效收益率为

$$(1+1.7703\%)^4 - 1 = 7.2714\%$$

【例10.10】某零息债券，两年后到期，票面金额1000元，市场价格900元。求该债券相当收益率、年有效收益率及按月复利情况下的到期收益率。

解：

首先计算债券相当收益率：

$$900 = \frac{1000}{(1+y/2)^4}$$

计算可得：零息债券半年频率的到期收益率为 $y/2 = 2.669\%$，则债券相当收益率为 $y = 5.338\%$。

转化为债券的年有效收益率，即为：$(1+2.669\%)^2 - 1 = 5.409\%$。

若按月复利，则计算得到的到期收益率为

$$(1+y_m/12)^{12} - 1 = 5.409\% \Rightarrow y_m = 5.2796\%$$

8. 至第一回购日的收益率

在投资者持有债券的过程中，有些债券因嵌有期权而使得债券在到期之前即被投资者回售或被发行人赎回。因此对于嵌有期权的债券，在定价时考虑价格触发条件下的收益率更有意义，特别是当至第一回购日的收益率小于到期收益率时，该指标可能在估计未来收益率时更加保守和有效。例如，若某20年期债券，票面利率6%，半年付息一次，价格为105元，债券条款约定5年后随时可以按面值回购。若持有至到期，则可以计算出债券的到期收益率为5.58%；但若5年后市场利率低于6%，债券价格就会超过面值，有可能被发行人赎回，此时利用到期收益率来衡量投资回报率就不太合适，进一步计算可得，至第一回购日的收益率为4.86%。

10.3 利率期限结构

10.3.1 利率期限结构概览

收益率曲线（Yield Curve）是依据不同期限金融工具的到期收益率高低绘制的图形，该图形中纵轴代表收益率，横轴表示距离到期的时间，是一个相对宽泛的概念。由于各种债券都可以计算出到期收益率，因此每种类型的债券都有自身的到期收益率曲线。但只有无风险零息债券的到期收益率曲线最为重要，因此，通常所讲的到期收益率曲线就专指不同期限的零息债券的到期收益率曲线，又称为即期利率（Spot Rate）曲线或利率期限结构（Term Structure of Interest Rates）。在美国等国家的金融市场上，到期收益率曲线通常以当前国债的拍卖利率（即期利率）为基础，通过插值法等算出相应年份的即期利率，从而绘制出收益率曲线。

10.3.2 利率期限结构的基本作用

利率期限结构是分析利率走势和金融产品市场定价的基础，也是进行投资决策的重要参考依据。国债在市场上自由交易时，不同期限的国债产品及其对应的不同收益率，形成了债券市场的"基准利率曲线"。由于国债一般被认为不存在违约风险，其他债券或金融资产都是基于"基准利率曲线"的，因此在考虑不同金融产品相对于同期国债的风险溢价后确定金融产品的价格。利率期限结构广泛应用于给其他证券定价、寻找套利机会、预测未来即期利率等方面。

1. 给其他证券定价

（1）给无风险的其他证券定价 已知利率期限结构，就可以为无风险的附息债券定价。假设市场上某无风险债券的到期期限为 n、票面金额为 F、票面利率为 r、每年付息 1 次的附息债券，根据债券定价公式，则有

$$V = \sum_{t=1}^{n} \frac{C}{(1+y_t)^t} + \frac{F}{(1+y_n)^n}$$

式中，V 为金融产品的定价；y 为零息债券的到期收益率；n 代表偿还期；t 代表年限；C 为年利息（Fr）。

【例 10.11】假定市场上某国债 A，面值为 100 元，票面利率 5%，期限 5 年，每年付息 1 次。假设当前利率期限结构下 1、2、3、4、5 年期的到期收益率分别为 3.50%、3.75%、4.00%、4.25%、4.45%，那么该国债的市场价格多少才比较合适？

解：

由于不存在违约风险，该国债未来在时点 1、2、3、4、5 的现金流量分别为 5 元、5 元、5 元、5 元和 105 元。

这个债券相当于 6 个零息债券的组合，分别为面值 5 元期限 1 年、面值 5 元期限 2 年、面值 5 元期限 3 年、面值 5 元期限 4 年、面值 5 元期限 5 年、面值 100 元期限 5 年。因此，该国债的价值一定等于这 6 个零息债券价值之和。因此，只要计算出每个零息债券的价值，将这 6 个零息债券的价值相加，就可得到该国债的价值。计算过程见表 10-5。

表 10-5 附息债券的价值计算

时 点	现金流量	零息债券的到期收益率	现 值
0			
1	5	3.50%	4.831
2	5	3.75%	4.645
3	5	4.00%	4.445
4	5	4.25%	4.233
5	5	4.45%	4.022
	100	4.45%	80.437
合计			102.613

若债券是每半年付息 1 次,则附息债券的定价公式为

$$V = \sum_{t=1}^{2n} \frac{C/2}{(1+y_t/2)^t} + \frac{F}{(1+y_n/2)^{2n}}$$

式中,$C/2$ 为半年利息。

依据利率期限结构,对于任何未来有相对可预期现金流的金融产品,都可以进行定价。假设 C_t 为第 t 时点的现金流量,则有:

1) 若 t 代表年,则金融产品定价为:$V = \sum_{t=1}^{n} \frac{C_t}{(1+y_t)^t}$($C_t$ 为每年获得的现金流量)。

2) 若 t 代表半年,则金融产品定价为:$V = \sum_{t=1}^{2n} \frac{C_t}{(1+y_t/2)^t}$($C_t$ 为每半年获得的现金流量)。

3) 若 t 代表月,则金融产品定价为:$V = \sum_{t=1}^{12n} \frac{C_t}{(1+y_t/12)^t}$($C_t$ 为每月获得的现金流量)。

因此对于任何不含期权的金融产品,给定利率期限结构,只要有可以预期的未来现金流,就可以为该产品进行定价,而不论未来的现金流分布是否均匀,或未来的现金流是流入或流出。

(2) 给有风险的其他证券定价 若要定价的金融产品存在着违约风险,则该金融产品的收益率中需要包含违约风险溢价,该风险溢价一般称为利差。通常使用静态利差测度,即假设在不同的时间点上,存在违约风险金融产品的到期收益率与同期利率期限结构的收益率差额保持不变。用 y_{ss} 表示该静态利差,依据债券定价的现金流贴现原理,那么该金融产品的价格为

$$P = \sum_{t=1}^{n} \frac{C_t}{(1+y_t+y_{ss})^t} + \frac{F}{(1+y_n+y_{ss})^n}$$

式中,C_t 表示第 t 期的现金流量;y_t 表示第 t 期零息国债的到期收益率;F 表示金融产品的面值;n 表示金融产品的期限。

【例 10.12】假设当前利率期限结构下 1、2、3、4、5 年期的到期收益率分别为 3.50%、3.75%、4.00%、4.25%、4.45%。有一只债券 A,面值为 100 元,期限为 5 年,票面利率为 5%。若债券 A 的静态利差为 1.2%,那么该债券 A 定价多少比较合理?

解:

对债券 A 的定价过程见表 10-6。

表 10-6 利率期限结构、静态利差与有风险债券的定价

时 点	现金流量	即期利率	加上静态利率后的利率	现 值
0				
1	5	3.50%	4.70%	4.776
2	5	3.75%	4.95%	4.539
3	5	4.00%	5.20%	4.295
4	5	4.25%	5.45%	4.044
5	5	4.45%	5.65%	3.799
	100	4.45%	5.65%	75.972
合计				97.425

通过定价可知，债券 A 的价格为 97.425 元时比较合理。

(3) 给固定收益证券的衍生产品定价 围绕固定收益证券开发的衍生产品种类比较多，包括期权、期货、远期等产品。对于衍生产品的定价，也要基于利率期限结构，特别是利用二叉树模型对含有期权或衍生产品定价时，所利用的利率二叉树模型都是基于利率期限结构得到的。

2. 寻找套利机会

依据利率期限结构可以为债券定价，一旦债券的价格偏离其理论价值，就会产生套利机会。在一个存在做空交易机制的健全的资本市场上，投资者可以利用金融工程技术构建套利组合，获取无风险套利的机会。例如，借助于债券剥离和债券合成技术，利用长短期利率非对称变化的特征来构建套利组合等。但在金融市场上，套利机会是不具有共享性的，一旦有投资者从市场上利用了套利机会获利，则其他投资者就没有机会再获得该套利机会。

3. 预测未来即期利率

利率风险是债券投资中最核心的风险，利率变化会导致债券的价格面临较大的不确定性，如何规避或对冲利率风险对债券投资而言非常重要。如果能够对未来的利率走势进行相对准确的预测，投资者就可以进行主动式的投资管理来规避利率的波动风险，而运用利率期限结构可以较好地来预测未来的利率变化。

10.3.3 利率期限结构的理论解释

到期收益率曲线可能是多种多样的，涵盖上升型、下降型、水平型、中凸型及中凹型等不同的利率期限结构，不同形状的收益率曲线分别代表了当前市场对未来利率趋势的预测和表现。针对期限结构的形状，目前主要有四种理论解释：纯预期理论、流动性偏好理论、市场分割理论、期限偏好理论，下面分别介绍。

1. 纯预期理论

纯预期理论认为即期利率已经对未来可能出现的任何情况作出了客观的、完全的预期。该理论认为，如果投资者预期未来的短期利率会上升，那么长期利率就会高于短期利率，此时收益率曲线就会向上倾斜；如果投资者预期未来的短期利率会下降，那么长期利率就会低于短期利率，这时收益率曲线就会向下倾斜；如果投资者预期未来的短期利率会保持不变，那么收益率曲线就会保持水平。在均衡时，纯预期理论相信持有至到期策略得到的预期收益等于滚动策略得

到的预期收益,即现期投资一个较长时间段的连续投资结果,与进行多个期限的滚动投资收益相同。

纯预期理论的出发点,是长期证券到期收益率等于现行短期利率(Spot Interest Rate)和未来预期短期利率的几何平均。该理论基于以下假定:一是市场上的各种证券均没有违约风险;二是所有投资者都是风险中立者,并且以利润最大化为原则;三是证券买卖没有交易成本;四是投资者都能准确预测未来的利率;五是投资者对证券不存在期限偏好。基于纯预期理论,到期收益率与到期时间之间的关系有上升、水平和下降三种形式,如图10-1所示。

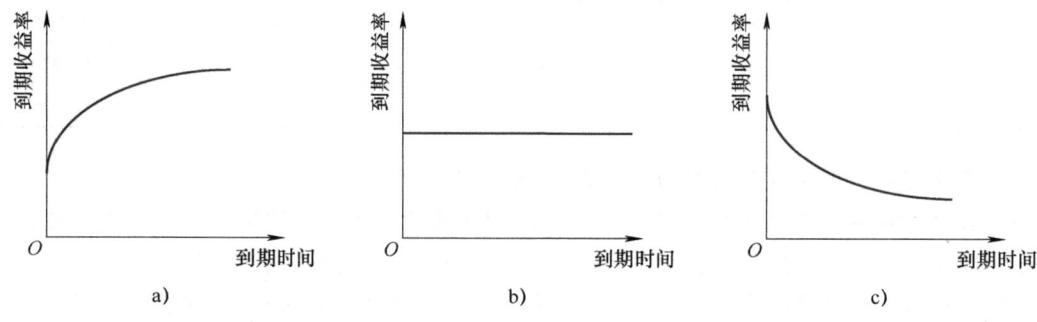

图10-1 基于纯预期理论的三种收益曲线

2. 流动性偏好理论

流动性偏好理论(Liquidity Preference Theory)又称为流动性升水理论,该理论基本上承认利率期限结构的纯预期理论解释,但对它有一个重大的修正,即该理论认为长期债券比短期债券的流动性差,必须要给予投资者更高的期望收益才能使他们愿意持有长期债券,因为长期债券比短期债券担负着更大的市场风险——价格波动和难以变现的风险。这种因增加的市场风险而产生的对长期债券收益的报酬称为流动性升水。当然,对于债券发行者而言,由于金融市场上长期投资者较少而短期投资者多,因此筹集长期资本所付出的成本也比较高。在该理论下,期限较长的利率,一定会高于期限较短的利率,因为较长的期限要求较高的流动性溢价。

流动性偏好理论认为,不论对未来利率的预期如何,流动性偏好理论预测的长期收益率将高于纯预期理论。当预期利率不变时(在纯预期理论中为收益曲线水平),流动性偏好理论的收益曲线是一条稍微向上倾斜的曲线;当预期利率上升时(在纯预期理论中为向上倾斜的收益曲线),流动性偏好理论的收益曲线斜率更大,曲线更陡;当预期利率下降时(在纯预期理论中为向下倾斜的收益曲线),流动性偏好理论的收益曲线则为稍微向下倾斜的曲线,或者几乎是一条水平的或稍微向上倾斜的曲线。

流动性偏好理论还认为,流动性升水随着债券到期期限的增加而变大。例如,3年期债券利率升水要大于2年期债券利率升水。一般而言,流动性偏好理论更能说明向上倾斜的收益曲线的存在原因,也许即期利率不一定呈上升趋势,但加上流动性升水以后,收益曲线就向上倾斜,如图10-2所示。

3. 市场分割理论

该理论认为不同的金融工具形成的不同市场之间是

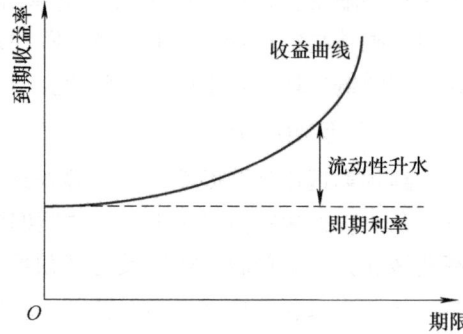

图10-2 流动性偏好理论对收益曲线的解释

不完全流动的，相互间因制度、空间、信息流等的限制而存在一定程度的分隔，从而并不存在一个统一的、相互完全一致的市场收益率。比如，一些投资者和债券发行人对债券的期限有特殊偏好，而对不同期限债券的到期收益率并不太关心，这种观点比较符合投资者和发行者的实际情况。从投资者角度分析，短期债券具有较好的流动性且价格稳定，因此市场风险较小。另外，长期债券的收益相对稳定，通过购买长期债券，投资者在未来持有期内每期可获得一定的固定收入。这样，偏好收入稳定而非价格稳定的投资者显然更愿意持有长期债券，而偏好保值超过稳定收入的投资者则更愿意持有短期债券。因此，市场上任何期限的债券与其他期限的债券是完全分隔的，任何期限债券的利率仅由该期限债券的供求因素决定，很少受其他期限债券的影响，即短期利率仅由短期资金的供求决定，长期利率仅由长期资金的供求决定。依据该理论，如果当前企业和政府主要发行长期债券，那么长期利率将高于短期利率，此时收益曲线要向上倾斜；如果当前企业和政府主要发行短期债券，那么短期利率将高于长期利率，此时收益曲线要向下倾斜。市场分隔理论目前在学术界尚未取得足够的支持，不过这一理论在实际应用中却受到越来越多人的重视。

4. 期限偏好理论

期限偏好理论（Term Preference Theory）认为投资者对特定期限都有很强的偏好，因而收益曲线不会严格地服从纯预期理论和流动性偏好理论的预测。这主要是因为在债券投资过程中，投资者的资产周期和负债周期有效匹配会使其处于最低风险状态。例如，银行和货币市场基金一般购买短期债券，而人寿保险公司则偏好于购买长期债券。但如果不符合投资者期限偏好的债券提供的收益率超过正常预期时，投资者也可能出现期限偏好的转移。例如：当长期债券的预期收益率远远超过短期债券的收益时，银行和货币市场基金将增加该期限的资产，他们将购买长期债券；如果购买短期债券的预期收益率变大，人寿保险公司将暂时取消只投资长期债券的规定，并将在他们的资产组合中加入适当的短期债券。换言之，如果投资者已经使自己处于某种期限偏好的状态，要使其离开原偏好状态，就必须提供额外的升水来作为增加风险的补偿。

期限偏好理论以实际的风险补偿观念为基础，即投资者为承担预期额外的风险而得到的额外收益。该理论在接受市场分隔理论和纯预期理论部分观点的同时，也剔除了二者极端的观点，能较近似地解释现实世界的现象。

通过以上对利率期限结构不同理论的解释分析，四种理论之间的差异比较可用表10-7列示。

表10-7 传统利率期限结构理论的比较

对比项	纯预期理论	流动性偏好理论	市场分割理论	期限偏好理论
长、短期利率替代性	完全替代	不完全替代	完全不替代	部分替代
收益率曲线向上倾斜的原因	未来短期利率上升	也许利率上升，也许风险补偿加大	长期资金融资需求较强，或者投资需求弱	长期资金融资需求较强，或者长期投资的偏好转移到短期投资上
解释收益率曲线变化的能力	强	较弱	较强	较强

10.4 久期

10.4.1 久期的定义

1938年经济学家麦考利（Macaulay）在研究债券价格与利率之间的关系时发现，到期期限并不是影响利率风险的唯一因素，票面利率、利息支付方式、市场利率等因素都会影响利率风险，于是他提出了一个综合以上四个因素的利率风险衡量指标——久期（Duration）。该指标主要考察1个百分点的市场利率波动对债券价格波动幅度的影响，通常用 D 来表示债券的久期。若假设债券每年付息一次，则 D 系数的计算公式为

$$D = \frac{\frac{C_1}{(1+y)}}{P} \times 1 + \frac{\frac{C_2}{(1+y)^2}}{P} \times 2 + \cdots + \frac{\frac{C_T}{(1+y)^T}}{P} \times T = \frac{\sum_{t=1}^{T} \frac{C_t}{(1+y)^t} \times t}{\sum_{t=1}^{T} \frac{C_t}{(1+y)^t}}$$

式中，D 表示久期；P 是债券当前的市场价格；C_t 是债券未来第 t 次支付的现金流（利息或本金）；T 是债券在存续期内支付现金流的次数；t 是第 t 次现金流支付的时点；y 是债券的到期收益率。

由此可见，决定久期大小的因素主要有三个：各期现金流、到期收益率及到期时间。

依据久期的定义，记 $V(C_t) = \frac{C_t}{(1+y)^t}$，表示第 t 期现金流的现值，则久期的具体推导过程是：

由债券价格 $P = \sum_{t=1}^{T} \frac{C_t}{(1+y)^t}$，对两边同时求 y 的导数，可得

$$\mathrm{d}P = -\frac{1}{1+y} \sum_{t=1}^{T} t \times V(C_t) \mathrm{d}y$$

两边同时除以债券的价格 P，可得

$$\frac{\mathrm{d}P}{P} = -\frac{\frac{1}{1+y} \sum_{t=1}^{T} t \times V(C_t) \mathrm{d}y}{P} = -\frac{\sum_{t=1}^{T} t \times V(C_t)}{P} \times \frac{1}{1+y} \times \mathrm{d}y$$

记 $\Delta_{\text{金额}} = \sum_{t=1}^{T} t \times V(C_t)$ 表示债券的金额久期，定义 $D = \frac{\Delta_{\text{金额}}}{P}$，则有

$$\frac{\Delta P}{P} = -D \times \frac{1}{1+y} \times \mathrm{d}y = -D \times \frac{1}{1+y} \times \Delta(1+y)$$

由此可见，久期的内涵可以理解为债券价格相对于市场利率变动的敏感系数。同时根据久期的定义，久期也可以理解为从现金流角度收回投资所需要的加权平均时间，其权重为不同时点的现金流现值占成本（即债券价值）的比例，即久期可表示为

$$D = \frac{\Delta_{\text{金额}}}{P} = \frac{\sum_{t=1}^{n} t \times V(C_t)}{\sum_{t=1}^{n} V(C_t)} = t \times \sum_{t=1}^{n} \frac{V(C_t)}{\sum_{t=1}^{n} V(C_t)}$$

在实践中，投资者更加关注利率变化所导致的债券价格变动的幅度，因此就有了修正久期的概念。修正久期是在麦考利久期的基础上考虑短期利率的影响，其计算公式为

$$D_M = \frac{D}{1+y}$$

若债券为半年付息 1 次，则

$$D_M = \frac{D}{1+y/2}$$

投资者除用久期来衡量利率风险以外，还可以使用基点价值（Basis Point Value，BPV 或 DV01）。基点价值是指利率每变化一个基点所引起的债券价格变动的绝对额。因此，基点价值和修正久期最大的区别在于：基点价值衡量的是利率变动引起债券价格变动的绝对值，而修正久期衡量的是利率变动引起的债券价格变动的相对值。

10.4.2 久期的性质

依据久期的内涵，在假设到期收益率 y 水平的情景下，可得到关于久期的以下性质。

1）性质 1：零息债券的久期等于期限本身，附息债券的久期一定小于期限本身。这表明零息债券的价格风险相对于附息债券会略高一些。

证明过程如下：

假设某零息债券的期限为 T，面值为 C_T，则其现值为：$P = \dfrac{C_T}{(1+y)^T}$。

两边求微分，得

$$dP = -\frac{C_T}{(1+y)^T} \times T \times \frac{d(1+y)}{(1+y)} = -T \times P \times \frac{d(1+y)}{(1+y)}$$

则有 $\dfrac{dP}{P} = -T \times \dfrac{d(1+y)}{(1+y)}$，即零息债券的久期 $D = T$。

而对于附息债券，假设期限为 T，每年付息一次，则有

$$D = \frac{\sum_{t=1}^{T} t \times V(C_t)}{\sum_{t=1}^{T} V(C_t)} = \sum_{t=1}^{T} \frac{V(C_t)}{\sum_{t=1}^{T} V(C_t)} \times t \leq \sum_{t=1}^{T} \frac{V(C_t)}{\sum_{t=1}^{T} V(C_t)} \times T \leq T$$

即附息票债券的久期通常不会高于同期的零息债券，但这仅限于普通具有未来稳定正现金流流入的债券产品。若期间有现金流流出，则计算的久期甚至可能长于债券的存续期。

【例 10.13】 假设市场上存在一系列不同期限和不同票面利率的无违约风险的附息债券，同时假设市场利率为 10%，且债券均为每年付息一次，则不同债券的久期结果见表 10-8。

表 10-8 不同期限、不同票面利率债券的 D 系数

票 面 利 率	3 年期 D 系数	5 年期 D 系数	10 年期 D 系数
4%	2.88	4.57	7.95
6%	2.82	4.41	7.62
8%	2.78	4.28	7.04
10%	2.74	4.17	6.76
12%	2.70	4.07	6.54
14%	2.66	3.99	6.36

从久期的角度，零息债券的 D 系数等于到期期限，零息债券期限越长，其 D 系数就越大，收益曲线的变动导致的风险就大，所以零息债券的期限一般较短，以降低风险；而对于附息票债券，其 D 系数小于其到期期限，尽管期限较长，但 D 系数较小，收益曲线的变动导致的风险也较小。

2) **性质 2**：久期与票面利率之间呈相反关系，即票面利率越高，D 系数越小。

其主要原因在于票面利率越高，则每一期利息现值占债券价值的比重就越高，这意味着总的现金流的大部分以利息的形式在较短的期限内收回。如表 10-8 中所示的，同为 3 年期的债券，票面利率为 10% 的债券久期为 2.74 年，但票面利率为 4% 的债券久期为 2.88 年。

3) **性质 3**：久期与债券的市场利率之间呈相反关系。

其主要原因在于市场利率越低，债券后期现金流的现值占债券价值的比例就越大，从而导致 D 系数越大。

4) **性质 4**：永久性债券的久期为 $\dfrac{1+y}{y}$。

证明过程如下：

假设永久性债券的面值为 F，票面利率为 r，可得到其每一期现金流 Fr，由此可得到永久性债券的价格为 $P = \dfrac{Fr}{1+y} + \dfrac{Fr}{(1+y)^2} + \dfrac{Fr}{(1+y)^3} + \cdots\cdots = \dfrac{Fr}{y}$。对价格求市场利率的一阶导数，可得 $\dfrac{dP}{dy} = -\dfrac{Fr}{y^2}$，因此永久性债券的久期为 $\dfrac{1+y}{y}$。换言之，永久性债券的久期与票面利率无关，只与市场利率有关。

本章小结

本章首先介绍了债券定价的基本原理和基本定理，把握债券定价"以定价为中心，以现金流和市场利率为两个基本点"的原则，对影响债券定价的因素进行了较为系统的剖析，讨论了债券定价的马尔基尔的五大定理。其次探讨了债券投资收益率的不同测度指标及衡量，比较了不同指标的差异及适应性。再次，在对收益率理解的基础上，对利率期限结构的定义、基本作用及理论解释进行了介绍。最后，对衡量债券利率风险的测度指标——久期进行了详细讲解。

思考练习

1. 传统的利率期限结构理论有哪些？这些理论之间的相互关系是什么？

2. 假设某投资者 A 以 90 元的价格购买了一份将于两年后到期的零息国债，该国债面值为 100 元，试计算投资者购买该债券的到期收益率是多少。若是 1 年半后到期，到期收益率又是多少？

3. 请用市场分割理论解释我国短期利率和长期利率的差别。

4. 请利用区间为一年的数据，来刻画我国的到期收益率曲线（银行间或交易所市场），并尽量解释到期收益率曲线发生的变化及其主要原因。

5. 假设目前银行间市场上长期债券的到期收益率为 4.8%，而短期债券的到期收益率为 5.8%，那么这种现象称为什么？产生这种现象意味着什么？并试用利率期限结构的相关理论来进行解释。

6. 试分析"如果市场利率的同等幅度变动，将导致所有久期相同的债券价值也发生同等变动"的说法是否正确。

7. 设某债券每年支付利息100元，10年期，票面金额为1000元，市场价格为1000元。若收益曲线为水平状，到期收益率为10%，试求该债券的 D 系数。

8. 给定表10-9所列债券，试构建两个不同的债券组合，使组合的 D 系数都为9。

表10-9 债券A、B、C的 D 系数

债 券	D 系数
A	5
B	10
C	12

9. 投资者被要求将表10-10所列债券考虑进公司的固定收益投资组合。

表10-10 Wiser 公司债券相关信息

发 行 者	票息（%）	到期收益（%）	到期（年）	D 系数（年）
Wiser公司	8	8	10	7.25

（1）a. 解释为什么债券的 D 系数小于到期期限。

b. 解释到期期限为什么没有 D 系数更适合于度量债券对利率变化的灵敏度。

（2）简要解释下列条件对此公司债券 D 系数的影响：

a. 票息为4%而不是8%。

b. 到期收益为4%而不是8%。

c. 到期期限为7年而不是10年。

10. 假设有面值为1000元、年票面利息为100元的5年期债券按面值出售。若债券的到期收益率提高到12%，则价格变化的百分比是多少？若到期收益下降到8%，则价格变化的百分比又是多少？

案例讨论

退市生态重塑　可转债信用重估

可转债一度被市场认为具有"进可攻退可守"的双重优势：上涨有股性，可以享受弹性收益；下跌有债底，回撤能控制得比一般含权产品好，是较好的固收增强产品。A股常态化退市有助于优化A股投资生态，但退市生态的改变正在明显外溢至可转债市场，部分可转债的"护城墙"开始塌陷。当下可转债市场正在经历不同程度的信用风险重估，投资可转换债券"有债托底"的隐形承诺正在被打破。

1. 过往策略失灵

虽然公司营业收入规模超千亿元，但是广汇汽车（代码：600297.SH）仍然被投资者"用脚投票"，股票连续20个交易日收盘价均低于1元，触及面值退市红线。公司股票及可转债自2024年7月18日起停牌，等待被交易所终止上市的决定。在广汇转债（代码：110072.SH）停牌前，已经连续两个交易日以20%的跌幅收盘。2024年7月17日，广汇汽车召开董事会会议，决议本次不向下修正广汇转债转股价格。随后，评级机构联合资信于2024年7月18日出具了《广汇汽车服务集团股份公司公开发行可转换公司债券2024年跟踪评级报告》，确定下调广汇汽车的主体长期信用等级为AA，下调"广汇转债"的信用等级为AA，评级展望调整为负面。

截至 2024 年 7 月 20 日，中装转 2（代码：127033.SZ）、三房转债（代码：110092.SH）的价格都已跌破 60 元，有近百家公司的可转债跌破 100 元面值。在这些跌破面值的可转债中，低价股转债所受到的冲击最为明显。尤其是一旦正股公司发生包括退市在内的风险性事件，可转债的债底就被重新评估，价格探底便不可避免。

2. 整体风险可控

在这种转变的过程中，一些标志性事件具有里程碑意义。例如，蓝盾转债（代码：123015.SZ）因发行人蓝盾（代码：300297.SZ）连续数年业绩不佳，同时被出具了无法表示意见的审计报告，蓝盾公司股票及蓝盾转债被终止上市；*ST 搜特（代码：002503.SZ）由于流动性不足无法兑付回售本息，搜特转债（代码：128100.SZ）成为首只实质性违约的可转债。

事实上，在今年上半年可转债市场就有风险暴露的迹象。比如，一些发行可转债的公司因竞争环境恶化、短期债务压力以及现金流不佳，产品评级下调的情况有所增加。从市场表现看，在遭遇信用评级下调后，部分可转债价格出现剧烈调整。例如，岭南转债（代码：128044.SZ）价格一度跌至面值的 50%，而宏图转债（代码：118027.SZ）在评级调整后也持续下跌。但与其他类型的债券相比，可转债的违约率整体相对较低。2011 年也曾出现过因外围信用风险可转债市场发生"黑天鹅事件"，但最终并未造成持续影响，反而给投资者带来配置的机会。

3. 打破隐形承诺

随着权益市场的不断变革和严监管，可转债跟随正股退市的风险敞口正在放大，可转债"债底"的隐形承诺已被打破，信用风险将成为可转债价值评估中的重要一环。可转债正在进入信用重估和风险重估的新阶段，对可转债的投资可能要进一步回归到关注企业基本面上。事实上，可转债与正股价格的关联性在市场上也被反复验证。以 2024 年 7 月 17 日—7 月 19 日为例，随着宏辉果蔬（代码：603336.SH）因为"榴莲概念"股价异动，宏辉转债（代码：113565.SH）的价格也随之暴涨暴跌。

资料来源：王小伟. 退市生态重塑 可转债信用重估［N/OL］.（2024-07-20）［2024-08-30］. https://stcn.com/article/detail/1264257.html.

案例思考：

（1）以广汇转债为例，尽管面临着随正股退市的风险，但联合资信给出的跟踪主体长期信用等级和"广汇转债"的信用等级虽有下调却仍为"AA"，而广汇转债的价格远远低于面值。您认为广汇转债具有投资价值吗？潜在的风险在什么地方？

（2）可转换债券在什么条件下更多地表现为债性或股性？挑选一只可转债，分析比较可转债价格与正股价格之间的关联性，探讨可转债的溢（折）价率与股票价格之间的关系。

第 11 章
金融期货与金融期权

本章提要

本章主要介绍金融期货和金融期权两类衍生产品，分别对两者产品的类型、运行原理进行介绍，并重点以期权为例探讨了期权的投资策略应用及期权定价模型。

重点难点

本章重点：了解金融期货的基本条款设计；理解利率期货、股指期货等期货产品的套期保值、投资和投机方面的操作原理；掌握金融期权的类型、性质、策略、定价及应用。

本章难点：金融期权的策略设计和定价。

引导案例

巴林银行成立于 1762 年，是一个叫弗朗西斯·巴林的人和兄弟一起创办的，经历 200 多年的经营。截至 1993 年年底，巴林银行全部资产大约为 59 亿英镑，在全球 1000 家大银行中排名第 489 位。而导致这家银行破产的原因并非经营不善，也不是投资失败，而是源于一个叫尼克·里森的一系列不当操作。

1992 年，巴林银行决定在新加坡分部开设期权和期货办事处，在新加坡的 SIMEX（新加坡国际金融交易所）进行执行和清算交易，并任命 25 岁的尼克·里森为期权和期货部门的总经理和首席交易员。在巴林银行的新加坡分部，有一个"99905"的账号，专门用来处理交易过程中因疏忽所造成的错误。1992 年，巴林银行总部的相关工作人员打电话给里森，要求他们部门重新设立一个账号，专门用来记录比较小的错误。随后不久，总部又打电话称总部的计算机进行了全新升级，不需要再另设新账号，依旧使用原来"99905"的账号。但里森并没有取消那个新设立的账号，而是把这个账号设定为"88888"且未向总部报备。随后，里森利用"88888"的账户对其和手下员工在正常交易活动中出现的一些大的错误进行"暗箱操作"，而巴林银行总部却浑然不知，也暴露出监管中存在的严重漏洞和盲区。

到了 1994 年下半年，里森认为日本经济将走出衰退，日元坚挺，日经指数将会在 19000 点以上浮动，日本股市上涨可期，于是他决定在日本东京市场进行日经指数期货的衍生产品交易，便逐渐建仓日经 225 指数期货。到 1995 年 1 月 26 日，里森共用了 270 亿美元做多日经指数期货。但日经指数从 1995 年 1 月初便持续下滑，1 月 18 日日本神户又突发大地震，股市应声大幅下跌，里森所持的多头头寸遭受重创。为了反败为胜，他继续从伦敦调入巨资大量买进日经指数期货，然而所有这些交易均进入了"88888"账户。为维持如此大额的交易，里森的资金缺口每天高达3000万~4000万英镑，然而巴林银行总部竟然接受里森的各种理由，至2月中旬巴林银行总部转至新加坡5亿多英镑，已超过了其4.7亿英镑的股本金。1995年2月23日，日经股价指数急剧下挫276.6点，收报17885点，里森持有的多头合约已达6万余份，面对日本政府债券价格的一路上扬，持有的空头合约也多达26000份，由此造成的损失高达8.6亿英镑。当日里森已意识到无法弥补亏损，于是被迫出逃。26日英国中央银行英格兰银行在拿不出其他拯救方案的情况下只好宣布对巴林银行进行倒闭清算，寻找买主，承担债务。

📝 案例讨论与思考：

（1）里森做多日经股票指数期货，同时又做空了日本政府债券，从风险管理的角度，你认为里森投资的潜在风险点都集中在哪些方面？简要评述一下。

（2）从整个事件看，你认为巴林银行的风险监管体系存在哪些漏洞？从投资的视角，如何看待股指期货投资？

11.1 金融期货

金融期货即金融期货合约，它是一种标准化的合约，是买卖双方同意在约定的时间按约定的价格买进或卖出一定数量某种资产的书面协议。最早出现的金融期货合约是1972年芝加哥商业交易所（CME）设立的国际货币市场分部（IMM）推出的外汇期货合约，它是在布雷顿森林体系崩溃后，为满足人们规避外汇风险的需要而产生的。目前已开发出来的品种主要有三大类：①利率期货，是指以利率为标的物的期货合约；②货币期货，是指以汇率为标的物的期货合约；③股指期货，是指以股票指数为标的物的期货合约。其中股指期货是目前金融期货市场最热门和发展最快的期货合约。本书主要介绍利率合约中的国债期货合约和股指期货合约。

11.1.1 金融期货概述

1. 标准化的金融期货合约条款

金融期货合约是在有组织的交易所内进行的，为了规范、便利期货交易的进行，各个交易所对金融期货合约的一些重要条款作了一些规定。主要体现在以下几个方面：

（1）交易单位条款　交易单位规定了每一份金融期货合约中交易的金融资产的数量，交易所要根据有关金融期货交易参与者的需要和交易特点决定适当的合约规模。交易单位过大，就不能满足较小资金规模的套期保值者和投机者的需求；交易单位过小，就会增加交易成本而影响正常交易需求。

（2）最小变动价位　最小变动价位是指由交易所规定的、在买卖期货合约时期货合约价格变动的最小幅度，它与交易单位的乘积就是整张合约的最小变动值。

（3）每日价格变动限制　每日价格变动限制是指期货合约每日价格波动最大允许的幅度，它是交易所为了防止期货价格剧烈波动造成交易混乱而规定的。

（4）合约月份　合约月份是指期货合约交割的月份。在金融期货交易中，绝大部分合约的交割月份为每年的3月、6月、9月和12月，或当月、次月及随后的两个季月。

(5) 交易时间　交易时间是指交易所规定的各种期货合约在交易日可以交易的具体时间。不同的交易所规定的交易时间不同，在同一交易所中，不同的期货合约也有不同的交易时间。

(6) 最后交易日　最后交易日是指由交易所规定的各种期货合约在交割月份的最后一个交易日。在最后交易日，还未冲销的头寸必须通过实物交割和现金结算来结清。

(7) 交割　交割是指在金融期货合约到期时，根据交易所的规定，对未平仓的合约进行实物或现金结算的过程。金融期货合约中一般对交割时间、可交割资产的等级等作出规定，交易所及清算行则为交割建立一定的程序。根据具体合约条款和交割程序，空头方交割资产予多头方，多头方相应地支付货款给空头方。金融期货交易中交割可分为实物交割和现金交割两种方式，金融期货中的黄金、债券等适用实物交割；其他一些期货交易，如股指期货交易等，则采用现金交割的方式。合约到期时，交易所会确定一个结算价格，一般是以最后交易日收盘前某一段时间区间的加权平均成交价作为结算价格。空头方与多头方根据结算价格计算盈亏，以现金方式交割。金融期货交易实际上很少进行交割，95%以上的合约在到期之前都被冲销掉了。如果期货合约在到期日仍未被冲销，则合约的持有人需要进行交割。

2. 保证金制度和盯市制度

金融期货交易中实行日结算制，即期货交易各方的收益或损失，由清算行根据当日结算价与上一交易日间的变动，每日进行清算，直至交易方冲销其头寸或合约到期为止。因此，交易者的最终收入或损失就由这样一系列的现金流量构成，这样的结算方式称为盯市。

与盯市制度相配合的是保证金制度。金融期货合约的交易者必须交付一定的保证金至其经纪人的账户下，而经纪人则须在清算行开有保证金账户。保证金实际上是为防止期货买卖各方因价格出现不利波动而违约的一种信用存款。期货交易所设定各项交易的最低保证金，通常保证金占合约总金额的2%~18%，经纪人对客户则可根据其财务和信用状况收取不同水平的保证金。

在保证金制度下，盯市的结算是在保证金账户中进行的，而交易者的保证金账户余额会根据每日盯市的结果进行调整。保证金有初始保证金和维持保证金两种：初始保证金是交易者建立一个期货头寸前必须存入的保证金，它由交易所根据合约价格波动情况规定及调整；维持保证金是指保证金账户中应持有的最低水平，一般是初始保证金的75%。如果因价格的不利变动而导致交易者的保证金账户余额低于维持保证金水平，该交易者就会收到追加保证金存款至初始保证金水平的通知，若交易者不能按要求及时追加保证金，经纪人有权单方面冲销其头寸。另外，交易者也可以随时提取其保证金账户余额中超过初始保证金的部分。保证金制度决定了金融期货交易是一种以小搏大的投资形式，只要期货价格出现微小的变动，交易者就可能获得较高的投资收益或者承受较大的资本损失。

11.1.2　国债期货

利率期货是为了满足人们避免利率波动风险的需要而产生的，是指交易双方约定在未来某一特定时间，按事先商定的价格买卖某种固定收益证券的协议。由于这种期货主要受当前和未来利率的影响，故称为利率期货。由于可作为利率期货标的资产的利率相关证券很多，所以，利率期货的种类也很多，通常可分为两大类：一类是以短期固定收益证券为标的资产的，如短期国库券期货合约、欧洲美元期货合约等；另一类是以长期固定收益证券为标的资产的，如中、长期国债期货合约。国债期货作为利率期货的一个主要品种，是指买卖双方通过有组织的交易场所，约定在未来特定时间，按预先确定的价格和数量进行券款交收的国债交易方式。在国际市场上，国债期货是历史悠久、运作成熟的基础类金融衍生产品之一。从成熟国家国债期货市场的运行经验来看，国债期货在推进利率市场化改革、活跃债券现货市场交易、促进国债发行、完善基准利率体系等方面发挥着一定作用。

1. 国债期货的发展历程

国债期货最初是发达国家规避利率风险、维持金融体系稳定的产物。20 世纪 70 年代，受布雷顿森林体系解体以及第一次石油危机爆发的影响，西方主要发达国家的经济陷入了"滞胀"，为了推动经济发展，各国政府纷纷推行利率自由化政策，导致利率波动日益频繁且幅度剧烈，这使得金融市场中的借贷双方特别是持有国债的投资者面临着越来越高的利率风险，市场避险需求日趋强烈，迫切需要一种便利有效的利率风险管理工具。在这种背景下，国债期货等利率期货应运而生。

1976 年 1 月，美国芝加哥商业交易所（CME）推出 90 天短期国库券期货合约，这标志着国债期货的正式诞生。随后，1977 年美国芝加哥期货交易所（CBOT）推出了 30 年期国债期货，以更好地满足市场对利率长端的风险管理需求。1982 年、1988 年和 1990 年，CBOT 又分别推出了 10 年期、5 年期和 2 年期国债期货。在美国成功推出国债期货后，其他国家与地区也纷纷推出各种国债期货品种，全球国债期货交易得到快速发展。表 11-1 列示了世界主要国债期货产品及上市交易所情况。

表 11-1 世界主要国债期货产品及上市交易所

交易所	交易所所在地区	国债期货合约类型[①]
芝加哥商业交易所集团	美国	10 年期国债期货、5 年期国债期货、30 年期国债期货、2 年期国债期货、超长期国债期货、3 年期国债期货
欧洲期货交易所	德国	长期德国国债期货、短期德国国债期货、中期德国国债期货、意大利长期国债期货（10 年）、超长期德国国债期货合约、意大利短期国债期货（2 年）、瑞士政府债券期货、意大利中期国债期货（3 年）、法国国债期货合约（10 年）
澳大利亚证券交易所	澳大利亚	3 年期国债期货、10 年期国债期货
泛欧交易所集团暨伦敦国际金融期货交易所	英国	长期金边债券期货、10 年期国债期货、5 年期国债期货、2 年期国债期货、短期金边债券期货、长期国债期货、中期金边债券期货、超长期国债期货
韩国交易所	韩国	3 年期国债期货、10 年期国债期货、5 年期国债期货
加拿大蒙特利尔交易所	加拿大	10 年期国债期货、5 年期国债期货、2 年期国债期货、30 年期国债期货
莫斯科交易所	俄罗斯	4 年期联邦债券期货、2 年期联邦债券期货、6 年期联邦债券期货
东京证券交易所	日本	10 年期国债期货、迷你 10 年期国债期货、5 年期国债期货
墨西哥衍生品交易所	墨西哥	10 年期国债期货、20 年期国债期货、30 年期国债期货、3 年期国债期货、5 年期国债期货
纳斯达克-OMX 交易所	瑞典	2 年期国债期货、5 年期国债期货
中国金融期货交易所（以下简称中金所）	中国	2 年期国债期货、5 年期国债期货、10 年期国债期货和 30 年期国债期货

① 不同交易所的国债期货产品也会相互挂牌交易；同一交易所的产品也按照交易量从高到低排列。
资料来源：各交易所网站。

与美国国债期货相比，我国国债期货起步较晚。2013年9月，我国5年期国债期货在中金所恢复上市，上市后运行平稳；2015年3月、2018年8月和2023年4月，10年期国债期货、2年期国债期货和30年期国债期货相继在中金所挂牌上市，这进一步丰富了利率风险管理工具品种，提高了国债市场收益率曲线在期限结构和利差结构等方面定价的有效性。

2. 国债期货的特点及基本功能

国债期货的特点主要体现为四个方面：

一是可以主动规避利率风险。由于国债期货交易引入了做空机制，交易者可以利用国债期货主动规避利率风险。

二是交易成本低。运用国债期货可以在不对资产负债结构进行大幅变动的前提下，快速完成对利率风险头寸的调整，从而降低操作成本，有效控制利率风险。同时，国债期货采取集中撮合竞价方式，交易透明度高，降低了寻找交易对手的信息成本。

三是流动性高。国债期货交易采用标准化合约形式，并在交易所集中撮合交易，流动性较好。

四是信用风险低。国债期货交易中，买卖双方均需要交纳保证金，同时交易所实行当日无负债结算制度，可有效地降低交易中的信用风险。

同时，作为基础的利率衍生产品，国债期货具有四个方面的基本功能：

一是规避利率风险功能。由于国债期货价格与其标的物的价格变动趋势基本一致，通过国债期货套期保值交易可以避免因利率波动造成的资产损失。

二是价格发现功能。国债期货可以增加价格信息含量，为收益率曲线的构造、宏观调控提供预期信号。

三是促进国债发行功能。国债期货为国债发行市场的承销商提供规避风险工具，促进承销商积极参与国债一级市场和二级市场。

四是优化资产配置功能。国债期货具有较低的交易成本，通过交易的杠杆效应，能够方便投资者调整组合久期、进行资产合理分配、提高投资收益率、方便现金流管理。

3. 国债期货合约的条款设计

我们将美国芝加哥商业交易所（CME）和中国金融期货交易所推出的国债期货合约产品进行简单的对比分析。

（1）美国国债期货合约的条款设计　美国政府主要通过按固定利率发行的固定期限长期债券和中期债券（如2年期、5年期、10年期和30年期）来借入资金以偿还到期债务和应付开支，该固定利率由发行债券时市场的现行利率确定。通常美国长期国债为在发行时初定到期期限超过10年的债务，而美国中期国债的到期期限则处于2~10年之间（2年期、3年期、5年期、7年期和10年期）。美国国债全天候进行交易，因此价格会一直波动，国债的每种基准票期（2年期、5年期、10年期和30年期）均有相应的美国国债期货与期权合约可供交易。超长期国债期货合约以最长期限的政府债券作为其标的，自2010年1月推出后成为芝加哥商品交易所增长最快的利率期货合约。美国国债期货产品的推出历程见表11-2。

每种长期和中期国债期货合约均有相应的一揽子交割用债券，该一揽子交割用债券按到期期限来定义卖方在交割月份可交割给买方的债券范围。例如，5年期合约可交割成为任一剩余到期期限超过4年2个月、初定到期期限不超过5年3个月的美国政府固定票息债券。交割机制通过确保期货价格与美国国债价格及其收益率（利率）紧密关联，来确保期货价格的合理性。主要期货合约的条款见表 11-3。

表 11-2　美国国债期货产品推出历程

时间点	推出国债期货品种
1976 年 1 月	90 天国库券期货（已停），已被欧洲美元期货替代，成为管理美国短期利率风险的主要产品
1977 年 8 月	长期国债期货（2010 年分拆）
1978 年 9 月	1 年期国库券期货（已停）
1982 年 5 月	10 年期国债期货
1988 年 5 月	5 年期国债期货
1990 年 6 月	2 年期国债期货
2009 年 3 月	3 年期国债期货
2010 年 1 月	超长期国债期货
2016 年 1 月	超长 10 年期国债期货

表 11-3　美国不同期限国债期货的合约条款设计

内容	2 年期中期国债期货	5 年期中期国债期货	10 年期中期国债期货	长期国债期货	超长期国债期货
面额	200000 美元	100000 美元	100000 美元	100000 美元	100000 美元
可交割到期期限	7/4~2 年	25/6~21/4 年	13/2~10 年	15~25 年	25~30 年
合约月份	3 月份每季周期：3 月、6 月、9 月、12 月				
交易时间	公开喊价：(美中时间) 上午 7：20 至下午 2：00，周一至周五。 电子交易：周日下午 5：00 至周五下午 4：00				
最后交易日与最后交割日	合约月份的最后营业日；交割可在合约月份最后交易日之前的任意一日发生，包括该月的最后一天营业日			合约月份最后七个营业日的前一日；交割可在合约月份最后交易日之前的任意一日发生，包括该月的最后一天营业日	
最低变动价位	票面价值 1/32 的 1/4	票面价值 1/32 的 1/4	票面价值 1/32 的 1/2	票面价值的 1/32	票面价值的 1/32
最低变动价值	15.625 美元	7.8125 美元	15.625 美元	31.25 美元	31.25 美元

资料来源：http://cmegroup.com/trading/interest-rates。

欧洲美元期货不断发展，已取代短期国库券期货成为管理美国短期利率风险的主要产品。而中长期利率风险则主要通过不同期限的国债期货产品来实现。从目前的产品体系看，美国国债期货基本上覆盖了中短期到超长期几乎整条国债收益率曲线。其中，2 年期和 3 年期国债期货大致对应 3 年或 3 年以下息票债券；5 年期国债期货大致对应 3 年以上 6 年以下（含 6 年）息票债券；10 年期和超长 10 年期大致对应 6 年以上 11 年以下（含 11 年）息票债券；长期和超长期大致对应 11 年以上息票债券。而几个关键的基准票期（2 年期、5 年期、10 年期和 30 年期）也均有相应的期货合约可供交易，极大地方便了投资者有针对性地管理利率风险。

（2）中国金融期货交易所国债期货合约条款设计　以在中国金融期货交易所交易的国债期

货合约为例,比较不同期限国债期货合约条款的差异,见表 11-4。

表 11-4 不同年期国债期货合约条款信息统计

条款信息	2年期	5年期	10年期	30年期
合约标的	面值为200万元人民币、票面利率为3%的名义中短期国债	面值为100万元人民币、票面利率为3%的名义中期国债	面值为100万元人民币、票面利率为3%的名义长期国债	面值为100万元人民币、票面利率为3%的名义超长期国债
可交割国债	发行期限不高于5年,合约到期月份首日剩余期限为1.5~2.25年的记账式附息国债	发行期限不高于7年、合约到期月份首日剩余期限为4~5.25年的记账式附息国债	发行期限不高于10年、合约到期月份首日剩余期限不低于6.5年的记账式附息国债	发行期限不高于30年,合约到期月份首日剩余期限不低于25年的记账式附息国债
报价方式	百元净价报价			
最小变动价位	0.002元	0.005元	0.005元	0.01元
合约月份	最近的三个季月——3月、6月、9月、12月中的最近三个月循环			
交易时间	9:30~11:30,13:00~15:15			
最后交易日交易时间	9:30~11:30			
每日价格最大波动限制	上一交易日结算价的±0.5%	上一交易日结算价的±1.2%	上一交易日结算价的±2%	上一交易日结算价的±3.5%
最低交易保证金	合约价值的0.5%	合约价值的1%	合约价值的2%	合约价值的3.5%
最后交易日	合约到期月份的第二个星期五			
最后交割日	最后交易日后的第三个交易日			
交割方式	实物交割			
交易代码	TS	TF	T	TL
上市交易所	中国金融期货交易所			

由表 11-4 可知,不同期限的国债期货合约条款在合约标的、可交割国债、每日价格最大波动限制、最低交易保证金等方面有一定的差异。

(3)中美国债期货合约的对比 从合约设计来对美国国债期货与中国金融期货交易所推出的国债期货进行相比,差异见表 11-5,主要有以下特点:

表 11-5 中美国债期货可交割券范围

主 体	期货合约	原始期限	剩余期限
美国	CBOT 2年	5年零3个月以下	1年零9个月以上
	CBOT 3年	5年零3个月以下	2年零9个月以上
	CBOT 5年	5年零3个月以下	4年零9个月以上
	CBOT 10年	10年以下	6年零9个月以上
	CBOT 超长10年	10年以下	9年零9个月以上
	CBOT 长期	—	15年以上,25年以下
	CBOT 长期	—	至少25年

(续)

主体	期货合约	原始期限	剩余期限
中国	CFFEX 2年	—	1.5~2.25年
	CFFEX 5年	—	4~5.25年
	CFFEX 10年	—	不低于6.5年
	CFFEX 30年	—	不低于25年

资料来源：芝商所、中金所网站。

一是标准券的票面利率不同。美国标准券的票面利率为6%，我国是3%，主要与国债期货推出时的市场收益率相关。

二是可交割券原始期限的限制差异。美国10年期及以下合约可交割券存在原始期限的限制，主要原因在于美国目前国债现券市场中适销的国债主要以中期国债为主，现券成交也集中在10年期及以下。我国目前尚没有限制，随着国债期货品种的丰富未来可能会引入。

三是隐含期权存在一定差异。我国国债期货的交割期权主要是转换期权，即在交易到期前的任何时间空头都可以交割，并可以自由选择最便宜可交割债券执行交割的权利。而美国国债期货隐含的交割期权较多，除了转换期权外，还有月末期权，主要表现为不同期限的国债期货合约最后交易日与最后意向日、最后交割日之间存在一定期间的交易日[⊖]，空头可以在期货交易结束后根据现券市场的报价来调整或选择用于交割的国债。

四是每日交易持续时间和价格可变动范围存在差异。目前美国国债期货交易均采用电子盘交易，交易时间从美中时间周日下午5点开始，持续至周五下午4点。每日交易覆盖全天23个小时，仅在下午4点至5点休市1小时。同时美国国债期货未设置每日价格最大波动限制，每日交易价格可变动范围更大。而我国国债期货合约的交易时间是交易日的9:30~11:30、13:00~15:15，最后交易日则在9:30~11:30进行交易，同时对每日价格最大波动限制，依据期限不同设置了浮动的基于"上一交易日结算价"的波动幅度比例。

4. 转换因子与应计利息计算

国债期货合约设计中采用了国际上通用的名义标准券概念。所谓"名义标准券"（Hypothetical Standardized Bond）是指票面利率标准化、具有固定期限的假想券。名义标准券设计的最大功能在于，可以扩大可交割国债的范围，增强价格的抗操纵性，减小交割时的逼仓风险。

在实物交割模式下，如果期货合约的卖方没有在合约到期前平仓，理论上需要用"名义标准券"去履约。但现实中"名义标准券"并不存在，因而交易所会规定现实中存在的、满足一定期限要求的一揽子交割用国债均可进行交割。中金所选择中期国债作为国债期货合约的标的，剩余期限在4~7年的国债都可以用于交割，而这类债券也是市场上存量最多、抗操纵性最好的交易品种，被机构投资者广泛用作资产配置和风险管理。

可交割债券和名义标准券之间的价格通过一个转换比例进行换算，这个比例就是通常所说的转换因子。转换因子的计算是面值1元的可交割国债在其剩余期限内的所有现金流量，按国债期货合约票面利率折现的现值，这是国债期货合约中最重要的参数之一。国债期货转换因子CF

⊖ 如：10年及以上的国债期货合约最后交易日与最后意向日之间有4个交易日，与最后交割日之间有7个交易日；5年及以下的国债期货合约最后交易日与最后意向日之间有1个交易日，与最后交割日之间有3个交易日。

的具体计算公式如下：

$$CF = \frac{1}{\left(1+\frac{r}{f}\right)^{xf/12}}\left[\frac{c}{f}+\frac{c}{r}+\left(1-\frac{c}{r}\right)\frac{1}{\left(1+\frac{r}{f}\right)^{n-1}}\right]-\frac{c}{f}\left(1-\frac{xf}{12}\right)$$

式中，r 表示 2/5/10 年期国债期货合约票面利率 3%；x 表示交割月到下一付息月的月份数；n 表示剩余付息次数；c 表示可交割国债的票面利率；f 表示可交割国债每年的付息次数。

在国际期货市场中，一般都由期货交易所定时公布国债期货可交割国债的转换因子，投资者只需查询交易所公告即能得到每一个可交割国债的转换因子。国债期货合约交割时，卖方要向买方支付可交割债券，买方也要向卖方支付一定的金额，此金额即为交割货款。由于卖方选择用于交割的券种和交割时间不同，买方向其支付的金额也有差别。交割货款公式如下：

交割货款=交割数量×(交割结算价×转换因子+应计利息)×(合约面值/100)

在计算应计利息时，应计利息的日计数基准为"实际天数/实际天数"，每 100 元可交割国债的应计利息计算公式如下：

$$应计利息 = \frac{可交割国债票面利率 \times 100}{每年付息次数} \times \frac{第二交割日 - 上一付息日}{当前付息周期实际天数}$$

5. 最便宜可交割债券的选择

在一揽子可交割债券制度下，剩余年限在一定范围内的国债都可以参与交割。由于收益率和剩余期限不同，可交割国债的价格也有差异。即使使用了转换因子进行折算，各种可交割国债之间仍然存在细微差别。一般情况下，由于卖方拥有交割券选择权，合约的卖方都会选择对他最有利、通常也是交割成本最低的债券进行交割，对应的债券就是最便宜可交割国债。理论上，一般可以通过比较不同券种的隐含回购利率寻找最便宜可交割债券。

隐含回购利率是指购买国债现货，卖空对应的期货，然后把国债现货用于期货交割，这样获得的理论收益就是隐含回购利率。假定组合中的国债到交割期间没有利息支付，则隐含回购利率的计算公式为

$$隐含回购利率 = \frac{(期货报价 \times 转换因子 + 交割日应计利息) - 国债购买价格}{国债购买价格} \times \frac{365}{交割日之前的天数}$$

通常，隐含回购利率最高的券就是最便宜可交割债券。在海外的一些实践中，也可以在一定前提条件下通过比较久期和收益率来寻找最便宜可交割债券：

一是久期。对于收益率在国债期货合约票面利率以下的国债，久期最小的国债最可能是最便宜可交割债券；对于收益率在国债期货合约票面利率以上的国债，久期最大的国债最可能是最便宜可交割债券。

二是收益率。对具有相同久期的国债而言，收益率最高的国债最可能是最便宜可交割债券。

6. 利率期货的定价

假定最便宜可交割国债和交割日期已知（这里暂不考虑交割期权部分），国债期货每日的理论价格计算可以分为四步：

1) 当日最便宜可交割国债现货的净价，加上当日该券的应计利息，计算当日该交割国债全价。

2) 运用期货持有成本定价公式，计算最便宜可交割国债的期货价格。若假定该券至交割日

期间没有付息，则期货的价格为：$F = S \times e^{r(T-t)}$。

若该债券至交割日期间支付的利息为 I，则期货的价格为

$$F = (S - I)e^{r(T-t)}$$

式中，S 为最便宜可交割国债的全价；I 为在合约有效期间 $(T-t)$ 所得收益的现值；r 为无风险利率；$T-t$ 为从当前至交割日的时间。

3）用最便宜可交割债券的期货价格减去交割日该债券的应计利息，得到最便宜可交割债券期货的理论报价。

4）用最便宜可交割债券期货的理论报价除以转换因子，得到合约对应名义券的期货理论报价。

7. 国债期货的交易

国债期货交易分为三种：套期保值、套利和投机。

（1）套期保值 在利用国债期货套期保值操作时，投资者会根据现货头寸反向建立期货头寸，其目的是使得期货和现货的组合头寸风险尽量呈现中性。这样操作的原因主要在于：一是期货和标的现货价格之间会存在较强的相关关系；二是随着期货合约到期日的临近，现货市场与期货市场的价格趋向一致。套期保值可分为三大类：多头套期保值、空头套期保值和交叉套期保值。

1）多头套期保值。多头套期保值又称买入套期保值，是指准备将来在某一时期投资于国债的投资者担心价格上涨使购买国债的成本增加，而先在国债期货市场上买入一笔期货合约，以便对冲未来价格的不确定性。

【例11.1】4月，某机构投资者预计在6月购买800万元面值的某5年期A国债。假设该债券是最便宜可交割债券，相对5年期国债期货合约，该国债的转换因子为1.25，当时A国债价格为每百元面值118.50元。为防止到6月国债价格上涨，锁定成本，该投资者在国债期货市场上进行买入套期保值，具体操作策略见表11-6。

表11-6 国债期货多头套期保值示例

时间	国债现货市场	国债期货市场
当前	4月6日，5年期的A国债每百元价格118.50元	4月6日，以每百元94.55元的价格购入10份6月交割的5年期国债期货合约，每份合约面值100万元，共计800万元×1.25=1000万元
价格上涨	6月6日，国债现货市场价上涨至119.70元，买入面值800万元的A国债	6月6日，以95.55元价格平仓10份面值100万元5年期国债期货合约
上涨时购入成本	国债现货购入成本−国债期货盈利＝[80000×119.70−10×10000×(95.55−94.55)]元＝9476000元（原购入成本80000×118.50＝9480000元，按市价购入成本为80000×119.70元＝9576000元）	
价格下跌	6月6日，国债现货市场价下跌至117.30元，买入面值800万元的A国债	6月6日，以93.55元价格平仓10份面值100万元的5年期国债期货合约
下跌时购入成本	国债现货购入成本＋国债期货亏损＝[80000×117.30＋10×10000×(94.55−93.55)]元＝9484000元（按市价购入成本为80000×117.30元＝9384000元）	

2) 空头套期保值。空头套期保值,又称为卖出套期保值,是指投资者计划在未来某个时期卖出国债,但担心到期价格下跌而遭受损失,那么他可以先卖出一笔期货合约,到期再买进等额期货合约以对冲价格的不确定性。

【例 11.2】某机构投资者在 4 月拥有 800 万元面值的某 5 年期 B 国债,假设该国债是最便宜可交割债券,并假设转换因子为 1.125。B 国债每百元面值价格为 107.50 元,该投资者预计 6 月要用款,需要将其卖出。为防止国债价格下跌,该投资者在市场上的操作见表 11-7。

表 11-7 国债期货的空头套期保值示例

时间	国债现货市场	国债期货市场
当前	4 月 6 日,拥有 800 万元 5 年期的 B 国债,当时每百元价格 107.50 元	4 月 6 日,以 94.55 元的价格售出 9 份 6 月交割的 5 年期的国债期货合约,合约总面值 900(800×1.125)万元
价格下跌	6 月 6 日,国债现货市场价下跌至 106.30 元,卖出面值为 800 万元的 5 年期 B 国债	6 月 6 日,5 年期国债期货价格下跌至 93.55 元,将 4 月 6 日卖出的合约平仓
下跌时获得资金	卖出国债现货收益+国债期货盈利=[80000×106.30+9×10000×(94.55-93.55)]元=8594000 元(原获得资金量为 80000×107.50 元=8600000 元,按市值变现获得资金量为 80000×106.30 元=8504000 元)	
价格上涨	6 月 6 日,国债现货市场价上涨至 108.60 元,卖出面值为 800 万元的 5 年期 B 国债	6 月 6 日,以 95.55 元的国债期货价格将 4 月 6 日的 900 万元面值合约平仓
上涨时获得资金	卖出国债现货收益-国债期货亏损=[80000×108.60-9×10000×(95.55-94.55)]元=8598000 元(按市值变现获得的资金量为 80000×108.60 元=8688000 元)	

由上可知,空头套期保值依然是用国债期货价格的变动冲销现货价格的变动,以达到套期保值的目的。

3) 交叉套期保值。交叉套期保值是指选择标的资产的价格与需要套期保值资产的价格相关性程度最高的不同金融期货合约,或者是合约到期日与需要套期保值交易日期不同的同种期货合约,进行套期保值。

(2) 套利 理论上,国债期货与相关国债现货之间、国债期货不同品种或不同月份合约之间都应保持一定的合理价差。当价差偏离合理水平时,买进相对低估的产品并卖出相对高估的产品;当这种不合理的价差回归合理水平后,再进行平仓了结,以获取套利收益。套利可分为三类:跨期套利、跨品种套利和跨市场套利。

1) 跨期套利。跨期套利交易是国债期货套利交易中最常见的,是指交易者利用标的相同但到期月份不同的期货合约之间价差的变化,买进近期合约,卖出远期合约(或卖出近期合约,买进远期合约),待价格关系恢复正常时,再分别对冲以获利的交易方式。在具体的跨期套利操作中,应遵循如下原则:若两种国债期货合约均上涨,则买入预期涨幅较大的交割月份的期货合约,卖出预期涨幅较小的交割月份的期货合约;若两种国债期货合约均下跌,则卖出预期跌幅较大的交割月份的期货合约,买入预期跌幅较小的交割月份的期货合约。

【例 11.3】2023 年 11 月,某投资者发现,2024 年 3 月到期的 5 年期国债期货价格为 106 元,2024 年 6 月到期的 5 年期国债期货价格为 110 元,两者价差为 4 元。投资者若预测一个月后的在 3 月到期的 5 年期国债期货合约涨幅会超过在 6 月到期的 5 年期国债期货合约,或者前者的跌幅小于后者，假设一张期货合约面值 100 万元，那么他可以进行跨期套利，具体操作策略见表 11-8。

表 11-8 国债期货的跨期套利示例

时　　间	2024 年 3 月到期的 5 年期国债期货合约	2024 年 6 月到期的 5 年期国债期货合约
当前（2023 年 11 月）	2023 年 11 月 14 日，买进 5 张 2024 年 3 月到期的 5 年国债期货合约，价格 106 元	2023 年 11 月 14 日，卖出 5 张 2024 年 6 月到期的 5 年期国债期货合约，价格 110 元
2023 年 12 月（假设价格上涨）	2023 年 12 月 14 日，卖出 5 张 2024 年 3 月到期的 5 年期国债期货合约，价格 109 元	2023 年 12 月 14 日，买入 5 张 2024 年 6 月到期的 5 年期国债期货合约，价格 112 元
获　利	[（109-106）×10000×5-（112-110）×10000×5] 元 = 50000 元	
2023 年 12 月（假设价格下跌）	2023 年 12 月 14 日，卖出 5 张 2024 年 3 月到期的 5 年期国债期货合约，价格 104 元	2023 年 12 月 14 日，买入 5 张 2024 年 6 月到期的 5 年期国债期货合约，价格 107 元
获　利	[（104-106）×10000×5-（107-110）×10000×5] 元 = 50000 元	

2) 跨品种套利。一般而言，跨品种套利是在同一交易所、相同到期月份，但合约标的债券不同的国债期货合约之间进行的。这两种品种间的关联度强，价格影响因素大致相同，在正常情况下价差比较稳定。在跨品种套利的操作过程中，一般的原则如下：当投资者发现两种金融期货合约之间的价差大于正常的价差时，若预期此价差将会缩小，则买进被低估的合约，卖出被高估的合约；当投资者发现两种金融期货合约之间的价差小于正常的价差时，若预期此价差将会扩大，则买进被低估的合约，卖出被高估的合约。

【例 11.4】2023 年 11 月某交易者发现，2024 年 3 月到期的 10 年期国债期货价格为 111 元，而同样是 2024 年 3 月到期的 5 年期国债期货价格则为 106 元。他认为此价差高于正常价差，一个月后此价差会回落，于是该交易者在市场上卖出 5 张 10 年期国债期货合约，买进 5 张 5 年期国债期货合约，具体见表 11-9（假设每张合约面值 100 万元）。

表 11-9 国债期货的跨品种套利示例

时　　间	以 5 年期国债为标的物的合约，2024 年 3 月到期	以 10 年期国债为标的物的合约，2024 年 3 月到期
当前（2023 年 11 月）	2023 年 11 月 14 日，买入 5 张 5 年期国债期货合约，价格 106 元	2023 年 11 月 14 日，卖出 5 张 10 年期国债期货合约，价格 111 元
一个月后（2023 年 12 月）	2023 年 12 月 14 日，卖出 5 张 5 年期国债期货合约，价格 109 元	2023 年 12 月 14 日，买入 5 张 10 年期国债期货合约，价格 113 元
获　利	[（109-106）×10000×5-（113-111）×10000×5] 元 = 50000 元	

3) 跨市场套利。跨市场套利是指投资者在不同交易所同时买进和卖出相同交割月份的同种金融期货合约或类似金融期货合约，以赚取价差收益的套利行为。

(3) 投机　国债期货投机就是指投资者通过买卖国债期货合约，从国债期货的价格变动中获取收益的交易行为。如果投资者预测某种国债期货合约价格将要上涨，则买入这种期货合约，以期在国债期货的市场价格上涨后通过平仓而获利，此种投机方式称为多头投机。如果投资者预测某种国债期货合约价格将要下跌，则卖出这种期货合约，以期在市场价格下跌后通过平仓而获利,此种投机方式称为空头投机。

11.1.3 股指期货

所谓股指期货,是指以股票市场的价格指数作为标的物的标准化期货合约的交易,它是为了满足人们规避股票价格波动的系统性风险而产生的。股指期货合约要求交易者双方在未来一定日期以一定价格交割相关指数所对应的现金。

1. 股指期货合约

由于股指期货合约的标的物是指数,并且以现金结算的方式进行交割,因此,股指期货的合约规格不同于其他金融期货。下面主要从交易单位、最小变动价位、每日价格波动限制和现金结算方式等方面对股指期货的合约规格作具体介绍。

(1) 交易单位 股指期货合约的交易单位是由标的指数点数与某一既定货币金额的乘积来表示的。例如,在中国金融期货交易所上市的沪深300股指期货合约,其交易单位是300元乘以该期货合约的标的指数点数。当沪深300股指期货为3000点时,该期货每张合约的价值为900000元。

(2) 最小变动价位 股指期货的最小变动价位通常也以一定的指数点来表示。例如,沪深300股指期货合约的最小变动价位为0.2个指数点。由于每个指数点的价值为300元,因此每份合约的最小变动价位为60元。

(3) 每日价格波动限制 目前,绝大多数期货交易所对在其上市的股指期货合约规定了每日价格波动限制,主要表现在限制的幅度和方式上,但不同交易所的规定有所不同。

(4) 现金结算方式 在股指期货交易中,当合约到期时,卖方无须交付股票,买方也无须交付合约总值,清算行根据最后结算价格计算出买卖双方的盈亏金额,通过贷记或借记保证金账户来结清交易双方的头寸。在确定最后结算价格时,不同交易所的确定方式有所不同。如有的根据开盘价确定,有的根据收盘价确定,还有的根据最后交易日中某一段时间内的平均价格来确定。

下面以我国沪深300股指期货合约为例进行介绍,见表11-10。

表11-10 沪深300股指期货合约条款

合约规格	中国金融期货交易所
合约标的	沪深300指数
股票指数的计算	在上海和深圳证券市场中选取300只A股作为样本,采用自由流通量为权数的加权平均法计算
交易制度	日内交易双向交易制度(可买涨买跌,当日建仓即可平仓)
涨跌幅限制	±10%
杠杆比例	套期保值头寸:(1/20%)倍资金杠杆比例 非套期保值头寸:(1/40%)倍资金杠杆比例
合约乘数	每点300元
报价单位	指数点
交易单位	最少交易0.05合约数,最多交易100合约数
波动点数	0.2点

(续)

合约规格	中国金融期货交易所
计费方法	每一个指数点为300元
合约月份	当月、下月及随后两个季月
交易时间	上午9:30~11:30，下午13:00~15:00
最后交易日交易时间	上午9:15~11:30，下午13:00~15:00
结算时间	每个交易日下午4点针对客户账户进行结算，收取留仓费等费用
最低交易保证金比例	8%
交割制度	四项交易合约交割日期均为每月第三周星期五现金交割
交易类型	实时成交和委托成交
可用资金	=账户资金50%-占用资金-浮动盈亏的绝对值
强制平仓规则	当占用资金+浮动盈亏≤0时，系统自动平仓所有持仓单

2. 股指期货的定价

绝大多数股票价格指数可以看成支付红利的证券价格，而这种证券就是指数所涵盖的股票所构成的投资组合。因此，股指期货的定价与有红利支付的股票期货的定价一样。不妨设期货价格为F，股价指数的现价为S，r为无风险利率，q为红利收益率，T为股指期货合约的到期时刻（年），t为现在时刻（年）。则有

$$F = S \times e^{(r-q)(T-t)}$$

【例11.5】假定有一个沪深300指数的6个月期期货合约，该指数所覆盖的股票每年的红利收益率为2.5%，指数现值为3000元，连续复利的无风险利率为8%，即$r=0.08$，$S=3000$元，$T-t=0.5$，$q=0.025$。因此，期货价格F为

$$F = 3000 \times e^{(0.08-0.025) \times 0.5} 元 = 3083.645 元$$

因此，该指数的期货价格应该为3083.645元，否则就会出现无风险套利。

需要说明的是，在实践中，股票指数所涉及的股票组合的红利收益率每周都可能不同。例如，在纽约交易所交易的股票，大部分都是在每年的2月、5月、8月和11月上旬支付。这样q值应该为股指期货合约有效期间内的平均红利收益率，用来估计q的红利应是那些除息日在期货合约有限期内的股票的红利。

在某些情形下，股票指数可以看做带有固定已知收入的证券。此时，股票指数的期货价格为

$$F = (S - D) \times e^{r(T-t)}$$

式中，D为所涉及的股票组合股息的现值；其他注释见上式。

从上面的例子我们可以看出，当股指期货的实际价格与理论价格不相同时，就会出现无风险套利。具体地说，当$F > S \times e^{(r-q)(T-t)}$时，投资者可以通过购买股票指数中的成分股股票，同时卖出指数期货合约而获利；当$F < S \times e^{(r-q)(T-t)}$时，投资者可以通过相反操作，即卖出指数中的成分股股票，买进指数期货合约而获利。这些策略称为指数套利，大的机构投资者经常是这种交易的参与者。指数交易通常通过市场上的程序进行，即利用计算机系统形成一次买卖一组股票的指令而进行的交易。

3. 股指期货的交易

在实际操作当中，股指期货交易也分为三大类：套期保值、套利和投机。

(1) 套期保值　股指期货的套期保值可分为两类：多头套期保值和空头套期保值。多头套期保值的操作思路是：投资者有一笔收入将来准备购买股票，若他预期股票价格将上升，则他可以利用股指期货合约进行套期保值，建立股指期货合约多头头寸，以期在股票价格上升后，用期货市场的收益来抵补在股票现货市场高价买进股票的损失。空头套期保值的操作思路是：当投资者持有股票时，如果他预期未来股票价格会下跌，则会出售股指期货合约，以期在股票价格下跌时，用期货市场的收益来抵补在股票现货市场低价卖出股票的损失。

但在实践中，大多数投资者所持有的证券组合的风险与整个股市的风险是不一致的，特别是某些个人投资者所持有的或准备持有的个别股票更是与整个股市的风险不一致。这样，在利用股指期货进行套期保值的过程中，如果套期保值者对这种风险的不一致性估计不足或根本没加以考虑，则这种套期保值一定是不完全的，且很可能是相当不完全的。主要原因在于，一般情况下，某些证券组合的风险，特别是个别股票的风险通常大于股市的风险。因此，在套期保值时，如果人们不考虑这一因素，则在现货市场上存在的全部风险中，至少有一部分风险根本没有得到应有的防范。为了避免上述情况的发生，尽可能实现完美的套期保值，在利用股指期货进行套期保值时，人们通常用 β 系数来调整套期保值所需的期货合约数，以尽可能地使全部风险都得到防范。

在股指期货的套期保值中，利用 β 系数来调整套期保值所需的期货合约数为

$$套期保值所需的期货合约数 = \frac{现货股票或证券组合的总值}{一张期货合约的价值} \times \beta 系数$$

显然，当现货股票或证券组合的总值和一张期货合约的价值一定时，β 系数越大，则所需的期货合约数就越多；β 系数越小，则所需的期货合约数就越少。

(2) 套利　套利交易也可分为跨月份套利、跨品种套利和跨市场套利三大类，其操作原理及策略与利率期货相差不多。

跨月份套利策略：投资者利用股指期货不同月份合约的价差，当价差超出正常区间时，同时买进和卖出不同交割月份的同一标的的股指期货合约；在价差恢复正常水平时冲销头寸平仓获利。

跨品种套利策略：两种不同种类、但具有某种相关性的股指期货合约之间存在价差，当价差不合理时，投资者可以同时买进和卖出这两种期货合约；在价差合理时通过冲销头寸即可获利。

跨市场套利策略：如果同种股指期货合约在不同的交易所存在价差，那么投资者就可以在指数期货价格较低的交易所买入期货合约，然后在指数期货价格较高的交易所卖出期货合约，从而从中获利。

(3) 投机　股指期货投机交易是指投资者根据股指期货价格的走势决定买进或卖出股指期货合约，然后在其价格上涨或下跌时通过冲销头寸而获利的交易策略。如果投资者买进期货合约，则称这种交易行为为多头投机；若卖出期货合约，就称为空头投机。

在日常的股指期货交易当中，其基本交易策略有三种。一是当日交易法，它是指投资者在一天之内完成开仓和平仓的行为。如果股指期货价格在一天之内波动很大，投资者可以利用此策略获利。二是趋势交易法，它是指投资者在股市价格上涨时买入期货合约而在股市下跌时卖出期货合约的交易行为。因为上涨或下跌的长期趋势一旦形成，惯性作用将使市场价格沿着已形成的趋势变动。此时投资者建立相应的多头或空头头寸，在合约价格更高或更低时冲销头寸即可盈利。三是反转交易法，是指投资者利用期货价格因超买或超卖而暂时偏离合理价格的时机

进行交易的行为。超买时期货价格过度上涨，但随后就会下跌，投资者可卖出期货合约；当股指期货价格变动合理时，投资者冲销头寸即可获利。

11.1.4 金融期货在投资组合管理中的应用

在实践中，金融期货主要应用于调整资产分配、改变债券投资组合的期限、改变股票投资组合的 β 系数等。

1. 调整资产分配

假设投资者投资股票和债券两种资产，通过对未来市场利率和股票市场走势进行判断，投资者希望增加股票上的投资而减少在债券上的投资。通常可由两种方法实现：一是卖出所持债券，买入股票；二是卖出适当数量的利率期货合约，并买入相当的股指期货合约。

【例 11.6】设某投资者有 1 亿元的资产，其中股票 4500 万元、债券 4500 万元、现金等价物 1000 万元，持有现金头寸是为了满足期货头寸的保证金。若投资者想把资产调整为股票 6000 万元和债券 4000 万元。如何操作？

方案一：进行标的资产交易，即卖出 500 万元的债券，买进 1500 万元的股票。

方案二：利用期货合约。投资者在期货市场买入 1500 万元的股指期货使投资组合中股票的总额由 4500 万元增加至 6000 万元，同时卖出 500 万元的利率期货使组合中的债券总额由 4500 万元降低至 4000 万元。这样投资者不仅实现了资产配置计划，标的资产也无须调整。在具体操作中，持有期货合约多头和等额现金头寸的组合与投资股票或债券是一样的，500 万元的利率期货空头和 500 万元的债券多头合在一起等价于 500 万元的现金，这样相当于 500 万元的利率期货空头就产生了 500 万元的合成现金。这笔现金和 1000 万元的现金等价物共同为 1500 万元的股指期多头货头寸提供现金储备，使其等价于 1500 万元股票投资。

显然，利用金融期货进行资产再分配有很多优点，比如交易费用低、不会调整标的资产、避免一次性大额现金交易给现货市场带来流动性不足的问题等。

2. 改变债券投资组合的期限

为了获取超过平均值的回报，投资者需要对利率的变化进行预测，并相应地调整债券投资组合的期限。若预期未来利率下降，投资者可增加投资组合的期限；若预期未来利率上升，投资者就降低投资组合的期限以减少投资组合的不稳定性。利率期货为投资者调整投资组合提供了一种快速、低成本的方法。比如：当预期未来利率上升，投资者可以卖出利率期货合约以降低投资组合期限；当预期未来利率下降，投资者买进利率期货合约就可以增加投资组合的期限。与投资者直接现券买卖调整组合期限的方法相比，利率期货具有交易迅速、交易成本低、不受卖空限制和不干扰现货市场价格等优点。

在利用利率期货改变债券投资组合期限的过程中，所需的期货合约数量可由债券现券组合、利率期货和债券组合的目标期限等计算得到。

3. 改变股票投资组合的 β 系数

对于股票投资者而言，如果预测未来股市下跌，他就需要降低投资组合的风险；而若预测未来股市上升，他就应增加投资组合的风险。投资者改变组合的风险通常也有如下三种方案。

方案一：如果预测未来股市下跌，投资者应增加组合中的现金比例；反之，若预测未来股市上升，则应降低现金比例。

方案二：投资者通过买卖具有不同 β 系数的股票来改变投资组合的 β 水平。具体而言，通过卖出高 β 系数的股票并买入低 β 系数的股票可以降低投资组合的 β 水平，相反操作则提高组合 β 水平。

方案三：利用股指期货轧平标的投资组合。具体而言，在投资者确定期望得到的投资组合风险水平后，如果需要降低投资组合的风险，就应卖出股指期货；若想要增加投资组合的风险，就需要买入股指期货。

由于期货市场的流动性较强，因此，利用股指期货改变股票投资组合的风险水平，具有完成迅速、交易成本低和在不改变标的投资组合的前提下实现风险调整等优势。

11.2 金融期权

期权合约（Option Contracts）是期货合约的一个发展，它与期货合约的区别在于期权合约的买方有权利而没有义务履行合约，而期货合约双方的权利和义务是对等的。所谓金融期权（Financial Option），就是指合约双方按约定价格、在约定日期内就是否买卖某种金融工具所达成的契约。

11.2.1 期权合约的要素

期权是一种赋予购买者选择权的契约，它表示在特定的时间、以特定的价格交易某种金融资产的权利。期权的买方为获得期权合约所赋予的权利，必须向期权的卖方支付一定的价格，因此期权交易实质就是"权钱交易"。通常，期权的专业术语包括：

行权价格（Strike Price）：买卖标的资产（Underlying Asset）的价格。它在合约有效期内是固定不变的，而且它不一定就是资产的市价，可以高于或低于市价，当然也可能刚好等于市价。

期权费（Option Premium）：期权买方支付的购买期权的费用，也就是买卖权利的价格。买入方支付期权费，既可购入买权，也可购入卖权。同理，卖出方收取期权费，既可出售看涨期权，也可出售看跌期权。

到期日（Maturity Date）：约定的实施期权的日期，过期作废。我国的上证 50ETF 期权合约为当月合约、次月合约及随后两个季月合约，每月第四周周三为合约到期日（执行日）。

数量（Amount）：以股票为例，每份期权合约代表可交易 100 股股票的权利，但执行价格却是按每股标出，我国 50ETF 期权合约单位为 10000 份。

标的资产（Underlying Asset）：期权多方在支付期权费后有权购买或出售的合约中规定的资产。如，股票期权的标的资产就是股票。

11.2.2 期权合约的分类

金融期权的种类按照不同的标准有多种不同的划分。

1. 按期权的交易类型，可分为买入期权、卖出期权和双向期权

1) 买入期权（Call Option），又称为敲进或看涨期权，是指期权买方拥有在一定时期内按合约规定的价格买入一定数量某种资产或期货合约的权利，而期权卖方在买方要购买金融资产或期货合约时则必须要卖给买方。对于投机者而言，买进看涨期权可以使他们在价格上涨时以较低的执行价格买进标的物资产,然后在现货市场上以较高的价格卖出,从而赚取价差。

2) 卖出期权(Put Option),又称为敲出或看跌期权,是指买方拥有在一定时期内按规定的价格卖出一定数量某种资产或期货合约的权利。如果期权购买者是套期保值者,他买进看跌期权是因为预期该期权标的物的价格将下跌,买进该期权后,尽管随后标的物的价格可能下跌,但期权购买者仍能以较高的执行价格卖出标的物资产,从而避免了价格下跌所带来的损失。对于投机者而言,买进看跌期权可以使他们在价格下跌时在现货市场上以较低的价格买进标的物资产,然后再以较高的执行价格卖出去,从而赚取价差。

3) 双向期权,又称为对冲交易或对敲,是指买方预测金融产品价格将会发生重大变化,但无法确定是上涨还是下跌,在支付一定期权费后,同时买入某种资产或期货合约的看涨期权和看跌期权,以获利或规避风险。

对于期权买方而言,无论是买进看涨期权还是看跌期权,他们都只有权利而无义务。如果未来他们执行期权可能会造成损失,他们就可以放弃这种权利。但对于期权卖方而言,他们只有义务但无权利。因此对于期权的买方而言,最大的损失即期权费用;而对于期权的卖方而言,最大的收益是期权费用。期权的买方和卖方进行的是零和博弈,即公平游戏。

2. 按照期权合约是否可以提前执行,期权可分为欧式期权和美式期权

欧式期权(European Options)的买方只能在期权的到期日这一天行使其权利,而美式期权(American Options)的买方既可以在到期日执行期权,又可以在到期日之前的任何时间执行其期权。在美国期权市场上主要交易美式期权,但也交易欧式期权。同样,在欧洲期权市场上也交易美式期权。从目前世界各主要金融期权市场的交易量对比看,美式期权的交易量远大于欧式期权。对于期权的买方而言,美式期权更为灵活,选择性更强,因此可以根据标的物市场价格的变动灵活地选择执行期权的时间,以使自己的收益最大化。对于期权的卖方而言,需要随时做好期权被执行的准备,因此承担的风险较大。所以,在其他条件相同的情况下,美式期权的价格要高于欧式期权的价格。从另外一个角度看,美式期权可以视为一系列欧式期权的合成,因此美式期权的价格更高。由于欧式期权相对简单一些,研究起来更为方便。所以,在后面的讨论中,主要研究欧式期权的定价及其投资策略。

【例 11.7】假设 2024 年 1 月 1 日,投资者 B 以每股 15 元的价格向 C 购买未来 6 个月内交割的 A 公司股票的看涨期权(欧式),共 10 份合约,100 股为标准合约单位,该期权的总价格为 500 元,即每股期权费为 0.5 元。

概念辨析:2024 年 1 月 1 日为合约生效日;15 元为行权价格;每股期权费为 0.5 元;2024 年 6 月 30 日为到期日,也是执行日;投资者 B 是多头;C 是空头。

操作步骤:2024 年 1 月 1 日合约生效,投资者 B 必须向 C 付出 500 元。因此,不论未来 A 公司的股票价格如何,投资者 B 的成本是 500 元。若 6 月 30 日 A 公司股票的价格高于 15 元,则投资者 B 将会行权,以 15 元/股的价格向 C 买入股票,并按市场价格抛售后就能获利(不考虑流动性和交易成本)。

思考一:若 5 月 20 日 A 公司宣布它的股票以 1∶10 的比例进行分割,该期权合约条款应否调整?答:应当进行调整,执行价格应调整为 1.5 元。

思考二:如果预期 A 公司在合约有效期内现金分红,是否对期权价格构成影响?答:期权价格会下调。

思考三:若到期日股票价格为 25 元,则多方的利润是多少?空方损失多少?答:多方将按

15元/股的价格行权，剔除期权费用后，将获得9500元的利润，而这也正好是空方的损失。

思考四：若到期日股票价格为10元，则多方的损失为多少？空方获利多少？答：多方不会行权，将损失期权费500元，而这也正好是空方的利润。

【例11.8】 投资者买入A公司股票的看跌期权（欧式），合约条款如下：

合约生效日：2024年1月1日。

有效期：6个月。

期权费：0.5元/股。

合约数量：10份。

标准合约单位：100股。

执行价（行权价）：15元/股。

思考一：若2024年6月30日A公司股价低于14.8元，投资者B是否行权？答：肯定的，此时投资者B行权虽然亏损，但降低了损失的金额。

思考二：若2024年6月30日A公司的价格为13.5元，投资者B若想获利1000元，应该如何操作？答：投资者B需要持有A公司股票1000股，才能在到期行权时出售给C。因此，在到期日B应持有1000股（可以持有或融券借入）。假设6月30日A公司的股票价格为13.5元，此时行权对投资者有利，他可以选择在市场上以13.5元/股的价格买入1000股A公司股票，并以15元/股的价格出售给C，扣除500元的期权费，投资者B获利1000元。

3. 按照期权合约中标的物的性质，金融期权可分为现货期权和期货期权

现货期权（Spot Options）是指以各种金融工具本身作为期权合约标的物的期权，如各种股票期权、股指期权、外汇期权和利率期权等。期货期权（Futures Options）是指以各种金融期货合约作为期权合约标的物的期权，如各种外汇期货期权、利率期货期权及股指期货期权等。金融期权要分为现货期权和期货期权两大类，主要是由于这两类期权在具体的交易规则、交易策略以及定价原理等方面存在较大差异。

在实践中，除现货期权和期货期权这两个基本类型外，还有"复合期权"。复合期权的标的物本身也是一种期权合约，它实际上是"期权的期权"。

4. 按照期权合约的执行价格和标的物的市场价格之间的关系，金融期权可分为实值期权、虚值期权和平价期权

先了解一下期权内在价值的概念，所谓"内在价值"，是指期权购买者通过执行期权而获得的收益，它是由期权合约的执行价格和该期权标的物的市场价格之间的关系决定的。

若某期权的内在价值为正，则称该期权为实值期权；若某期权的内在价值为负，则称该期权为虚值期权；若某期权的内在价值为零，则称该期权为平价期权。具体而言，当标的资产的市场价格大于执行价格时，看涨期权为实值期权，看跌期权为虚值期权；当标的资产的市场价格小于执行价格时，看涨期权为虚值期权，看跌期权为实值期权；当标的资产的市场价格等于执行价格时，无论看涨期权还是看跌期权，都为平价期权。通常只有当期权为实值时，期权的买方才会行权；而当期权为虚值或平价时，期权买方通常会放弃执行期权的权利。

5. 其他类期权，如认股权证、可转换公司债券

认股权证（Warrant）是国际证券市场上近年来兴起的一种最初级的股票衍生产品。它是由发行人发行的、能够按照特定的价格在特定的时间内购买一定数量该公司普通股票的选择权凭

证,实质上它类似于普通股票的看涨期权。认股权证广泛应用于股票配股、增发、基金扩募、股份减持等方面。根据发行主体不同,认股权证可分为股本认购证和备兑权证两种。股本认购证属于狭义的认股权证,它是由上市公司发行的;而备兑权证属于广义的认股权证,它是由上市公司以外的第三方发行的,不增加股份公司的股本。

认股权证的功能表现在三个方面:一是从市场功能来看,它丰富了市场投资品种,为证券市场提供了风险管理工具;二是对发行人而言,它可以加大融资工具对投资者的吸引力,顺利实现筹资目的;三是对投资者而言,权证能发挥杠杆作用,达到以小搏大的目的。认股权证一般具有融资便利、对冲风险、高杠杆等特点。认股权证和看涨期权性质差不多,区别仅在于认股权证是由股票所在公司发行的,而看涨期权通常由第三方发行。公司发行认股权证会影响公司的价值,在投资者执行认股权证时,公司将获得股票的执行价格收入,但公司的股本数量也将同时增加。

可转换公司债券(简称可转换债券)是一种可以在特定时间、按特定条件转换为普通股股票的特殊公司债券。可转换债券兼具债券和股票的特性,可转换债券的发行人拥有强制赎回债券的权利。一些可转换债券在发行时附有强制赎回条款,规定在一定时期内,若公司股票的市场价格高于转股价达到一定幅度并持续一段时间时,发行人可按约定条件强制赎回债券。由于可转换债券附有一般债券没有的选择权,因此,可转换债券利率一般低于普通公司债券利率,公司发行可转换债券有助于降低其筹资成本;但可转换债券在一定条件下可转换成公司股票,这将会影响到公司的所有权。

11.2.3 期权的风险与收益

1. 买入看涨期权

当投资者预测未来某标的资产的价格将会上涨时,他就会购买该标的资产的看涨期权。若在该期权的最后到期日,标的资产的市场价格上涨到该期权的执行价格以上,投资者就会获利。由于标的资产价格上涨的幅度是无限的,因此期权购买者的获利程度也是无限的。相反,若标的资产的市场价格下跌并且跌至执行价格以下,期权购买者就会放弃期权,但是会遭受损失,不过损失是有限的,最大的损失是他购买看涨期权时所支付的期权价格。

设某标的资产看涨期权在 t 时点的价格为 C_t,期权到期日为 T,该期权的执行价格为 K,若标的资产在期权到期日的市场价格为 S_T,则该看涨期权买方在到期日的利润 π_C 为

$$\pi_C = \max(S_T - K - C_t, -C_t) = \begin{cases} S_T - K - C_t & S_T \geq C_t \\ -C_t, & S_T < C_t \end{cases}$$

图 11-1a 为购买该看涨期权的收益图。

由图 11-1a 可知,当标的资产的市场价格 S_T 小于执行价格 K 时,投资者损失最大,最大损失为期权在 t 时点的价格 C_t。当标的资产的价格超过执行价格时,损失逐渐减少,直到超过执行价格与期权价格之和时,投资者开始有收益,并且超过的越多,收益越多。

2. 卖出看涨期权

当投资者预测未来标的资产的市场价格会下跌时,他可以在市场上卖出看涨期权,从而得到期权费收入。当标的资产价格在期权到期日下跌至执行价格以下时,期权买方会放弃行权,此时看涨期权的卖方收益最大;但若标的资产价格在期权的到期日高于执行价格,期权买方就会行权,此时期权卖方的收益会减少甚至出现损失,且标的资产价格上涨的幅度越大,期权卖方的

损失就越大。对于期权的卖方，在到期日的利润 π_C 可表示为

$$\pi_C = -\max(S_T - K - C_t, -C_t) = \begin{cases} K + C_t - S_T, & S_T \geq C_t \\ C_t, & S_T < C_t \end{cases}$$

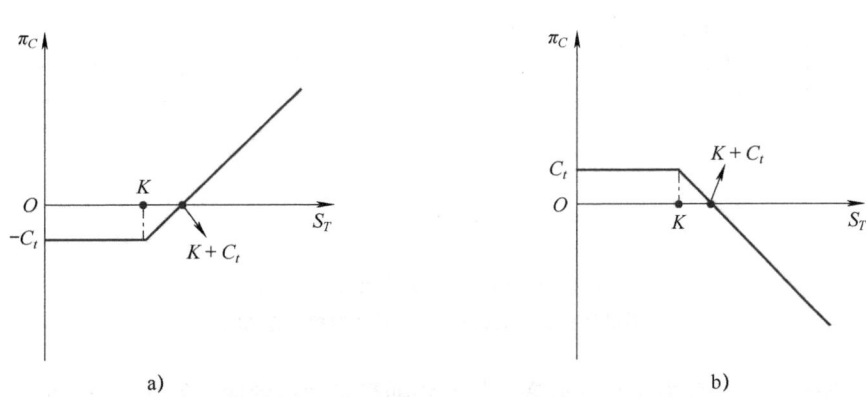

图 11-1　看涨期权的买方和卖方的收益
a) 看涨期权买方的收益　b) 看涨期权卖方的收益

图 11-1b 为看涨期权卖方的收益，由图可知，当标的资产的价格市场 S_T 小于执行价格 K 时，投资者获利，最大利润是 C_t。当标的资产的市场价格 S_T 大于执行价格 K 和期权在 t 时点的价格 C_t 之和时，投资者遭受损失，且损失是无限的。

显然，看涨期权的买卖双方实际是零和博弈，买方的利润即为卖方的损失，或买方的损失即为卖方的利润。

3. 买入看跌期权

当投资者预测未来标的资产的价格会下跌时，他可以买进看跌期权。若标的资产的市场价格在期权的到期日下跌并且跌至执行价格以下，该投资者就会执行期权。如果投资者是套期保值者，他就会以较高的执行价格卖出其标的资产，以避免市场价格下跌造成的潜在损失。如果投资者是投机者，他就会以较低的市场价格在现货市场上买进标的资产，然后以较高的执行价格卖出，从而获利，并且标的资产的价格下跌幅度越大，投资者获利就越多。相反，若标的资产的价格上涨并超过执行价格，投资者就会遭受损失，且最大损失为期权费。

设某标的资产看跌期权在 t 时点的价格为 P_t，该期权的执行价格为 K，标的资产在期权到期日的市场价格为 S_T，则该看跌期权买方到期日的利润 π_P 为

$$\pi_P = \max(K - P_t - S_T, -P_t) = \begin{cases} K - P_t - S_T, & S_T \leq K \\ -P_t, & S_T > K \end{cases}$$

由图 11-2a 可知，当标的资产的市场价格 S_T 小于执行价格 K 和期权在 t 时点的价格 P_t 之差时，期权的买方将行权并获利。否则，期权的买方将遭受损失，当标的资产价格 S_T 大于执行价格 K 时，此时期权买方遭受最大为期权费 P_t 的损失。

4. 卖出看跌期权

当投资者预测未来标的资产的价格上涨时，他就会卖出看跌期权。若标的资产的市场价格在期权的到期日上涨并且涨至执行价格以上时，期权买方会放弃行权，此时期权的卖方将获得最高为期权费的收益。但若未来标的资产的价格在期权到期日低于执行价格，期权的买方就会

行权，此时期权卖方的收益会减少甚至出现损失，且标的资产的价格下降的幅度越大，期权卖方的损失也就越大。

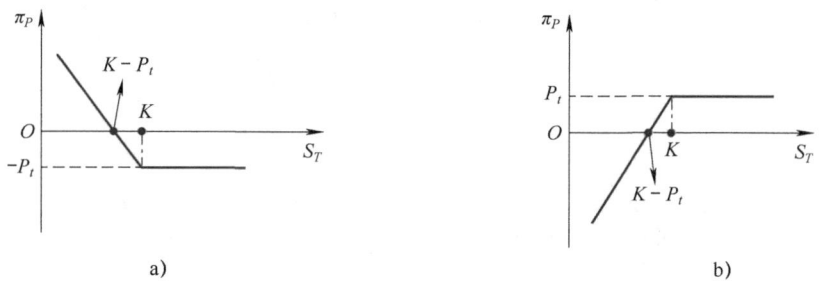

图 11-2 看跌期权的买方和卖方的收益
a) 看跌期权买方的收益　b) 看跌期权卖方的收益

由于看跌期权的买卖双方是零和博弈，故看跌期权卖方在到期日的利润 π_P 为

$$\pi_P = -\max(K - P_t - S_T, -P_t) = \begin{cases} P_t + S_T - K, & S_T \leq K \\ P_t, & S_T > K \end{cases}$$

由图 11-2b 可知，当标的资产的市场价格 S_T 大于执行价格 K 时，期权卖方获得最大利润 P_t。当标的资产的市场价格 S_T 小于执行价格 K 和期权在 t 时点的价格 P_t 之差时，期权卖方遭受损失，并且损失可能无限。

综上所述，期权的买方和卖方的收益可以归纳总结如下：

对于看涨期权，买卖双方的收益可表示为

$$\begin{cases} \pi_{Cl} = \max(0, S_T - K) - C_t, & \text{多头} \\ \pi_{Cs} = C_t - \max(0, S_T - K), & \text{空头} \end{cases}$$

对于看跌期权，买卖双方的收益可表示为

$$\begin{cases} \pi_{Pl} = \max(0, K - S_T) - P_t, & \text{多头} \\ \pi_{Ps} = P_t - \max(0, K - S_T), & \text{空头} \end{cases}$$

11.2.4 期权的价值及影响因素

1. 期权的内在价值和时间价值

期权的内在价值是指在某一约定时点期权合约如果执行，能够给期权买方带来的最大收益。根据前文对期权执行价格与其标的资产的市场价格之间关系的分析，期权的内在价值在理论上可能为正值、负值或者等于零；但实际上期权的内在价值只可能大于或等于零，不可能小于零，因为期权的买方只有执行期权的权利而无执行的义务。当期权的内在价值为正时，期权买方执行期权可获得收益；而当期权的内在价值小于或等于零时，他就会放弃行权。以 IV_T 表示期权合约的内在价值，以 S_T 表示该期权标的资产的市场价格，以 K 表示期权合约的执行价格，以 m 表示股票期权合约的交易单位，则每一份看涨期权的内在价值为

$$\mathrm{IV}_T = \max[(S_T - K)m, 0] = \begin{cases} (S_T - K)m, & S_T > K \\ 0, & S_T \leq K \end{cases}$$

根据零和博弈原则，每一份看跌期权的内在价值为

$$\mathrm{IV}_T = \max[(K-S_T)m, 0] = \begin{cases} 0, & S_T > K \\ (K-S_T)m, & S_T \leq K \end{cases}$$

在实践中，期权的价格在到期日之前通常都高于其内在价值，它们之间的差额就是期权的时间价值。期权之所以具有时间价值，是因为随着时间的推移和标的资产价格的变动，期权的买方期望它的内在价值可能会增加。期权时间价值的大小与执行价格和市场价格的差距有关。执行价格与市场价格的差距越大，时间价值越小。以看涨期权为例，在图 11-3 中，实线表示期权价格，虚线表示期权的内在价值，实线与虚线之间的间隔则表示期权的时间价值。

由图 11-3 可知，当一种期权处于极度实值或虚值时，其时间价值均会趋近于零；而当处于平价时，其时间价值最大。其主要原因在于：当一种期权处于极度实值时，标的资产市场价格的变动使其内在价值继续增加的可能性很小，但使其内在价值减少的可能性很大，因此投资者不愿意为买入

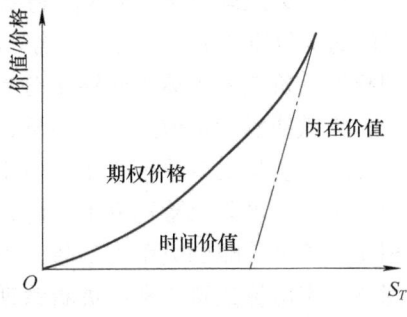

图 11-3 看涨期权价格

该期权并持有它而付出比当时的内在价值更高的期权费；相反，当一种期权处于极度虚值时，投资者会认为其变为实值期权的可能性很小，因而也不愿意买入这种期权。因此，只有在执行价格与标的资产价格相等时，即期权处于平值时，市场价格的变动最有可能使期权增加内在价值，投资者也才最愿意为买入这种期权而付出相等于时间价值的期权费。此时的时间价值最大，任何市场价格与执行价格的偏离都将减少这一时间价值。

2. 影响期权价值的因素

由于期权的价值包括内在价值和时间价值两部分，因此影响内在价值或时间价值的因素都会影响期权的价值。这些因素通常包括：标的资产价格与执行价格、标的资产价格的波动性、距期权合约到期日的时间、无风险利率、红利水平等。下面逐一分析这些因素对期权价值的影响。

（1）标的资产价格与执行价格　标的资产价格与执行价格是影响期权价值最重要的因素，这两个价格的相互关系决定着内在价值，同时还影响着时间价值。对于看涨期权，随着标的资产价格的上升，期权的内在价值上升，期权的价值也随之上升；反之，随着执行价格的上升，期权的内在价值下降，期权的价值也随之下降。同样，对于看跌期权，其价值随着标的资产价格的上升而下降，但随着执行价格的上升而上升。一般而言，执行价格与标的资产价格的差额越大，时间价值就越小；反之，差额越小，时间价值就越大。

（2）标的资产价格的波动性　标的资产价格的波动性对期权的价值有重大影响，其通过影响期权的时间价值来影响期权价值。标的资产价格的波动性越大，标的资产价格涨至执行价格或跌至执行价格的可能性越大，期权的时间价值就越大，其价值也随之越大；相反，波动性越小，期权的价值也越小。从理论上讲，标的资产价格的波动性越大，触发执行价格的可能性就越大，就越有利于期权的买方，也就不利于期权的卖方。

（3）距期权合约到期日的时间　在其他条件不变的情况下，期权的剩余时间越长，价值越高；剩余时间越短，价值越低。距期权合约到期日的时间对期权价值的影响主要表现在对其时间价值的影响。对于期权的买方而言，距离到期日时间越长，它就能够给期权的买方提供更多的执

行机会,其时间价值就越大,价值也随之越大。相反,距离到期日时间越短,其时间价值就越小,价值也随之越小。对于期权的卖方而言,距离到期日时间越长,风险也就越大,买方也就愿意支付更多的期权费来获得更多的盈利机会。因此,期权的时间价值与期权合约距离到期日的时间成正比,并随着期权到期日的临近而逐步衰减,至到期日的时间价值为零。

(4) 无风险利率 无风险利率是影响期权价值的又一重要因素。当无风险利率提高时,期权的时间价值会减少;反之,当无风险利率下降时,期权的时间价值则会增加。但利率水平对期权时间价值的整体影响还十分有限。一般而言,无风险利率水平越高,看涨期权的价值越大,看跌期权的价值越小;相反,无风险利率水平越低,看涨期权的价值越小,看跌期权的价值越大。其主要原因在于:对于投资者而言,买进标的资产和买进看涨期权是相互竞争的投资策略,当无风险利率上升时,投资者直接购买标的资产的成本会增加,与买进看涨期权相比,这种策略的吸引力下降,投资者会倾向于买进看涨期权,从而提升看涨期权的价值;同样,卖出标的资产和买进看跌期权对投资者而言也是相互替代的投资策略,当无风险利率上升时,投资者倾向于卖出标的资产,以取得现金用于再投资从而获取较多的利息,看跌期权的价值就会下降。

(5) 红利水平 红利会影响标的资产的价格,标的资产的价格会在除息日因红利而降低,这对看涨期权的买方不利,但对看跌期权的买方有利。红利水平越高,看涨期权的价值越小,而看跌期权的价值就越大。但红利水平对期权价值的影响力也相对较弱。

综上,不同因素对期权价格影响的方向归纳见表 11-11。

表 11-11 不同因素对期权价格影响的方向

变量	欧式看涨期权	欧式看跌期权	美式看涨期权	美式看跌期权
标的资产的市场价格 S_T	正	负	正	负
期权合约的执行价格 K	负	正	负	正
期权到期日 T	—	—	正	正
波动率 σ^2	正	正	正	正
无风险利率 r_f	正	负	正	负
红利	负	正	负	正

11.2.5 期权的性质

1. 欧式看涨期权的最小价值

为界定欧式看涨期权的最小价值,可构造两个未来具有相同现金流的资产组合:A 和 B。

资产组合 A:购买一份股票的欧式看涨期权和一份债券,且该债券的到期日和看涨期权的到期日相同,到期价值和期权执行价格相同。若定义 r 为看涨期权的定价日至到期日之间的无风险利率(连续复利),K 为看涨期权的执行价格,则需购买价值为 $K \times e^{-rT}$ 的债券。设定价日时刻为 0,到期日的时刻为 T,C 为欧式看涨期权在 0 时点的现行价格。

资产组合 B:直接购买一份股票。定义 S_T 为资产组合 A 中债券到期日时股票的价格,S_0 为现在股票的价格。

两个资产组合在定价日和期权到期日的现金流情况见表 11-12。

表 11-12　两个资产组合的现金流

资产组合		投资（现金流出）	到期日价值（现金流入）	
			若 $S_T > K$	若 $S_T \leq K$
A	购买看涨期权	$-C$	$S_T - K$	0
	购买债券	$-K \times e^{-rT}$	K	K
	合计	$-(C + K \times e^{-rT})$	S_T	K
B	购买股票	$-S_0$	S_T	S_T

由表 11-12 可知，若 $S_T > K$，则组合 A 和组合 B 到期日的现金流均为 S_T；若 $S_T \leq K$，则组合 A 的所得 K 大于组合 B 的所得 S_T。若市场不存在套利，则组合 A 在 0 时点的价值至少不低于组合 B 的价值，从而有

$$C + K \times e^{-rT} \geq S_0$$

即：$C \geq S_0 - K \times e^{-rT}$。

由此可得结论：欧式看涨期权的价值肯定大于或等于 0，并且大于或等于股票现行价格和执行价格的现值之差，可用数学表达式表示为 $C \geq \max(0, S_0 - K \times e^{-rT})$。

2. 看涨期权提前执行非最优策略

该性质即在看涨期权到期日之前就行权是不合算的。换言之，要充分利用看涨期权距离到期日的时间价值，卖出看涨期权比提前执行看涨期权更有利。

【例 11.9】 某股票目前的市场价格为 20 元，投资者持有的看涨期权的执行价格为 15 元。若投资者预期在到期日之前的时期内股票价格将要下降，投资者如何操作？

解：

投资者其实面临两种选择：一是马上执行看涨期权；二是卖出看涨期权。若投资者直接执行看涨期权，则可获得 5 元的收益；但若投资者卖出一份执行价格为 5 元的看涨期权，则看涨期权的价格必然高于 5 元。因此投资者应当选择卖出看涨期权而不是直接行权。其主要原因在于马上执行看涨期权只能获得 5 元的内在价值收益，但目前至到期日期间期权的时间价值未能得到体现，只要期权未到期，期权就具有时间价值，投资者卖出看涨期权的总价值就高于 5 元。

上述结论也可以用美式看涨期权和欧式看涨期权之间的定价逻辑进行解释。由于美式看涨期权价值大于或等于欧式看涨期权价值，而欧式看涨期权价值 $\geq \max(0, S_0 - K \times e^{-rT})$，因此美式看涨期权价值应 $\geq \max(0, S_0 - K \times e^{-rT})$。若提前执行美式看涨期权，则可获得的收益为 $S_0 - K$，但由于 $S_0 - K \times e^{-rT} > S_0 - K$，所以卖出看涨期权比执行看涨期权获利更多。但该结论需要较强的前提假设，如需要假设股票在到期日之前不支付股息，或看涨期权已通过一些附加条款得到保护。若假设不成立，比如股票到期前要支付股息，由于支付股息后至到期日之前股票价格将要下降，所以投资者选择提前执行期权来获得 5 元收益就是最好的策略。

3. 看涨期权和看跌期权的等价关联

通常，一份看跌期权与其标的股票可以构成一个资产组合，且该组合与一份看涨期权有相同的收益结构。同样，一份看涨期权和股票也可以构成一个资产组合，该组合和一份看跌期权有相同的收益结构。若上述关联成立，就可以用股票的价格来衡量看跌期权价格和看涨期权价格之间的关系。

设 S_0 是股票在时刻 0 时的价格,即股票现价;S_T 为股票在期终日时刻 T 的价格;r_B 为借款利率;r_L 为贷款利率;K 为执行价格;C 为看涨期权价格;P 为看跌期权价格。

构建组合 A:由一份股票、一份看跌期权和借款 $K \times e^{-r_B T}$ 构成。假设借款利率和贷款利率相同,则该借款在到期日应还款 $K \times e^{-r_B T} \times e^{r_L T} = K$,则该资产组合与一份看涨期权的现金流情景见表 11-13。

表 11-13 一个资产组合和一份看涨期权的现金流等同

组合		0 时点投资 (现金流出)	到期日价值(现金流入)	
			若 $S_T > K$	若 $S_T \leq K$
A	买股票	$-S_0$	S_T	S_T
	买看跌期权	$-P$	0	$K - S_T$
	借款	$K \times e^{-r_B T}$	$-K$	$-K$
	合计	$-S_0 - P + K \times e^{-r_B T}$	$S_T - K$	0
买看涨期权		$-C$	$S_T - K$	0

由表 11-13 可知,资产组合 A 和一份看涨期权的收益结构是一样的。在有效市场上,两个组合的现值也应当相等,否则市场上将出现无风险套利的机会。

若组合 A 的价值小于看涨期权的价格,投资者将买入组合 A 而卖出看涨期权,并最终使得两个组合的价值趋于一致,即看涨期权不会比组合 A 更有价值,即

$$C \leq S_0 + P - K \times e^{-r_B T}$$

若看涨期权价格比组合 A 价值小,投资者将买入看涨期权而卖出组合 A,同样组合 A 的价值也不可能比看涨期权价格高(这里卖出组合 A 意味着贷款),即有

$$S_0 + P - K \times e^{-r_L T} \leq C$$

综合上述两个不等式,可得

$$S_0 + P - K \times e^{-r_B T} \geq C \geq S_0 + P - K \times e^{-r_L T}$$

若 $r_L = r_B = r$,上面的不等式就变成了等式,由此可得出看跌期权和看涨期权之间的平价公式,即

$$P = C - S_0 + K \times e^{-rT}$$

因此,若看涨期权价格偏高,可"购买股票、购买一份看跌期权、借款",同时卖出看涨期权来获得套利;若看涨期权价格偏低,则可"卖空股票、卖出看跌期权、贷款",同时买入看涨期权获得套利。

上述讨论的都是欧式期权,若考虑美式期权,期权定价的平价公式可作为一个近似关系式替代。

11.3 期权的投资策略

本节首先介绍四种期权的投资策略——价差策略、保护性看跌期权、抛补的看涨期权、对敲策略,其次介绍多期权在合成股票方面的应用。其中,价差策略和对敲策略提供了增加投资组合

收益的方法；保护性看跌期权提供了投资组合对重大损失的保险，是将期权应用于风险控制的主要路径之一；抛补的看涨期权则提供了一定程度的风险保护，且在某些市场条件下也可增加收益。

11.3.1 价差策略

价差策略是指投资者在买入一种期权的同时，卖出与买入期权只在一个方面有差异的等量期权。价差策略主要有价格价差和时间价差两种：价格价差是指在买入某一执行价格期权的同时，再卖出与该期权标的资产和到期日相同，仅执行价格不同的期权；时间价差则是买入并卖出只有到期日不同而其他方面都相同的期权。

根据投资者对未来股价的不同预测，价格价差可分为牛市价差和熊市价差两大类。由于两种价差策略下投资者均可用看涨期权或看跌期权操作，价格价差又可分为四种策略：牛市看涨价差、牛市看跌价差、熊市看涨价差和熊市看跌价差。以牛市看涨价差为例来分析价差策略的应用。所谓牛市看涨价差，就是指投资者在买进一个执行价格较低的看涨期权的同时，再卖出一个到期日相同但执行价格较高的看涨期权。

策略描述：买入看涨期权，同时卖出标的相同、同等数量的仅执行价格有差异的看涨期权。假设买入的执行价格为 K_L 的看涨期权的价格为 C_L，卖出的执行价格为 K_H 的看涨期权的价格为 C_H，该策略在未来不同情景下的收益情况见表 11-14。

表 11-14 同时买进和卖出不同执行价格看涨期权

策略	$S_T \leq K_L$	$K_L < S_T \leq K_H$	$S_T > K_H$
买入看涨期权	$-C_L$	$S_T - K_L - C_L$	$S_T - K_L - C_L$
卖出看涨期权	C_H	C_H	$K_H - S_T + C_H$
总计	$C_H - C_L$	$S_T - K_L + (C_H - C_L)$	$K_H - K_L + (C_H - C_L)$

由表 11-14 可知，在该策略下，组合价值最少是 $C_H - C_L$，最大是 $K_H - K_L + (C_H - C_L)$，且投资者存在着盈亏平衡点 $S_T = K_L + C_L - C_H$。

【例 11.10】 投资者以 3.50 元的价格买进一个距离到期日为 120 日、执行价格为 40 元的某公司股票的看涨期权，同时，他又以 1.50 元的价格卖出具有相同到期日但执行价格为 45 元的该公司股票的看涨期权。由于价差的净成本为卖出一种期权的收入与买入另一种期权的支出的差额，因此投资者的价差净成本为 2 元。假设每份期权合约的标的股票成交数量为 100 股，图 11-4 描述了投资者在未来到期日该公司股票价格不同情景下的收益和损失情况。

由图 11-4 可知，当股票价格在执行价格 45 元以上时，两种看涨期权都为实值，投资者获得最大收益，其收益为两个看涨期权的执行价格之差减去两个期权价格之差，即为 100×(45-40-2)元 = 300 元，当股票在高价位时这一数值是一个常数。当股票价格低于 40 元时，两种期权在到期日均为虚值，价差战略将遭受固定损失，损失的最大值为两个看涨期权价格之差，即 100×(3.50 - 1.50)元 = 200 元。

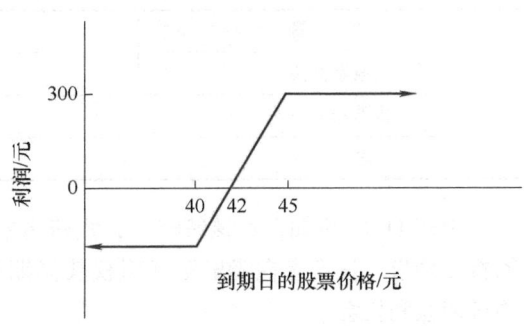

图 11-4 牛市看涨期权价差战略的盈亏情况

当股票价格 S_T 在低执行价格 K_L 与高执行价格 K_H 之间时，投资者的收益和损失会随股票价格发生变化，此时投资者将执行看涨期权，而他卖出的看涨期权的买方不会行权。在此价格区间，存在让投资者盈亏平衡的股票价格，即投资者需要获得足够的收益以抵销买入看涨期权 C_L 和卖出看涨期权 C_H 的期权价格差额。因此，保证盈亏平衡的股票价格 S_T 应为

$$S_T = K_L + C_L - C_H$$

在本例中，在到期日股票的价格为 42 元时，投资者盈亏平衡。若投资者预测股票价格在到期日会超过 42 元，那么他通过牛市价差战略就能获利；但若投资者预测到期日的股票价格将低于 42 元，他可以通过熊市价差战略获利，即卖出低执行价格的看涨期权并买入高执行价格的看涨期权。

11.3.2 保护性看跌期权

所谓保护性看跌期权（Protective Put），即投资者持有的资产多头的损失可以用其看跌期权多头的收益来补偿。该策略可以描述为"同等数量的标的资产多头与看跌期权多头构成的组合"，其未来收益见表 11-15。

表 11-15 保护性看跌期权未来收益

情 景	$S_T \leq K$	$S_T > K$
股票多头	S_T	S_T
看跌期权多头	$K - S_T - P_t$	$- P_t$
总 计	$K - P_t$	$S_T - P_t$

由表 11-15 可知，在该策略下，投资者的组合价值至少是 $K - P_t$，最大是 $S_T - P_t$。在保护性看跌期权策略下，投资者的损失是有限的，理论收益是无限的。即如果未来标的资产价格下跌，投资者可以执行看跌期权而降低损失；如果未来标的资产价格上升，并不影响投资者在价格上升时的获利机会，投资者仅损失了期权费。

11.3.3 抛补的看涨期权

所谓抛补的看涨期权（Covered Call），即期权空头方未来交割标的资产的义务正好被持有的资产抵销。该策略可以描述"同等数量的标的资产多头与看涨期权空头构成的组合"，其未来收益见表 11-16。

表 11-16 抛补的看涨期权未来收益

情 景	$S_T \leq K$	$S_T > K$
股票多头	S_T	S_T
看涨期权空头	C_t	$- (S_T - K) + C_t$
总 计	$S_T + C_t$	$K + C_t$

由表 11-16 可知，在该策略下，投资者的组合价值至少是 $S_T + C_t$，最大是 $K + C_t$。对于抛补的看涨期权，投资者在卖出看涨期权获得期权费的同时，也放弃了标的资产未来价格上涨带来的可能获利机会。

例如，投资者持有的股票目前价格 100 元，则他可以设置一个执行价格为 110 元的看涨期权

空头,期权费 3 元。若到期日股票的价格为 105 元,则投资者可以获利 8 元(5 元股票价格幅度和 3 元期权费之和);而若股票价格低于 100 元,则投资者可以利用期权费来补偿股票价格的下跌。因此,对于抛补的看涨期权,最佳的策略就是投资者尽可能设置高的执行价格 K。

11.3.4 对敲策略

对敲(Straddle)策略,又称骑墙或者跨坐组合,即投资者同时买进具有相同执行价格与到期时间的同一种股票的看涨期权与看跌期权。该策略可描述为"对敲多头组合",其未来收益见表 11-17。

表 11-17 对敲策略未来收益

情 景	$S_T \leq K$	$S_T > K$
看涨期权多头	$-C_t$	$S_T - K - C_t$
看跌期权多头	$K - S_T - P_t$	$-P_t$
总 计	$K - S_T - C_t - P_t$	$S_T - K - C_t - P_t$

对敲策略不同情景下投资者的收益也可用图 11-5 较为直观地进行展示。

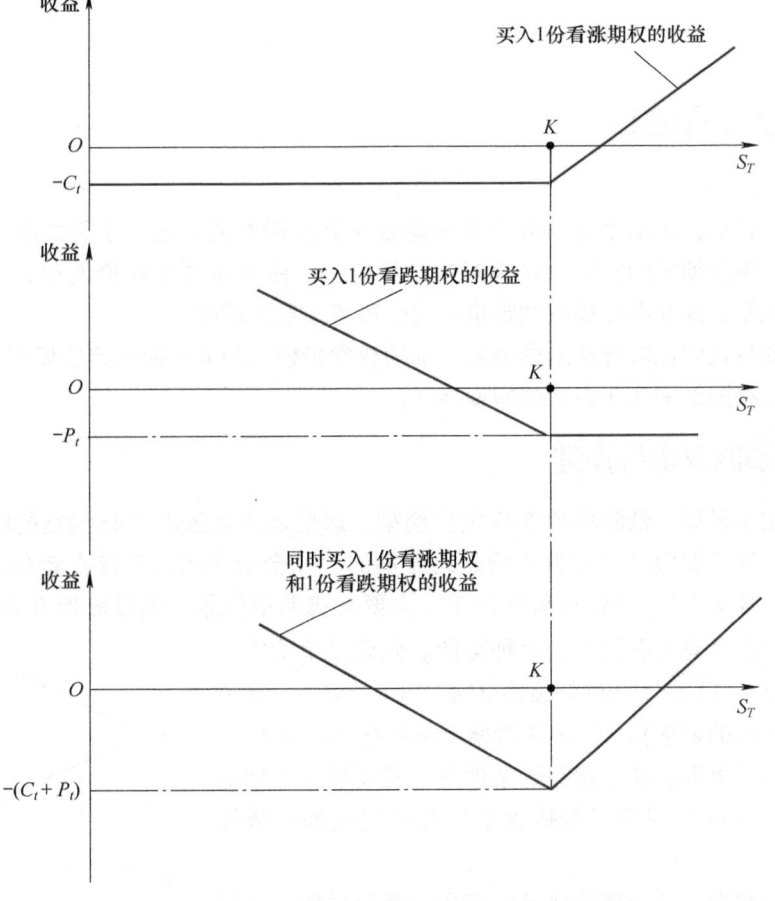

图 11-5 对敲策略不同情景下投资者的收益

由表 11-17 和图 11-5 可知，对于对敲多头组合而言，损失是有限的。当标的资产价格与执行价格相等时，投资者损失最大；但投资者的（理论）收益是无限的，且随着标的资产价格的上升或下降均增加。显然，当投资者预期标的资产的价格会有较大的波动，且无法判断其方向时，对敲多头组合最优。

11.3.5 期权合成股票

运用期权与标的股票以及无风险债券构造资产组合（Portfolio），可以得到与某些金融工具完全相同的损益特征，即可以合成金融工具，例如可转换债券。这里主要分析如何运用"一个看涨期权的多头和一个看跌期权的空头的资产组合"来合成股票，具体策略如下：

假设在 t 时刻，以 t 时刻股票的价格 S_t 为执行价格 K 的看涨期权和看跌期权的价格分别是 C_t 和 P_t。若到期日股票的价格为 S_T，则到期日该资产组合的收益为

$$\pi = \max(0, S_T - K) - \max(0, K - S_T) - (C_t - P_t)$$
$$= S_T - K - C_t + P_t$$
$$= S_T - S_t - C_t + P_t$$

显然，上述合成策略的收益与持有一份股票的收益的差异仅在于 C_t 和 P_t 的差异。若 $C_t \neq P_t$，则投资者就可以通过融资融券等操作，运用期权组合合成的"股票"与标的股票进行套利操作。

11.4 期权定价模型

对于期权的定价，本书主要以欧式看涨期权作为分析对象，而对于美式看涨期权不宜提前执行，可用欧式看涨期权的定价办法来对其进行定价。由于看跌期权价值和看涨期权价值之间具有平价等同关系，因此看涨期权的定价公式也可用于看跌期权。

目前针对期权定价比较经典的模型是二项期权定价模型和 B-S 期权定价模型，两者的主要区别在于对股票价格随时间变化方式的假设不同。

11.4.1 二项期权定价模型

二项期权定价模型是最简单的期权定价模型，这里考虑以股票为标的物的欧式看涨期权的二项定价模型。该模型假设"证券市场是无摩擦的和完全竞争的，不存在套利机会，且标的股票的价格服从二项分布"。在该模型框架下，主要考虑两期情景，假设股票在 0 期的价格为 S，在 1 期股票的价格只有上涨和下跌两种可能。假设股票价格上涨的幅度为 $u(u > 1)$，下降的幅度为 $d(d < 1)$，且 $0 < d < 1 + r_f < u$（无套利的要求），p 为股票价格上涨的概率，则 $1 - p$ 为股票价格下跌的概率。在上述假定条件下，若期权在 1 期的执行价格为 K，则在 1 期不同价格水平下看涨期权的价值如图 11-6 所示。

如何确定看涨期权的合理价格 C？若市场是有效的，则可运用无风险套期保值的策略来对看涨期权进行定价。其构建的

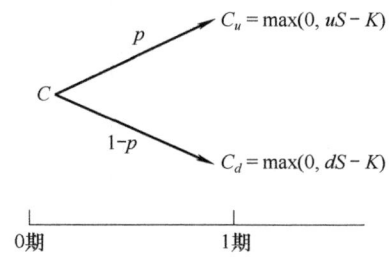

图 11-6 二项式分布下看涨期权价值分析（两期情景）

具体策略如下：

在 0 时期：买 1 份股票，卖 m 份以该股票为标的物的看涨期权（m 为套期保值比率），则其 0 期成本与 1 期支付如图 11-7 所示。

若该策略 1 期在任何状态下的支付均是不变的，则该套期保值证券组合无风险，即

$$uS_0 - mC_u = dS_0 - mC_d \Rightarrow m = \frac{(u-d)S_0}{C_u - C_d}$$

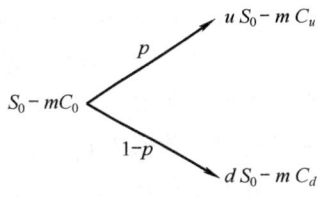

图 11-7 套期保值策略下证券组合的到期支付

在离散情景下，看涨期权的价值等于未来不同状态下期权价值现值的加权平均和，即

$$C = \frac{pC_u + (1-p)C_d}{1 + r_f}$$

式中，$p = \frac{(1+r_f) - d}{u - d}$；$1 - p = \frac{u - (1+r_f)}{u - d}$。

p 为风险中性概率，或等价鞅测度，无套利定价等价于存在等价鞅测度。若复利计息，则风险中性概率 $p = \frac{e^r - d}{u - d}$，看涨期权的价值 $C = [pC_u + (1-p)C_d]e^{-r}$。

进一步地，若考虑多期模型（如 T 期），则看涨期权在 T 期不同状态下期权价值的一般表示形式为

$$\max(0, u^n d^{T-n} S_0 - K)$$

式中，T 为时期数；n 为股票上涨的次数（$n = 0, 1, 2, \cdots, T$）。

每年支付的概率为二项分布，即

$$B(n \mid T, p) = \frac{T!}{n!(T-n)!} p^n (1-p)^{t-n}$$

看涨期权在 0 期的价值为

$$C = \frac{1}{(1+r_f)^T} \sum_{n=0}^{T} B(n \mid T, p) \max(0, u^n d^{T-n} S_0 - K)$$

【例 11.11】假设目前股票价格为 50 元，1 年后股票的价格只有两种可能：75 元或 25 元。若市场的无风险利率（借贷利率）为 25%，则以该股票为标的物，距离到期日为 1 年且执行价格为 50 元的看涨期权的合理价格应该是多少？

依据上述公式，假设投资者持有 1 份股票，同时卖出 m 份看涨期权进行套期保值，基于 1 年后股票的价格，则看涨期权在 1 年后股票上涨和下跌情景下的价值分别为 $C_u = 25$ 元、$C_d = 0$，由此可计算出套期保值策略下投资者需要卖出的看涨期权份数为 $m = \frac{(u-d)S}{C_u - C_d}$ 份 $= \frac{50}{25}$ 份 $= 2$ 份。进一步可计算风险中性概率为 $p = \frac{1 + 25\% - 50\%}{150\% - 50\%} = 0.75$，由此可得出期权的价格 $C = \frac{0.75 \times 25 + 0.25 \times 0}{1 + 0.25}$ 元 $= 15$ 元。

进一步地，如果期权合约离到期日有两个阶段，可以利用倒推法求出目前的期权价值，如图 11-8 所示。

设 C_u^2 为阶段 2 期终时连续两次股价上升时的看涨期权价值，则有 $C_u^2 = \max(u^2 S_0 - K, 0)$；

设 C_{ud} 为阶段 2 期终时股价一次上升一次下跌时的看涨期权价值,则有 $C_{ud} = \max(udS_0 - K, 0)$;
设 C_d^2 为阶段 2 期终时连续两次股价下跌时的看涨期权价值,则有 $C_d^2 = \max(d^2S_0 - K, 0)$。

进一步地,可推导出阶段 1 期终时股价一次上升时的看涨期权价值为 $C_u = e^{-rT}[PC_u^2 + (1-P)C_{ud}]$,股价一次下降时的看涨期权价值为 $C_d = e^{-rT}[PC_{ud} + (1-P)C_d^2]$。

推至阶段 0,则可得看涨期权的价值为
$$C = e^{-rT}[PC_u + (1-P)C_d]$$
在上式中代入 C_u 和 C_d,整理后得到
$$C = e^{-2rT}[P^2C_u^2 + 2P(1-P)C_{ud} + (1-P)^2C_d^2]$$

当期权合约距离到期日有 n 个阶段时,假设 k 为股票价格上涨的次数,$n-k$ 为股票下跌的次数,将上述两阶段情形下的期权价值公式进行推广即可得到二项分布情形下的期权价值为

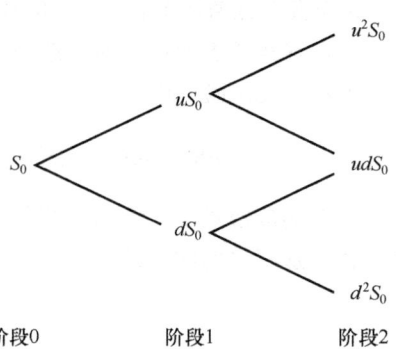

图 11-8 两阶段股票价格的波动

$$C = e^{-nrT} \sum_{k=0}^{n} \frac{n!}{k!(n-k)!} P^k (1-P)^{n-k} \max(0, u^k d^{n-k} S_0 - K)$$

下面通过一个例子来说明二项期权定价模型的应用。

【例 11.12】 设某股票现价为 60 元,已知在未来的半年里该股票的价格变动经历长度相等的两个时期,在每个时期或者上升 10%,或者下降 10%。现有以该股票为标的物的一个半年期看涨期权,执行价格为 62 元。假设无风险利率为 8%,试利用二项期权定价模型求解该看涨期权的价格。

解答:

由 $S_0 = 60$ 元,$u = 1.1$,$d = 0.9$,$r = 8\%$,$K = 62$ 元,利用前面的结论,易求出

$$P = \frac{e^{-0.25 \times 0.08} - 0.9}{1.1 - 0.9} = 0.4010$$

股票价格的波动如图 11-9 所示。

由图 11-9 可知,$C_u^2 = 10.6$ 元,$C_{ud} = 0$,$C_d^2 = 0$,代入两阶段的二项期权定价模型可得

$$C = e^{-0.08 \times 0.5}(0.4010^2 \times 10.6 + 0 + 0) \text{元} = 1.6377 \text{元}$$

即该看涨期权的价格应该为 1.6377 元,否则就会存在无风险套利机会。

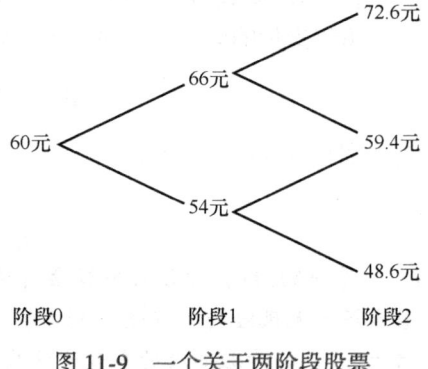

图 11-9 一个关于两阶段股票价格波动的例子

11.4.2 B-S 期权定价模型

B-S 期权定价模型由金融学家费希尔·布莱克(Fischer Black)和迈伦·斯科尔斯(Myron Scholes)共同提出,基本方法也是利用前述的二项公式,但允许股票价格连续变化,他们通过尽可能地降低股票价格波动的时间间隔来进行分析。假设股票收益的连续复利率服从正态分布,记 C 表示看涨期权的价格,S_0 表示股票的现行价格,K 表示期权的执行价格,r 为无风险借贷连续复利率,$T-t$ 为估值时点 t 距离到期日时点 T 的时间(以年为单位),σ 表示标的资产的年收益标准差,$N(d) = \int_{-\infty}^{d} f(x) dx$ 表示正态分布积累值,则 B-S 期权定价模型就可以简化为

$$C = S_0 N(d_1) - Ke^{-r(T-t)} N(d_2)$$

式中，$d_1 = \dfrac{\ln\left(\dfrac{S_0}{K}\right) + \left(r + \dfrac{\sigma^2}{2}\right)(T-t)}{\sigma\sqrt{T-t}}$；$d_2 = \dfrac{\ln\left(\dfrac{S_0}{K}\right) + \left(r - \dfrac{\sigma^2}{2}\right)(T-t)}{\sigma\sqrt{T-t}}$。

B-S 期权定价模型基本适用于任何看涨期权的定价，由于公式的推导过程较为复杂，这里仅给出结果以强化应用。值得注意的是，前面分析的影响期权价值的因素除股息红利因素外，均出现在看涨期权的定价公式中，主要原因在于 B-S 期权定价模型中假设股息不存在。同时，股票的期望收益率变量也未出现在看涨期权公式中，这是因为股价变量出现在公式中，它实际上反映了股票的期望收益率。另外，B-S 期权定价模型中，除 σ 变量外，其余变量都是容易获得的，对 σ 变量的估计可以利用股票收益率的历史数据得到。

【例 11.13】设某股票现价为 90 元，现有以该股票为标的物的一个半年期看涨期权，执行价格为 100 元。假设无风险利率为 10%，该股票的年化波动率为 50%，试利用 B-S 期权定价模型求解该看涨期权的价格。

解答：
由 $S_0 = 90$ 元，$K = 100$ 元，$t = 0.5$(6 个月)，$\sigma = 0.5$，$r = 0.1$，可计算出

$$d_1 = \frac{\ln\left(\dfrac{90}{100}\right) + \left(0.1 + \dfrac{0.25}{2}\right) \times 0.5}{0.5\sqrt{0.5}} \approx 0.02$$

$$d_2 = \frac{\ln\left(\dfrac{90}{100}\right) + \left(0.1 - \dfrac{0.25}{2}\right) \times 0.5}{0.5\sqrt{0.5}} \approx -0.33$$

查正态分布表可得

$$N(d_1) = N(0.02) = 0.5080$$
$$N(d_2) = N(-0.33) = 0.3707$$

代入 B-S 期权定价模型，可解得看涨期权的价格为

$$C = \left[90 \times 0.5080 - \frac{100}{e^{0.05}} \times 0.3707\right] 元 = 10.46 \, 元$$

若市场上该看涨期权的价格为 9 元，则定价偏低，就存在着套利的机会。

在实践中，对 σ 的估计也可以用期权公式推导出股票收益的标准差。市场上每一只股票，可能都有许多尚未到期的看涨期权存在。因此，可以将这些不同看涨期权的市场价格作为期权公式中的 C 变量代入 B-S 期权定价模型，再利用 B-S 期权定价模型反推求解出 σ 值，这就是隐推法的基本思想。

实际求解时，σ 值不能直接解出，需要用逐步逼近法求解，求解得到的结果也只能是近似值。若市场上共选择了 N 个看涨期权进行反推，解出 N 个 σ_i 值，则最后取其平均值 $\sigma = \dfrac{1}{N}\sum_{i=1}^{N}\sigma_i$ 作为股票收益标准差的估计。

对于看跌期权的价格，可以利用看跌期权和看涨期权的等价关系得到，即

$$\begin{aligned} P &= C - S_0 + K \times e^{-rT} \\ &= S_0 N(d_1) - K \times e^{-rT} \times N(d_2) - S_0 + K \times e^{-rT} \\ &= S_0 [N(d_1) - 1] + K \times e^{-rT}[1 - N(d_2)] \\ &= K \times e^{-rT} N(-d_2) - S_0 N(-d_1) \end{aligned}$$

本章小结

本章首先讲授了金融衍生产品中的期货和期权两类产品，较为系统地介绍了利率期货和股指期货的基本条款设计及功能发挥，并对金融期货在投资组合管理中的应用进行讲解。其次，本章重点对期权展开分析，在对期权合约要素、分类、风险与收益、价值及影响因素、性质进行分析的基础上，探讨了期权的投资策略。最后对期权定价的二项期权定价模型和 B-S 期权定价模型进行了较为系统的介绍。

思考练习

1. 一位分析师建议投资者们出售他们所持有的所有股票的看涨期权，他解释如果这样做，投资者不会有损失，而只会净赚取出售期权所获得的收入。你认为这种策略对吗？

2. 考虑购买一资产组合，该组合由两份看跌期权和一份看涨期权组成。设看涨期权的价格为 5 元，看跌期权的价格为 4 元，两种期权的执行价格都为 50 元。试画出该组合在到期日的盈利图。

3. 有两份看涨期权，一份执行价格为 40 元，价格为 8 元；另一份的执行价格为 45 元，价格为 5 元。这两份看涨期权的到期日相同。若构建一个资产组合：出售两份执行价格为 45 元的看涨期权，同时买进一份执行价格为 40 元的看涨期权。试画出这种策略在到期日的利润图。

4. 某投资者持有 100 股股票，他以 5 元的价格出售了该种股票的看涨期权，期权的执行价格为 50 元。问：如果股票价格上涨到 70 元，看涨期权买方的盈利是多少？如果股票价格下跌到 40 元，期权买方的盈利又是多少？

5. 某投资者持有 100 股股票，他以 5 元的价格买入了该种股票的看跌期权，期权的执行价格为 50 元。问：如果股票价格上涨到 70 元，看跌期权买方的盈利是多少？如果股票价格下跌到 40 元，期权买方的盈利又是多少？

6. 某只股票价格为 44.25 元，6 个月后到期、执行价格为 50 元的欧式看涨期权价格为 2.25 元，无风险利率为 8%（年利，连续复利）。问：如果看涨期权和看跌期权有相同的执行价格，则 6 个月后看跌期权的价格是多少？

7. 考虑一个两年期欧式看跌期权，假设二项期权定价模型成立，当前股价为 50 元，执行价格为 52 元，$u = 1.2$，$d = 0.8$，$r = 5\%$，$T = 1$。试求出看跌期权的价格。

8. 假设 B-S 期权定价模型成立，股票现价为 95 元，股票收益标准差为 0.6，看涨期权的执行价格为 150 元，离到期日还有 8 个月，借款利率为 8%。试求出此时看涨期权的价格。

9. 为什么买进保护性的看跌期权就好像是为股票买了保险？

10. 以卖出看涨期权和看跌期权为例，讨论并作图说明如何使用对敲战略。

11. 说明卖出有担保的看涨期权的优点和缺点。对卖出有担保的看涨期权战略来说，什么样的市场环境最有利？

12. 试举例说明股指期权在投资组合风险管理中的应用。

13. 区分某个交易策略是套期保值还是投机的决定因素有哪些？

14. 某投资者认为在未来几个月里长期利率和短期利率的差将会缩小，但他不知道利率的总体水平将向哪个方向变动。问：如果他的判断准确，他应该持有什么样的期货头寸才能获利？

15. 无风险年利率为7%（连续复利），某股票期货合约的红利年支付率为3.2%，该股票的现价为50美元。问：6个月期期货合约的价格是多少？

16. 考虑一个基于不支付红利的股票期货合约，3个月后到期。假设股价为40美元，3个月期无风险利率为年利率6%，$T-t=0.25$，$r=0.06$，$S=40$美元。试计算该期货价格。

17. 假定A公司股票在0期的价格是10元，其在一期的价格为14元的概率是0.7，为8元的概率是0.3，此时市场上唯一的无风险利率为0.12。假定0期市场上存在一种以A公司股票为标的物的欧式看涨期权，其执行价格为9元，到期日为1期，试求：

（1）用A公司股票和上述看涨期权所构建的无风险资产组合的套期保值比率。

（2）风险中性概率。

（3）该看涨期权在0期的价格。

（4）当A公司股票在1期价格为12元的概率是0.4，为8元的概率是0.6时，请给出该看涨期权在0期的价格。（不用计算）

18. 在一份看涨期权合约签订后，这个合约的结果是一个零和博弈，即期权买方的收益/损失正好是期权卖方的损失/收益，他们的总收益为0。问：给定这个事实后，为什么双方都预期自己将有一个正的收益而签订合约？

案例讨论

韩国版"雪球危机"：15.4万亿韩元衍生品面临风险 散户或大幅亏损

随着恒生中国企业指数在新年伊始持续走弱，大量购买了与该指数挂钩的股权关联证券（Equity Linked Securities，ELS）的韩国散户投资者，一时间似乎也被打了个措手不及，价值约15.4万亿韩元（约合115亿美元）的ELS产品，即将在年内陆续到期。根据韩国银行机构的数据，截至上周五（2024年1月19日），韩国主要银行销售的1月迄今到期的4326亿韩元ELS产品中，已经蒙受了2164亿韩元的损失。这些亏损产生的原因，是恒生中国企业指数跌破了"敲入"价，而不同的产品"敲入"价各不相同，若挂钩标的资产的价格下跌至设定的敲入价格以下，则触发"敲入事件"，此时投资者就可能面临潜在的较大损失。

这些结构性票据跟踪恒生中国企业指数的表现，最初发行时承诺在指数不跌破一定水平时提供类似债券的（较高）利息。但目前恒生中国企业指数已从2021年2月的峰值下跌了逾60%，导致这些衍生品面临大幅亏损的风险。韩国金融监督机构在此之前曾宣布，将于1月8日开始扩大对本土银行、券商的调查。监管部门认为这些金融机构可能在向韩国投资者销售与中国证券有关的结构化产品期间存在违规行为，他们发现的问题包括银行向员工施压，要求他们向散户投资者销售难以理解的高风险、复杂的金融产品。韩国监管部门估计，未来这些衍生品的巨额损失将进一步开始显现，因为115亿美元的ELS产品中约有20%将在第一季度到期，另有32%将在第二季度到期。韩国监管机构称，在韩国售出的总计19.3万亿韩元的此类票据中，超过1/4是由65岁及以上的老年人购买的。

韩国资本市场研究所智库金融服务业务负责人Lee Hyo-seob表示，对上述资产的悲观情绪，正处于"恶性循环"之中。他指出："不同产品的敲入水平都不一样。随着指数创下新低，对走势前景的怀疑也在蔓延，这反过来又引发了经纪商的对冲行为，进一步增加了下行压力。"韩国投资证券公司（Korea Investment Securities，简称KIS）的一位结构性票据策略师表示："由于对冲头寸需要在3月和4月到期前清理，抛售压力可能会进一步放大。"

资料来源：潇湘. 韩国版"雪球危机"：15.4万亿韩元衍生品面临风险 散户或大幅亏损 [N/OL]. (2024-01-23) [2024-06-30]. https://www.cls.cn/detail/1577903.

案例思考：

（1）结构性票据本质上是"固定收益产品+金融衍生产品"的合成，若如材料中所述，购买与恒生中国企业指数挂钩的股权关联证券，查阅相关资料，思考一下关联的模式有哪些。这些结构性票据的发行方在产品设计时，是否充分考虑了金融衍生产品的"双向投资"在风险对冲中的作用发挥？

（2）你认为 Lee Hyo-seob 关于"不同产品的敲入水平都不一样。随着指数创下新低……反过来又引发了经纪商的对冲行为，进一步增加了下行压力"的观点对吗？（提示：可以从三个方面思考，一是这些结构性票据挂钩的恒生中国企业指数及其产品的发行主体；二是经纪商的对冲行为是否会对恒生中国企业指数产生影响；三是作为结构性票据的发行主体，是否有应对指数下跌的举措或策略。）

第 12 章
基金业绩评估

本章提要

本章主要介绍了基金业绩评估的定性和定量分析方法,从外部评价和内部评价两个层面介绍基金业绩评估的思路,重点对夏普比率,特雷诺指标,詹森阿尔法指标,评估/信息比率,MM指标及择时、择股等业绩评估模型的内涵、测度、差异及适用性进行系统性的比较分析。

重点难点

本章重点:理解不同业绩评估模型的内涵;从风险的分解、收益的分解及风险与收益相匹配的视角,认知不同业绩评估模型的差异;能够对开放式基金的业绩进行评估。

本章难点:基金择股、择时能力的判断识别;对开放式基金业绩持续性和稳定性特征的检验。

引导案例

市场上基金那么多,投资者该怎么选?建议可遵循五项基本原则

中国基金业协会最新数据显示,截至2024年6月底,中国境内公募基金管理机构共有163家,管理资产净值合计31.08万亿元,数量达12036只,远多于目前国内市场可投资的股票数量。随着我国基金行业蓬勃发展,未来基金产品的规模和数量还将进一步增长。那么投资者如何才能在市场上挑选适合投资的基金呢?

1. 遵循五项基本原则

一是选择资产性价比高的基金。目前基金投资标的几乎涵盖了各类资产,投资者可依据不同阶段经济周期大类资产的表现来确定投资方向。根据一般投资规律,在经济复苏阶段,股票相比其他资产的表现更加优秀;在经济过热阶段,通胀可推高大宗商品的价格,而债券的投资价值会有所下降;在"滞胀"阶段,现金类资产的收益率将会提高,货币型基金的性价比较高;在衰退阶段,货币政策将处于宽松状态,债券表现或相对较好。

二是选择规模适中的基金。通常规模过小的基金由于背负各种运营费用压力,即便投资收益为正,在扣除各种费用后也容易出现亏损;同时,小基金投资的标的范围相对单一,抗风险能力也较为脆弱。而规模过大的基金往往存在"船大难掉头"的问题,当行业风格轮换时动态仓位调整难度较大。

三是采取分散投资的策略。股票市场板块轮动现象一直较为明显,特别在市场波动环境下,不同基金的业绩表现分化较大。在选择基金投资时，应避免"把鸡蛋放在同一个篮子里"，需要结合国家战略、行业发展等选择多样化的基金产品以分散风险并获得较高收益。

四是选择优质的 FOF（基金中的基金）。FOF 是专门投资于基金的基金，由于 FOF 的投资标的由基金的投资决策委员会共同决定，因此决策更加理性、客观和全面；同时，FOF 通过将资金分散投资到不同基金中，极大地降低了整体波动。

五是选择优秀基金经理管理的基金。在基金行业，任职年限超过十年且平均年化收益率超过 10% 的基金经理受到的关注度较高，能长期获得较高稳定收益，表明其投资能力较强。

2. 依据风险偏好选择基金产品

投资者风险偏好存在差异，市场上的公募基金风格、特点各不相同，投资者可根据自身的风险偏好来匹配适合的基金。

稳健型投资者可重点关注债券类和货币基金。这类基金的投资收益波动不大，正常年份其平均年化收益率与一般的存款利率接近甚至略高。尤其是货币基金具备"准储蓄"的特征，安全性和流动性较高，是稳健型投资者的最佳选择。

风险中性的投资者可关注"固收+"基金、FOF。"固收+"基金的主要投资标的是债券，但还有一定比例投资于各种权益类资产，其风险和期望收益均比纯债基金略高。FOF 在底层资产分散的基础上，又作了二次分散，其风险相对更低。长期来看，"固收+"基金和 FOF 攻防兼备，是风险中性投资者不错的选择。

较为激进的投资者风险承受能力较强，可选择偏股类基金，如股票型基金、偏股混合型基金和灵活配置型基金等。

资料来源：李荣. 市场上基金那么多，投资者该怎么选？建议可遵循五项基本原则［N/OL］. (2022-07-28)［2024-03-25］. http://finance.ce.cn/jjpd/jjpdgd/202207/28/t20220728_37912909.shtml.

案例讨论与思考：

（1）您在进行基金投资选择时，您会考虑哪些因素？

（2）查阅相关资料，挑选一名"双十"基金经理，对比分析其管理的基金的业绩表现和业绩稳定性。

12.1 基金的投资决策流程和投资管理程序

基金的投资决策流程和投资管理程序是确保基金资产有效配置、风险控制和业绩目标达成的关键环节，包括投资策略制定、市场研究与分析、资产配置、风险管理、投资指令执行、投资组合构建、合规性检查、投资者关系和信息披露、绩效评估与反馈等。概括而言，基金投资运作的成功与否取决于基金的决策与管理水平，即：一方面取决于基金投资决策的流程或机制是否科学合理；另一方面取决于投资管理程序中所考察的各方面因素是否全面周到，运用的方法是否科学有效。

12.1.1 投资决策流程

科学合理的投资决策机制通常具备以下几个特征：

一是层次感与整体性相互协调。基金管理公司通常都设有市场研究部、投资决策委员会、证券交易部等职能部门,在决策体系中这些部门分工明确、各司其职。此外,在决策过程中还应注意整体性的要求,各职能部门在工作过程中应当相互交流、密切合作,使得层次感与整体协调性良好地统一起来。

二是决策体系应当具有自我调节功能。基金管理公司的投资决策机制应建立在严密的分析论证和严格的风险防范基础之上,各执行环节都应当制定严格的操作程序和自我调节功能,并能根据市场实际环境动态进行优化调整。在实际运作中,无论投资方案执行情况如何,各职能部门都应及时总结并作出相应调整,使得投资决策在实际运作过程中不断改进和完善。

在实践中,基金公司的投资决策一般有严密的决策体系,通常实行的是投资决策委员会领导下的基金经理负责制,采取严格的三级授权决策机制见表12-1。首先由研究部门根据宏观经济环境、行业特征以及公司发展状况,提出投资研究报告,以投资建议的形式提交公司投资决策委员会审议;投资决策委员会定期召开例会,根据投资建议形成投资决议,也可根据市场情况或有关委员提议举行临时会议,决议以会议纪要形式生成。其次由投资研究联席会议综合内外部因素确定基金组合配置提案,并交由基金经理在权限内执行和优化组合配置方案。

表 12-1　通常基金投资实行的三级授权决策机制

层　级	责任主体	职　责
第一级	投资决策委员会(主任委员主持)	审定各基金资产配置、行业(类属)配置与重点投资品种提案,形成投资决议
第二级	投资研究联席会议(投资总监主持)	研究宏观、策略、行业、公司变化情况
		模拟组合与实际组合的良性互动
		确定各基金组合配置提案
第三级	基金经理	在权限内执行和优化组合配置方案

12.1.2　投资管理程序

科学合理的投资决策机制只是投资管理运作成功的第一步,决定基金投资成功与否的另一重要因素是投资管理程序的设计。投资管理程序是投资管理者考虑如何决策、投资何种证券以及何时进行投资的一个总体思路。投资管理程序包括以下五个步骤:

第一步,确定投资政策。明确基金的投资目标;界定基金投资的范围(如可投资的资产类别、目标市场);制定投资策略,包括资产配置策略、行业选择、选股标准等,确保策略与投资目标相符。

第二步,实施证券分析。从宏观、行业和公司三个层面展开分析,评估经济周期、利率、通货膨胀等宏观因素对投资的影响,识别增长潜力大、竞争格局有利的行业,并通过对公司财务状况、盈利能力、成长性、估值等因素的综合评估,结合技术分析工具,对未来证券的价格进行预测。

第三步,建立资产组合。结合投资策略和证券资产池,选择符合基金投资目标的证券进行投资,确定各证券在投资组合中的权重,平衡预期收益和风险,同时考虑投资组合的多样化,以分散非系统性风险。

第四步,建立并调整投资组合。根据既定的投资目标,构建投资组合,并根据市场环境变化和投资组合的表现,对投资组合进行动态再平衡,以维持既定的投资风格和风险/收益特征。

第五步，业绩评估。定期对投资组合的业绩进行评估，包括绝对收益和相对于基准的相对收益，以分析投资决策的有效性。同时依据业绩评估结果，及时调整投资管理程序和投资策略，以提高未来的投资绩效。

此外，在投资管理过程中，还应关注风险管理的动态监控、合规性检查及与投资者的及时沟通，动态升级公司的技术和系统支持，以提高投资管理的效率和准确性。

12.2 基金业绩评估的定性指标

12.2.1 业绩评估的必要性

任何决策过程中一个不可缺少的环节就是对决策结果进行评估。在进行投资决策评估时，不仅要比较基金最终管理的结果，还要参考基金的实际投资策略及基金经理对这些投资策略的执行。同时，对于不同投资目标和投资风格的基金，由于它们的风险差异较大，即使收益率相同，也不能认为它们的绩效相同。

对投资结果进行评估，不仅针对职业基金经理人和投资机构，个人投资者也可以对自有资金的投资进行评估。如果针对基金管理人持有的组合进行评估，通常也称为基金的绩效评估或业绩评估（Performance Evaluation）。

投资组合调整与基金业绩评估是紧密联系在一起的。投资组合调整，首先通过与某些基准进行比较来评估基金投资组合的绩效，这些基准通常为确定的目标组合的投资收益率，如某一市场指数组合的收益率或是基金管理公司自己设定的某一证券组合的收益率；其次分析实际投资收益率与目标组合收益率的偏差及其产生的原因，对基金的投资组合进行合理的调整，使之符合实现基金投资目标的需要。事实上，尽管基金管理人所管理的基金投资组合的绩效有时会好于基准投资组合，但如果该投资组合不能满足投资者的其他要求，那么在这一投资管理过程中，一开始在投资目标和投资政策的设立时就存在着问题。在这种情况下，通过对基金业绩的评价和分析，资产管理人还有可能对基金的投资目标和投资政策进行动态调整。因此，基金业绩的评价既是基金投资管理的阶段性总结，也是下一阶段投资管理过程的开始，而整个投资管理程序也因此成为一个循环往复、不断总结评价、不断自我调整的有机体。

对基金业绩进行评估是必要的，对投资者、基金管理人而言均是有好处的，主要原因在于：

1) 基金作为专业证券机构投资者，相对个人投资者而言，在资金、信息、技术方面明显拥有优势，在基本分析、技术分析和投资组合管理等方面的能力也要超过个人投资者。而检验专业机构管理者专业优势的最好办法，就是对证券投资基金的业绩进行合理的分析和评价，同时也为投资者选择证券投资基金进行投资提供一定的决策依据。

2) 从投资者不同的风险、收益偏好来认识基金业绩评价的必要性。依据投资者对风险收益的不同偏好，证券市场上的投资者可以分为三种，即风险厌恶型、风险中性型、风险偏好型。随着新基金的数量和规模不断扩大，为满足不同风险/收益特征投资者的需求，基金的投资风格日益显现。因此，如何确定具有不同投资风格基金的风险和收益率，为不同风险收益偏好的投资者提供不同的新基金品种，显得十分必要。

3) 从管理层和资产管理人本身来分析新基金业绩评价的必要性。从管理层的角度来看，新基金的不断发行，使新基金这种理性的大机构投资者起到促进市场稳定发展的作用，同时也为广大个人投资者树立一种良好的中长期投资理念的典范。这种目标的实现需要新基金取得比较高的投资收益，这就需要科学合理地评价新基金的经营业绩。但对新基金资产管理人而言，其经营业绩的好坏直接影响到报酬的高低，所以资产管理人也必须定期或不定期地对其本身经营业绩进行科学评价，使其所管理的基金资产能够得到长期稳定的增值。

12.2.2 业绩评估的定性指标介绍

1. 外部结构指标

（1）基金规模　业绩好的基金，规模会快速变大；但规模一旦变大，收益能力就会受到影响。所以对于那些受热捧的基金，投资者不一定要跟风投资，因为规模变动往往会对基金的业绩有显著的反向作用。

（2）基金经理人背景　选择基金要关注基金经理的投资能力，很多时候选择基金就是选择基金经理，甚至其有效性超过参考基金经理所在的基金公司。如，东方红和兴全两家基金公司的规模都不大，但基金经理的历史业绩赢得了投资者追捧。从历史数据看，基金经理年限越长的基金，风控方面越好，同时积极关注基金经理在择股和择时方面的能力。一些学术界的研究也表明：担任过卖方研究员、学历高、阅历丰富的基金经理能更好地把控风险，提高投资基金业绩；性别、是否持有CFA（特许金融分析师）或CPA（注册会计师）等证书、基金仓位等，对基金业绩的影响并不大；而基金经理跳槽次数频繁、相同基金在同一时间共同管理的人数多等，对基金投资具有一定负面影响。

（3）投研团队　投研能力是基金公司的核心竞争力，对公司投研团队的考察：一是考察投研团队规模，只有规模足够，人员配置才会比较充足，投研实力也相对较强；二是基金公司成立的年限越长、业内积累的口碑及声誉越好，就有越好的人脉和投研体系；三是良好的投研环境，内部良好的竞争氛围有助于投研水平的提高；四是投研团队的稳定性越好，基金的内部管理就越好，业绩就相对越稳定。

（4）基金费用　基金存在一些固定成本，如研究费用和信息获得费用等。与小规模基金相比，规模较大基金的平均成本更低，同时规模较大的基金可以有效地减少非系统性风险。但基金规模过大，对可选择的投资对象、被投资股票的流动性等都有不利影响。

（5）基金公司　随着金融市场的发展，越来越多的投资者关注基金公司的发展前景，在基金准入门槛降低的背景下，一些新的基金公司发展参差不齐。一些新公司通过办活动、赠礼品、高收益等方式吸引投资者，但因成立时间短，风险控制能力弱，造成投资者投资损失。事实表明，基金公司的实力越强、管理规模越大、注册资本越高、成立年限越久，投资基金的业绩和风险把控能力会越好，因此基金公司也是影响基金业绩的主要因素之一。

2. 内部结构指标

（1）基金投资周转率　该指标是基金的证券资产买入量或售出量的较小值与基金平均净资产的比值，它能够反映基金买卖其持有的有价证券的频率。不同的基金公司、不同的投资风格，基金投资周转率也存在较大差异。如果基金公司注重长期投资，那么其基金投资周转率就低；反之，若是以短期投资为主，则其基金的周转率就高。一般而言，基金投资周转率高的基金，交易成本显然要高于那些基金投资周转率低的基金。如果证券市场正处于上升期，投资收益可能会远大于交易成本，此时基金投资周转率高是有利的；但若证券市场处于衰退期，低基金投资周转率策略较为有利。在其他因素相同的情况下，投资者可以关注基金投资周转率相对较低的基金，因为过高的基金投资周转率意味着交易成本的提高，也即收益的减少。

（2）现金流量，又称净申购资金 该指标可以解释为投资开放式基金的货币净增长，即申购基金现金流入超过基金赎回现金流出的部分。大规模的净现金流入或流出会对基金的运作产生直接的影响。例如，当大规模净现金流入时：一是基金经理人可以用新流入的资金增持已拥有的头寸，这种追加的投资需求会刺激基金持有的股票价格攀升，当基金投资于那些发行量较少的小公司股票时，价格上涨会更加明显；二是当市场出现较好的择股和择时机会时，若基金经理人拟购买新的股票，此时他一般不必卖出已持有的股票，只需要用新申购的现金流来购买就可实现，这样不仅使基金管理人继续保留持有的股票头寸，同时又使基金获得了一个新的投资机会；三是在市场峰谷附近出现的大规模现金流入可以作为应对"价值回归"时市场下跌的一种缓冲。因此，基金经理人可以不必被迫卖出基金现有的头寸以筹集现金，同时，还可以买入一些估值相对较低的资产。但现金净流入受多种因素的影响，很难准确，且大规模的现金净流入或净流出，可能会迫使基金经理在牛市的峰值和熊市的谷底被动地"追涨杀跌"，从而增加了股票市场的波动幅度。

（3）基金资产结构 这主要体现为基金的资产配置，资产配置中股票的比例越高，组合的风险就越高，但预期收益也可能越大。Brinson、Hoodand 和 Beebower（1986）的研究发现：基金总回报变化中有 93.6% 可由资产配置解释，这意味着基金资产配置的优劣可能直接影响着基金的业绩。在实践中，可以通过基金的行业配置、行业集中度及股票配置、股票集中度等指标来进行衡量。

（4）基金投资的时机选择 同一基金在不同时间段内的表现可能存在较大差距，业绩计算的起始与结束时间不同，计算的基金回报率和业绩排名可能会有较大的差异。因此，业绩评价时需要计算多个时间段的业绩，比如最近一个月、最近三个月、最近一年、最近五年等。

（5）投资目标与范围 投资目标与范围不同的基金，其投资策略、业绩比较基准都可能不同。货币基金主要投资于货币市场，风险较低，收益也较为稳定；指数基金则以指数成分股为投资对象，其收益率变化与对应的标的指数基本一致。显然，货币基金和指数基金作为两种不同投资类型的基金不具备可比性。同样是股票型基金，投资于大盘和中小盘基金之间的业绩也不具有可比性。有时市场上一些基金平均收益率高可能是由于它们承担了较高的风险，而与基金经理的能力无关。因此，进行业绩比较时需要考虑投资目标、投资范围及投资风格的差异。

12.3 基金业绩评估的定量指标

12.3.1 考虑收益率的业绩评估指标

在实践中，投资者更多地追逐基金投资的净值增长率，而在一定程度上忽略了与基金净值增长率相对应的风险承担。在利用净值增长率作为基金业绩评估的依据时，进行比较的不同基金风险要一样，约束条件也要相同，如基金的投资目标和范围相似、基金的业绩比较基准相同等。

1. 收益率计算

（1）简单收益率 对于投资者投资的单个证券而言，简单收益率可表示为

$$收益率 = (资本利得 + 股息)/初始投资额$$

例如,投资者期初投资 100 元于某证券 A,其间投资者共获得股息 3 元,期末投资者以 107 元的价格将证券 A 卖出,则投资者投资证券 A 的总收益包括资本利得 7 元和股息 3 元,其收益率为 (7+3)/100=10%。显然,简单收益率并未考虑持有时间因素和现金流流出因素。若是证券组合,则由于组合在某一时间段上会有许多现金流入和流出,在计算收益时就不能以简单收益率来进行测算。例如,投资者进行一个 3 年期的投资,期初投资 100 元,并在第 2 期期初追加 100 元进行投资,但在第 3 期期初将收回投资 181 元。假设投资者在每一期的收益率均为 10%,则投资者不同时点的现金流见表 12-2。

表 12-2 投资者不同时点的现金流 (单位:元)

现 金 流	第 0 期	第 1 期	第 2 期	第 3 期
流入/流出前价值	100	110	231	55
流入/流出	0	100	-181	
总投资额	100	210	50	
期末金额	110	231	55	

由表 12-2 可知,由于第 2 期期末有现金流出,导致第 3 期期末的价值为 55 元,因此不考虑现金流入和流出的动态变化,仅依据期初和期末值来计算简单收益率就会出现错误。

(2) 金额加权收益率 所谓金额加权收益率,就是考虑了追加投入资金后计算得出的基金投资收益率。其计算公式如下:

$$F_n = F_0(1+r)^{t_n} + \sum C_i(1+r)^{t_n - t_i}$$

式中,F_n 表示期末基金价值;F_0 表示期初本金;r 表示金额加权收益率;C_i 表示期中的现金流量;t_i 表示现金流量发生时点。

金额加权收益率与前述到期收益率或持有期收益率的内涵是一致的。

【例】假定投资组合运作期限为两年,组合只包含一种股票 A,且股价期初为 10 元,第一年年末为 8 元,第二年年末为 16 元。甲基金在期初以 10 元/股的价格购入 10 亿元的 A 股票,持有期 2 年;乙基金在期初以 10 元/股购入 5 亿元的 A 股票,又在第一年年底以 8 元的价格购入 5 亿元的 A 股票。对于基金甲和基金乙所管理的投资组合的收益率,运用金额加权收益率法可得

甲基金:

$$10(1+r_甲)^2 \text{元} = 16 \text{元}$$

解得:$r_甲 = 26.5\%$。

乙基金:

$$[5(1+r_乙)^2 + 5(1+r_乙)] \text{元} = 18 \text{元}$$

解得:$r_乙 = 46.2\%$。

(3) 时间加权收益率 时间加权收益率是指在计算单个期间金额加权收益率后,再计算整个期间收益率的几何平均数,其计算公式为

$$r = [(1+r_1)(1+r_2)\cdots(1+r_i)\cdots(1+r_n)]^{1/t_n} - 1$$

式中,r 表示时间加权收益率;r_i 表示期间 i 的金额加权收益率;t_n 表示全部时间的长度。

以上例的数据为例,计算甲、乙两家基金的时间加权收益率,结果如下:

甲基金:$r_甲 = [(1-20\%)(1+100\%)]^{1/2} - 1 = 26.5\%$。

乙基金：$r_z = [(1-20\%)(1+100\%)]^{1/2} - 1 = 26.5\%$。

进一步地，我们比较不同时点现金流入对收益率的影响。表 12-3 展示了基金丙和基金丁两种不同的现金流入流出模式。基金丙和基金丁的初始现金值是相同的，但基金丙在 0 时点和 1 时点分别流入 100 元和流出 100 元，而基金丁则在 1 时点和 2 时点分别流入 100 元和流出 100 元。尽管两只基金面临的投资环境是相同的，但基金丙和基金丁两个基金的期末值完全不同。究其原因，主要在于基金丙和基金丁两个基金管理人投入资金和回收投资的时机选择不同，基金丙相当于"低买高卖"，而基金丁相当于"高买低卖"，由此导致两者最终的绩效差异较大。但若从考虑现金流入（流出）的角度看，丙、丁两个基金的绩效是相同的，它们的时间加权收益率为：$(1.2 \times 0.9 \times 1.1)^{1/3} - 1 = 5.91\%$。

表 12-3 基金丙和基金丁现金流入和流出的收益比较

基金主体	现 金 流	0 时 点	1 时 点	2 时 点	3时点末净值
	基金收益率	20%	−10%	10%	
基金丙	期初值（元）	100	240	126	138.6
	流入（流出）(元)	100	−100	0	
	投资量（元）	200	140	126	
	期末值（元）	240	126	138.6	
基金丁（元）	期初值（元）	100	120	198	107.8
	流入（流出）(元)	0	100	−100	
	投资量（元）	100	220	98	
	期末值（元）	120	198	107.8	

由上述例子可知，金额加权收益率和时间加权收益率计算的结果存在着一定的差异。金额加权收益率在计算不同期限的收益率时基于基金期初及期末的净资产、现金流入净额和发生时点，计算结果更为合理；但由于资金的流入流出不是基金管理人所能完全控制的，因此该指标在对基金管理人的主观判断能力的评价方面仍存在一定局限性。时间加权收益率通过对金额加权收益率进行几何平均处理，其受非基金管理人主观因素导致的现金流量变化的影响已经被大幅降低，因此它可以较好地评价基金管理人的资产运作能力，这也是时间加权收益率最大的优点。

在前面的例子中，甲基金和乙基金在两个阶段的收益率一样，但乙基金在收益率高的阶段所投入的金额大，因此金额加权收益率的结果是乙基金优。从时间加权收益率看，两个基金在两个阶段都采用了全部金额对同一股票投资的操作战略，因此评估的结果是两个基金一样好。实际操作中，大多数评价机构都采用时间加权收益率作为衡量基金投资绩效的主要指标。

2. 风险因素

风险的衡量往往存在总风险的衡量和系统风险的衡量两种方法，而收益率也可分为正常收益率（市场均衡时的期望收益率）和超额收益率，因此在对基金业绩进行评估时，可考虑风险与收益匹配及归因的方法来设计业绩评估指标。

12.3.2 基于风险/收益匹配的业绩评估指标

基于风险/收益匹配的思想，组合业绩评估的方法主要包括单指标方法（如夏普比率、特雷诺指标、詹森指标、总风险调整阿尔法、评估比率/信息比率、风险调整绩效等）和多指标方法（三因子模型、四因子模型等），下面分别逐一简要解释说明。

1. 夏普比率

在均值-方差模型中，若市场上存在无风险借贷，则投资者将选择有效边界上的某一点作为其证券组合的最优构成。夏普提出将组合单位风险的超额收益作为组合业绩比较的衡量指标，因此该指标也被称为夏普比率，即

$$S_p = \frac{\bar{r}_p - r_f}{\sigma_p}$$

式中，S_p 表示投资组合的夏普比率；$\bar{r}_p$ 表示投资组合的收益率；r_f 为市场上无风险资产的投资收益率；σ_p 表示投资组合的风险。

夏普比率衡量的是单位（总）风险的超额收益或单位风险溢价。运用该指标时，首先需要计算出样本期内各组合（基金）的夏普比率；其次进行比较，夏普比率越大表示业绩越好。夏普比率来源于马柯维茨的资产组合理论，其以资本市场线为评估标准、以组合标准差作为风险测度（即同时考虑了系统性风险和非系统性风险），能够反映组合管理者（基金经理）分散和降低非系统风险的能力。

2. 特雷诺指标

特雷诺（Treynor）在1965年提出了一种基于风险调整的基金绩效评价指标，在该评价指标中，他利用投资组合的市场风险度量 β_p 对基金相对于无风险资产的风险溢价进行调整，计算公式如下：

$$T_p = \frac{\bar{r}_p - r_f}{\beta_p}$$

式中，T_p 表示特雷诺指标；$\bar{r}_p$ 表示投资组合的收益率；r_f 为市场上无风险资产的投资收益率；β_p 则为投资组合的市场风险或系统性风险。

特雷诺指标衡量的是单位（系统）风险的超额收益。在运用特雷诺指标时，先计算样本期内各组合（基金）的特雷诺指标，然后进行比较，特雷诺指标越大表示业绩越好。特雷诺指标以组合的 β 值作为风险测度，只考虑了系统性风险。因此特雷诺指标隐含了组合风险完全分散化的假设，即非系统性风险已经完全消除。若组合风险没有完全分散化，即存在非系统性风险时，利用特雷诺指标可能会得出错误的信息。

3. 詹森指标

在对组合进行业绩评估时，通常期望用收益的百分比来直观表达，但夏普比率和特雷诺指标均是用组合相对于无风险资产的风险溢价除以风险变量，测度的是基金的相对绩效。詹森（Jensen）在1968年提出了一个绝对指标，即基金的 Alpha 值（也称 Jensen's Alpha），该指标可表示为

$$\alpha_p = \bar{r}_p - [r_f + \beta_p(\bar{r}_m - r_f)]$$

式中，α_p 表示詹森指标；$\bar{r}_p$ 表示投资组合的收益率；r_f 为市场上无风险资产的投资收益率；β_p

为投资组合的市场风险或系统性风险；$\bar{r}_m$ 为市场组合的收益率。

詹森指标衡量的是经过市场调整后的资产组合的超常收益（Abnormal Return）。在运用詹森指标时，$\alpha_p > 0$，表明优于市场表现；$\alpha_p < 0$ 表明劣于市场表现；α_p 值越大，表明组合绩效越高。在均衡市场状态下，α_p 的取值应为 0。若 α_p 的取值不为 0，表明投资组合在承受非系统性风险的情况下获得正的超额收益或负的超额收益，可用于衡量基金经理的择时能力和择股能力。詹森指标主要建立在 CAPM 基础之上，其以证券市场线为评估标准，也是评估基金绩效使用最广泛的指标；但该指标同样隐含组合风险完全分散化的假设，因此当组合风险非完全分散化时可能得出错误的评估信息。

4. 总风险调整阿尔法

Fama（1972）将夏普采用的总风险调整方法与詹森采用的收益率表现形式相结合，提出了基金绩效评估的总风险调整阿尔法（Total Risk-adjusted Alpha，TRA），该指标表示为

$$\text{TRA}_p = \bar{r}_p - \left[r_f + \frac{(\bar{r}_m - r_f)}{\sigma_m} \sigma_p \right]$$

式中，TRA_p 表示总风险调整的阿尔法值；$\bar{r}_p$ 表示投资组合的收益率；r_f 为市场上无风险资产的投资收益率；$\bar{r}_m$ 表示市场组合的收益率；σ_m 表示市场组合的总风险；σ_p 为投资组合的市场风险或系统性风险。

从指标表达式看，总风险调整阿尔法值与詹森指标的区别就是在均衡收益的确定方面。詹森指标采用证券市场线定价，而总风险调整阿尔法值则采取资本市场线进行定价。

5. 评估比率/信息比率

评估比率方法是指用资产组合的詹森指标除以组合的非系统性风险，测算的是每单位非系统性风险所带来的超常收益，该指标可表示为

$$\text{IFR} = \frac{\alpha_p}{\sigma_{(\varepsilon_p)}} = \frac{组合 \alpha 值}{组合残差风险}$$

式中，IFR 投资组合的评估比率；α_p 表示组合的詹森指标；$\sigma_{(\varepsilon_p)}$ 表示组合的残差风险，即组合未分散的风险。

评估比率衡量的是（与证券选择相关的）单位非系统性风险带来的超常收益。在运用该指标时，评估比率越高表示组合的绩效越好，即承担单位非系统性风险所带来的超常收益越高。其原因在于在市场均衡时，风险资产的非系统性风险是不被定价的，即非系统性风险的期望收益为零。评估比率的非系统性风险主要由组合残差的标准差测度，该指标可用于衡量风险资产组合中积极型的组合绩效。

6. 风险调整绩效

Franco Modigliani 和 Leah Modigliani（1997）提出了一种新的方法，这个方法是将所有待评估的资产组合的风险调整到市场风险水平，称为风险调整绩效（Risk-Adjusted Performance，RAP），又称 M^2 测度，该指标表示为

$$M^2 = \bar{r}_{p^*} - \bar{r}_M$$

式中，M^2 为风险调整绩效指标；$\bar{r}_{p^*}$ 为加入无风险资产调整组合风险至市场组合风险时的收益率；$\bar{r}_M$ 表示市场组合的收益率。

在运用该指标时，先假设在风险资产组合中引入无风险资产，如图12-1所示。当资产组合 P 与无风险资产通过适当比例混合时，可沿着 P 的资产配置（P 点）向下移动，直到调整后的资产组合的标准差与市场指数的标准差一致，即经风险调整后的新组合与市场指数具有相同的风险。此时只需要比较不同组合之间的收益率，就可考察不同的组合绩效。当基金组合 P 的资金配置线的斜率小于资本市场线的斜率时，组合 P 的 M^2 指标就会低于市场指数，此时它的夏普比率指标也小于市场指数。

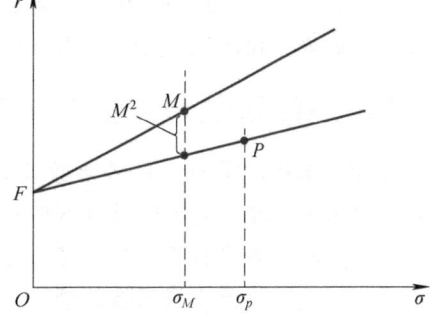

图12-1 风险调整后收益图示

风险调整绩效指标以组合标准差作为风险度量，同时考虑了系统性风险和非系统性风险，其本质和判断结果与夏普比率一致。风险调整绩效越大，表明组合绩效越好。

7. 三因子模型

Fama 和 French 在1992年对美国股票市场决定不同股票回报率差异因素的研究发现，股票市场的 β 值不能解释不同股票回报率的差异，而上市公司的市值、账面市值比、市盈率可以解释股票回报率的差异。他们认为，上述超额收益是对 CAPM 中 β 未能反映的风险因素的补偿。随后 Fama 和 French（1993）指出可以建立一个三因子模型来解释股票回报率，该模型认为：一个投资组合（包括单个股票）的超额回报率可由它对三个因子的敏感性来解释，这三个因子分别是市场资产组合因子（$R_m - R_f$）、市值因子（SMB）、账面市值比因子（HML）。他们提出的三因子模型可表示为

$$r_{it} - r_{ft} = a_i + \beta_i(r_{mt} - r_{ft}) + s_i \text{SMB}_t + h_i \text{HML}_t + \varepsilon_i$$

式中，r_{it} 表示资产 i 在时间 t 的收益率；r_{ft} 表示时间 t 的无风险收益率；r_{mt} 表示时间 t 的市场收益率；$r_{mt} - r_{ft}$ 是市场风险溢价；SMB_t 为时间 t 的市值因子的模拟组合收益率（小股票组合与大股票组合的收益差）；HML_t 为时间 t 的账面市值比因子的模拟组合收益率（高账面市值比与低账面市值比组合的收益差）；a_i 表示组合的特征值变量，即单个组合获得超额收益的能力；β_i 表示组合的市场风险或系统性风险，s_i 和 h_i 分别表示市值因子和账面市值比因子对资产定价影响的度量；ε_i 表示组合的特有风险扰动项。

8. 四因子模型

Fama 和 French 的三因子模型虽然对组合的收益率有更强的解释力，但三因子模型的缺点之一就在于它能够解释反转现象却不能解释动量现象。Carhart（1997）在三因子模型的基础上加入了一个"动量因素"构成了四因子模型。动量因素以前一年度收益最高和收益最低的股票或组合的收益差（UMD）作为测度指标，从而在模型的应用上弥补了在解释"趋势效应"方面的不足。四因子模型如下：

$$r_{it} - r_{ft} = a_i + b_i(r_{mt} - r_{ft}) + s_i \text{SMB}_t + h_i \text{HML}_t + u_i \text{UMD}_t + \varepsilon_i$$

式中，r_{it} 表示资产 i 在时间 t 的收益率；r_{ft} 表示时间 t 的无风险收益率；r_{mt} 表示时间 t 的市场收益率；$r_{mt} - r_{ft}$ 是市场风险溢价，SMB_t 为时间 t 的市值因子的模拟组合收益率（小股票组合与大股票组合的收益差），HML_t 为时间 t 的账面市值比因子的模拟组合收益率（高账面市值比与低账面市值比组合的收益差）；UMD_t 为时间 t 的动量因子的模拟组合收益率（最高收益与最低收益组

合的收益差）；a_i 表示组合的特征值变量，即单个组合获得超额收益的能力；b_i 表示组合的市场风险或系统性风险，s_i、h_i 和 u_i 分别表示市值因子、账面市值比因子和动量因子对资产定价影响的度量；ε_i 表示误差项，为组合的特有风险扰动项。

12.3.3 择时能力与择股能力评估模型

无论是单指数模型还是多指数模型，均是从影响因子的视角去解释基金绩效的决定因素，实际上并未考虑基金组合收益和风险的时变性。所谓择时能力，就是基金经理能够根据市场条件的变化将基金资产在不同类型资产之间或同一资产类型的不同产品之间作投资转换，以获取高额回报并同时降低投资风险的能力。若基金经理具有市场择时能力，它会主动地改变组合的风险以适应市场的变化并谋求高额的收益，从而使得 β 值呈现时变性。依据 CAPM 理论，基金经理总会寻找那些远离证券市场线的股票，从而为他们的投资带来获取较高风险溢价的机会，即择股能力。同时基金经理也相信他们能够获得超过市场的收益率，即当他们预期市场行情将上升时，选择 β 相对较大的证券组合；预期行情下跌时则相反，即择时能力。不同学者也围绕着基金经理的择股能力和择时能力展开长期激烈的争论，形成的较为典型的模型主要有以下三种：

1. Treynor 和 Mazuy（1966）的传统二次项回归模型

在证券市场线方程中，他们引入市场因子的二次项来评估基金经理的择时与择股能力。他们认为具备择时能力的基金经理应能预测市场走势，在市场多头行情时，会通过提高投资组合的风险水平以获得较高的收益；在市场空头行情时则降低风险。因此，特征线不再是固定斜率的直线，而是一条斜率会随市场状况改变的曲线。他们构建的回归模型为

$$r_{p,t} - r_{f,t} = \alpha_p + \beta_1(r_{m,t} - r_{f,t}) + \beta_2(r_{m,t} - r_{f,t})^2 + \varepsilon_{p,t}$$

式中，$r_{p,t}$ 为基金在 t 时期的收益率；$r_{f,t}$ 为市场上无风险资产在 t 时期的收益率；$r_{m,t}$ 为市场组合在 t 时期的收益率；α_p 为择股能力指标；β_1 为基金投资组合所承担的系统性风险；β_2 为择时能力指标；$\varepsilon_{p,t}$ 为误差项。

Treynor 与 Mazuy 认为如果 β_2 大于零，表示市场为多头走势，即有 $r_{m,t} - r_{f,t} > 0$，此时市场收益率大于无风险收益率，同时由于 $(r_{m,t} - r_{f,t})^2$ 为正值，因此，基金组合的风险溢价 $r_{p,t} - r_{f,t}$ 会大于市场投资组合的风险溢价 $r_{m,t} - r_{f,t}$；反之，当市场呈现空头走势，即 $r_{m,t} - r_{f,t} \leq 0$ 时，基金组合风险溢价的下跌幅度会小于市场投资组合风险溢价的下跌幅度，此时 $r_{p,t} - r_{f,t}$ 仍会大于 $r_{m,t} - r_{f,t}$，因此 β_2 可用于判断基金经理的择时能力。α_p 与市场走势无关，它代表基金收益与系统性风险相等的投资组合收益率差异，α_p 可以用来判断基金经理的择股能力。如果 α_p 大于零，表明基金经理具备择股能力，α_p 值越大，表明基金经理的择股能力越强。需要说明的是，α_p 与詹森指标的区别在于，该模型中 α_p 已对择时能力作了调整，将择时能力与择股能力进行了明确分离。

2. Heriksson 和 Merton（1981）的二项式随机变量模型（期权模型）

Heriksson 与 Merton 将择时能力定义为基金经理预测市场收益与无风险收益之间差异大小的能力，依据这种差异，将资金有效地分配于证券市场。具备择时能力者可以预先调整资金配置，以减少市场收益小于无风险收益时的损失。该回归模型可以表示为

$$r_{p,t} - r_{f,t} = \alpha_p + \beta_1(r_{m,t} - r_{f,t}) + \beta_2(r_{m,t} - r_{f,t})D + \varepsilon_{p,t}$$

式中，$r_{p,t}$ 为组合在 t 时期的收益率；$r_{f,t}$ 为市场上无风险资产在 t 时期的收益率；$r_{m,t}$ 为市场组合在 t 时期的收益率；D 表示组合的特征值变量，即单个组合获得超额收益的能力；$\varepsilon_{p,t}$ 表示误差

项，为组合的特有风险扰动项；D 是一个虚拟变量。

当 $r_{m,t} \geq r_{f,t}$ 时，$D=1$；当 $r_{m,t} < r_{f,t}$ 时，$D=0$。如果 $\beta_2 > 0$，则表示基金经理存在择时能力。α_p 用来评价基金经理的选股能力。在该模型中，组合的 β 值在市场下跌时为 β_1，在市场上涨时为 $\beta_1 + \beta_2$。因此，这种方法又称为"双 β 模型"或"H-M 模型"。

上述择时能力测度模型的另一个变形是，若基金管理人具有出色的择时能力，则在给定一段时间内的组合投资收益 $r_{p,t}$ 应当可用下述公式进行表示：

$$r_{p,t} = r_{y,t} + \max\{r_{s,t} - r_{f,t}, r_{b,t} - r_{f,t}, 0\}$$

式中，$r_{s,t}$、$r_{b,t}$ 为 t 时段内股票市场与债券市场上基准组合的收益率；$r_{f,t}$ 为无风险资产的投资收益率。

因此，对基金管理人在 t 时段内择时能力的评价可用下面的回归方程进行：

$$r_{p,t} - r_{y,t} = \alpha + \beta_b(r_{b,t} - r_{f,t}) + \beta_s(r_{s,t} - r_{f,t}) + \gamma\{\max(r_{s,t} - r_{f,t}, r_{b,t} - r_{f,t}, 0)\} + \varepsilon_{p,t}$$

式中，α 为类似于詹森指标的选择能力；β_b 和 β_s 分别为投资组合相对于股票市场和债券市场的系统性风险的度量；γ 系数的大小就可以作为评价基金管理人择时能力的尺度。

埃里克·魏格尔（Eric Weigel）曾利用该模型对美国 17 家基金的基金管理人的择时能力进行了评价，计算得到 17 家基金的平均 γ 系数约为 0.30，表明这些作为专业投资者的基金管理人在择时能力方面的确有超过市场平均水平的表现。

3. Chang 和 Lewellen（1984）的改进模型

Chang 和 Lewellen 对 Heriksson 和 Merton 的基金整体绩效评估模型进行了改进，其所建立的回归模型为

$$r_{p,t} - r_{f,t} = \alpha_p + \beta_1 \min(0, r_{m,t} - r_{f,t}) + \beta_2 \max(r_{m,t} - r_{f,t}, 0) + \varepsilon_{p,t}$$

式中，$r_{p,t}$ 为组合在 t 时期的收益率；$r_{f,t}$ 为市场上无风险资产在 t 时期的收益率；$r_{m,t}$ 为市场组合在 t 时期的收益率；α_p 表示组合的特征值变量，即单个组合获得超额收益的能力；$\varepsilon_{p,t}$ 表示误差项，为组合的特有风险扰动项；β_1 为空头市场时的 β；β_2 为多头市场时的 β；$\min(0, r_{m,t} - r_{f,t})$ 代表选取 0 与 $r_{m,t} - r_{f,t}$ 二者的最小值。

通过对 $\beta_1 - \beta_2$ 的判断，可以判别基金经理的择时能力，即若 $\beta_1 - \beta_2 > 0$ 成立，表明基金经理具备择时能力。

12.3.4 基金业绩总体评估的分解

Fama（1972）提出了对资产组合总体业绩进行分解的思路，将组合相对于无风险资产的风险溢价分解为选择性收益率和风险性收益率两部分。其中选择性收益率可进一步分解为分散化收益率与净选择收益率两部分，风险性收益率可进一步分解为投资者风险收益率和经理人风险收益率两部分，如图 12-2 所示。图中直线 R_fM 为所有无风险借贷和市场组合组成的组合可能性区域。其中①段表示基金经理选择能力带来的收益率，即"选择性收益率"。图中 A' 点和 A 点所代表的资产

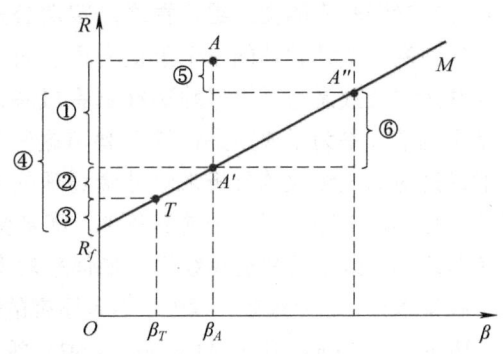

图 12-2 资产组合收益的分解

组合的系统性风险（不可分散风险）相同，但 A' 点是证券市场线上的组合，而 A 点是基金经理选择的组合，其位于直线的上方，故 A' 和 A 收益率差可认为是基金经理积极选择的结果。但需要注意的是，A' 点和 A 点虽然具有相同的系统性风险，但两者的总风险却不相同。由于 A' 在证券市场线上，因此组合 A' 的风险是不可分散风险，但 A 组合在获取超额收益时必须承受一部分可分散风险。

由于 A 和 A' 组合的总风险不同，因此可在 R_fM 直线上找到一个总风险和 A 组合相同的组合，定义该点为 A''，则图中⑤段差距定义为"净选择收益率"。理由在于 A 与 A'' 相比，两者总风险相同，但基金经理却能发现具有高收益率的组合 A，因此净选择收益率为 $\overline{R}_A - \overline{R}_{A''}$。

区间⑥定义为"分散化收益率"。因为 $\overline{R}_{A''}$ 是与组合 A 具有相同总风险的资产在均衡定价时产生的收益，$\overline{R}_{A'}$ 是与组合 A 具有相同不可分散风险（系统性风险）的资产在均衡定价时产生的收益，因此 $\overline{R}_{A''} - \overline{R}_{A'}$ 就是"分散化收益率"。这意味着买入市场组合或指数基金的基金经理不具备获取净选收益率和分散化收益率的能力，由此可作出第一轮分解，即

$$\overline{R}_A - \overline{R}_{A'} = (\overline{R}_A - \overline{R}_{A''}) + (\overline{R}_{A''} - \overline{R}_{A'})$$

第二轮分解是分解 $\overline{R}_A - R_f$，该值表示承受系统风险 β_A 而获得的额外风险收益补偿。若基金经理被基金持有人（委托人）设定证券组合风险不得超过某一水平 β_T，则区间③为基金持有人愿意接受风险而获得的风险收益补偿，数值为 $\overline{R}_T - R_f$；区间②为基金经理敢于选择更高系统性风险水平的证券组合而获得的风险收益补偿，数值为 $\overline{R}_{A'} - \overline{R}_T$；区间④则为总超额风险收益补偿 $\overline{R}_A - R_f$。总结以上两轮分解，得

$$④ = ① + ② + ③ = (⑤ + ⑥) + ② + ③$$

该式的含义相当明确，即因选择风险资产 A 而获得的超额收益由四个部分组成：基金持有人愿意承担某一系统性风险 β_T 而获得的投资者风险收益率 $\overline{R}_T - R_f$，基金经理愿意承担更大的系统性风险 β_A 而获得的基金经理人风险收益率 $\overline{R}_{A'} - \overline{R}_T$，基金经理愿意承担更大的非系统性风险而获得的分散化收益率 $\overline{R}_{A''} - \overline{R}_{A'}$，以及基金经理因积极选择发现了低定价资产而获得的净选择收益率 $\overline{R}_A - \overline{R}_{A''}$。

12.3.5 资产组合管理能力持续性的检验

证券投资基金的资产组合管理是定期公开披露的，因此也可将基金资产组合管理能力的持续性作为基金业绩评估的一个重要方面。对于潜在的证券投资基金投资者或持有人而言，他们关注基金的绩效是为了更好地选择基金或决定是否更换基金；对于基金管理公司而言，他们关注基金的绩效是为了决定是否继续聘用这些基金经理。如果基金的绩效没有持续性，那么就不可能通过对历史绩效的分析来对基金经理的未来表现作出评判。将基金的过去绩效作为购买决策的依据实际上隐含了两个前提条件，即基金的绩效要具有持续性、基金经理具有稳定性。那么基金管理的绩效是否具有持续性？如何来对基金绩效的持续性进行判断呢？

在学术界，基金绩效持续性一直是研究的热点之一。一些学者认为，基金绩效具有持续性。例如，Hendricks、Patel 和 Zeckhauser（1993）等人发现，过去一些收益相对较好或较差的共同基金均表现出了绩效的持续性，并首次将绩效的持续效用"热手（Hot Hand）"定义，亦即"强者恒强"。Grinblatt 和 Titman（1992）以 279 个基金绩效数据为样本，通过自回归检验发现共同基金的绩

效具有正的持续性。但也有一些学者持不同的观点，他们认为在某些市场条件下，基金绩效并未表现出持续性，甚至出现了反转（倪苏云、肖辉和吴冲锋，2002；杨义灿和茅宁，2003）。

影响基金绩效持续性的因素较多，主要包括以下几个方面。①基金经理的能力。优秀的基金经理通过突出的选股和交易能力，能够连续不断地买到涨幅较好的股票，从而贡献较多的利润。②市场环境和行业特征。如：在牛市中，基金绩效可能普遍较好，但这种好绩效可能并不具有持续性；而在某些具有持续增长潜力的行业中，基金绩效可能更具持续性。③基金公司的管理和资源。优秀的基金公司能够提供更好的投研支持、风险管理和客户服务，从而有助于提升基金的绩效持续性。

研究基金绩效持续性的方法较多，包括自回归检验、横截面回归、列联表分析、卡方独立性检验、Spearman 相关系数分析等。这些研究方法各有优劣，在具体选择时要充分考虑研究目的、样本大小、数据质量、研究周期等。表 12-4 总结了不同研究方法的比较。

表 12-4 业绩持续性不同研究方法的对比

方法	思路	优点	缺点
基于基金输赢变化的双向表方法	通过构建双向表来反映基金在不同时期内的绩效变化情况，如"胜出-胜出""胜出-败出"等，并采用交叉积率（CPR）检验双向表中不同时期各种情况的独立性，从而度量基金绩效的长期持续性	能够直观地展示基金绩效在不同时期的变化情况	可能受到样本划分和排名区间的影响，且难以全面反映基金绩效的复杂性
基金收益序列的回归系数检验	利用回归分析来检验基金在两个时期（如评价期和持有期）内的超额收益率是否存在正相关关系。回归结果中的斜率系数（如 b 值）可以用来判断基金绩效的持续性	科学严谨，能够量化基金绩效的持续性程度	可能存在异方差或非线性等问题，且对数据的依赖程度较高
基金收益率排序的 Spearman 等级相关系数检验	通过比较基金在不同时期内的绩效排名顺序是否有显著正相关，来判断基金绩效的持续性	简单易行，且能够反映基金绩效排名的相对稳定性	可能受到样本量大小和排名区间划分的影响，且只能反映排名顺序的变化，无法全面反映基金绩效的实际情况
卡方独立性检验	该检验适用于小样本的独立性检验，通过计算卡方值（χ^2）来判断基金前后绩效是否独立，进而判断绩效是否具有持续性	适用于小样本数据，计算相对简单	对于大数据集可能不够精确，且只能判断独立性，无法量化持续性程度
多因子模型分析	如 Fama-French 三因子模型、Carhart 四因子模型等，这些模型通过引入多个风险因子来解释基金超额收益率的来源，并可以用来评估基金绩效的持续性	全面复杂，能够考虑多种影响因素，提高分析的准确性	模型构建复杂，可能存在多重共线性或过度拟合等问题

资料来源：编者整理。

以上观点和信息均基于已有文献中研究成果的总结，并不代表未来基金绩效持续性的确切预测。投资者在作出投资决策时，应充分考虑市场风险、个人风险承受能力等因素，并合理评估基金的投资价值和风险。

本章小结

本章首先主要介绍了基金选择外部结构指标（基金规模、基金经理人背景、投研团队、基金费用、基金公司）和内部结构指标（基金投资周转率、现金流量、基金资产结构、基金投资的时机选择、投资目标与范围等）。其次进一步结合投资风险与收益相匹配的特征，分别介绍了夏普比率、特雷诺指标、詹森指标、总风险调整阿尔法、评估比率、风险调整绩效、三因子模型、四因子模型。最后进一步结合三因子模型、四因子模型，探讨基金经理的择时、择股能力。

思考练习

1. 表 12-5 给出了五个基金的有关数据。

表 12-5　五只基金的收益率及风险指标

基　金	收　益　率	标　准　差	β 系　数
A	14%	6%	1.5
B	12%	4%	0.5
C	16%	8%	1
D	10%	6%	0.5
E	20%	10%	2

若无风险利率为 3%：

（1）试用总风险调整来对基金进行比较。若要使基金 A 和基金 B 的排序互换，则基金 B 的收益率应为多少？

（2）若将总风险用系统性风险来代替，试对各基金进行排序。

（3）若市场组合收益率为 13%，标准差为 5%，试根据总风险调整阿尔法值对各基金排序。若依据詹森指标对各基金排序，结果又如何？

2. XYZ 股票的价格与分红情况见表 12-6。

表 12-6　XYZ 股票的价格与分红情况

年　　度	年初价格（元）	年末分红（元）
2020 年	100	4
2021 年	120	4
2022 年	90	4
2023 年	100	4

一位投资者在 2020 年年初买了 3 股 XYZ 股票，在 2021 年年初又买了另外 2 股，在 2022 年年初卖出 1 股，在 2023 年年初卖出剩下的 4 股。

（1）这位投资者的算术与几何平均的时间加权收益率分别是多少？

（2）货币加权的回报率是多少？（提示：仔细作出一张与 4 个期间相联系的从 2020 年到 2023 年收益的现金流量表。）

3. 一位投资者今天购买了 3 股股票，并在此后的 3 年中每年卖出其中的 1 股，他的行为与股票的价格历史信息总结见表 12-7。假定该股票不付红利。

表 12-7 某投资者的行为与股票价格历史信息

时　间	价　格（元）	行　为
第 0 年	90	买入 3 股
第 1 年	100	卖出 1 股
第 2 年	100	卖出 1 股
第 3 年	100	卖出 1 股

(1) 计算这一股票的时间加权几何平均收益率。

(2) 计算这一股票的时间加权算术平均收益率。

(3) 计算这一股票的金额加权的平均收益率。

4. 在目前的股利收益及预期的资本利得基础上，资产组合 A 与资产组合 B 的期望收益率分别为 12% 与 16%。A 的 β 值为 0.7，而 B 的 β 值为 1.4，现行无风险收益率为 5%，标准普尔 500 指数的期望收益率为 13%。A 的标准差每年为 12%，B 的标准差每年为 31%，标准普尔 500 指数的标准差为 18%。

(1) 如果你现在拥有市场指数组合，你愿意在你所持有的资产组合中加入哪一个组合？说明理由。

(2) 如果你只能投资于国债和这些资产组合中的一种，你会做何选择？

5. 考虑只对股票 A 与股票 B 的两个超额收益率的单指数模型回归的结果，见表 12-8。在这段时间内无风险利率为 6%，市场平均回报率为 14%。

表 12-8 股票 A 与 B 单指数模型回归结果

模型回归信息	股　票　A	股　票　B
单指数回归模型估计	$1\% + 1.2(r_M - r_f)$	$2\% + 0.8(r_M - r_f)$
R^2	0.576	0.436
残差的标准差	10.3%	19.1%
超额收益的标准差	21.6%	24.9%

(1) 计算每只股票的下列指标：

a. 总风险调整阿尔法。

b. 评估比率。

c. 夏普比率。

d. 特雷诺指标。

(2) 在下列情况下，哪只股票是最佳选择？

a. 这是投资者唯一持有的风险资产。

b. 这只股票将与投资者的其他债券资产组合混合，是目前市场指数基金的一个独立组成部分。

c. 这是投资者目前正在分析以便构建一个积极管理型股票资产组合的众多股票中的一种。

6. 表 12-9 为市场组合和两个基金的投资回报及风险情况。

表 12-9　市场组合和 A、B 基金的投资回报及风险情况

基金名称	收 益 率	无风险利率	标 准 差	β 系 数
A	5%	3%	15%	0.67
B	12%	3%	33%	1.50
M（市场组合）	8%	3%	20%	1.00

分别计算夏普比率、特雷诺指标、詹森指标，将包括市场指数在内的三种基金的绩效进行排序。

7. 表 12-10 是关于市场资产组合中 ABC 基金绩效的数据，样本期的无风险收益率为 6%。计算夏普比率、特雷诺指标、詹森指标。

表 12-10　ABC 基金绩效数据

指　　标	ABC 基金	市场资产组合
平均收益率	18%	14%
收益率的标准差	30%	22%
β 值	1.4	1.0

案例讨论

风格漂移仍五花八门，"智能中国"主题却重仓银行股，漂而优要被原谅吗？

"在基金产品主题风格漂移与良好的业绩之间，究竟该作何选择"是摆在部分基民面前的现实议题。近期伴随着二季度发布，部分基金净值走向与基金主题指数走向出现较大偏离的情况再度引起市场关注。根据二季报披露的最新重仓股情况，金信智能中国 2025、东方互联网嘉等产品持仓风格均出现了一定漂移。有业内人士指出，不少基金公司之所以容忍部分基金经理风格漂移，是因为想"赢"。基金经理风格漂移，则更多出于短期业绩排名压力等因素的考量。还有一种漂移的原因在于，早年基金公司因为蹭热点发行了主题产品，后来出现了基金经理更换，或基金经理本身投资风格发生变化等情况，他们希望对持仓作出改变，但改产品名称、改投资风格很麻烦，这会造成一些客观上的漂移。

1. "智能中国"主题基金重仓银行股

2024 年以来，金信基金旗下金信智能中国 2025 在主动权益产品中靠前的业绩排名引发了不少投资者关注。数据显示，年初至今，金信智能中国 2025 业绩回报已有 15.88%。中长期看，该产品也有较为不错的收益，其近两年、近三年、近五年的收益分别达到了 28.80%、30.96%、71.32%，显著超越业绩比较基准相关数据。然而作为一只"智能中国"主题的灵活配置型基金产品，该产品自 2017 年一季度开始便开始将大部分重仓股腾挪至银行股，近年来的重仓股几乎"清一色"为银行股。

而这一通风格骤变的操作之下，并非源于基金经理发生了变更。在 2016 年 7 月 1 日产品成立至 2018 年 5 月，也即金信智能中国 2025 持仓风格骤变期间，执掌该产品的基金经理一直为刘榕俊。随后，在 2018 年 5 月至 2020 年 7 月，这只产品相继被杨仁眉、吴清宇、高俊芳接管，他们对金信智能中国 2025 的管理也维持着"重银行""轻智能中国 2025"的风格。直至 2020 年 5 月 21 日，这只产品再度回归到刘榕俊手中。截至 2024 年二季度末，金信中国智能 2025 持有金融业的重仓股市值占其投资股票市值的比重超过了 7 成。产品前十大重仓股中，前九大重仓股全为银行股，依次为建设银行、工商银行、兴业银行、中信银行、交通银行、光大银行、农业银行、江苏银行、上海银行，仅第十大重仓股为万和电气。

然而，根据该产品基金合同，金信智能中国2025重点投资于"在未来经济发展中提供智能化生产、设计与服务的企业，重点包括智能机器、智能穿戴、智能医疗、智能家居、智能电网以及因采用与新一代信息技术深度融合的智能化而具有比较优势的企业"，且投资于基金合同界定的智能中国2025主题的证券不低于非现金基金资产的80%。

除上述产品外，目前市场上还有个别产品风格"飘忽不定"。如东方互联网嘉，在二季度末的前十大重仓股中，该产品"含银量"同样较高，有四只重仓股票为银行股，包括招商银行、交通银行、工商银行和建设银行。整体看，该产品二季度末持有的金融业股票市值占基金资产净值的比重高达21.28%。而根据基金合同，东方互联网嘉投资于互联网及受益于互联网发展的相关产业和行业的股票占非现金基金资产的比例不低于80%。

2. 风格漂移背后

如此明显背离基金合同，甚至长达数年之久的行为，何以在合规标准严格的公募基金行业中存在？

在华东一家公募基金公司基金总经理看来，风格漂移包括显性风格漂移和隐性风格漂移，两类风格偏移他都不太认可。其中，"挂羊头卖狗肉"是显性的风格漂移；偏隐性的风格漂移则是，虽然在产品名称里看不出来基金经理的投资方向是什么，但通过策略框架研究、报道、宣传、调研等信息却能给投资者传递一定的信息，最终产品运作下来成了另外一个"品类"。

华北一家大型公募基金公司的人士指出，公司严控风格漂移问题。他分析，不少基金公司之所以容忍部分基金经理风格漂移，是因为想"赢"。基金经理风格漂移，则更多出于短期业绩排名压力等因素的考量。在他看来，基金公司还是应保持克制，哪怕意识到风格需要转变，也应按流程做好基金转型，或通过持有人大会更改投资范围。

从实际情况看，早在2021年，基金风格漂移导致的合同屡屡违约情形就已被监管部门关注。早在2021年，不少基金经理就做着"正确"且有效率的事情，纷纷扎堆买入新能源、光伏等股票。但买着买着，风格便发生了漂移，也相应违背了基金合同的契约精神。在此背景下，监管部门开始查因为风格漂移而违背基金合同的产品，要求基金公司自查并说明情况，有的会要求进行产品调仓以匹配基金合同约定的投资范畴。另外，也有部分基金公司陆续向监管部门上报产品转型申请，或召开持有人大会修改基金合同，以更改或扩大投资范围。"现在基金公司的合规都是比较严格的，风格漂移的情况已经极少出现了。加上主题基金本身就带有'标签'性质，如果标签名不副实了，对投资者甄选产品会造成一定困难。"华南一家公募基金公司的人士称。

华南一家中型公募基金公司的高管直言，公司将长期业绩和风险管理摆在第一位，不会从事"赌短期""炒概念""投资风格漂移"等激进的投资行为，而是在条件允许的情况下，多条线、多策略布局基金产品，以匹配投资者不同风险偏好、不同期限资金。

资料来源：沈述红. 风格漂移仍五花八门，"智能中国"主题却重仓银行股，漂而优要被原谅吗？[N/OL]. (2024-07-29) [2024-08-16]. https://baijiahao.baidu.com/s?id=1805881174945890419.

案例思考：

（1）基金的投资风格反映了基金的风险/收益特征，对于投资风格的漂移，你认为"唯业绩论"是否可取？如果基金管理人遵循基金合同，或按流程进行基金转型或通过持有人大会更改投资范围，你认为孰轻孰重？

（2）事实上，监管部门对风格漂移是有关注的，然而实践中风格漂移的现象还大量存在。除了上述材料中的基金外，近年来特别是文体基金业绩表现不佳，风格漂移现象非常严重，你如何看待这种问题？

参 考 文 献

[1] MERTON R C, SCHOLES M S, GLADSTEIN M L. The returns and risk of alternative call option portfolio investment strategies [J]. Journal of Business, 1982, 51 (1): 1-55.
[2] POZEN R C. The purchase of protective puts by financial institutions [J]. Financial Analysts Journal, 1978, 34 (4): 47-60.
[3] PEROLD A F, SHARPE W F. Dynamic strategies for asset allocation [J]. Financial Analysts Journal, 1988, 44 (1): 16.
[4] FARRELL J L, REINHART W J. Portfolio management: theory and application [M]. New York: McGraw-Hill, 1998.
[5] BAILEY J V, ARNOTT R D. Cluster analysis and manager selection [J]. Financial Analysts Journal, 1986, 42 (6): 20.
[6] CARHART M M. On persistence in mutual fund performance [J]. Journal of Finance, 1997, 52 (1): 56-82.
[7] ELTON E J, GRUBER M J, BLAKE C R. The persistence of risk-adjusted mutual fund performance [J]. Journal of Business, 1996, 69: 133-157.
[8] SHARPE W F. The sharpe ratio [J]. Journal of Portfolio Management, 1994, 21 (1): 49-58.
[9] 爱德华, 迈吉. 股市趋势技术分析 [M]. 郑学勤, 朱玉辰, 译. 北京: 机械工业出版社, 2010.
[10] LO A W, MACKINLAY A. When are contrarian profits due to stock market over-reaction? [J]. Review of Financial Studies, 1990, 3 (2): 175-205.
[11] 杨朝军, 蔡明超. 上海股市基于会计信息反应半强式有效性实证分析 [J]. 预测, 1999, 18 (5): 42-43.
[12] MALKIEL B G. A Random Walk Down Wall Street [M]. New York: W. W. Norton & Company, 1996.
[13] SUBRAHMANYAM A. A theory of trading in stock index futures [J]. Review of Financial Studies, 1991, 4 (1): 17-51.
[14] BRENNAN M, SCHWARTZ E. Arbitrage in stock index futures [J]. Journal of Business, 1990, 63 (1): S7-S31.
[15] FOSTER G, OLSEN C, SHEVLIN T. Earnings release, anomalies, and the behavior of securities returns [J]. Accounting Review, 1984, 59 (4): 574-603.
[16] BROCK W, LAKONISHOK J, LEBARON B. Simple technical trading rules and the stochastic properties of stock returns [J]. Journal of Finance, 1992, 47 (5): 1731-1764.
[17] FAMA E. The behavior of stock market prices [J]. Journal of Business, 1965, 38 (1): 34-105.
[18] ROBERTS H V. Stock market patterns and financial analysis: methodological suggestions [J]. Journal of Finance, 1959, 14 (1): 1-10.
[19] FAMA E F. Efficient capital markets: a review of theory and empirical work [J]. Journal of Finance, 1970, 25 (2): 383-417.
[20] 胡艳. 基金业绩持续性与择时选股能力的实证研究 [J]. 经济论坛, 2015 (5): 56-61.
[21] 张永冀, 李天雄, 苏治, 等. 基金规模、投资者关注与基金业绩持续性 [J]. 中国管理科学, 2023, 31 (12): 57-68.
[22] 王宗润, 陈曦. 心理因素、交易环境变化与结构性产品风险测度: 一个研究综述 [J]. 中国管理科学, 2020, 28 (8): 15-29.
[23] 郑军, 李仲飞, 丁杰. 道德风险约束下的最优融资结构: 动态金融契约研究综述 [J]. 系统工程理论与实践, 2020, 40 (8): 2159-2175.

[24] 史永东,程航.投资者情绪和资产定价异象[J].系统工程理论与实践,2019,39(8):1907-1916.
[25] 张兵,薛冰.T+1交易制度下的资产定价模型研究:基于隔夜收益率视角[J].金融论坛,2019,24(8):3-11.
[26] 马勇,何顺.货币周期与资产定价:基于中国的实证研究[J].金融评论,2019,11(2):1-24.
[27] 肖奇,屈文洲.投资者关注、资产定价与股价同步性研究综述[J].外国经济与管理,2017,39(11):120-137.
[28] 林竞,陈树华.我国开放式基金业绩持续性、经理选股和择时能力:基于2005~2009数据[J].经济管理,2011,33(2):132-138.
[29] 李德辉,方兆本.证券投资基金业绩持续性研究综述[J].证券市场导报,2005(8):38-43.
[30] 赵旭,吴冲锋.证券投资基金业绩与持续性评价的实证研究:基于DEA模型与R/S模型的评价[J].管理科学,2004(4):58-64.
[31] 李德辉,方兆本.证券投资基金业绩评估之综述[J].管理科学,2004(1):48-52.
[32] 中国证券业协会.证券投资分析[M].北京:中国金融出版社,2012.
[33] 赵锡军,魏建华.证券投资分析[M].7版.北京:中国人民大学出版社,2023.
[34] 杨朝军,蔡明超.证券投资分析[M].5版.上海:格致出版社,2024.
[35] 李向科.证券投资技术分析[M].5版.北京:中国人民大学出版社,2015.
[36] 何平林,李涛.证券投资分析[M].北京:清华大学出版社,2017.
[37] 李国强,李雯.证券投资分析[M].2版.北京:机械工业出版社,2017.
[38] 罗忠洲.证券投资分析[M].上海:复旦大学出版社,2018.
[39] 邵宇,秦培景.证券投资分析:来自报表和市场行为的见解[M].2版.上海:复旦大学出版社,2019.
[40] 田文斌.证券投资分析[M].3版.北京:中国人民大学出版社,2020.
[41] 博迪,凯恩,马库斯.投资学:第10版[M].汪昌云,张永骥,译.北京:机械工业出版社,2017.
[42] 刘红忠.投资学[M].3版.北京:高等教育出版社,2015.
[43] 吴晓求.证券投资学[M].6版.北京:中国人民大学出版社,2024.
[44] 姚亚伟,吴佩,刑学艳.固定收益证券[M].北京:人民邮电出版社,2015.
[45] 王明涛,吴佩,刑学艳.证券投资分析[M].3版.上海:上海财经大学出版社,2023.
[46] 涂人猛.证券投资分析的理论与实践[M].武汉:武汉大学出版社,2018.
[47] 张祖国.证券投资分析[M].3版.上海:上海财经大学出版社,2019.
[48] 郎荣燊,袭国根.投资学[M].6版.北京:中国人民大学出版社,2021.
[49] 刘颖,李吉栋.证券投资学[M].4版.北京:人民邮电出版社,2024.
[50] 王玉霞.投资学[M].6版.沈阳:东北财经大学出版社,2024.
[51] 郭敏,肖欣荣,余湄.投资学[M].2版.北京:对外经济贸易大学出版社,2024.
[52] 方先明,陈楚.证券投资学[M].4版.南京:南京大学出版社,2023.
[53] 博迪,凯恩,马库斯.投资学:第11版(精要版)[M].汪昌云,张永冀,译.北京:机械工业出版社,2023.
[54] 张元萍.投资学[M].4版.北京:中国金融出版社,2022.
[55] 肖欣荣.投资学[M].北京:对外经济贸易大学出版社,2021.
[56] 余学斌.证券投资学[M].4版.北京:科学出版社,2023.